U0113308

广视角·全方位·多品种

权威·前沿·原创

本书为广东省普通高等院校人文社会科学重点研究基地
广州大学广州发展研究院研究成果

广州蓝皮书

BLUE BOOK
OF GUANGZHOU

2011年
中国广州经济形势
分析与预测

主　编／庾建设　　李兆宏　　王旭东
副主编／涂成林　　谢博能　　吴永红

ECONOMY OF GUANGZHOU IN CHINA
ANALYSIS AND FORECAST(2011)

社会科学文献出版社
SOCIAL SCIENCES ACADEMIC PRESS (CHINA)

法 律 声 明

"皮书系列"（含蓝皮书、绿皮书、黄皮书）为社会科学文献出版社按年份出版的品牌图书。社会科学文献出版社拥有该系列图书的专有出版权和网络传播权，其 LOGO（ ）与"经济蓝皮书"、"社会蓝皮书"等皮书名称已在中华人民共和国工商行政管理总局商标局登记注册，社会科学文献出版社合法拥有其商标专用权，任何复制、模仿或以其他方式侵害（ ）和"经济蓝皮书"、"社会蓝皮书"等皮书名称商标专有权及其外观设计的行为均属于侵权行为，社会科学文献出版社将采取法律手段追究其法律责任，维护合法权益。

欢迎社会各界人士对侵犯社会科学文献出版社上述权利的违法行为进行举报。电话：010 - 59367121。

社会科学文献出版社

法律顾问：北京市大成律师事务所

广州蓝皮书系列编辑委员会

主要编撰者简介

庾建设 1961 年出生，湖南武冈人，中共党员，现任广州大学校长。1982年 7 月参加工作，1991 年获博士学位，1992 年晋升为教授，1994 年被聘为博士生导师。曾任湖南大学应用数学系副主任、主任；1993～1994 年在加拿大阿尔伯塔大学做访问学者；1997～2003 年 12 月任湖南大学党委常委、副校长；2003年 12 月至今任广州大学校长。主要从事常微分方程与泛函微分方程以及差分方程的理论与应用研究。曾获部省科技进步一等奖 2 项，二等奖 3 项。先后主持国家级科研项目 9 项，部省科研项目 16 项。获国家教学成果一等奖 1 项，省教学成果一等奖 2 项。1994 年获国务院特殊津贴，1996 年入选国家"百千万"人才工程第一、二层次人选，1997 年被评为湖南省十大新闻人物，1998 年被评为全国教育系统劳动模范，1999 年被评为国家有突出贡献的中青年专家，2000 年被列入教育部跨世纪优秀人才培养计划，2002 年获第三届教育部"高校青年教师奖"，2006年获国家杰出青年基金。现担任中国数学会理事，广东省应用数学学会副理事长，中国机械工业教育协会常务理事，全国教学指导委员会成员，*Advances in Difference Equations*、《应用数学》、*Ann. Diff. Equ*、*Appl. Math. E-Notes* 等学术刊物编委。

李兆宏 男，1952 年生，大学本科学历，现任广州市人民政府副秘书长，广州市人民政府研究室主任、党组书记。长期在市政府机关从事决策研究工作，主持起草了许多重要文稿和政策性文件，在经济社会发展、经济体制改革、对外开放、城市建设与管理、文化建设、社会管理创新等领域，组织开展了大量的专项调查研究活动，并主持撰写了许多重要课题研究报告。

王旭东 男，1964 年生，经济学博士，高级会计师，硕士研究生导师；曾任广州市天河区副区长、广州市科技局副局长、广州市审计局副局长，现任广州市统计局局长、党组书记，兼任国家统计局广州调查队党组书记；曾在英国牛津大学进修学习行政管理，在新加坡南洋理工大学进修学习公共管理，在工作学习期间，公开发表学术论文50余篇，专著三部，先后组织撰写了《金融风暴对广州经济的影响评析》、《广州服务业构成的比较分析》等研究报告，多次获优秀论文奖和软科学成果优胜奖；2010年，主持撰写了《常用经济名词通俗解释二百条》一书，得到社会各界一致好评。

涂成林　男，1961年生，湖南省岳阳人，中共党员。1978年进入四川大学、1982年进入中山大学、1997年进入中国人民大学学习，分别获得学士、硕士和博士学位。1985年进入湖南省委理论研究室（湖南省委讲师团）工作，1991年调入广州市社会科学院，1993年获评聘为哲学副研究员，1998年获评聘为哲学研究员。曾担任广州市社会科学院院科研开发处副处长（1992），开放时代杂志社副社长、常务副主编、执行主编（1993～2002年），软科学研究所所长（2003～2010年），2010年4月起，担任广州大学广州发展研究院院长，兼任广东省综合改革研究院副院长、中国科学学与科技政策研究会理事等社会职务。曾数度赴澳大利亚、新西兰和加拿大等国大学做访问学者，目前主要从事经济社会发展、科技政策、文化软实力以及西方哲学、唯物史观等方面的教学与研究，先后在《哲学研究》、《中国科技论坛》等刊物发表各类学术论文近100篇，专著有《现象学的使命》、《国家软实力和文化安全研究》等多部，主持和承担各类研究课题30余项，其中《现象学的使命》一书获得第二届全国青年社会科学成果专著类优秀奖（最高奖）等多个奖项，多篇论文和研究报告获得省市哲学社会科学成果奖，曾获得"广州市优秀中青年哲学社会科学工作者"称号。

谢博能　男，1965年生，经济学硕士，商业经济师，金融经济师。毕业于中山大学，现任广州市人民政府研究室副主任，广州市社会科学界联合会兼职副主席。主要研究领域：工业、交通、农业农村问题等。曾赴美国马里兰大学进修公共管理，在国家行政学院公共政策研究专题研讨班学习。在工作期间公开发表论文多篇，如《面向21世纪广州农业的思考》、《实施土地使用权入股经营》、《建立和完善农业发展新机制的思考》、《广州优质、高产、高效农业发展与生产经营方式变革》、《以新的发展观推动广州经济结构战略性调整》、《树立正确政绩观 努力为科学发展提供决策服务》等。

吴永红 女，1966年生，高级统计师。毕业于中南财经大学，曾任广州市统计局工业交通能源统计处处长，现任广州市统计局副局长，主管综合、工业交通能源、人口、社会、科技、基本单位统计等统计专业和统计信息咨询工作。先后主持广州市第二次全国经济普查和第六次全国人口普查的组织实施工作，参与大量经济社会研究课题，组织撰写了《"十五"期间广州工业化的发展变化与对策》、《金融风暴对广州经济的影响评析》、《广州与国内先进城市产业结构的比较研究》等研究报告。

摘　要

　　《2011年中国广州经济形势分析与预测》作为广州蓝皮书系列之一列入社会科学文献出版社的"国家皮书系列"，由广州大学与广州市政府研究室、广州市统计局联合主编，在全国公开发行。本报告由总论篇、行业篇、产业企业篇、亚运经济篇、转型升级篇、市场消费篇、区域篇、物价篇、借鉴篇和附录十个部分组成，汇集了广州诸多研究经济问题专家、学者和实际部门工作者的最新研究成果，是广大科研工作者、政府工作人员以及社会公众了解当前广州经济社会发展状况的重要参考资料。

　　本报告指出：2010年，广州地区生产总值突破1万亿元大关，实现历史性大跨越，成为继上海、北京之后第三个进入GDP"万亿元俱乐部"的城市。全年农业生产平稳，工业生产较快增长；固定资产投资快速增长，消费需求持续畅旺；产业与投资结构更加优化，经济发展方式转变取得明显成效；财政收入与工业企业利润保持平稳较快增长；城乡居民收入、财政对民生支出较快增长，民生不断改善，经济社会实现了快速健康发展。

　　展望2011年，在后金融危机时期，世界经济复苏充满了不确定性，广州经济发展面临着新的机遇和挑战。因此，必须在加快产业转型升级、促进消费增长、加大对民企扶持力度、发展战略性新兴产业、扩大外需、改善民生等方面采取更加有力的措施。

Abstract

Economy of Guangzhou in China Analysis and Forecast (2011), one volume of the Blue Book of Guangzhou compiled by Guangzhou University, Research Office of the People's Government of Guangzhou Municipality and Statistics Bureau of Guangzhou Municipality, published by Social Sciences Academic Press (China). This report is consisted of 10 parts, which are General Review, Industry, Enterprises, Asian Games Economy, Transform and Upgrade, Market Consumption, Regional Economy, Prices, Experience Learning and Index, which drew the various newly research achievements from experts, scholars and personnel who worked in functional departments together, is a useful reference for researchers, governments personnel and the public to understand the current development status of Guangzhou Economy and society.

The report points out that in 2010, the GDP of Guangzhou had reached an all-time high of over 1 trillion yuan, following Beijing and Shanghai. The agriculture production grew steadily and the industry grew fast; fix assets investment increased rapidly and consuming demand kept soaring; the industry and investment structure became more rational and good results were attained in the transformation of economic development mode; fiscal incomes and industrial enterprises profits maintained fast yet steady growth; the income of urban and rural residents and the fiscal expenditure on livelihood issues grew continuously, and the social economy had maintained a rapid and sound development.

Looking into year of 2011, in the era of post financial crisis, the recovery of world economy is fraught with uncertainty. The development Guangzhou's economy confronts new opportunities and challenges. Therefore, the measures such as accelerating the industries transform and upgrade, promoting the consume increasing, further intensifying the development of private enterprises, developing the emerging industries of strategic importance, expanding abroad demand and improving the people's livelihood are needed.

目 录

B Ⅳ 亚运经济篇

B Ⅴ 转型升级篇

B Ⅵ 市场消费篇

B Ⅶ 区域篇

B Ⅷ 物价篇

B Ⅸ 借鉴篇

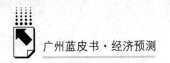

₿ X   附录

皮书数据库阅读**使用指南**

CONTENTS

B I   General Review

B II   Industry

B III   Industries and Enterprises

B Ⅳ　Asian Games Economy

B Ⅴ　Transform and Upgrade

B VI Market Consumption

B VII Regional Economy

B Ⅷ Prices

B Ⅸ Experience Learning

B Ⅹ Index

总 论 篇
General Review

B.1

2010 年广州经济运行情况分析和
2011 年展望

广州市统计局综合处、广州大学广州发展研究院联合课题组*

摘　要： 2010 年广州市经济总量实现历史性大跨越，工业生产、投资消费、外贸外资等主要领域都保持较快发展势头，经济结构进一步优化，经济运行质量进一步提高，转变经济发展方式取得明显成效，实现了"十一五"圆满收官。此外，本文还指出了广州经济发展中存在的一些问题，对2011 年的经济形势进行了展望，并提出相应的对策和建议。

关键词： 广州　经济运行　后亚运时代　展望

2010 年是广州经济社会发展历史进程中极不平凡的一年。一年来，在市委、市政府的正确领导下，紧紧团结依靠全市人民，全力"迎接亚运会，创造新生

---

* 课题组成员：黄平湘、涂成林、林穗子、魏伟新、曾恒皋；执笔：李俊。

活",有力地推动了经济社会大发展。经济总量突破1万亿元,实现历史性大跨越,成为继上海、北京之后第三个进入GDP"万亿元俱乐部"的城市,也是首个经济总量过万亿元的省会城市,为"十二五"规划目标的实现打下了坚实的基础。

一 2010年广州经济运行的总体概况

2010年,广州市地区生产总值突破1万亿元大关,达到10604.48亿元,同比增长13.0%(见图1、图2)。三次产业结构为1.8:37.2:61.0。其中第一、二、三产业分别完成增加值189.05亿、3950.64亿和6464.79亿元,分别增长3.2%、13.0%和13.2%。

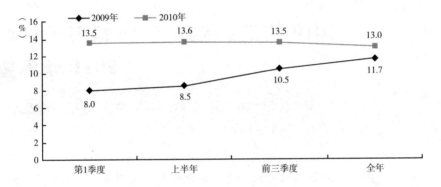

图1 2010年广州市各季度GDP累计增速

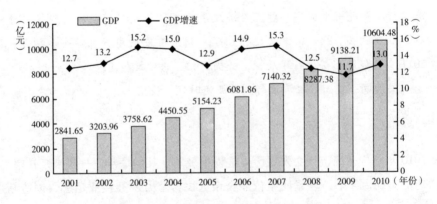

图2 2001~2010年广州市GDP及增速

注:根据第二次经济普查,对2006~2008年广州市生产总值数据进行了修订。

二 2010 年广州经济运行的主要特点

（一）生产稳定：农业生产平稳；工业生产较快增长，呈先快后慢态势；汽车制造业、电子产品制造业和高新技术产业领涨工业

农业生产平稳增长。2010 年，全市实现农业总产值 323.40 亿元，同比增长 3.5%，增幅比第一季度和上半年均提高 0.8 个百分点，与前三季度持平。

工业生产较快增长。2010 年，全市完成规模以上工业总产值 14721.47 亿元，同比增长 17.6%，增幅比第一季度、上半年、前三季度分别降低 5.5 个、5.7 个和 3.6 个百分点。2010 年以来，全市规模以上工业增长呈现先快后慢态势，第二、三季度各月累计增速较高（20% 以上），从第四季度开始增速逐渐回落。主要原因是上年同期基数逐步增加，以及亚运会期间部分工业企业限产、停产和减排等亚运保障任务，对工业生产造成一定的影响。

汽车和电子产品制造业增幅领先。2010 年，全市汽车制造业在东风日产、广汽丰田等企业的拉动下，完成产值 2878.44 亿元，同比增长 21.2%，快于全市规模以上工业平均增速 3.6 个百分点。电子产品制造业在乐金显示广州有限公司、捷普（电子）广州有限公司、新谱（广州）电子有限公司和广州创维平面显示科技有限公司等企业的带动下，完成产值 1802.75 亿元，同比增长 32.8%，快于全市规模以上工业平均增速 15.2 个百分点。

高新技术工业增速高位运行。2010 年，全市规模以上工业实现高新技术产品产值为 5670.71 亿元，同比增长 28.9%，快于全市规模以上工业平均增速 11.3 个百分点。2010 年以来，广州市规模以上工业高新技术产品产值增长高位运行，且呈逐季回落态势。第一季度、上半年、前三季度增速分别为 56.3%、37.4% 和 32.9%，比同期全市规模以上工业平均增速分别快 33.2 个、14.1 个和 11.7 个百分点。

工业出口产品产值累计增速前升后降。2010 年，广州市规模以上工业出口产品产值 2815.66 亿元，同比增长 20.0%。2010 年以来，广州市规模以上工业出口产品产值各月累计增速呈"低、高、低"走势，第一季度增速在 16.9% ~ 20.4% 之间，第二季度增速加快，在 25.6% ~ 32.0% 之间，第三季度增速放缓，在 24.1% ~ 27.3% 之间，第四季度增速进一步回落，在 19.2% ~ 21.9% 之间。

在全国主要城市中，2010 年，广州市规模以上工业总产值（14721.47 亿元）居第六位，低于上海（30003.57 亿元）、苏州（24598.89 亿元）、深圳（18211.75 亿元）、天津（16660.64 亿元）和佛山（14781.59 亿元）。广州市规模以上工业总产值增速（17.6%，见图 3）高于深圳（12.9%），低于天津（31.7%）、重庆（28.6%）、上海（23.1%）、佛山（23.1%）、苏州（22.3%）、北京（21.7%）等市。

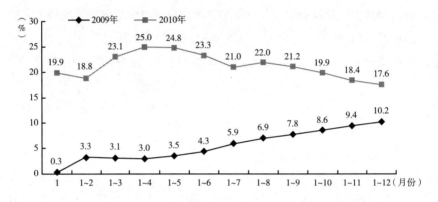

图 3　广州市规模以上工业总产值累计增速

（二）需求旺盛：固定资产投资快速增长，增速前高后低；消费需求持续畅旺；商品进出口恢复性快速增长；亚运助推旅游市场繁荣

全社会固定资产投资快速增长。在亚运城及亚运场馆工程、西江饮水工程、地铁工程、广州南站及相关工程、南方航空公司购置飞机项目和万达广场工程等重点项目的带动下，全社会固定资产投资保持快速增长。2010 年，全市完成全社会固定资产投资 3263.57 亿元，同比增长 22.7%（见图 4）。其中房地产开发完成投资 983.66 亿元，增速为 20.3%。亚运会空气质量保障方案要求第四季度所有扬尘性建设工地停工，受此影响，各项建设工程都向前赶工，全年全社会固定资产投资的增长速度呈现前高后低的特点，前三季度各月累计保持高位增长，第四季度开始各月累计增速有较大回落，第一季度、上半年、前三季度及全年分别为 38.3%、43.5%、41.5% 和 22.7%。

在全国主要城市中，2010 年广州市全社会固定资产投资额增速（22.7%）低于重庆（30.4%）、天津（30.1%）等市，高于苏州（21.9%）、深圳（13.8%）、北京（13.1%）和上海（0.8%）等市，低于全国平均增速（24.5%，城镇口径），但高于全省平均增速（20.7%）。

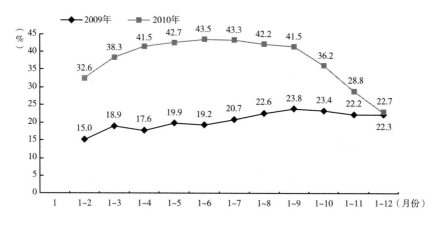

图 4 广州市全社国固定资产投资累计增速

消费需求持续畅旺。2010 年以来，市委、市政府继续大力推行"扩内需、促消费"的政策措施，借"亚运"商机提升广州"千年商都"形象，采取提升改造与规划新建相结合的方式，重点打造了广州美食园、广州老字号手信一条街、北京路广府文化商贸旅游区、岭南酒吧街等特色街区；还新建了一批高档现代购物中心，积极支持企业开展世界一线品牌招商，引入世界一线品牌在广州开设旗舰店和营销总部或区域营销总部；精心策划组织了"亚运广州购物行"、"广州亚运美食文化节"、"广州国际美食节"、"快乐广州迎春时尚购物节"、"广佛肇亚运欢乐购物节"等一系列活动，同时继续开展"万村千乡"市场工程、"4411"市场提升工程、家电下乡、汽车下乡以及家电以旧换新等活动。在这一系列政策措施的带动下，广州市消费市场需求持续畅旺。2010 年，全市实现社会消费品零售总额 4476.38 亿元，同比增长 24.2%（见图 5），增幅比第一季度提高 8.9 个百分点，比上半年提高 3.6 个百分点，比前三季度提高 2.9 个百分点。其中，批发和零售业、住宿和餐饮业分别实现零售额 3883.59 亿元和 592.79 亿元，同比分别增长 23.4% 和 29.5%。在限额以上批发和零售业中，社会消费品零售额增速较快的有中草药及中成药类、金银珠宝类、家用电器和音像器材类、汽车类、服装鞋帽和针纺织品类以及石油及制品类等，同比分别增长 47.1%、40.8%、36.1%、31.0%、29.3% 和 27.3%。全市批发和零售业商品销售总额21204.27亿元，同比增长40.0%，增幅比第一季度提高13.3个百分点，比上半年提高10.0个百分点，比前三季度提高4.0个百分点。

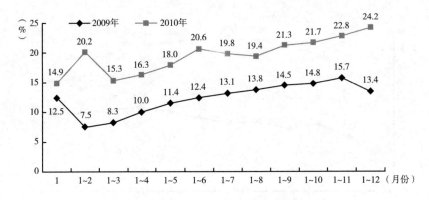

图5 广州市社会消费品零售总额累计增速

在全国主要城市中，2010年，广州市社会消费品零售总额（4476.38亿元）居第三位，低于北京（6229.30亿元）和上海（6036.86亿元）。广州市社会消费品零售总额增速（24.2%）居第一位，高于天津（19.4%）、重庆（19.0%）、上海（17.5%）、北京（17.3%）和深圳（17.2%）等市，高于全省平均增速（17.3%）和全国平均增速（18.4%）。

商品进出口恢复性快速增长。2010年，全市实现商品进出口总值1037.76亿美元，同比增长35.3%。其中，进口553.96亿美元，增长41.0%；出口483.80亿美元，增长29.3%（见图6）。2010年以来，广州市商品进出口总值各月累计增速均保持30%以上，这是在2009年低基数上实现的恢复性快速增长。在出口总值中，一般贸易出口和加工贸易出口分别增长26.4%和30.4%；机电产品出口和高新技术产品出口分别增长31.9%和30.3%。2010年，广州市外商直接投资实际使用金额39.79亿美元，同比增长5.4%。

在全国主要城市中，2010年，广州市商品出口总值（483.80亿美元）低于深圳（2041.84亿美元）、上海（1807.84亿美元）、苏州（1531.08亿美元）、东莞（695.98亿美元）、北京（554.67亿美元）和宁波（519.67亿美元）等市。广州市商品出口总值增速（29.3%）高于上海（27.4%）、深圳（26.1%）、天津（25.5%）和北京（14.7%）等市，低于重庆（75.0%）、宁波（34.5%）、佛山（34.4%）和苏州（34.2%）等市，低于全国平均增速（31.3%），高于全省平均增速（26.3%）。

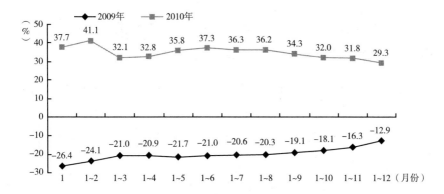

图 6　广州市商品出口总值累计增速

亚运助推旅游市场繁荣。2010 年，全市实现旅游业总收入 1254.61 亿元，同比增长 26.2%（见图 7），增幅分别比第一季度、上半年和前三季度提高 9.8 个、3.6 个和 3.3 个百分点。全年各月累计增速均较上年有大幅提高。近一年来，广州市以迎亚运为契机，大力改善城市面貌，新建了 1060 公里绿道，其中在中心城区的路段长达 393 公里，另外还新建 19 个开放式公园，新增绿地 1300 万平方米。绿道网串联各自然保护区、风景名胜区、森林公园、历史文化景点、农业观光园区等沿线人文资源。广州市旅游部门还推出了"新广州游"品牌形象和线路产品，共有 69 条旅游线路，其中一日游线路 63 条，包括"新广州城中轴线"、"羊城经典游"、"广州动感游"、"亚运体验游"、"广府文化游"、"珠江画廊游"、"广州美食一天游"等精品线路。

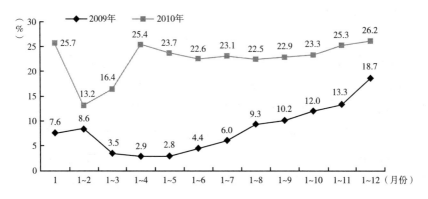

图 7　广州市旅游业总收入累计增速

（三）结构优化：三次产业和投资结构更加优化，三大支柱产业支撑作用明显；经济发展方式转变取得明显成效

三次产业结构更优。2010 年，广州市第一、二、三产业增加值占 GDP 的比重由上年的 1.9∶37.2∶60.9 变为 1.8∶37.2∶61.0，第三产业比重上升 0.1 个百分点。2007 年以来，广州市第三产业增速均快于全市 GDP 增速。2010 年，第三产业增速比全市 GDP 增速略快 0.2 个百分点。

三大支柱产业支撑作用明显。在汽车和电子制造业的带动下，三大支柱产业领涨全市规模以上工业，支撑作用明显。2010 年，全市三大支柱产业完成工业总产值 6649.56 亿元，占全市规模以上工业总产值的比重为 45.17%；同比增长 23.3%，快于全市规模以上工业平均增速 5.7 个百分点，对全市规模以上工业增长的贡献率为 57.0%，拉动全市规模以上工业增长 10.0 个百分点。

工业高技术产值比重提高。广州以全国创新型试点城市为契机，高水平规划并推进中新知识城、南沙新区、广州科学城和广州国际生物岛等重大区域的发展，着力推动经济发展从要素驱动向创新驱动转变，努力提高城市竞争力。2010 年，广州实现规模以上工业高技术产值 2243.69 亿元，同比增长 31.5%，增速快于全市规模以上工业平均增速 13.9 个百分点；占全市规模以上工业总产值的比重为 15.24%，比上年提高 1.6 个百分点。

投资进一步向第三产业倾斜。2010 年，广州市第一、二、三产业固定资产投资占全社会固定资产投资的比重由上年的 0.13∶20.51∶79.36 变为 0.10∶19.18∶80.72，第三产业比重提高 1.36 个百分点。

"退二进三"和"三旧"改造工作取得明显成效。2008 年以来广州市全面推进"退二进三"工作，加快产业转型升级和经济发展方式转变，并结合"三旧"（旧城镇、旧村庄、旧厂房）改造工作，开发创意园区，发展现代服务业项目，促进中心城区功能布局优化调整，取得良好的经济社会效益。

目前，广州市首批 116 家"退二"企业已经全部完成，中心城区将腾出超过 25 平方公里的土地用于发展现代服务业。纺织机械厂、白云皮革工业公司、镇泰玩具厂等一批国有和民营企业成功实现"腾笼换鸟"，利用"退二"老厂房、老仓库，建成 30 多个创意产业园，吸引近 30 个国家和地区的 1000 多家各类创意企业入驻，集聚了 2 万多名创意人才，为广州开创了一个新型的充满无穷潜力的新产业。广州外围现已基本建成广日工业园、国际橡胶工业园等 9 个高端产业园区,实现了产能提升和产业集聚发展。

广州市"三旧"改造工作也稳步推进,城市环境综合整治取得明显成效。目前已审批 15 条村的改造方案,批复旧厂房改造项目 38 个。计划用 3~5 年左右时间基本完成位于城市重点功能区的旧城区、影响城市景观和人居环境较差的旧城区成片改造。

(四)质量提升:财政收入、工业企业利润保持平稳较快增长

财政收入稳步较快增长。2010 年,全市实现一般预算财政收入 872.65 亿元,同比增长 24.2%。其中,营业税、增值税和企业所得税分别为 177.73 亿元、159.42 亿元和 93.53 亿元,合计占一般预算财政收入的 49.35%,营业税、增值税和企业所得税同比分别增长 17.2%、15.9% 和 27.7%。2010 年,全市地方财政总收入为 3348 亿元,同比增长 26.1%。

工业企业利润保持较高增长。2010 年,全市规模以上工业实现主营业务收入 13545.39 亿元,同比增长 23.4%;实现利润总额 970.25 亿元,同比增长 31.6%;亏损企业亏损额 57.05 亿元,同比下降 29.3%。

(五)民生改善:城乡居民收入、财政对民生支出较快增长,就业形势稳定,但价格上行压力较大

城乡居民收入继续增加。2010 年,广州市城市居民人均可支配收入 30658 元,同比增长 11.0%,其中工资性收入增长 10.9%;农村居民人均纯收入 12676 元,同比增长 14.5%。

财政对民生的支出较快增长。2010 年,广州市一般预算财政支出 978.22 亿元,同比增长 23.8%。广州市继续深入贯彻落实"惠民 66 条"、"补充 17 条"措施和"十大民生实事"措施,千方百计惠民生,财政对民生的支出明显加快。在财政支出面临较大压力的情况下,严控党政机关一般性行政支出,增加对民生的投入。2010 年,广州市本级财政投入民生和各项公共事业资金占一般预算支出的比重达 75%。2010 年,全市财政用于社会保障和就业、公共安全、医疗卫生的支出分别为 114.12 亿元、111.44 亿元和 51.39 亿元,同比分别增长 11.8%、21.1% 和 7.4%。

社会保险覆盖面进一步扩大。2010 年底，广州市社会保险五险参保人数达 2081.9 万人次，比 2005 年的 958.72 万人次增加了 1123.18 万人次，增幅达 1.2 倍；比 2009 年底增加了 225.2 万人次，增长 12.1%，提前完成了 1997 万人次的年度目标。

就业形势稳定。广州努力创建国家级创业型城市，2010 年全市城镇新增就业人数 97 万人，超额完成新增就业 20 万人的年度任务。2010 年末，城镇登记失业率为 2.2%，比上年同期（2.25%）下降 0.05 个百分点。

市场价格继续攀升。2010 年以来，广州市城市居民消费价格月度同比波动较大并稳定在较高水平。2010 年，城市居民消费价格同比增长 3.2%，增幅比前三季度扩大了 0.3 个百分点。其中食品类和衣着类引领价格上涨，分别增长 5.7% 和 6.6%。工业品出厂价格和原材料、燃料、动力购进价格增幅分别为 2.4% 和 10.9%，生产价格涨幅"剪刀差"呈逐季扩大态势，第一季度、上半年、前三季度和全年分别为 5.4 个、7.6 个、8.4 个和 8.5 个百分点。

三　广州经济运行中需要关注的问题

（一）经济发展的内生动力仍需加强

广州市经济发展的内生动力仍不够强。一是民营经济规模不够大，民营投资增长缺乏动力。近几年来，广州市民营经济增加值占全市 GDP 的比重均低于 40%，而国内大部分城市这一比例已过半，有的甚至高达 80% 以上。2010 年，广州市国有固定资产投资同比增长 22.1%，占全社会固定资产投资的 47.62%；民营固定资产投资同比增长 16.6%，仅占全社会固定资产投资的 16.59%，两者差别悬殊。二是自主创新能力还不强。广州市研发投入占 GDP 比重长期低于北京、上海、深圳等城市，研发产业化水平相对较低。三是最终消费率偏低。2009 年广州市 40.6% 的最终消费率，比北京（55.6%）、上海（52.3%）分别低 15.0 个和 11.7 个百分点。这表明广州市消费需求潜力亟待挖掘。受亚运积极效应影响，2010 年广州市社会消费品零售总额增速高于全省平均水平和全国多个副省级城市，要进一步巩固这一成果，不断促进消费增长。2011 年的货币政策将由上年的适度宽松转向稳健，这就更加需要注重经济增长内生动力的培育和激发，而不是仅仅依靠财政扩张和宽松的货币政策来推动经济发展。

（二）对外经济形势仍面临压力

目前，虽然世界经济复苏态势没有改变，但不确定因素依然较多，可能在较长期间内低位徘徊，中国经济的外部环境依然不容乐观。一是外需增长动力依然不足。全球经济进入低速增长期，发达国家经济持续低迷，消费疲软，需求减弱。美国、日本经济复苏明显放缓，欧洲经济复苏虽然超出预期，但内部失衡加剧，后续增长乏力。巴西、印度、俄罗斯等新兴经济体虽然保持较快增长，但通胀压力增大，资产泡沫风险上升，本币升值较快，经济下行风险也在积累。国际货币基金组织已将 2011 年世界经济增长预期由 4.3% 下调到 4.2%。二是贸易保护主义不断升温。美欧日等主要经济体宏观政策自顾倾向强化，贸易保护主义升温。在国际市场需求增长乏力、国际竞争加剧的情况下，美欧滥用贸易救济措施，强化对绿色、新能源产业和电子信息产品的贸易保护。中国遭遇的贸易摩擦从纺织、轻工等低附加值产业向新能源、电子信息等高技术、高附加值产业蔓延，从具体产品层面向产业政策、汇率制度等宏观层面延伸的态势更加明显。三是国内要素成本呈继续上升态势，企业经营压力增大。近年来，国内原材料价格上涨，劳动力成本上升，特别是 2010 年以来更为明显，企业已经感受到较大压力。短期内要素成本集中上升会挤压企业利润空间，影响企业出口积极性和外贸发展后劲。

四 2011 年广州经济发展对策与建议

2011 年是实施"十二五"规划的开局之年。"十一五"规划目标的圆满完成为"十二五"开局打下了坚实的基础，广州又一次站立在新的发展起点上，面临新的机遇和挑战。

（一）加快产业转型升级，转变经济发展方式

广州已初步建成以现代服务业、先进制造业和高技术产业为主导的现代产业体系基本框架，转变经济发展方式迈出了坚实步伐。下一步要着力以政策支持和

制度创新为保障，以科教引领和自主创新为驱动，更加注重产业集群发展和区域集聚发展，做大做强核心产业，提升产业竞争力，不断提高现代产业体系对经济增长的贡献率，增强国家中心城市功能。要继续推进"三促进一保持"、"退二进三"、"腾笼换鸟"和"双转移"等工作，坚决淘汰高能耗、重污染、低效益的落后产能。

（二）建立扩大消费长效机制，有效促进消费增长

从长期来看，只有消费需求才是经济增长的持久拉动力量，要增强经济增长内生动力必须不断扩大消费需求。要建立扩大消费长效机制，有效促进消费增长，应在关键问题上有所突破。一是有针对性地提升居民消费能力。对于中低收入群体，要通过加快收入分配改革、稳定就业和完善健全医疗、养老、最低生活保障等社会保障体系和社会公共服务体系，重点解决无力消费、不敢消费的问题。对于高中收入群体，应重点解决不便消费、无处消费、畸形消费的问题。二是要通过优化改善消费设施建设、升级换代专业市场工程、建设社区服务基础设施等来改善消费环境。三是培育信用消费、服务消费、旅游消费、文化消费、体育消费、健康消费、绿色消费、低碳消费等新兴消费热点，科学引导消费行为，激活消费潜能。

（三）继续加大对民营企业的扶持力度

民营经济是广州转变经济发展方式、深入实施"富民强市"战略、加快建设国家中心城市的重要生力军，在繁荣城乡经济、促进劳动就业、保持社会稳定等方面发挥着重要作用。要着重抓好市委、市政府制定的"1＋10"的政策体系（即《关于加快发展民营经济的实施意见》和10个配套政策文件）的实施落实，要进一步加大财政支持力度，优化政府服务，有效解决民营企业家入门难、融资难、用地难等一系列突出问题。要鼓励民营企业发展自主品牌，加快升级转型和自主创新，提升企业核心竞争力。同时要降低民间资本准入门槛，鼓励和引导民间投资流向民营企业和中小企业，为民营经济平稳较快发展创造更好的政策环境。

（四）大力发展战略性新兴产业

2010年10月，国务院下发的《关于加快培育和发展战略性新兴产业的决

定》指出现阶段将重点培育和发展节能环保、新一代信息技术、生物、高端装备制造、新能源、新材料、新能源汽车等七大行业。

广州应以此为契机，将发展战略性新兴产业作为建设国家中心城市、转变经济发展方式的重要引擎。要结合广州已经形成的以信息、生物、新材料为主体的新兴产业良好集群化态势，依托知识城、科学城、大学城，打造集知识生产、传播、运用和营销于一体的知识创新区，打造华南科技创新中心，大力推进国家创新型城市建设。要加快研究推动战略性新兴产业发展的相关工作，制订战略性新兴产业的发展规划，在财税补贴、政府采购、成立专项资金、人才引进等方面提供支持，促进战略性新兴产业向集聚化、高端化、融合化和国际化发展。

（五）开拓新兴市场，稳定扩大外需

要积极开拓新兴市场，努力巩固传统市场。在巩固韩国、日本、美国、欧盟等传统市场的同时，要全力开拓东盟、中东、俄罗斯、南美及非洲等新兴市场。要优化出口商品结构，努力扩大自主品牌和高附加值产品出口，提高出口产品竞争力；要促进货物贸易和服务贸易协调发展，完善推动服务贸易发展机制。同时积极扩大进口，鼓励引进科技含量高、资源消耗低、竞争优势强的技术装备、关键零部件、重要能源资源和原材料。要优化投资环境，加大吸引外资力度，优先引进现代产业体系和战略性新兴产业。

（六）谋划"后亚运时代"广州大发展

亚运会的成功举办，向全世界展示了一个全新的广州，也向全世界展示了广州岭南文化的深厚底蕴和独特魅力。通过亚运会，广州城市整体形象和城市环境面貌得到了很大的提升和改善，天更蓝、水更清、路更畅、房更靓、城更美，广州的城市建设加快了 5 ~ 10 年。

谋划"后亚运时代"广州大发展，一是要加快文化产业发展，以此推动世界文化名城建设。要充分利用亚运积极效应，深入挖掘广州的文化底蕴，提升文化品牌效应和城市文化品位。完善文化产业市场体系，形成配套政策和管理机制，重点培养一批骨干企业和引进专业人才。进一步制定优惠措施，拓展经营性文化产业的投资力度和广度，尤其要注重对中小文化创意企业或机构的扶持。结

合规划建成的创意产业园区和现代服务业项目，重点突破报业出版、网游动漫、创意设计、广播影视和演艺娱乐等五大产业，不断扩大文化产业规模。二是要充分利用亚运体育场馆，加快推动体育产业发展。体育场馆赛后利用是世界性难题，不仅要利用亚运场馆扩大公共服务范围，提供全民健身场所和承担体育训练与竞赛任务，还要丰富经营内容，引入一系列职业联赛、商业赛事、会议会展、大型演艺等商业服务，提高经济效益，增加就业岗位。三是要利用"千年商都"优势，加快国际商贸中心建设。举办亚运会受益最大的是服务行业，借助亚运会，广州荣登《福布斯》大陆最佳商业城市榜首，荣获"国家美食之都"称号；外资、港资、北商等外来资本纷纷抢滩广州，为广州新增近100万平方米的商业面积；15个大型高端商贸项目如太古汇、万达广场、高德置地广场四季MALL等在亚运前后陆续开业。要充分发挥已有的优势和平台，提升改造传统商贸业，扩大广州商圈辐射范围，发展现代商贸流通业，吸引国际著名品牌，吸纳高端消费人群，构建"四线三圈，两轴一带"①的现代国际大都市商业格局。四是要继续巩固和发展城市环境大变成果，建立长效机制，继续推进空气环境、水环境、交通环境和人居环境综合整治建设和城市绿化美化亮化工作，让城市环境面貌"大变"成果长久惠及广大市民群众，为建设宜居城市和国家中心城市提供有力的环境保障。

（七）着力改善民生，促进社会和谐稳定

积极处理好经济发展与社会发展的关系，更加注重和谐社会建设和民生事业改善，让老百姓共享改革发展的成果。政府要围绕医疗、住房、教育、养老、物价等重点民生问题，加大财政投入力度，增强居民幸福感。继续实施积极的就业政策，通过开展就业援助月专场招聘会、创业带动就业培训等活动，重点帮扶高校毕业生、外来务工人员和困难群体就业，促进就业形势基本稳

---

① 建设"四线三圈，两轴一带"现代国际大都市商业格局是指：以东、西、南、北四个方向的地铁、轻轨和快速干道交通放射线为基础，规划实施"东推进、西延伸、南拓展、北培育、中提升"的商业网点发展布局；以广州城市环形干道为圆周，打造"内精、中厚、外强"的三个商业圈层；以老城区传统商业中轴线、新城区现代商业中轴线和珠江滨水带为核心，建设集文化历史、休闲娱乐、商旅互动、滨水景观等商业功能于一体的广州"千年商都""购物天堂"的特色形象。

定。加大保障性住房建设力度，加强住房供应和需求双向调节，促进房地产市场健康发展。

（审稿：谢博能）

Analysis on Guangzhou's Economy Development in 2010 and Forecast for 2011

Joint Research Group of Comprehensive Division, Statistics Bureau of Guangzhou Municipality and Guangzhou Development Academe, Guangzhou University

Abstract: The total economic output of Guangzhou in 2010 had reached a historic high. The main domain such as industries production, investment and consume and foreign trade foreign investment maintained a fast increase, the economic structure further improved, the quality of economic development further increased, good results were attained in the transformation of economic development mode, the objectives of the 11th five-year plan were all fulfilled. Besides, the report also pointed out some problems of Guangzhou economy, and forecasted the economic situation in 2011, and proposed corresponding countermeasures and suggestions.

Key Words: Guangzhou; Economic Development; Post Asian Games Era; Forecast

行 业 篇

Industry

B.2
广州市工商经济"十一五"时期
发展情况分析及 2011 年展望

广州市经济贸易委员会课题组

摘　要："十一五"时期，广州成功跃上了"两个万亿、三个千亿"的新台阶（商品销售总额和工业总产值分别于 2007 年和 2008 年突破万亿元；工商税收 2008 年首破千亿、三大支柱产业产值均跨千亿、广州汽车工业集团成为首个千亿企业），工商经济发展取得重大进展。2011 年，广州市将立足加快建设低碳广州、智慧广州、幸福广州，加大资源配置力度，增强工商业辐射力和竞争力，推动制造业升级改造争创产业链竞争优势，全面提升商贸业建设国际商贸中心，加快发展战略性新兴产业抢占发展制高点，促进中小企业和民营企业大发展增强核心竞争力，突出抓好节能减排提升科学发展实力，为"十二五"开好局、起好步。

关键词：工商经济　发展情况分析　展望　广州

一 "十一五"时期和 2010 年广州工商
经济发展总体情况

2010 年，广州市经贸系统按照市委、市政府工作部署，深入贯彻落实科学发展观，把握举办亚运的契机，推进产业结构调整，加快转变发展方式，制定《贯彻珠江三角洲地区改革发展规划纲要加快建设工商业现代产业体系的实施意见》，围绕建设与国家中心城市相适应的工商现代产业体系和国际商贸中心，积极扩大内需，着力推动制造业高端化，全面提升商贸业，大力发展民营经济，扎扎实实惠民生，取得了保障亚运和经济平稳较快增长的双丰收，完成了"十一五"规划预期的工业总产值 13000 亿元、年均增长 15% 左右，工业增加值 3500 亿元左右、年均增长 13.5% 左右，工业单位增加值能耗比"十五"期末降低 20% 的发展目标，跃上了"两个万亿、三个千亿"的新台阶（商品销售总额和工业总产值分别于 2007 年和 2008 年突破万亿元；工商税收 2008 年首破千亿、三大支柱产业产值均跨千亿、广州汽车工业集团成为首个千亿企业）。2010 年，广州荣获全国流通领域现代物流示范城市、全国首个由中烹协和世烹联分别授予的"食在广州·中华美食之都"和"国际美食之都"的双料称号城市、《福布斯》2010 年中国大陆最佳商业城市、全省双转移考核排名第一等殊荣，在推动工商业科学发展进程中迈出了新的坚实步伐，为"十二五"发展创造了有利条件。2010 年，工商经济发展主要体现为"六增六提升"。

（一）效益及贡献增多、资源消耗减少，工商经济发展质量进一步提升

全市规模以上工业增加值和工业总产值分别达 3593 亿元和 14721 亿元，同比分别增长 12.5%、17.6%，比 2005 年分别增长 86% 和 1 倍。社会消费品零售总额 4476 亿元，同比增长 24.2%，比 2005 年增长 1.3 倍。工业利润达 970 亿元，增长 31.6%。工商业增加值占全市 GDP 的 50.4%，工商业税收 1300 亿元以上，增长 21.5%；单位工业增加值能耗同比下降 14% 左右，比 2005 年末下降 40% 左右，为全市"十一五"节能目标的完成作出了 80% 的贡献。

（二）现代产业引领作用增强，产业层级进一步提升

商贸业增加值增速高于全市 GDP 增速 6 个百分点以上，对三产增长贡献率达 40%。新增 10 个现代化城市综合商业体，现代展贸市场成交额大幅提高，目前拥有国际一线品牌 65 个，网购消费同比提高 2 个百分点以上，连锁经营率 60%左右，比 2005 年提高 20 多个百分点。先进制造业对工业增长的贡献率达 65%。汽车等三大支柱产业、装备制造业分别完成工业总产值 6650 亿元和 5907 亿元，分别增长 23.3%和 24.0%，占规模以上工业总产值比重分别比 2005 年提高 2.2 个和 4.1 个百分点。汽车年产量突破 135 万辆，在全国乘用车产区中次于上海排名第 2。制造业成套化、系统化水平进一步提升，30.8 万吨超大型油轮正式下水，制造出国内首台百万千瓦级核电反应堆压力容器，首建国内绞刀功率最大的挖泥船和直径最大的盾构机。战略性新兴产业培育取得重大突破。争取 24 个项目列入省新兴产业发展百强，12 家企业被认定为省战略性新兴产业骨干企业。平板显示、新一代通讯设备和终端、物联网、数字家庭等 4 个战略性新兴产业基地被认定为首批省级示范基地，占全省的 1/5。高端装备制造、新电子信息、生物医药、新材料、新能源和节能环保等五大战略性新兴产业合计产值同比增长超过 30%。

（三）创新驱动作用增强，产业竞争力进一步提升

高新技术产品产值 5671 亿元，增长 28.9%，拉动工业增长 10.2 个百分点，占规模以上工业总产值比重比 2005 年提高 9 个百分点。"十一五"以来，争取国家、省、市财政 13.5 亿元，重点支持装备、新能源、新材料等领域实现 300 项关键技术突破；企业参与制定的国家标准占比由 2005 年的 42.8%上升为 2010 年的 47.2%，开发了一批具有自主知识产权国内领先的新产品；首次认定市级企业技术中心 41 家，新增国家级、省级企业技术中心 86 家，国家级企业技术中心（17 家）占全省 37%，稳居第一，新增中国名牌产品、中国驰名商标 55 件。科技服务水平显著提升，新增公共技术服务平台 100 个（国家级 19 个），为珠三角企业提供检测、认证、研发等服务。

（四）内需和内源经济拉动作用增强，内生增长动力进一步提升

工业品内销占规模以上工业销售产值的 81%，对工业增长的贡献率达 74%，

民营经济实现增加值 4056 亿元,占全市 GDP 的 38.2%,近 5 年年均增速为 14% 左右,快于同期全市 GDP 年均增速;来源于民营经济的国税、地税收入年均增速为 17% 左右,高于全市税收总收入平均增幅。民营企业从业人员占全市近四成。力促香雪制药、珠江钢管、高新兴通讯、海格通讯等 5 家中小企业成功上市。20 家企业进入省民营企业 100 强,评选出 37 家市优秀民营企业。

(五) 大集群、大企业支撑作用增强,规模化集聚化水平进一步提升

东部、南部、北部产业集聚效应不断扩大,占工业七成的萝岗、黄埔、增城、南沙、番禺、花都等重点区域拉动工业增长 15 个百分点左右。增城工业园升级为国家级经济技术开发区,广州开发区和花都汽车城成为国家级新型工业化示范基地,10 个"退二"产业基地和广日工业园、万宝工业园的集聚发展和承接作用显著增强。中心城区消费集聚功能日益增强,越秀、荔湾、天河、海珠等 4 个区合计实现社会消费品零售总额占全市的 50% 以上。28 个央企合作项目进展顺利。近九成的工业总量由 1300 户超亿元企业创造,限额以上商贸企业占社会消费品零售额比重为 46%。

(六) 惠民利民实力增强,生产要素和市场供应保障能力进一步提升

全社会用电量 626 亿千瓦时,增长 10.4%,其中工业用电增长 12.9%,城乡居民用电增长 6.5%。本地汽、柴油供应 367 万吨。"十一五"期间,新增 5000 平方米以上大型商业网点 112 个,增长 1 倍以上,新增商业网点面积 384 万平方米,增长 2 倍以上。农家店全面覆盖全市 39 个镇级店和 1165 个村级店,商品统一配送率均达 90% 以上。5 年来全面完成 162 条街镇共 533 个再生资源社区回收示范点规划建设。事关民生的蔬菜、肉禽、粮油等主副商品供应稳定,典当、拍卖、旧货、食盐和酒类流通、民爆管理等市场秩序良好,为民生保障、快乐购物和"平安亚运"作出了重要贡献。

二 2010 年广州工商经济发展的主要工作措施

(一) 更加注重国际商贸中心建设,促进商贸业加快发展

1. 突出发展高端商贸业

以市政府名义出台《关于加快发展现代商贸流通业,推进国际商贸中心城

市建设的意见》、《广州市产业物流发展规划（2010～2020年）》、《广州市培育现代商贸业重点企业重点项目的认定与扶持办法》，结合新城市功能区定位，进一步细化珠江新城、白云新城、琶洲—员村、白鹅潭等相配套的商业功能区策划建议方案，成功举办"国际商贸中心"高峰论坛，继续跟进136个高端商贸项目，力促白云万达广场、友谊国金店、万菱汇等8个大型高端购物中心建成开业。广州火车南站、珠江新城、江南新地等一批新商圈商业档次加速提升，天河北、环市东、北京路、上下九等都会级商业功能区持续兴旺。天河区大力发展地标式高端商贸集聚区和总部发展基地，零售总额保持各区（县级市）之首。

2. 积极推进美食之都建设

全力建设荔湾区广州美食园、沙面欧陆风情美食区、越秀区惠福美食花街、海珠区太古仓滨水美食区等14个美食街（区）和一批城市美食新载体，有效整合餐旅文等资源，打造为城市发展新亮点。策划"广州美食街（区）逐个数"系列报道，联动5大餐饮协会开展"十大"名店、名厨、名菜、名点、名宴、广州手信评选和宣传推广系列活动，组织广州名小吃"申遗"工程。

3. 进一步增强会展业影响力和带动力

以市政府名义出台《关于加快会展业发展的若干意见》，从6大方面提出22条发展措施，制定并实施《广州市会展业发展专项资金管理试行办法》，加大对品牌会展的奖励和扶持。赴台湾、中东（科威特）等地推介广州会展业。构建"市区街三级联动"广交会保障服务体系，广交会单展规模世界第一，汽车、照明、家具、美容美发等专业会展影响力进一步增强，广州国际设计周、广州网货交易会以及广州（海珠·琶洲）会展经济论坛等成功举办。

4. 加速打造"广州采购"和"广州价格"

制定批发市场向现代展贸市场转型发展的布局规划，新建或启动10个展贸市场，为市区传统批发市场升级和迁移建造了新载体，推进8个传统批发市场加快或启动升级改造。启动塑料、钢铁、中药材等9个广州批发商品价格指数编制工作，不断完善六大大宗商品电子交易中心物流配送、金融服务、质量检测功能，IT和家电、蔬果、水产品等广州价格话语权进一步巩固，商贸中心城市商品集散和资源配置功能进一步增强。

5. 积极扩大内需

举办广州产品全国行（合肥）活动，达成总金额近70亿元的25项经贸合作项目。实施消费升级行动计划，开展"广佛肇迎亚运大联展、大促销"以及服装节、数码节、水果节，继续推进"汽车、家电下乡"、"以旧换新"及"节能产品进社区"，截至 2009 年底全市累计销售家电下乡产品和以旧换新产品 121 万台，销售额约 43 亿元，办理汽车以旧换新 14872 辆，居全省第一，拉动购买新车 12 亿元以上。一大批企业积极拓展国内外市场，国际集团华轮公司在全国新布局 1100 多家终端店。广百、友谊、广州酒家、摩登百货等加快拓展市内外分店。

（二）更加注重制造业优化提升，促进产业高端化发展

1. 发挥大项目、大基地带动作用

重点跟进中烟生产基地、东风日产扩建、和谐号大功率机车等 28 个央企项目，以及广州重大装备产业基地（大岗）、数控 GSK 产业化基地等 31 个先进制造业项目，召开 50 多场现场会协调用电、规划、配套设施建设等问题。推进 90 多个新增产值约 600 亿元的项目（企业）投达产。利用"三旧"改造腾出的空间发展了一批高端项目。增城工业园引进北汽集团 30 万辆整车华南基地项目。广州开发区引进 LGD8.5 代高世代液晶面板项目。花都"新科宇航"飞机维修项目已获商务部正式批准。从化经济开发区和明珠工业园实现工业总产值占该市总量的一半。番禺和从化等制冷基地带动万宝集团产值增长 40% 以上。

2. 大力发展战略性新兴产业和高新技术产业

组织实施《关于促进广州工商业战略性新兴产业发展的实施意见》，力促 176 个战略性新兴产业或高新技术产业化项目加快推进，推动激光技术在机械加工、金属焊接、材料修复等领域应用，粤产首款混合动力轿车量产，锐丰音响产品成功进入上海世界博览会和 2012 年英国伦敦奥运会；广州儒兴领跑国内导电浆料行业；晶科电子国际领先水平的大功率 LED 芯片进入规模化生产；萝岗区孵化器催生近 500 家医药、新材料等战略性新兴产业企业。

3. 扎实推进"产业转移"和"退二进三"工作

召开 5 次联席会议，组织 8 批次企业赴梅州、湛江、阳江、茂名和湘西等地开展产业对接，在省产业转移考核中与佛山并列第一。2008 年以来，全市停产、关闭、搬迁企业（项目）5699 家（个），向市外转移企业 175 家（其中进入省产业转移园 120 家）。推动首批 116 家"退二"企业转移搬迁。利用"退二"老厂

房、老仓库发展国际信义会馆、北岸文化等 30 多个创意产业园。橡胶、机械、纺织、化工等行业"退二"工作取得新进展,广州 TIT 纺织创意产业园影响力扩大,广日工业园 6 家"退二入园"企业合计实现产值增长 60% 以上,轻工集团利用"退二"置换的厂房打造中小企业科技创业园。

(三) 更加注重创新驱动和招商引资,促进产业可持续发展

1. 增强企业自主创新能力

实施"七大技术改造工程",推动 120 家企业开展总投资超过 160 亿元的技术改造项目。积极推动新材料、数控设备、钢琴制造等领域的一批企业引领国内行业技术发展和标准制定。加快发展工业设计,举办国际设计周、工业设计大赛,率先在工业设计示范园区开展技改项目招标,推进开发区工业设计产业化基地建设,基地 48 家骨干企业以工业设计引领产业发展,新产品率均达 60% 以上。新认定 36 家广州老字号。广汽自主品牌轿车"传祺"成功下线。无线电集团新产品产值率达 74%。电气集团高新技术产品产值增长 60% 以上。

2. 加大产业招商和协作的力度

会同番禺区政府、广州船舶工业公司联合在希腊国际海事展举办广州投资环境和广州重大装备制造基地 (大岗) 产业招商推介会,引进 7 家企业落户。花都区依托东风日产扩建项目开展汽车产业链招商,6 大项目已进驻。白云区在新加坡举办招商引资推介会,重点推介白云新城、空港综合保税区、粤港 (台) 流通服务业试验区等项目。加快推进广佛肇经济圈产业协作和支援新疆喀什工作。

(四) 更加注重工商业绿色发展,促进产业与生态协调发展

1. 深化循环经济和清洁生产工作

启动第一批广州丰田等 16 个企业和广州开发区园区循环经济试点工作,加快推进太阳能发电系统、冰蓄冷空调系统等一批循环经济示范项目建设。开展新能源汽车充电网络规划研究。在全省率先启动"千家企业清洁生产行动",覆盖占全市工业能源消耗总量 80% 以上的 1100 多家规模以上工业企业。27 家企业获得省清洁生产企业称号,完成清洁生产验收企业 29 家。33 家机构被认定为省清洁生产技术服务单位,占全省的 41.5%。发展集团累计投入 5 亿元按"零排放"标准全面整治污水处理,实现了生产用水循环使用。

2. 强化节能降耗工作

开展"百家重点耗能企业节能行动",分解落实 130 多家重点耗能企业年度节能目标,对一批"两高一资"和产能过剩企业限电 20% ~ 50%,督促造纸、印染、高污染锅炉等 11 个行业企业淘汰或拆除落后用能设备。推广高效照明产品 130 万只。组织 93 项节能技术改造项目,争取各级扶持资金 7638 万元,广州物流公共信息平台等 3 个项目获工信部"两化融合节能减排试点项目"。全市六大高耗能行业产值单耗大幅度下降。珠啤集团"十一五"期间节能约 1 万吨标煤,产生经济效益约 2 亿元。广药白云山总厂等一批企业荣获全国节能减排领军企业。

(五) 更加注重优化发展环境,促进中小企业和民营企业大发展

1. 健全政策体系

组织落实市委、市政府关于加快发展民营经济的"1 + 10"政策文件,着重解决投资准入难、融资难、用地难。积极争取国家、省、市各项资金近 20 亿元,支持 2000 多个项目,表彰一批优秀民营企业,筛选 300 家企业列入第一批"中小企业成长计划工程"。

2. 优化公共服务环境

建立了由 17 个机构组成的广州中小企业服务联盟,开展辐射珠三角的创业辅导、筹资融资、市场开拓、技术支持等公共服务。截至目前,广州市有 29 家被省认定为中小企业服务机构示范单位,名列全省首位。番禺区厂商会被评为"2010 年省中小企业公共服务十佳单位"。分类实施"企业家培训计划"、"紧缺人才培育计划"、"中小企业银河培训计划",共组织各类培训 8000 余人次。

3. 改善投融资环境

推行政府、银行、担保机构、小额贷款公司"四位一体"的中小企业金融服务模式,为中小企业提供"一站式"金融服务和"个性化"融资产品,30 多家融资担保机构全年为 2000 多户中小企业提供 140 亿元贷款担保。指导和支持越秀区成立广州市首个中小企业金融服务基地。创新批发市场 5000 万元专项资金使用方法,以贷款担保形式促使财政资金由无偿补助向循环使用转变。推动市融资担保中心开展再担保业务,为全市信用担保机构提供再担保 36 亿元。开展中小企业融资需求调查,为金融机构提供 1069 亿元企业融资需求。争取商务部、工信部给予 19 家信用担保机构 2944 万元融资担保补助。

（六）更加注重保亚运惠民生，促进服务水平提升

1. 组织开展优质服务迎亚运大行动

以《关于改善购物环境提升购物品位打造购物天堂工作方案》为指引，向全社会印发《广州商贸业服务规范指南》、《广州亚运旅游消费指南》等，评选出 176 家商贸及饮食服务示范门店、37 家特色餐饮服务店和 150 名服务之星，设立超 1000 个志愿服务点。开展"全城商家亚残会爱心服务大行动"，发动近千家商业企业参与优惠活动。以流花主场馆及 12 个区县分场馆"一区一主题"的形式，举办"迎亚运美食文化节"系列活动，组织 2000 多家餐饮企业和门店参与，吸引国内外宾客 1500 万人次，呈现了一场内容丰富、群众喜闻乐见的饮食盛会，为餐饮企业搭建了一个展示、交流、提升的平台，营造了浓郁的亚运节庆氛围。

2. 全力保障涉亚食品和电油供应

发布《广州亚运清真餐饮食品供应服务指引》，建立清真食品供应平台及保障互助、市场对接等机制，支持和协助 30 多家清真厨房或餐厅区域完成改造，聘请 60 多名清真厨师支持亚运清真餐饮供应，选定 21 家清真餐饮企业作为亚运会供应点，保障了亚运期间清真食品供应。引导一批商业网点入驻亚运场馆。岭南集团组织 1.2 万人参与涉亚接待，圆满完成了接待服务任务。市经贸委专门成立 5 个亚运场馆保供电工业协调小组，发挥亚运电力与公用服务保障组牵头作用，大规模排查并整治供电隐患 5831 项，会同南方电网组织 5 省 3000 多名技术骨干维护场馆运行，每日出动近 2 万人次，确保了亚运会和亚残运会期间，比赛、训练场馆、接待酒店、新闻媒体等 7500 个保供电对象全部实现"零失误"、"零事故"、"零投诉"。在亚运前全面完成了 514 座加油站、13 个储油库的改造任务。

3. 抓好亚运限产限行和安全生产工作

制定《亚运会期间极端不利气象条件重点监管企业限停产工作预案》，开展限停产应急演练，联动各区、县级市科学指导限产限行企业调整产销及原材料运输等计划，全力保障企业正常生产经营，落实广石化等 11 家企业一级应急减排措施。组织民爆企业进行安全隐患大排查，确保全市民爆产销企业落实停产、停销、停运措施。对全市重点市场、重点商业场所，以及石化、电力企业进行安全

专项检查。

4. 扎实推进民生工程

组建家政服务、电器维修、洗衣洗涤等行业的"诚信服务联盟"。引导天天等服务业品牌进驻一批社区。制定重要商品重大节日保供应应急预案，完善粮油肉糖等 8 类商品应急监测网络。粮食、蔬菜、副食品、食品等主副食品企业积极抓好货源组织，确保市场供应。进一步完善"万村千乡市场工程"门店及商品配送网络。修改完善《广州老字号招商规范及保护名录》、商铺扩建听证等制度。设立 12312 食盐和酒类投诉举报服务热线，检查盐酒店档近 2 万多间，捣毁制假地下窝点 56 个，查处制售假冒伪劣盐酒产品案件 221 宗。

三　2011 年广州市工商经济发展展望

2011 年，广州市将全面贯彻落实省委十届八次全会、市委九届十次全会精神，立足加快建设低碳广州、智慧广州、幸福广州，以科学发展为主题，以加快转变经济发展方式为主线，以加快产业转型升级为核心，以改革创新为动力，以扩大内需为着力点，以惠及民生为落脚点，以优化环境为切入点，加大资源配置力度，增强工商业辐射力和竞争力，推动制造业升级改造争创产业链竞争优势，全面提升商贸业建设国际商贸中心，加快发展战略性新兴产业抢占发展制高点，促进中小和民营企业大发展增强核心竞争力，突出抓好节能减排提升科学发展实力，为"十二五"开好局、起好步。

（一）加快转变发展方式，提升工商业科学发展水平

1. 加快拓展增长空间，增强消费对经济增长的拉动力

努力扩大消费需求，充分发挥"后亚运经济"效能，大力开拓绿色消费、健康消费、节庆消费、信用消费等新兴消费热点，积极发展网络购物等新型消费业态，推动文化产品下乡，促进农村文化消费。研究和推动出台扩大消费措施特别是取消限制高端消费政策。落实以旧换新和家电下乡政策措施，建立产供销联盟，举办广佛肇大联销、家电下乡大联展、工商企业产销大对接等活动。增强"广州采购"与"采购广州"的吸引力。会同有关部门利用亚运场馆，开展购物、休闲、消费系列活动。加快构建广货全国展销平台和网络，深入开展"广

货产品全国行"活动，以市场容量大、辐射力强的二线城市为新的重点，着力拓展东北、西北和沿海市场，推动开拓国内市场向纵深发展。

2. 加快夯实增长基础，增强创新驱动能力

大力实施技改滚动计划和工业企业重点技改"双百"工程，支持 100 个重点技改项目，国家级、省级企业技术中心突破 100 个以上。加大建设企业技术中心和公共技术服务平台，支持和辅导战略性新兴产业和民营企业建立技术中心，认定一批流通服务业市级企业技术中心。依托国家级、省级企业技术中心，分行业组建一批技术中心联盟。在装备制造、电子信息、生物医药、新材料、节能环保与新能源等领域重点支持建设一批提供研发设计、试验检测、认证咨询、工程化与信息化等服务的公共技术平台。引导企业加强管理创新和商业模式创新，采取有效措施，引导企业导入供应链管理和基于电子商务的经营管理等现代管理模式。研究制定鼓励商业模式创新的政策措施，认真总结商业模式创新的典型经验，营造全社会关心支持商业模式创新的浓厚氛围。发布《实施名牌战略重点培育和扶持发展自主品牌企业指导目录》，加大力度培育一批拥有自主知识产权、具有市场竞争力的服务业品牌企业。

3. 加快转变增长模式，增强环境友好可持续发展能力

开展循环经济示范试点，在钢铁、水泥等行业培育 5 家左右低碳化改造示范企业，打造 2 个左右低碳示范产业园。探索建立生产节能低碳产品和服务的激励机制。落实工商业节能降耗年度目标任务，抓好 5000 吨标煤以上重点耗能企业的跟踪服务和考核，推进年综合能源消费量 1000 吨标煤以上的商贸酒店企业监管，奖励扶持 100 个以上节能项目及节能服务机构。摸查印染、化纤等 15 个行业落后产能，分解任务，强化考核。落实"千家企业清洁生产"行动，推动钢铁、发电、化工等行业及广州开发区等重点园区企业清洁生产全覆盖。推进资源综合利用，扶持一批国内领先的行业龙头企业，推进废弃电器电子产品处置、工业再制造等。

（二）加快产业结构调整，建立创新型现代产业体系

1. 大力发展现代商贸、现代会展等战略性服务业，增强国际商贸中心城市资源配置能力

（1）突出高端商贸资源集聚，着力推进国际购物天堂建设。编制商业网点

发展规划及商贸业分类指导目录,在地铁沿线、南沙、萝岗等新城区和镇级商业中心以及重要产业园区建设综合性的商业设施。依托珠江新城—员村地区、琶洲地区、白云新城、白鹅潭地区、城市新中轴线南段地区、临港商务区等新现代服务业功能区以及天河路、环市东路商圈,规划建设一批标志性高端商业综合体,引进一批国际顶级名牌旗舰店。优化发展现代分销业,吸引一批国内外大型连锁企业将(区域)总部和采购中心落户广州,引进一批拥有知名品牌产品总经销或总代理权的企业。逐步完善全市中心城区商圈、特色商业街的休闲设施、停车场以及电子地理导购等配套设施。

(2)突出国内外品牌会展资源集聚,着力推进国际商务会展中心建设。赴上海、北京等城市推介广州会展环境和品牌会展,扶持奖励一批新创办的规模较大的展会、一批从省外和境外引进落户广州市的全国性或国际性优质展会、一批连续举办 10 年以上的品牌专业展会,与国内外知名展会机构合作共建 10～15 个为产业转型升级服务的国际性专业论坛,积极打造琶洲会展核心功能区、白云新城会议功能区、流花展馆消费展中心。

(3)突出全球商品集聚,着力推进国际采购中心建设。培育以"广交会"、"中博会"等重大展会客源为主的采购组团,对接专业会展或大型现代化展贸市场,发布一批"广州价格指数";培育以塑料、金属材料、化工等电子交易平台为核心的大宗商品工业原材料国际采购中心;培育以广州国际商品展贸城等为核心的大型展贸市场(园区)的国际采购中心。

(4)突出岭南美食集聚,着力推进国际美食之都建设。打造食博汇等粤菜品牌聚集区,实施粤菜名店、名厨、名菜、名点、名宴等"品牌培育工程",完善 14 条美食街区的设施配套和管理提升,建设一批地标性美食街区。

(5)加快批发市场和"五小企业"升级改造。召开专题工作会议,签订责任状,强化属地管理。以不保留、转营、规划调整、展贸化转型升级 4 种形式,逐步减少中心城区("中调"范围内)市场数量,发布酒店用品、中药材等广州批发价格指数。

2. 大力改造提升制造业,增强产业链配套能力

(1)提升支柱产业链竞争优势。加快推进自主品牌、节能和新能源汽车以及汽车电子产品产业化,加快发展花都、南沙、萝岗、番禺、增城和从化等汽车及零部件基地建设。推进东部石化基地、南沙临港石化基地和开发区精细化工基地三大集聚区建设，提高产业链上游与下游产品比例。打造半导体照明产业集群，壮大通讯设备、消费类电子制造业。

（2）促进装备制造业成套化、系列化发展。以南沙重型装备制造基地、广州重大装备制造基地（大岗）、南车轨道交通基地和广州经济开发区等一批重大装备制造产业基地为依托，重点发展船舶、核电和输配电、货币自助、轨道交通、工业机器人等成套设备。

（3）促进传统产业改造提升。研究制定相应的政策意见，以大力发展植入高科技因素的传统制造业为突破口，以家电、纺织服装、食品、轻工造纸等行业为重点，支持20个优势传统产业项目提升改造。

3. 大力培育战略性新兴产业和智慧产业，增强产业核心竞争力

在电子信息、高端装备制造、新能源和节能环保、生物医药、新材料等5大领域认定一批市级重点企业或基地，加快培育"百强"新兴产业项目，重点支持核心电子器件、高端芯片、基础软件、新一代移动通讯、下一代互联网、物联网、智能制造装备、轨道交通装备、海洋工程装备等技术研发和产业化。省市区联动推进4个省级战略性新兴产业基地建设，着力打造高端信息、新材料和生物等3个千亿元级新兴支柱产业，建设全国重要战略性新兴产业基地。大力发展智慧产业，依托中新知识城、天河智慧城、南沙智慧岛等，制定一批产业指引及配套政策，加强物联网、新能源汽车、三网融合、信息技术服务、云计算等重要标准制定；构建一批智慧产业基地，打造智慧装备和产品研发与制造、智慧服务业示范推广等；推广一批智慧技术，加快推广应用射频识别、多维条码、卫星定位等技术，打造全国智慧产业发展示范城市。

4. 大力推进产业融合，增强工商经济发展实力

出台《制造业服务化工作意见》，大力发展生产性服务业、总部经济，积极发展软件服务、工业设计、电子商务、信息服务、科技管理咨询等新兴业态。

（1）推进科技服务业与制造业融合发展。以扩大服务和示范奖励为抓手，重点推进10个产业集群区、20个工业园区、30个创意园区的公共生产服务业平台建设，拟在全市范围内认定、培育、扶持十大示范平台，提供研发设计、检验检测、技术推广、专业物流等公共服务。开展工业设计示范企业认定，依托30多个创意园区，引导一批骨干企业与高校和国际大公司共建设计中心，争创5家以上国家、省级工业设计中心。

（2）推进现代物流业与制造业融合发展。制定《制造业与物流业融合发展工作意见》，加快建设汽车、石化、医药等10个制造业物流发展聚集区，推进南方现代物流公共信息平台、广州物流公共信息GPS平台建设。深入实施现代物流业示范工程，认定一批制造业与物流业联动示范项目。加强物流业基础研究，推动成立物流标准化技术委员会。举办2011年穗港、穗澳物流合作洽谈会。

（3）推进信息化与工商业融合发展。鼓励运用嵌入式软件，提高工业产品和设备的数字化水平，加快建设以产业集群、工业园区、商贸集聚区、批发市场（园区）为主要依托，面向行业的公共信息服务平台体系，鼓励发展一批行业集聚性强、鲜明专业特色的网上交易平台。

（4）推进工商业与文化、旅游、体育产业的融合发展。积极推动后亚运时期"食在广州"美食游和"购物天堂"采购游，打造一批商旅文体一体化体验区。

5. 加快大项目、大基地建设，增强产业转型升级带动力

用好用活新的产业用地工作机制，发挥好参与产业用地资源调配的积极作用，结合"十二五"工商业发展规划，优先支持符合国家产业政策和广州市产业空间布局、有助于推动产业结构优化升级的项目，特别是先进制造业、现代商贸业项目优先用地，确保新增工业项目一律进园；结合2010年"三旧"改造腾出的超过10平方公里用地，研究细化用于发展高端城市商业综合体等现代商贸服务业的产业导向目录。建立重点项目与金融联动的长效机制，制定发布战略性新兴产业、先进制造业和现代商贸业等领域重点项目、重点企业技术改造项目导向计划和专项导向目录，引导金融机构投资，推动100个重大工商业项目与5大银行、20多个担保机构进行融资大对接。围绕央企合作及后续新增大项目、省现代产业500强项目、90多个新增产值超亿元工业项目和20个重点商贸项目，做好规划协调、完善手续、解决供电、缓解资金等服务，促其加快竣工、投达产。

6. 加大园区升级改造力度，增强产业集聚发展能力

（1）强化工业园升级改造和产业转移园建设。摸查全市工业园区单位产出、投资强度、节能环保等现状，制定出台工业园区升级改造建设标准和指导意见，创建3个国家级或省级新型工业化产业示范基地。加快15家非国有"退二"企业向省外湘西、省级产业转移园以及市级10个"退二"产业承接区迁移。统一规划建设园区配套，加快建设万宝从化、广药工业园等一批"退二"工业园区。制定出台鼓励企业转移的政策，联合梅州、阳江、湛江、茂名、湘西等举办共建产业转移工业园招商推介会,将广州白云江高(电白)产业园扩园升级为广州(电白)产业转移园。

(2)强化部际省际合作,争取与国家工信部共建工业设计示范基地,以国家商务部共建会展集聚区,与省共建循环经济示范园区。

(3)强化市区共建。探讨与荔湾区共建商贸集聚区,与越秀区共建生产服务业集聚区,与白云区共建民营科技园,与开发区、南沙区、番禺区、花都区共建先进制造业基地,力争在核电设备、数控机床以及系统、海洋工程设备、高端电子、新能源、新材料等关键领域取得重点突破,取得经验后逐步与各区(县级市)实行主题共建。

7. 加快培育龙头企业,增强工商业发展后劲

在先进制造业、现代物流、现代分销、商务会展等领域认定一批重点企业,对重点企业给予扶持,促使土地供给、金融信贷、财政扶持等资源和相关优惠政策向优势重点企业集聚。引导龙头企业通过兼并重组、上市、引入战略投资者等方式加快做大做强,鼓励有条件的企业通过收购、控股等方式向产业链上下游延伸,收购国内外具备雄厚研发实力、核心技术及关键能力的企业,培育一批具有国际竞争力的战略集团。引导行业龙头企业通过联合、并购和品牌经营、虚拟经营等现代方式整合中小企业,提高产业集中度。

(三)大力优化民营和中小企业及工商业发展环境,增强经济发展活力

1. 着力推动民营企业做强做大

建立 100 家拟上市企业资源库,召开"民营企业与大型证券商"上市对接会,力争其中 30 家进入辅导程序,10 家进入发行申报程序。推动汽车、装备制造、生物制药等行业民营优势企业与国有企业实施强强联合,滚动筛选 300 家竞争力强的企业纳入市"中小企业成长计划工程",对税收增长 30% 以上的企业给予奖励。

2. 加大引导民间投资力度

加大产业招商,开展国内外大型企业、民营企业、商贸地产载体大招商,举办"民企广州行"大型招商活动,大力推进汽车、装备等产业链配套招商,引进产业带动能力强的项目、弥补产业链缺失的项目以及空白产业的项目,吸引更

多功能性总部、地区总部、运营中心以及新增项目、增资项目落户广州。制定民营企业与现代产业配套协作投资目录，推动民间资本参与战略性新兴产业、先进制造业等重大工业领域项目建设，引导民营和中小企业对接 300 个重点项目、大企业，推动在配套生产、原料供应、市场销售等领域建立协作关系，切实把民间资本优势转化为投资动力。

3. 着力扶持创业基地发展

利用城区"三旧"改造、"退二进三"等配套政策，建立一批新的民营和中小企业创业示范基地，对符合条件的入驻企业实施减租或免租，市财政及辖区配套各支持二分之一共同补贴给予不超过 2 年的免租或减租优惠。

4. 着力推进中小企业服务体系建设

出台《中小企业创业基地指导意见》，认定和扶持一批中小企业创新产业化示范基地和中小企业公共（技术）服务示范平台，积极发展面向中小企业的公益性共性技术、法律辅导、人才培训、管理咨询等公共服务平台建设和社会化服务机构。开展 5~6 场中小企业服务推广日活动。实施"企业家素质提升工程"，制定出台并组织实施民营骨干企业高层经营管理人才 5 年轮训规划。

5. 着力缓解融资难

出台《中小企业融资服务示范机构评定办法》，认定和扶持一批中小企业融资服务示范机构。举办系列中小企业投融资合作洽谈会。完善中小企业信用担保机构备案管理，开展信用担保机构征信评级。建立中小企业信用担保服务战略联盟，支持联盟内企业加大对优秀中小企业的战略投资。积极组织中小企业信用担保机构申报国家免征营业税政策优惠。

6. 改善产业发展环境

加强产业规划引导和调控，推动产业空间布局与城市规划合理衔接，编制和组织实施广州市"十二五"先进制造业发展规划、广佛肇经济圈产业协作规划等市级重点规划，以及现代商贸业、战略性新兴产业、民营经济、再生资源综合利用、会展业等专项规划，配套发布相应的产业指南和政策措施，明确产业功能定位和发展重点，增强城市对现代产业的吸纳、集聚能力。加强监测分析和预测预警，不断完善对重点产品、重点企业、重点技改项目和重大节能项目的月调度以及煤电油运的日调度制度，积极协调解决企业生产经营中存在的困难。充分发挥行业协会（商会）服务产业、服务企业的作用，编制服务目录，加快政府技术性、服务性等职能向行业协会（商会）转移。

7. 加强国内外经贸合作和区域协作

深化与广佛肇、泛珠三角、港澳、东盟产业合作，大力引进国内外先进技术和人才、资金等要素，加强区域间汽车、电子信息等重点产业链的生产合作以及产业物流、商贸流通、会展的产业联盟，扩大产业辐射。

（四）大力实施惠民生工程，给力幸福广州

1. 大力发展社区服务业，推进"10分钟幸福生活圈"建设

以加强规划引导、规范建设标准、政策指引扶持等为抓手，引导大型商贸企业和社会资本在远城区、新兴社区群开设商业网点。支持品牌企业开展"连锁进社区大行动"，每年新建或改造一批社区便民连锁网点，重点配置超市、便利店、再生资源回收站等多种必备性业态和维修店、家庭服务等多种选择性业态，完善社区购物、餐饮、维修、洗衣、租赁、家政服务和综合服务7大基本功能，积极推进"商业示范社区"建设，实现"一区一示范商业社区"，力争2~3年内城镇社区基本实现居民步行10分钟即可满足日常生活消费需求。积极推动农村社区商业建设，深化"万村千乡"市场工程，切实提高农家店覆盖率、商品统一配送率及信息化水平。

2. 规范发展居民服务业，提升服务水准

依托行业协会，通过制定服务标准、用户回访、加盟企业服务质量监督评价等措施，推进与市民生活密切相关的再生资源回收、家政、美容美发、家电维修、婚庆等居民生活服务业品牌化、连锁化、标准化发展。推动新业态、新技术、新流程和新的服务方式进入各类生活服务业，加快传统生活服务业升级换代，适应消费结构升级的发展需要。逐级推进现代生活服务业和服务方式从城市向农村延伸，完善农村现代流通体系。规范发展专营专卖以及拍卖、典当、租赁、旧货交易、二手车交易等特种商贸服务业。

3. 抓好"菜篮子"和重要生产要素保障，增强市场调控能力

加强"菜篮子"主要产品销售终端的规划、建设，努力形成全面覆盖、方便市民的零售终端网络，推进"农超对接"、"农餐对接"，构造"超市＋基地"、"餐饮企业＋基地"的供应链模式，降低流通成本，让市民得实惠。尽快完善中央大厨房一期征地手续并加快建设，启动广州市现代化屠宰加工中心征地和基础

设施建设，一期建成后实现日屠宰生猪 5000 头。加强储备监管，确保"日常供应、安全供给、应急供给"三道保障线真正发挥作用。加强电、油、煤综合协调和个性化服务及供需衔接，强化科学调度和电力需求侧管理，确保重点地区、重点企业和重点项目用电、用油。

（审稿：谢博能）

Analysis of Guangzhou Industry and Commerce Economy Development in the 11th Five-year Plan and Forecast in 2011

Research Group of Economic and Trade Commission of Guangzhou Municipality

Abstract：In the 11th five-year plan, Guangzhou has reached new high of "two trillions and three 100 billions", i. e. total sales value of commodities and gross output value of industry had hit over 1 trillion in 2007 and 2008 respectively; the tax income from industry and commerce had reached over 100 billion in 2008, the gross value of each three key industries reached over 100 billion, Guangzhou Automobile Industry Group Co. , Ltd had been the first 100 billion enterprise in sales. The development of industry and commerce had made significant progress. In 2011, based on the construction of Low-carbon Guangzhou, Smart Guangzhou and Happiness Guangzhou, Guangzhou will strengthen the industry and commerce radiation and competitiveness through resource allocation, build industry chain competitiveness through manufacturing's upgrading and renovation, promote the commerce and trade business to constructing the international business and trade center, accelerate the development of emerging industries of strategic importance and seize the high ground, propel the SMEs and private enterprises development, put the energy saving and emission reduction in the first place so as to make a sound beginning for the 12th five-year plan.

Key Words：Industry and Commerce Economy; Development Situation Analysis; Forecast; Guangzhou

B.3

广州市"十一五"及 2010 年对外经贸
形势分析和 2011 年展望

广州市对外经济贸易局课题组

摘 要：2010 年广州紧紧围绕加快发展方式转变这条主线，多措并举实现了外贸全面复苏，全市外经贸整体呈现平稳较快发展的态势。2011 年国内外经济形势仍然严峻复杂，外经贸仍然会面临较大的风险和压力。预计全年外贸出口增长 10%，实际利用外资增长 5%，对外投资增长 25%，对外承包工程和劳务合作增长 25%。

关键词：广州外经贸 形势分析 展望

一 2010 年广州外经贸总体发展形势

刚刚过去的 2010 年，广州市对外经贸按照市委、市政府一手抓经济社会发展，一手抓亚运筹办工作的总体工作部署，紧紧围绕加快发展方式转变这条主线，努力做好各项工作，全市外经贸呈现平稳较快发展的态势。

（一）多措并举实现了外贸全面复苏

按照"拓市场、调结构、促平衡"的总体要求，认真落实国家、省、市稳外需各项政策措施，支持企业通过多种方式"巩固传统市场、稳住周边市场、开拓新兴市场"，出口一扫金融危机的阴霾，实现了从恢复到实质性增长。2010 年广州市对外贸易实现了重大突破，进出口总值超过 1000 亿美元大关，达到 1038 亿美元，同比增幅高达 35%，跻身全国进出口超千亿美元的城市俱乐部（其余为上海、深圳、北京、苏州、东莞），也是唯一的省会城市。不断加大对机电产品和高新技术产品出口的支持力度，两类产品出口额占全市出口总值的比重比上年同期分别提高 1.21 个和 0.38 个百分点。致力于推动外贸转型升级，制定并实施《广州市推进加工贸易转型升级工作方案》，分类指导各加工贸易企业加快升级，创造出加工贸易转型升级的广州做法和经验。

（二）加强引导推动了利用外资结构优化

参与或牵头制定了广州市鼓励总部经济发展相关政策，进一步完善外资总部企业认定程序。建立和完善重点项目信息数据库，制订个性化的增资扩股工作方案，力促重点企业增资扩股，如周生生集团增资 2 亿港币，乐金显示广州有限公司增资 8870 万美元，丰田汽车增资 1.1 亿美元，风神汽车增资 4.76 亿美元等。吸引外商投资企业来穗设立研发中心，韩国三星集团设立了"广州三星通讯技术研究有限公司"（注册资本 700 万美元），美赞臣公司设立了"美赞臣全球乳品研究中心"（注册资本 750 万美元）。外商直接投资项目 980 个，同比增长 16.11%，合同外资金额 49.74 亿美元，同比增长 31.44%；实际使用外资 39.6 亿美元，同比增长 5%。2010 年前 11 个月广州市外商投资企业完成规模以上工业总产值 8325.47 亿元、规模以上工业增加值 2278.64 亿元、规模以上工业高技术产值 1534.61 亿元，分别增长 20.3%、18.1% 和 32.2%，分别占全市的 62.13%、70.34% 和 76.14%。

（三）完善服务加快了企业"走出去"步伐

积极落实《关于加快实施"走出去"战略的若干意见》，协调市发改委、经贸委、科信局、财政局、外办、国资委、金融办等市相关职能部门，以及海关、税务、外汇管理、银行等单位，建立了广州市加快实施"走出去"战略联席会议制度，初步构筑起广州市加快实施"走出去"战略的政策扶持体系。全年境外投资项目 98 个，中方投资额 4.9 亿美元，同比增长 15%。新签对外承包工程、对外劳务合作合同额 8.2 亿美元，同比增长 1 倍多；完成营业额 4.7 亿美元，同比增长 21.0%。

（四）优化环境增强了投资贸易向心力

白云机场综合保税区经国务院批准设立，成为第 10 个国家级综合保税区；

增城开发区被批准成为国家级开发区，使广州成为全国为数不多的拥有三个国家级开发区的城市之一，极大提升了投资贸易便利化水平。结合开展民主评议政风行风活动，开展"四服务"工作，全面促进机关作风转变，积极推进项目承诺制，目前，对实质审批项目实行10天办结制，对非实质性审批项目实行3天办结制，时间大大缩短。提高审批工作效率。对审批事项及时进行梳理精简。将13项原行政许可和非行政许可审批事项调整合并为3项行政许可审批事项，取消了8项非行政许可事项，将17项原非行政许可审批事项转为一般业务管理事项。

二 "十一五"广州外经贸总体发展形势

"十一五"时期，外商投资企业贡献了全市规模以上工业增加值的七成左右，涉外税收一直占全市税收的四成左右，国税收入中涉外企业税收收入规模继续居各经济类型首位，全市9800多家外资企业吸纳了百万多人的就业，外经贸为广州的经济社会发展作出了重大贡献。

（一）狠抓"外贸增效"，贸易大市地位进一步巩固，向贸易强市转变进程加快

"十一五"期间，对外贸易以转变外贸增长方式为主线，以外贸总量适度增长、外贸质量效益明显提高为目标，通过优化加工贸易、强化一般贸易、发展服务贸易，促进进出口商品结构更加合理，企业开拓国际市场能力逐步增强。

对外贸易总量实现历史性突破。从"十五"末期的534.9亿美元到2010年的1038亿美元，实现了年均百亿美元的增长，年均增速达到13%，突破1000亿美元，树立起一座新的里程碑。

贸易结构持续优化。机电产品出口额"十一五"期间为1000.8亿美元，是"十五"时期机电产品出口额的2.2倍，年均增长10.5%，出口比重由50.3%提高到54%。高新技术产品出口为368.3亿美元，年均增长10.1%，占全市出口的两成左右。加工贸易转型升级取得明显成效，企业自主创新能力明显提升，有600多家外商投资企业拥有自主商标，共设立各类研发机构133个。在全国率先推出鼓励进口的七条措施，先进技术设备、关键零部件和能源资源

进口持续增加,满足了全市发展需要,促进了结构调整和产业升级。服务贸易年均增速 22.0%,总额实现翻番,从 2005 年的 54 亿美元到 2010 年超 120 亿美元。

出口载体建设成效明显。"十一五"期间,广州市先后成为"国家软件出口创新基地"、"国家汽车及零部件出口基地",申报"国家船舶出口基地"成功,进一步增强了建设"外贸强市"的底气。

(二)狠抓"外资优化",利用外资规模持续增长,有力地推动了全市现代产业体系的建设

"十一五"期间,利用外资工作围绕广州建设国家中心城市和国际化大都市定位,紧紧抓住国际产业转移加快和举办亚运会的历史性机遇,整合引资资源,创新招商方式,把扩大吸收外资与促进全市产业结构优化升级、统筹城乡发展紧密结合起来,更加注重引进现代服务业、先进制造业和高新技术产业项目,更加注重现有外资的增资扩股、做优做强,更加注重招商选资、招商引智,切实提高利用外资的质量和水平,为广州市加快建设国家中心城市和国际化大都市注入强大动力。"十一五"期间,全市累计吸收外商直接投资项目 4799 个,合同外资 261 亿美元,实际使用外资 175 亿美元,为"十五"时期的 1.4 倍,年均增速达到 9%,实际利用外资的平均规模由"十五"末期的 250 万美元增加到 450 万美元。五年共引进投资额 1000 万美元以上大项目近 1000 个,平均不到两天就有一个大项目落户广州。

与跨国公司战略合作不断深入。至"十一五"末期,来穗投资的世界 500 强跨国公司累计已达 174 家,比"十五"末期增加 34 家,设立外商直接投资企业 411 家,投资总额 178.0 亿美元,合同外资 65.7 亿美元。到 2010 年底,外商投资企业到广州设立国家总部和区域性总部 35 家,投资或授权管理企业 700 多家,其中法人企业近 200 家。

外资产业分布更加合理,对全市产业升级带动强劲。抓住世界产业转移重心由制造业向服务业演进的机遇,吸引更多外资进入服务业,服务业吸收外资比重由"十五"末期的 33.3% 上升到 2010 年的 56% 左右,其中现代服务业比重提高到约 25%。三大支柱产业合同利用外资在制造业合同利用外资中的比重由 2005 年的 40.2% 上升到 2010 年的 49.3%。

引进重大生产力骨干项目提升广州中心城市辐射力。渣打银行、瑞士银行等一批世界著名金融机构在广州设立分行或代表处，联邦快递、UPS、敦豪快递这世界三大快递公司完成在广州市的布局，微软、英特尔、IBM等世界顶级高科技跨国公司在穗设立研发机构，金融、物流、信息服务等一大批项目的落户极大提升了广州服务华南、服务全国、服务东南亚、服务世界的能力。而总投资超30亿元的日野汽车、总投资超60亿元的JFE钢铁冷轧项目、总投资额40亿美元的LGD 8.5代液晶面板项目及与其相配套的一批项目的进驻更是进一步延伸了广州支柱产业的链条，产业国际竞争力得到极大增强。

善用媒体宣传广州投资创业环境。"十一五"期间先后围绕重大投资贸易推介活动，组织新闻宣传报道活动近100次，各级各类媒体报道广州市对外经济贸易局活动近900篇次，平均每年180篇，其中人民日报、新华社、中央人民广播电台、中国新闻社等国家级媒体刊登新闻报道80余篇次，南方日报、羊城晚报、广州日报等省市重点媒体报道近300篇次，大公报、文汇报、日本产经新闻等境外媒体报道近70篇次，有力地宣传和推介了广州投资贸易环境。

（三）狠抓"跨国经营"，对外经济合作取得长足进展，统筹两个市场、两种资源能力显著提升

"十一五"期间，广州市外经工作抓住广州经济社会转型、产业结构升级调整的有利时机，充分发挥广州外经贸的比较优势，有效利用"两个市场、两种资源"，在"走出去"开展跨国经营的过程中，不断增强在全球产业链中的资源配置能力、自主发展能力以及开拓和占领国际市场的能力。

五年来，广州市共对外投资企业219家，比"十五"期间增长2.7倍；中方投资额累计16亿美元，是"十五"期间的15倍；对外经济业务合同额19.6亿美元，完成营业额15.8亿美元，是"十五"期间的2.7倍。对外经济合作呈现"境外投资大项目增多、走出去市场不断扩大、投资领域日益广泛、投资主体逐步多元化"的特点。2005年，总投资额超过500万美元的项目只有1个，2010年达到28个（其中超过1000万美元的有7个），项目投资平均规模由2005年的302.9万美元提高到3941.1万美元。引导企业不断向港澳以外的市场拓展，广州企业开始在欧盟、东盟、南美、中欧、非洲布局，大凌实业、国光电器在台湾开展投资，实现广州市对台投资零的突破。非贸易项目逐渐增多，涉及电子设备

制造、房地产、建筑建材、机械制造、造纸业、矿产开发、研发、文化产业等多种行业。民营企业境外投资发展迅速,"十一五"期间,广州民营境外企业项目累计达 115 个,占对外投资项目总数的 56.9%,民营企业已成为广州境外投资的重要主体。

(四)狠抓"园区建设",外经贸发展载体日益完善,为外经贸可持续发展夯实基础

"十一五"时期,认真贯彻落实珠三角规划纲要的"三重"(重要开发区、功能区、示范区和开发新区,重大产业基地,重大项目)目标管理责任制,围绕功能园区建设和发挥园区载体集聚要素的作用,积极完善外经贸载体的体系和设施建设,为外经贸发展注入新的活力。

注重发挥国家级开发区的龙头带动作用。成功推动增城工业园区升级为国家级经济技术开发区,成为广州市第三个国家级开发区,为加快推动增城乃至全市科学发展增添了新的动力。广州经济技术开发区经过了功能调整,实行新型管理模式,并对广州国际生物岛进行有效托管;南沙经济技术开发区完成了要素集聚和功能提升,开始发挥辐射带动作用。

保税物流体系基本成型。积极协调国家和省市职能部门,做好保税物流特殊监管区申报工作,广州保税物流园区(2007 年)、南沙保税港区(2008 年)、广州白云机场综合保税区(2010 年)先后获批,形成了门类较为齐全、功能较为完善的保税物流体系,为打造亚洲物流中心奠定了良好基础。

发挥广州高新技术产业开发区、中国服务外包基地示范区和国家汽车及零部件出口基地等国家级经济功能区对推动产业集聚发展的作用,实行一系列鼓励和支持措施,将其功能拓展到广州开发区、南沙开发区资讯园、天河软件园、黄花岗科技园、白云区民营科技园、花都区、番禺区、增城市等生产基地,为广州加快引进高新技术产业、离岸外包服务业发展提供了广阔的空间。

(五)狠抓"主动对接",积极参与并推动区域经济一体化进程,区域经贸合作全面深入

落实《珠江三角洲地区改革发展规划纲要(2008 ~ 2020 年)》和 CEPA 系列协议,先行先试,穗港澳合作日益深化。健全和完善合作机制,分别与香港、澳

门投资推广机构签署加强全面战略合作协议，共同帮助企业开拓国际市场，联合赴海外开展投资促进，联手参与国际竞争，共同打造亚太地区最具活力和国际竞争力的现代化城市群。提升产业合作水平，重点加强了与港澳在现代物流、金融服务、信息服务、商务会展等现代服务业领域的合作。支持穗港澳加工贸易企业延伸产业链条，向现代服务业和先进制造业发展，实现转型升级。"十一五"期间（至 2010 年 11 月），共从香港引进项目 2655 个，合同外资金额 160.4 亿美元，实际使用外资 81.9 亿美元。

对台经贸合作进一步扩大。加大了协会、商会等民间交流力度，组织开展了一系列经贸洽谈、合作论坛和商务考察。结合 ECFA 的签署实施，开展"关于把握 ECFA 机遇加快推进穗台经贸合作的思路与对策"调研，探讨深化与台湾的经贸合作的新途径。

与东盟经贸合作层次不断提升。抓住中国—东盟自由贸易区实施机遇，成立加强与东盟经贸合作专责小组，举办"中国（广州）—东盟投资贸易交流会"，编印《中国广州—东盟投资贸易指引》，推动更多广州企业走进东盟。根据东盟各国不同的经济情况和产业特点，着眼于分工合作，优势互补，实现共赢。

三 "十一五"时期广州外经贸工作的主要经验

（一）善于利用危机倒逼机制，加快外经贸转型升级

"十一五"时期对外经贸工作最大的挑战就是国际金融危机。面对外需不振、出口下滑、订单减少、企业难以为继的严峻形势，广州外经贸工作没有自乱阵脚，而是借助危机建立倒逼机制，迎难而上，积极应对，在危机伊始，就在全国率先制定并出台扶持外向型企业发展的十三条措施，安排 1.98 亿元财政资金帮助企业开拓市场、抢抓订单，仅在 2009 年一年里联合各区（县级市）举办了 45 场外经贸扶持政策宣讲会，向 5710 家企业宣传介绍扶持政策和措施，帮助 400 多家企业联系境内外金融机构缓解融资难，向国家有关部委和省有关部门提交了几十份反映企业生产经营困难的专报，促成了包括加工贸易在内的相关政策的调整，解决了一系列困扰企业发展的难题和困难，帮助企业打赢了一场应对危

机的战争。由于见机早、行动快，广州外贸在危机期间的总体表现好于全国、全省平均水平，很快就走出危机，并在 2010 年实现了历史性突破，质量效益进一步提升。

（二）善于把握重点，集中优势兵力打好"攻坚战"

五年来，市外经贸局总是能够抓住关键时点和关键机会，结合国家、省、市在境内外主办一系列重大政治、经济、文化活动的机遇，统筹全市和各区（县级市）招商资源，精心策划和组织了多场高层次、大规模、见实效的招商活动，推介广州投资贸易环境，如 2006 年抓住瑞典"哥德堡号"复航广州的契机，举办"对接·合作·双赢——广州瑞典经贸交流会"，邀请到瑞典国王与王后亲临大会，引起海内外广泛关注，掀起了穗瑞经贸合作的新高潮；2007 年借助香港回归十周年契机，举办"携手共进，再创辉煌——穗港经贸合作交流会"系列活动，共促成了 16 亿美元的项目签约，推进了两地在现代服务业和电子信息、生物医药以及数码科技等高新技术产业领域的合作。2007 年底，抓住"亚太总裁与省市长国际合作大会"在广州举办时机，组织了一系列经贸活动，有效推介了广州投资环境；借助 2008 年广州与法兰克福缔结友城关系 20 周年的机会，在法兰克福举办"广州现代服务业发展交流会"，并与法兰克福经济促进局等机构签订多项合作协议，全面推进广州与德国在贸易、投资等方面的合作与交流。2009 年汪洋书记出访韩日泰，外经贸局和亚组委成功举办"激情亚运、动感广州"经济社会发展和亚运专题招商活动，有效融合亚运宣传和投资推介。2010 年底，抓住后亚运商机，组织"新广州新机遇——2010 广州汽车产业投资推介会"，向海内外汽车业界介绍广州汽车产业发展环境。另外还组织了"聚焦广州·投资未来——2009 跨国公司论坛"、"广州服务·对接全球——国际服务外包发展大会"等各类招商活动 400 多场，取得了积极成效。

（三）不断解放思想，与时俱进，敢于和善于创新

"十一五"期间，市外经贸局继承和发扬"敢为天下先"这一优良传统，秉承首创精神，续写了多项"全国第一"：第一个与香港投资促进署在境外举行联合招商，第一个到香港发布内地城市外经贸白皮书，在全国率先实现了合同、章程网上格式化审批，在全国率先推出鼓励进口的七条措施等。与此同时，还根据

不断变化的新形势和新任务，及时主动地调整和完善我们的做法，如分别与香港、澳门投资推广机构签署全面战略合作协议，推动穗港、穗澳合作机制化、常态化；将白皮书发布会的平台延伸至内地外商较为集中的城市和区域，进行路演，提升宣传推介效果。

四 "十二五"广州外经贸工作的主要思路和 2011 年展望

从全市的发展来看，广州现在已站在经济总量超万亿元、人均 GDP 达到中上等发达国家和地区水平的新起点上，正步入经济发展方式加快转变、社会结构加速转型的新阶段。未来五年，广州将在国家中心城市建设方面取得决定性的重大进展，形成国际商贸中心的基本框架，初步建成开放、包容、多元的国际文化交流中心和世界文化名城，率先建成国家创新型城市，建成我国对外交往和经济合作的核心门户之一。全市生产总值到 2015 年达到 1.8 万亿元左右，年均增长 11%。作为广州经济一个重要组成部分的外经贸，也站在了进出口总值超千亿美元的新起点上，未来五年将致力以在保持持续平稳较快发展的基础上，加快外经贸发展方式的转变。

（一）"十二五"广州外经贸工作的主要思路与发展目标

1. 总体指导思想

"十二五"时期，要深入贯彻落实科学发展观，坚持以科学发展为主题，以转变外经贸发展方式为主线，以建设国家中心城市、强化综合性门户城市建设、提升经济国际化水平为目标，主动应对国际新变化，加快结构调整和发展方式转变，加快构建竞争新优势，培育外经贸发展新的增长动力，集成外经贸新的发展优势，拓展外经贸新的发展空间，提高外经贸发展的质量和效益，为广州经济社会发展作出更大贡献。

2. 发展目标

转变外经贸发展方式取得重大进展，发展质量和效益显著提升，利用外资、对外投资与对外贸易实现协调发展。外贸由大向强转变，货物出口保持持续平稳增长，服务贸易实现跨越式发展，国际竞争力和出口效益显著增强，初步形成若干个"广州创造"、"广州制造"、"广州服务"的国际品牌；利用外资质量和水平明显提升,先进制造业、高新技术产业和现代服务业高端要素集聚功能增强,战略性新兴产业发展取得进展,服务业(不含房地产业)利用外资比重稳步提高;对外经济合作保持持续快速发展,初步形成 2~3 家具有国际竞争力和影响力的跨国公司。到 2015 年,全市进出口总值超过 1500 亿美元,年均增长 8% 以上;实际利用外资达 60 亿美元,年均增长 5% 以上。

3. 发展思路

总体思路就是围绕国家中心城市建设这一目标,围绕外经贸发展转变这条主线,完成以下五个任务。

一是从外贸大市向外贸强市转变。过去五年,广州以年均增长 100 亿美元的外贸增速快速发展,到 2010 年成为全国第六个跻身千亿美元行列的城市,确立了全国外贸大市的地位。广州外贸经过"十一五"量的扩张,到"十二五"期间应该发生质的改变,实现由大向强的转变。

二是服务业和服务贸易实现跨越式发展。广州正在由工业城市向以服务业为主导产业的国家中心城市和面向世界、服务全国的现代化国际大都市目标迈进,跨越式发展服务业和服务贸易是广州转变经济发展方式的必然的战略选择。

三是高新技术产业和战略性新兴产业发展取得重大突破。国务院已经确定了七大产业作为今后重点发展的战略性新兴产业,谁能在这些产业发展上取得领先,谁就将占领未来发展的制高点。广州具备了发展七大战略性新兴产业的条件,"十二五"期间必须在这方面有所作为,率先突破。

四是"走出去"实现跨越式发展。"走出去"的能力和水平反映的是城市的经济实力和企业的竞争力、企业全球配置资源的能力,是企业发展壮大后国际扩张的必然选择,对增强城市经济发展的动力和后劲有着极为重大的意义。"十二五"时期,广州要更加重视推动企业"走出去",更加重视培育本土跨国企业,在这方面有较大的突破和进展。

五是参与区域合作的水平显著提升。广州正在致力于建设国家中心城市、综合性门户城市和现代化国际大都市,致力于大幅提高城市国际化程度,必须与邻近的港澳台和东盟以及国际友城在区域合作的层次、领域等方面进一步深化。

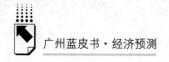
（二）2011年广州外经贸工作展望

2011年是实施"十二五"规划的开局之年。扎实推进2011年外经贸工作，为"十二五"时期开好局、起好步，有着十分重大的意义。2011年广州外经贸发展的预期目标是：外贸出口增长10%；实际利用外资增长5%；对外投资增长25%，对外承包工程和劳务合作增长25%。为了实现上述目标，2011年要重点抓好八项工作，实现八个突破。

1. 抓好对外贸易工作，保持进出口平衡，优化出口结构，大力促进进口，力争在贸易平台和出口基地建设上有新突破

根据全国商务工作会议精神，加大先进技术设备、关键零部件和紧缺物资进口力度，促进广州市经济结构调整和产业升级。进一步优化出口商品结构，着力推动具有自主知识产权、自主品牌和高技术含量、高附加值的产品出口，重点推动机电产品和高新技术产品扩大出口，努力促进绿色、环保、低碳型产品出口。大力实施科技兴贸战略和品牌战略，加快培育以技术、品牌、质量和服务等为核心的国际竞争新优势。深入实施市场多元化战略，巩固、深挖传统市场，更加注重开拓新兴市场，积极组织企业选择性参加境内外知名展会。2011年还要与国际知名展览公司合作，举办一两场有广泛影响力的国际展，扩大对广州和广州优势产品的宣传。用足用好各级外贸扶持政策，创新广州市资金扶持方式，调整资金使用方向和重点，以小投入撬动大市场，扶持企业做大做强。加大出口优势产业培育力度，通过整体宣传、抱团参展、集中展示等方式打造区域产业品牌，增强产业规模效应。重点突破境外平台建设工作，利用广州亚运会影响力，在科威特建立广州名优产品展示中心，提升"广货"在中东地区影响力。重点突破船舶出口基地建设工作，争取成立以市政府领导牵头的国家船舶出口基地工作领导小组，建立市、区、重点企业共建船舶出口基地机制。

2. 抓好服务贸易发展工作，力争在服务外包机制建设上有新突破

结合国际商贸中心建设，加快发展国际商务服务、国际会展、金融服务和科技、旅游、文化创意等现代服务业的对外贸易。拓展医疗、教育等服务业利用外资领域。重点加快服务外包示范城市建设，深挖服务外包发展潜力，优化服务外包产业发展环境特别是政策环境，加大公共平台建设和人才培训支持力度，积极搭建平台帮助企业开拓国际市场,大力开展服务外包产业招商,争取广州市服务外包发展在全国的名次至少靠前一位。要重点突破统计体系和机制建设工作,建立广州地区 BOP 框架下的服务贸易统计工作机制,着手建设与外汇管理部门对接的服务贸易基础数据统计系统,并逐步进行应用开发;完善、强化服务外包统计工作,将统计范围从软件和信息服务领域扩展至供应链管理、生产研发、人力资源等领域,提升服务贸易和服务外包发展运行分析和科学决策能力。

3. 抓好加工贸易转型升级工作,力争在政策支持体系建设上有新突破

加工贸易转型升级要继续走在全省、全国的前列。按照"分类指导、有序推进、先易后难、重点突破、以点带面"的工作思路,加强对各种类型的重点区域和重点企业的指导和扶持,争取广州成为全国示范区。帮助企业搭建内销渠道,为企业加工贸易转内销开辟方便的通道。2011 年要针对台商的需求,组织向台商宣讲加工贸易转型升级的政策和成功经验。力争在政策支持体系建设上有所突破,用足用好各级加工贸易转型升级专项资金,通过资金扶持引导企业加大投入力度,加快转型升级步伐。

4. 抓好利用外资工作,力争在重大项目和营商环境建设上有新突破

围绕国家中心城市、国际商贸中心、区域金融中心建设,积极引导、鼓励外资投向现代服务业、高新技术产业、先进制造业和战略性新兴产业,重点吸引世界 500 强企业在穗设立地区总部,促进高端要素集聚。把 2011 年作为"新广州、新机遇"主题推介年,集中力量举办好美欧日韩招商活动、白皮书发布会、配合省市领导出访组织的相关经贸推介会、到国内其他城市开展的招商推介会等招商活动,突出我市的招商特色。创新招商引资方式,选择一些跨国公司作为招商重点目标对象,逐家上门拜访。增强捕获招商信息的能力,增强招商触觉的灵敏度。局促进处、交流处、外资处和促进中心要互通信息,密切配合,成为招商的整体,并充分调动区县招商力量,组织一支强有力的招商队伍,共同做好招商工作。力争在招商项目上有新突破,通过国际友城、各国驻穗领馆和商协会、招商中介机构、大型商业地产品牌客户等资源,引进一批产业带动力较强的重大项目。力争在营商环境建设上取得新突破,出台并落实《广州市关于进一步促进利用外资的实施意见》、进一步下放审批权限、再造外资审批流程、进一步开放投资领域等;招商载体建设也要有明显进展,如申报国家 CEPA 试点城市、推动南沙智慧岛和 CEPA 先行先试综合示范区建设等。

5. 抓好园区建设和保税物流体系建设工作，力争在开发区和保税区建设上有新突破

发挥市"大通关"协调领导小组的作用，抓好亚洲物流中心和港口经济区建设，重点优化南沙保税港区通关软环境。结合海关区域通关改革和广州电子口岸运抵报告系统、监管场所信息管理系统的运行，选择珠三角主要的二线城市重点突破，拓展广州市港口和功能区域的服务范围，增强对周边货流、物流的吸引力。力争在开发区建设上取得新突破，完成广州开发区、从化开发区扩区工作；建立全市省级以上经济功能区域的统计体系和数据库，增强对开发区管理工作的分析和决策能力。努力推动白云机场综合保税区顺利完成建设和验收工作。

6. 抓好"走出去"工作，力争在市场开拓上有新突破

积极培育本土跨国企业，对 10 家有潜力的重点企业给予重点服务，并研究重点扶持的方式，改变广州市走出去"只有星星没有月亮"的现状。推进市场多元化，搭建服务平台，帮助企业走出去到境外直接投资、开发境外资源、承包境外工程。举办好东盟行业对接会和 4 场"走出去"沙龙活动。力争在开拓新兴市场上取得新突破，引导企业在东盟开展集群式投资，在非洲设立生产基地，在中东、中亚、中美洲、东欧设立企业和展销平台。

7. 抓好法律服务和公平贸易工作，力争在开发区条例立法上有新突破

搭建珠三角公平贸易法律服务平台，建立广州市联合应对贸易摩擦专家库，统筹协调各方力量指导企业应对贸易摩擦。推动行业商协会开展公平贸易工作。继续举办好政策说明会，创新说明会的方式和内容，密切与业务处室的配合。力争在开发区条例修订立法工作上有新突破，将条例修订纳入广州市 2011 年地方性法规正式项目，争取通过省市两级人大审查，正式出台。

8. 抓好党组织建设和干部队伍建设工作，力争在干部作风建设上有新突破

要开展好创先争优、纪律教育学习月等活动，抓好党员教育、干部培训和帮扶贫困地区等工作。要加强公务员队伍建设，完善各项管理制度，继续做好干部职务晋升、轮岗交流等工作。

（审稿：谢博能）

Analysis of Guangzhou Foreign Trade
Situation in the 11th Five-year Plan and
2010 and Forecast for 2011

Research Group of Bureau of Foreign Trade and Economic Cooperation
of Guangzhou Municipality

Abstract: Focusing on the key line of accelerating the transform of economic development mode, Guangzhou's foreign trade fulfilled a full recovery with a series of measures in 2010. The whole situation of foreign trade presented a steady and fast growing. In 2011, the economy situation in domestic and abroad is still tough and complicated, foreign trade still comes to risks and pressure. We estimate that the export will increase 10%, foreign capital actually used increase 5%, outward investment increase 25% and contracted projects and labor cooperation increase 25%.

Key Words: Guangzhou Foreign Trade; Situation Analysis; Forecast

B.4
广州与国内中心城市的比较研究[*]

广州市统计局课题组[**]

摘　要： 2010年，国家城乡建设部编制的《全国城镇体系规划》中，北京、上海、天津、广州和重庆被确定为国家五大中心城市。由于重庆经济发展等指标与其他四大城市尚有一定距离，故本文选取北京、上海和天津三个中心城市来与广州做比较，从综合经济竞争力、城市经济发展特点、广州建设国家中心城市存在的主要问题及努力方向四大方面来说明广州目前的发展现状及存在的问题，为将广州建设成国家及珠三角中心城市提出建设性意见。

关键词： 国家中心城市　广州　北京　上海　天津　比较

国家中心城市是指在经济、政治、文化、社会等领域具有全国性重要影响并能代表本国参与国际竞争的主要城市，是一个国家综合实力最强、集聚辐射和带动能力最大的城市代表。北京是国家首都、国际城市、文化名城和宜居城市；上海是长三角的中心城市，是国内外交通枢纽、资源配置中心、文化交流中心和创新源头；天津是我国北方对外开放的门户和环渤海地区经济中心；而广州作为珠江三角洲地区的核心城市，在珠江三角洲地区实现战略定位和目标的进程中，肩负着重大而光荣的历史使命。本文拟从经济社会发展的角度，全面客观地比较广州与上海、北京、天津四城市的经济发展水平差异，研究借鉴京、津、沪三城市在国家中心城市发展道路上的经验，从而为推动广州强化国家中心城市和建设广东的"首善之区"提出对策建议。

---

[*] 本文中上海市数据来源于《上海统计年鉴（2009）》；北京、天津、广州市数据为2008年经济普查反馈数据。

[**] 课题组组长：吴永红；课题组成员：黄平湘、苏娟、林穗子、董丽萍、李俊、莫德杰；执笔：李俊、莫德杰。

一 四城市综合经济竞争力现状比较

（一）综合经济实力比较

1. 广州与上海、北京综合经济实力差距逐步缩小

2008 年广州地区生产总值达到 8287.38 亿元，次于上海（13698.15 亿元）和北京（11115.00 亿元），居第三位。穗沪京津四城市（以下简称四城市）GDP之比为 1：1.65：1.34：0.81，较之 2005 年的 1：1.78：1.34：0.72，广州与上海、北京相对差距逐步缩小。

2. 近年天津经济增长迅猛，广州速度稳居第二

从近年增长速度看，四城市 2004～2008 年五年间地区生产总值平均增速均在 11% 以上。其中，天津年均增速 15.2%，居第一位。广州年均增长 13.8%，位居第二，比上海（11.8%）和北京（11.7%）分别快 2.0 个和 2.1 个百分点。

3. 广州人均 GDP 水平位居榜首

2008 年，按当年汇率折算，广州和上海两市人均 GDP 均超过 10000 美元，分别为 11798 美元和 10529 美元，堪比中等发达国家水平。广州与沪、京、津三城市人均 GDP 之比为 1：0.89：0.82：0.72，广州位居榜首（见表 1）。

表 1　2008 年四城市综合经济实力比较

指标名称		广　州	上　海	北　京	天　津
地区生产总值	绝对值(亿元)	8287.38	13698.15	11115.00	6719.01
	位次	3	1	2	4
	增长(%)	12.5	9.7	9.1	16.5
	位次	2	3	4	1
人均地区生产总值	绝对值(亿元)	81941	73124	66797	58656
	位次	1	2	3	4
	增长(%)	10.0	7.6	5.4	13.2
	位次	2	3	4	1

（二）产业结构比较

1. 广州、上海和北京产业呈现"三、二、一"结构

从三次产业结构看，2008 年，四市第一产业增加值占 GDP 比重较低，均不

超过2%，都市型农业特征明显。天津第二产业增加值所占比重为四市最高，达55.2%。其次为上海（45.5%），广州和北京分列三、四位。第三产业增加值占GDP比重最高为北京，高达75.4%，这与北京作为国家首都、历史文化名城和宜居城市的发展定位密不可分。广州第三产业占GDP比重为59.0%，位居第二。

从轻重工业比例看，北京和天津规模以上重工业产值占规模以上工业总产值的比重均超过八成。广州重工业占比居末位，但也高达64.7%。

总体来说，广州、上海、北京呈现"三、二、一"的产业结构，产业现代化程度较高。其中上海总体呈现第二、三产业齐头并进，第三产业优先的局面。而天津则处于高速发展期，呈现"二、三、一"的产业格局（见表2）。

表2 2008年四城市产业结构比较

单位：%

指标名称		广 州	上 海	北 京	天 津
三次产业比例	第一产业	2.0	0.8	1.0	1.8
	第二产业	39.0	45.5	23.6	55.2
	#工业	35.9	42.2	19.2	50.9
	第三产业	59.0	53.7	75.4	43.0
规模以上工业总产值中轻重工业比例	轻工业	35.3	21.7	16.1	16.8
	重工业	64.7	78.3	83.9	83.2

2. 广州与上海产业结构相似系数最高

从产业结构相似度分析，四城市中，广州与上海的三次产业结构相似度最高，相似系数达0.9927；与北京相似度其次，为0.9609；与天津相似度相对较低，为0.9475。与2007年广州与上述城市产业结构相似度相比，广州与北京、天津的相似度趋异，与天津的相似度趋同，而与上海相似度无明显变化（见表3）。

表3 2007~2008年广州与其他三市三次产业结构相似系数比较

区域名称	产业结构相似系数			变动方向
	2007年	2008年	2008年与2007年相比	
北 京	0.9717	0.9609	-0.0108	趋异
上 海	0.9913	0.9927	0.0014	趋同
天 津	0.9358	0.9475	0.0117	趋同

（三）制造业比较

1. 从工业行业内部结构看，广州与北京最为相似，但产业集中度较低

从工业行业构成情况看，四市都初步建立起门类配套比较齐全，技术设备比较先进，以大中型工业企业为骨干的完善的工业体系。

从四市工业总产值居前三位的行业所占比重来看，各市产业集中度均较高，均超过1/3。其中北京和天津分列前2位，分别为45.9%和40.9%；上海前三大行业占工业总产值的39.2%；广州最低，为37.8%。

从居前三位的行业类别来看，通讯设备计算机及其他电子设备制造业和交通运输设备制造业是各城市的主要行业（见表4）。

表4　2008年工业主要指标比较

城　市	2008年工业总产值中居前三位的行业	
	行　业　名　称	合计占工业总产值比重(%)
广　州	1. 交通运输设备制造业(2272.07亿元) 2. 化学原料及化学制品制造业(1113.48亿元) 3. 通讯设备计算机及其他电子设备制造业(953.05亿元)	37.8
上　海	1. 通讯设备计算机及其他电子设备制造业(5266.68亿元) 2. 交通运输设备制造业(2571.72亿元) 3. 通用设备制造业(2216.53亿元)	39.2
北　京	1. 通讯设备计算机及其他电子设备制造业(2385.88亿元) 2. 电力、热力的生产和供应业(1242.44亿元) 3. 交通运输设备制造业(1153.30亿元)	45.9
天　津	1. 黑色金属冶炼及压延加工业(2276.39亿元) 2. 通讯设备计算机及其他电子设备制造业(1696.26亿元) 3. 交通运输设备制造业(1359.74亿元)	40.9

2. 主要工业产品产量广州排位靠前

从四市的主要工业产品产量来看，2008年，广州汽车产量为88.52万辆，四市位居第一，比上海多7.87万辆；成品钢材：广州726.01万吨，位居第三，分别比天津、上海少2616.21万吨和1348.94万吨；水泥产量：广州967万吨，四市排名第一，比北京多86.2万吨；发电量：广州为429.00亿千瓦时，位居第二，比上海少344.54亿千瓦时，比北京和天津分别多185.87亿和37.95亿千瓦时（见表5）。

表5　2008年四市主要工业产品产量比较

指　　标	单　　位	广　州	上　海	北　京	天　津
水　　泥	万　吨	967.00	765.46	880.80	550.23
成品钢材	万　吨	726.01	2074.95	656.80	3342.22
汽　　车	万　辆	88.52	80.65	76.60	54.12
发电量	亿千瓦时	429.00	773.54	243.13	391.05

（四）天津投资快速扩张，广州投资规模偏小

从投资规模看，2008年，广州、北京、上海、天津四城市全社会固定资产投资之比为1∶2.29∶1.83∶1.62，上海最大，广州最小。从投资速度看，2004～2008年，广州全社会固定资产投资年均增速为13.1%，上海、北京、天津三市分别为14.5%、12.3%、26.6%，四市均超过两位数增长。值得注意的是近年来，天津投资增速不断加快，2007年和2008年增速分别高达29.1%和42.5%。主要是因为进入"十一五"时期，天津加大了投资结构的调整，从2007年开始重点安排实施了总规模达8000多亿元的"60项重大工业项目"、"20项重大服务业项目"和"区县两批267个重大项目"等投资项目（见表6）。

表6　2008年四市全社会固定资产投资情况

指　　标		广　州	上　海	北　京	天　津
全社会固定 资产投资	绝对值（亿元）	2105.54	4829.45	3848.5	3404.10
	位次	4	1	2	3
增　　速	%	13.0	8.3	-3.0	42.5
	位次	2	3	4	1
2004～2008年 平均增速	%	13.1	14.5	12.3	26.6
	位次	3	2	4	1

从支出法GDP构成来分析，2008年四城市中广州的投资率（指支出法GDP构成中资本形成总额所占比例）最低，只有34.4%。而天津从2004年以来均保持较高的投资率，2007年投资率高达57.9%，这与其在制造业和房地产业的大量投资是密不可分的。从近几年四市投资率的变化趋势看，各市投资率均维持比

较高的水平（见表7）。这体现了投资者对四城市，乃至对整个中国投资环境和经济发展前景的进一步看好和认可。

表7　2004～2008年四市投资率

单位：%

年份	广　州	上　海	北　京	天　津
2004	38.2	46.9	52.3	53.4
2005	33.9	45.7	52.0	53.2
2006	34.7	45.9	50.5	54.4
2007	32.7	45.7	48.7	57.9
2008	34.4	44.7	41.0	—

（五）消费需求快速扩张，广州增速落后天津

2008年，广州、上海、北京和天津的社会消费品零售总额之比为1:1.42:1.44:0.63。广州消费品零售总额增速为21.0%，低于天津3.5个百分点，四市中位居第二。

2008年，广州的消费率（指支出法GDP构成中最终消费所占比重）为43.7%，次于北京（57.5%）和上海（50.3%）。从历年数据来看，四市的消费率均低于60%，距离世界发达城市70%以上的消费率差距明显。造成当前消费率低的原因主要是收入分配结构和社会保障制度不健全等体制性因素。从近年消费率的变化趋势看，上海和北京呈逐年上升趋势，而广州和天津呈下降趋势（见表8）。

表8　2008年四市社会消费品零售总额

指　　标	单　位	广　州	上　海	北　京	天　津
2008年社会消费品零售总额	亿元	3187.39	4537.14	4588.00	2000.34
	位次	3	2	1	4
增　　速	%	21.0	17.9	20.8	24.5
	位次	2	4	3	1

通过分析投资率和消费率的变化，可看出广州、上海和北京的经济发展逐步由投资主导型向消费主导型转变。而天津近几年投资拉动经济发展力度不断加大（见表9）。

表 9 2004～2008 年四市消费率

单位：%

年 份	广 州	上 海	北 京	天 津
2004	42.7	47.5	51.4	43.2
2005	43.8	48.2	51.4	40.8
2006	43.1	49.0	53.5	40.6
2007	42.5	49.4	54.3	40.9
2008	43.7	50.3	57.5	—

（六）直辖市财政优势明显，北京、上海体现全国金融中心地位

2008 年，广州地方一般预算财政收入与地方一般预算财政支出在四城市中，均排名第四。广州与上海、北京、天津三城市地方一般预算财政收入和地方一般预算财政支出比例分别为 1∶3.83∶2.95∶1.09 和 1∶3.67∶2.75∶1.22。由于直辖市和省会级城市在财政执行制度上的差异，上海，北京、天津在财政上较广州有明显优势。

2008 年末，广州金融机构本外币各项存款余额分别为 16929.47 亿元和 11079.55 亿元，与上海、北京和天津三市之比分别为 1∶2.10∶2.60∶0.59 和 1∶2.18∶2.08∶0.69。从金融存贷款规模看，北京和上海实力相当，体现了全国金融中心的地位。而广州与上海、北京的差距仍不小，资金聚散能力相对较弱，仅是华南地区的金融中心。2008 年上海的外资金融机构及代表处达 165 个，大大超过广州的 41 个。广州要提升国际国内金融辐射能力还须进一步努力（见表 10）。

表 10 2008 年四市财政金融情况

指　　标		广 州	上 海	北 京	天 津
地方一般预算财政收入	亿元	621.84	2382.34	1837.32	675.62
	位次	4	1	2	3
地方一般预算财政支出	亿元	713.35	2617.68	1959.29	867.72
	位次	4	1	2	3
金融业增加值	亿元	446	1414	1519	368
	位次	3	2	1	4
年末金融机构本外币各项存款余额	亿元	16929.47	35589.07	43980.70	9954.16
	位次	3	2	1	4
年末金融机构本外币各项贷款余额	亿元	11079.55	24166.22	23010.70	7689.12
	位次	3	1	2	4
外资金融机构及代表处	个	41	165	—	20

（七）广州对外开放程度和层次相对较低

国际化程度是体现中心城市聚散功能强弱的重要指标之一。2008 年，广州商品进出口总额为 818.73 亿美元，四市之比 1：3.93：3.32：0.98，广州远低于上海和北京，排名第三，仅比天津略高。外商直接投资实际使用外资 36.23 亿美元，四市之比为 1：2.78：1.68：2.05，排名第四。广州外贸依存度在四城市中最低，仅为 68.61%；而北京（169.77%）、上海（163.32%）和天津（83.25%）分列前三位。这说明，作为昔日的对外开放窗口，广州的优势已不再明显（见表 11）。

表 11　2008 年四市对外开放程度比较

指　标	单　位	广　州	上　海	北　京	天　津
商品进出口总值	亿美元	818.73	3221.38	2717.10	805.39
	位次	3	1	2	4
外商直接投资实际使用外资	亿美元	36.23	100.84	60.82	74.20
	位次	4	1	3	2
外贸依存度	%	68.61	163.32	169.77	83.25
	位次	4	2	1	3
外汇各项存款余额	亿美元	74.38	280.11	274.10	50.90
外汇各项贷款余额	亿美元	114.24	421.91	442.70	44.73
外资金融机构及代表处	个	41	165	—	20
各国驻总领事馆	个	34	63	131[1]	—
缔结国外友好城市	个	21	71	—	23
入境旅游者人数	万人次	612.48	640.37	379.0	122.04

注：1. 为截止到 2008 年 9 月 18 日各国驻华使馆数（设在北京），来源于北京市人民政府外事办公室网站。

2. 外贸依存度按当年对美元汇率折算，为 6.945。

从国际交往来看，广州仅在入境旅游人数方面和上海不相上下，在其他更深层次的交往方面与北京、上海存在明显差距。京沪两地作为外国大使馆和其他国际性机构及代表处的聚集之地，自然成为各种国际性组织、政府代表团、民间机构来华参观访问的首选之地。这在一定程度上说明广州对外开放的质量和水平还有待进一步提高。

（八）综合发展环境的比较

1. 广州居民生活水平明显提高

从数据来看，四市基础设施水平非常接近；其中在道路长度、道路面积、绿化覆盖率及每万人公共车辆拥有量上，广州略低于其他三市。而从居民生活水平来看，广州城市居民家庭每百户拥有家用电脑、移动电话数量位居第一（见表12）。这说明广州在基础设施建设和居民生活水平方面，现代化水平已达到甚至超过沪、京、津，为广州建设国家中心城市打下了有力的基础。

表12　2008年四市城市建设基本情况比较

指　　标	广　州	上　海	北　京	天　津
城市市区道路长度(公里)	5434	15844	6186	6012
人均城市道路面积(平方米)	14.41	16.64	—	14.39
城市绿化覆盖率(%)	37.46	38.0	43.5	—
人均绿地面积(平方米/人)	13.01	12.51	13.6	—
每万人公共车辆拥有量(辆)	10.91	12.52	15.33	14.3
城市人均可支配收入(元)	25317	26675	24725	19423
城市居民家庭每百户拥有量				
家用电脑(台)	114	109	85.9	72.4
移动电话(部)	255	219	191.4	179.1
家用汽车(辆)	16	—	—	7.7

2. 上海交通优势突出，广州成为珠三角重要的客流聚散地

从货运量方面来看，广州与上海、北京、天津的全社会货运量之比为1∶1.70∶0.44∶1.11。北京主要为公路和民航，广州和天津主要为公路和水运，而上海除铁路外的其他三种方式的货运量均位居四市之首。除民航货运量外，广州其他货运指标均高出北京不少，但与上海相比还有很大的差距。水路、公路、民航货运的差距说明广州的交通物流聚散能力还有待进一步提升。

从客运量方面来看，除公路客运量位居四市第二外，广州的其他各项指标均位居四市之首。这主要是因为来往珠三角的客流大部分都在广州分流。广州已经成为珠三角重要的客流聚散地（见表13）。

表 13　2008 年四市交通运输情况比较

指　　标	单　位	广　州	上　海	北　京	天　津
全社会货运量	万　吨	49586	84347	21885	55065
铁路货运量	万　吨	7001	985	1733	12161
水运货运量	万　吨	8584	42729	—	15096
公路货运量	万　吨	33114	40328	18689	27000
民航货运量	万　吨	66	305	93	3
全社会客运量	万人次	55385	10927	128525	8753
铁路客运量	万人次	8375	5339	7644	1907
水运客运量	万人次	254	89	—	2.4
公路客运量	万人次	42359	2934	117118	6579
民航客运量	万人次	4397	2565	3763	264
港口货物年吞吐量	万　吨	36954	58170	—	35593

3. 广州在科技实力、高端人才的培养引进及公共文化事业建设等方面仍有差距

从科技实力看，上海、北京优势明显。上海的专利申请和授权量遥遥领先，而北京的发明专利授权量和技术合同成交总额却远高于上海。这说明北京在技术经济成果化方面效果更显著，成绩更突出（见表 14）。

表 14　四市科技实力比较

指　　标	广　州	上　海	北　京	天　津
专利申请量（万件）	1.40	5.28	4.35	1.74
专利授权量（万件）	0.81	2.45	1.77	0.66
发明专利授权量（件）	1122	4258	6478	1463
技术合同成交总额（亿元）	117.05	485.75	1027.22	87.52
科研开发机构数（个）	160	252	266	143
国家级科技成果奖（项）	15	57	—	14

广州的各项科技指标均低于北京、上海，具体反映在科技投入、科技成果转化和科技创新环境等方面。

2008 年，广州有普通高等学校 63 所，少于北京（172 所），多于上海（61 所）和天津（45 所）。2008 年广州在校大学生为 73.62 万人，居四市之首。而在校研究生数则仅为 5.38 万人，研究生培养机构仅为 26 所，大大低于上海和北京。可见广州虽然在普通高等教育人才培养上有一定的优势，大学普及程度较北京、上海高，但是从研究生培养机构和在校研究生人数来看，对于高端人才的培养和引进与上海、北京有较大差距，有相当一部分高校的档次上不去，对培养高端人才产生了不小的局限性（见表15）。

表15 教育、卫生、文化事业相关情况比较

指　　标	广　州	上　海	北　京	天　津
高等教育学校数(所)	63	61	172	45
研究生培养机构(个)	26	58	169	—
在校大学生数(本专科)(万人)	73.62	50.29	57.56	38.64
在校研究生数(万人)	5.38	9.55	19.58	3.38
卫生机构病床数(万张)	5.50	9.78	8.62	4.61
每万人拥有医院病床数(张)	60.1	41.0	64.3	33.4
执业医师数(万人)	3.00	5.12	5.88	2.59
每万人拥有执业医师数(人)	38.2	27.0	47.8	—
诊疗人次(亿人次)	8.62	1.52	8.71	—
公共图书馆(个)	15	29	25	32
群众艺术馆、文化馆(个)	14	29	20	19

从卫生事业来看，广州存在明显优势。每万人拥有医院病床数和职业医师数均高于上海，和北京差距不太大。这说明广州在卫生事业发展方面与北京、上海基本处在同一发展层次上。从诊疗人次来看，广州的医疗卫生辐射能力已能和北京媲美，明显高于上海。

从文化事业来看，公共图书馆和群众艺术馆、文化馆的数量都位居四市之末。这说明广州的公共文化建设基础还相当薄弱，公众能享受到的公共文化资源很少，这与国家中心城市的要求还有距离。

二　京、津、沪、穗经济发展特点

（一）北京经济发展的特点

1. 第三产业比重在全国稳居第一

北京自1994年第三产业占GDP比重首次超过第二产业以来，"三、二、一"

的产业格局不断巩固发展。2008 年，北京三次产业结构调整为 1∶23.6∶75.4。目前，北京第三产业比重在全国位居第一位。

2. 经济布局调整优化，"四大城市功能区、六大重点产业功能区"正在构建

依照"国家首都，国际城市，文化名城，宜居城市"等定位，北京不断加快产业布局、结构优化、错位发展的步伐。加强首都功能核心区、城市功能拓展区、城市发展新区、生态涵养发展区四大城市功能区规划力度，重点打造中关村高科技园区、北京商务中心区、奥林匹克中心区、金融街、北京经济技术开发区、顺义临空经济区六大重点产业功能区是北京强化京津冀核心辐射力，优化产业结构调整，经济内部协调发展的重要战略部署。

3. 现代服务业为主导的产业格局对稳定经济增长、避免经济大幅波动起了重要的支撑作用

改革开放初期，北京第三产业以交通运输、商业饮食、居民服务业为主，属于投资少、收效快、劳动密集程度高、就业容量大的行业，随着经济的加速发展和经济结构的不断优化调整，北京市现代服务业不断发展壮大，金融业、信息传输、计算机服务和软件业、商务服务业、房地产业、文化创意产业等快速发展。2008 年，北京现代服务业占服务业比重高达 70% 以上，四城市中比重最高，现代服务业已成为北京经济新的增长点，对稳定经济增长、避免经济大幅波动起了重要的支撑作用。

4. 经济发展软实力优势明显，科技成果转化现实生产力活跃

北京是全国科技资源最丰富、最集中的地区，经济发展软实力优势明显。从科技投入角度看，2008 年北京 R&D 经费占地区生产总值的比重为 5.91%，在全国居首位；从产出角度看，2008 年发明专利申请量占全市专利申请量的比例高达 65.26%，高居全国首位，是全国唯一的发明专利申请量超过当年专利申请量半数的省市。技术市场是科技成果转化的重要渠道，2008 年全市技术市场技术合同成交 52742 项，技术合同成交总额 1027.22 亿元，在全国始终排在首位。

5. 旅游资源丰富

北京拥有丰富的文化资源优势。北京从古燕国算起到今天，已有 3000 多年的建城历史，这是其他城市无法比拟的。北京拥有悠久的历史文化、民族文化，如京剧、胡同、全聚德等百年老字号；现代文明更是蜚声海内外，如亚洲最大的图书馆，清华、北大等国内外知名的高等学府。旅游基础设施不断完善，截至

2008 年底，全市星级宾馆饭店 694 家。其中，五星级饭店 45 家，四星级饭店 120 家；拥有国际旅行社 245 家；拥有故宫博物院、颐和园、八达岭长城等 A 级及以上重点旅游景区 181 处；2008 年为迎接北京奥运会而相继落成的鸟巢运动场、水立方游泳馆、国家大剧院等，更是成为北京新一批标志性建筑和旅游观光点。2008 年，全市全年接待国内旅游者 1.4 亿人次，国内旅游收入 1907 亿元，国内外旅游收入总计达到 2219.2 亿元。目前旅游业已构成吃、住、行、游、购、娱等较为完善的产业体系，旅游业产业功能不断向经济、社会和文化等多元化方向发展，并成为带动经济发展的强大动力。

6. 北京作为环渤海经济圈"助推器"作用有待进一步加强

环渤海城市带是指环绕着渤海全部及黄海的部分沿岸地区所组成的广大经济区域，包括北京、天津两大直辖市及辽宁、河北、山西、山东和内蒙古中部地区共五省（区）二市。作为国家首都的北京理应成为拉动环渤海城市带经济发展的强大引擎。

从环渤海地区整体来看，北京的经济腹地理论上也不小，但大都经济基础比较差，吸收经济辐射的能力也比较差；其次，北京的经济强项是新经济相关产业、服务业、金融业比较发达，但制造业却相对欠发达，吸纳就业能力还不强，和周边城市的产业关联度也小；最后，北京虽然交通体系也较发达，但却没有航运贸易中心的优势，东北地区的进出口货物集散主要通过大连，山东地区的进出口货物集散主要通过青岛、烟台，华北其他地区的进出口货物集散主要通过天津。这些都是制约北京释放辐射带动能量的重要因素。

但其作为我国的首都，凭借着得天独厚的政治文化优势，有的产业，特别是与政治、文化、国际交往关系密切的产业，必然对全国产生影响。这也是其他中心城市所无法相比的。特别是近年来，北京开始有意识地以更加积极的态度参与京津冀区域基础设施的建设，推动京津冀都市圈、环渤海地区的经济合作与协调发展，北京的辐射带动作用也将进一步显现。

（二）天津经济发展的主要特点

1. 发展步伐不断加快，经济增速居首

进入"十一五"以来，天津紧紧抓住滨海新区开发开放的重大机遇，优化产业结构，促进经济发展方式的转变，不断加快发展步伐，努力提高经济发展水平。2004～2008 年 GDP 平均增长速度达 15.2%，高于广州（13.8%）、上海（11.8%）和北京（11.7%），在四城市中居首位。

2. "高端化、高质化、高新化"工业结构初具雏形

20 世纪 90 年代以来，天津逐步确立了电子信息、汽车制造、石油化工、现代冶金、生物技术与现代医药、新能源及环保等六大优势产业，到 2008 年完成工业总产值 8323.89 亿元，占全市规模以上工业的比重为 68.6%，对工业增长的贡献率达到 50%。"高端化、高质化、高新化"工业结构粗具雏形。

3. 滨海新区迅速崛起助推天津发展

滨海新区自 1994 年建区以来，在开发开放方面取得了重大进展。对全市经济增长的贡献不断提高，服务辐射功能进一步完善，一个以先进制造业和现代服务业为基础，以外向型经济为主导的现代化经济新区迅速崛起。以 2006 年被纳入国家总体发展战略布局为标志，滨海新区开发进入新的发展阶段。

2008 年，滨海新区生产总值为 3102.24 亿元，占全市比重高达 46.2%。15 年来，新区生产总值平均每年增长 20% 以上，对全市经济增长的贡献率达到 50% 以上。据国家商务部统计，天津经济技术开发区总体指标连续在全国 53 个国家级开发区中位居第一，主要经济指标连续 11 年领跑。空客 A320 大飞机、新区新一代运载火箭、百万吨乙烯、千万吨炼油、新一代移动通讯、激光显示器等一大批高水平大项目的扎实推进，特别是自 2008 年开始启动实施的滨海新区基础设施和环境建设三年规划的顺利开展，迅速崛起的滨海新区成为助推天津发展的最强劲动力。

4. 滨海新区带动辐射"环渤海地区"成为支撑全国未来经济持续发展的第三增长极

近年来，随着天津被列入我国重点规划区域，这个传统的北方港口城市重新成为人们瞩目的焦点，而它的发展对环渤海地区兄弟省市的辐射带动作用也日渐显现出来。天津"立足天津，依托京冀，服务环渤海，辐射'三北'，面向东北亚，建成高水平的现代制造和研发转化基地、北方国际航运中心和国际物流中心"的发展定位和策略必将大大推动京津冀都市圈、环渤海地区经济的协调大发展。

随着 25 万吨级航道工程竣工和 30 万吨级原油码头建成，天津港已成为世界最大的人工深水港。港口货物吞吐量由 2004 年的 2.1 亿吨，增加到 2008 年的

3.6 亿吨；其中，集装箱吞吐量由 2004 年的 382 万国际标准箱，增加到 2008 年的 850 万国际标准箱，增长 1.2 倍。东疆保税港区首期封关运作，将建成年吞吐能力 400 万标箱的太平洋国际码头，使滨海新区整体的辐射服务功能进一步提升。天津国际贸易与航运服务中心成功运营，电子口岸与物流信息平台正式开通，在北京、河北、山西、新疆等地区设立了 10 个内陆"无水港"，"一站式"通关服务流程逐步完善，辐射服务功能向腹地进一步延伸。

事实上，环渤海地区在过去相当长的一段时间内，在经济发展方面都难以融合成为一个整体，其中京津冀、沈大、济青三大板块都是在相对独立发展。但是伴随着天津滨海新区的开发，越来越多的跨国公司把环渤海地区作为整体投资区域，把北京作为研发中心和营运总部，把生产基地建在天津、山东等地。目前，环渤海经济区已经成为日韩等国在华投资的重地。据统计，环渤海经济圈实际利用外资占全国的比重已经超过 25%。相信通过充分发挥北京得天独厚的政治文化、总部经济和天津滨海新区国家政策支持等优势，加上河北、山西、内蒙古优越的能源、矿产、生态农业等资源条件，环渤海城市带完全有可能通过紧密合作，在改造传统产业和发展新兴产业的基础上，造就支撑全国未来经济持续发展的第三增长极。

（三）上海经济发展的主要特点

1. 经济综合实力居首位

2008 年，上海国内生产总值达 13698.15 亿元，高于北京（11115.00 亿元）、广州（8287.38 亿元）和天津（6719.01 亿元），在四城市中综合经济实力位居首位。

2. 我国最重要的工业基地地位稳固

2008 年，上海全年工业总产值 25638.97 亿元，其中，规模以上工业总产值 25121.19 亿元，在全国大中城市中稳居第一位。其中电子信息产品制造业、汽车制造业、石油化工及精细化工制造业、精品钢材制造业、成套设备制造业、生物医药制造业等六个重点发展工业行业完成工业总产值 15998.83 亿元，占全市规模以上工业总产值的比重达到 63.7%，工业产业结构集中度高。

3. 金融航运双中心竞争力突出

2008 年"全球国际金融航运双中心竞争力指数"报告显示，上海金融航运双中心竞争力居纽约、伦敦之后，位列第三。其中，上海在金融市场的成长性以及航运能级方面表现突出。

（1）建设国际航运中心取得新进展。全年货物周转量 16031 亿吨公里，增长 0.5%。上海港货物吞吐量达到 5.82 亿吨，连续第四年保持全球第一，增长 3.6%。全年港口集装箱吞吐量达到 2800.6 万国际标准箱，继续名列全球第二位，增长 7.1%。上海浦东、虹桥两大国际机场全年共起降航班 46.1 万架次，比上年增长 4.6%。

（2）打造国际金融中心优势明显。目前，上海浦东已经初步形成由资本市场、货币市场和期货市场为主体的较为完整的金融体系。即便放眼世界，也只有浦东同时拥有证券市场、外汇市场、商品期货、金融期货、黄金期货。上海金融市场的影响力和辐射力正日益增强。尽管在 2008 年面临全球金融系统的剧烈震荡，上海金融市场的国际地位仍得到了进一步的巩固和提升。截至 2008 年，上海金融机构总数达 689 家，增长 13.5%。其中，银行业机构 124 家，保险业机构 291 家，分别增长 10.7% 和 11.5%。证券业机构 94 家，上海证券交易所上市公司股本规模高达 20789.23 亿元，增长 7.2%。外资金融机构较年初增加了 14 家，总数达到 165 家，其中外资法人银行数量占全国总数的 5 成以上，外资法人银行总资产占全国外资法人银行总资产的 8 成以上。

伴随着今年国务院审议并原则通过上海建设国际金融中心和国际航运中心建议，到 2020 年，上海将基本建成与我国经济实力和人民币国际地位相适应的国际金融中心。随着国家一系列政策的实施，此次上海建设国际金融中心将又一次为上海经济腾飞提供良好机遇。

4. 上海辐射，周边城市联动，"长三角"经济一体化稳步推进

长江三角洲经济区包括上海、南京、苏州、扬州、镇江、泰州、无锡、常州、南通、杭州、宁波、湖州、嘉兴、舟山、绍兴、台州 16 个城市。在这片超大城市不断崛起的区域，上海作为"长三角"地区的龙头城市，其快速发展带动了相邻的江苏、浙江相关地区的快速发展。

2008 年，上海市国内生产总值 13698.15 亿元，居全国各城市之首。在上海的强大辐射力和带动力作用下，苏、浙两省的所有城市都意识到了区域合作的重要性。"接轨上海，实现共赢，推进'长三角'经济一体化，谋求新发展"已成为长三角区域内各地政府的共识。苏州、杭州、无锡、宁波、南京五城市均不约而同地把与上海的联动看做是重要的发展战略，以路桥交通网络的规划和建设为契机，打造一个"3小时经济圈"。加快交通、旅游、会展、人才、科技、信息、商标、信用、质检、环保等多个领域的合作联动，区域经济强势发展。2008年，五城市全年国内生产总值均在3700亿元以上，苏州市生产总值达6700亿元，排在上海、北京、广州和深圳之后。这一经济区域的快速发展，吸引了众多世界级经济巨人的目光，世界500强企业已有400多家在这一地区落户，其中，在上海设立地区总部和中国总部的就有逾200家。

在上海以及"长三角"其他大中城市的齐力带动下，南通（2510.13亿元）、绍兴（2222.95亿元）、常州（2202.20亿元）、台州（1965.27亿元）、嘉兴（1815.30亿元）、扬州（1573.29亿元）、镇江（1408.14亿元）、泰州（1394.20亿元）、湖州（1034.89亿元）等市2008年国内生产总值均在1000亿元以上。中等城市的崛起，使"长三角"城市连片化、都市化，发展极具潜力。

（四）广州经济发展的主要特点

1. 区位优势突出，交通网络发达

广州毗邻港澳，位于珠江三角洲的中心。珠江三角洲是当今世界经济发展最活跃的地区之一，也是我国经济持续快速发展的重要引擎。珠江三角洲处于内地与东南亚的中心，依托国内市场，有广阔的腹地，又能通过港、澳连接世界，目前已形成以香港、广州、深圳、珠海为骨干的港口群，还拥有相应的几大机场，京广、京九、三茂、广梅汕铁路线贯穿其中，高速公路连接成网，形成了海陆空全方位发展的立体化、国际化的交通网络。优越的区位和发达的交通网络为广州经济的发展奠定了坚实的基础。

2. 企业集约化经营效果显著，人均GDP水平高居榜首

近年来，广州在优先发展现代服务业、加快发展先进制造业、大力发展高新技术产业和改造提升优势传统产业过程中，通过淘汰一批落后企业，转移一批劳动密集型企业，提升一批优势企业，培养一批潜力企业，大力推动企业的组织结构调整，企业集约化经营成绩显著。

2008年，按当年汇率折算，广州人均GDP达到11798美元，堪比中等发达国家水平。广州与京、津、沪三城市人均GDP之比为1∶0.82∶0.72∶0.89，广州高居榜首。

3. 先进制造业不断壮大，支柱产业发展迅速

近年来，广州坚持走新型工业化道路，以技术高端化、产业集群化、资源集约化、园区生态化推动制造业结构调整，以壮大支柱产业为重点，做强先进制造业的高端环节，跨区域延伸产业链条。先进制造业迅猛发展，不断壮大。

2008年，全市规模以上汽车制造业、石油化工制造业和电子信息制造业三大支柱产业共完成工业总产值4565.79亿元，占全市工业总产值的39.8%。

4. 现代服务业的服务功能不断增强，集群效应日益凸显

随着经济社会发展水平的不断提高，新型工业化道路的实施和中心城市地位的提升为现代服务业发展创造了巨大的需求空间。在行业结构方面，现代物流、金融保险、商务会展、总部经济、信息服务、文化创意和服务外包等现代服务业逐步成长，结构不断优化，集群效应日益凸显。

2004年，现代服务业增加值占第三产业比重首次超过传统服务业，达到50.0%。2008年，广州市现代服务业增加值占第三产业比重增至55.7%。自2004年起，现代服务业增加值占第三产业比重总体上呈上升趋势，发展势头良好。

5. 广佛同城化与穗港澳合作携领珠江三角洲地区打造布局合理、功能完善、联系紧密的城市群

珠三角地区面积约为5.47万平方公里，包括广州、深圳、佛山、珠海、东莞、中山、惠州、江门和肇庆9个城市。2008年珠三角9市常住人口4771.77万人，占全广东省常住人口的50%；2008年珠三角地区生产总值占广东的83.3%。广州作为中国南大门，无疑是珠江三角洲地区的中心城市。

在经济全球化及经济一体化的浪潮下，为了进一步发挥广州作为珠江三角洲地区的核心城市的辐射拉动作用，近年来，广州以国内外先进城市为标杆，在寻找自身的城市定位、提升城市功能、增强城市竞争力和寻求地区城市整体协调发展等方面做了大量的工作。广州的综合竞争力不断提升，中心城市的集聚、辐射功能不断增强。

从建设新白云机场、南沙大型深水港等大型交通设施到规划兴建以广州为中心，广州至深圳、广州至珠海为主轴，放射与环状结合的全长约600公里的珠三角城际快速轨道交通网络，构筑"一小时经济圈"；从建设广州新客站，提升广州华南地区铁路枢纽战略地位，形成珠三角一小时城市圈的核心到规划实现错位发展，实行强强联合，打造广佛同城化大发展；从引导千万吨级钢铁基地和中科炼化项目双双从广州转移湛江和穗梅两市联手共建广州（梅州）产业转移工业园等，从有效推进"双转移"战略到大力构建产业功能带动全省、辐射华南的现代产业体系的"首善之区"，无不体现了广州切实增强国家中心城市的辐射力和带动力，进一步奠定广州国家中心城市、综合性门户城市地位的责任感和使命感。

从资源配置功能来看，广州虽然是商贸中心，但服务功能还比较弱；从经济辐射功能来看，广州虽然生产基地功能比较突出，但对区域性产业活动的辐射能力较弱，总部经济发展缓慢，创新能力，尤其是自主创新能力还不强；从城市功能布局来看，广州城市块头不小，但城市功能分区还不够突出。

三　广州建设国家中心城市存在的主要问题

（一）广州经济总量偏小，第三产业占 GDP 的比重低于世界平均水平

2008 年广州 GDP（8287.38 亿元）在国内四个中心城市中排名第三，次于上海和北京，高于天津；与国际大都市比较，广州 GDP 仅为香港的 54.9%，东京的 12.5%，纽约的 20%。2008 年，广州的经济总量占全国经济总量（314045亿元）的比重为 2.6%，经济总量还有待提高。

2008 年广州第三产业增加值占 GDP 的比重（59.0%）在国内四个中心城市中仅次于北京（75.4%），位居第二。但与国际社会相比还相差甚远，低于世界平均水平（2006 年为 69.0%），接近上中等收入国家的水平（2006 年为 63.2%）。与亚洲邻近地区相比，这一比重远低于香港（2007 年为 92.3%）、日本（2006 年为68.1%）和新加坡（2006 年为 65.2%）。这说明广州市产业结构还亟待优化。

（二）广州制造业产业集中度相对较低

在国内四个国家中心城市比较中，以工业总产值中居前三位的行业所占比重来看，2008 年广州市产业集中度位列第四，明显低于北京、天津和上海。总体看来，广州市乃至全国的中心城市目前都还处于以第三产业为主、第二产业和第三产业双轮驱动的发展阶段，先进制造业的快速发展对于国家中心城市的建设仍有着重大意义。

（三）广州投资规模偏小，消费需求仍显不足，对外开放程度和层次有待进一步提高

从拉动经济发展的"三驾马车"来看，广州市的投资、消费和对外开放的优势地位并不明显。

2008年，广州市的全社会固定资产投资规模位居国内四国家中心城市之末，不到上海的1/2、北京的3/5，仅为天津的62%。近年来，广州市全社会固定资产投资主要由房地产开发投资增长拉动，而重大项目（除房地产外）对全社会固定资产投资的拉动作用有所减弱。从支出法GDP构成来看，近年来广州市投资率也位居四城市之末，远低于天津、北京和上海。这说明广州市在改善投资环境、吸引投资项目方面还需要努力。

广州市作为千年商都享誉国内外，但从2008年全社会消费品零售总额来看，消费总量还明显低于上海和北京。根据支出法GDP来看，2008年广州的消费率分别低于上海和北京6.6个和13.8个百分点。从趋势来看，广州近年来消费率呈下降趋势，这值得关注。商贸业交易方式相对落后，大部分批发市场都采用现货交易和直接洽谈的传统方式，拍卖交易、期货交易、委托交易、电子商务应用等较先进的方式很少，这就限制了商贸市场辐射范围的进一步扩大。

在国内四个国家中心城市比较中，2008年广州商品进出口总额位居第三，外商直接投资实际利用外资额和外贸依存度均位居末位。这说明广州代表国家参与国际合作和竞争力的实力还不够强。

（四）广州金融服务业发展有待进一步加快

在国内四个国家中心城市比较中，2008年广州市金融增加值位居第三，仅约为北京或上海的30%；广州2008年金融业占GDP的比重仅为5.4%，而北京和上海的这一比重分别为13.7%和10.5%，广州与北京和上海差距还很大。2008年末金融机构存贷款余额也位居北京、上海之后，外资金融机构较少，资金聚散能力相对较弱。目前广州市金融机构仍以传统的银行、保险公司、证券营业部为主，而信用担保、金融租赁公司、财务公司等与之配套的金融服务机构数量明显偏少，内部结构有待优化。

（五）广州空港海港优势发挥不充分，综合交通枢纽功能有待提高

在国内四个国家中心城市比较中，2008 年广州民航货运量仅为上海的 21.6%、北京的 71.0%。新白云国际机场作为我国三大枢纽机场之一，是国内首个按照中枢机场理念设计和建设的大型航空港，其经营理念和功能设施率先与国际接轨，但目前看来其优势还未发挥充分，国际直达航班特别是国际干线航班数量不足香港或上海的 1/10，新白云国际机场国际直航城市只有 64 个，占连接城市的百分比仅为 24%，而新加坡的这一比重为 89%。广州港是华南地区的枢纽港，同时也是我国重要的国际贸易港口。近年来广州以初步形成以南沙港区为龙头，新沙、黄埔等港区为辅助的广州港新格局。2008 年集装箱吞吐量在全球排名第 7，全国第 4。但目前国际箱比重仅为 33.5%，其中 73.6% 为香港供给。可见广州参与全球航运资源配置的能力还较弱，国际化发展水平较低，综合交通枢纽功能还有待提高。

（六）广州在科研实力、高端人才培养和引进及公共文化事业等方面不足

在国内四个国家中心城市比较中，广州的研发投入、专利申请和授权量、科技成果转化和科技创新环境等方面明显弱于上海、北京；全市"211"工程的大学仅有 4 所，相当一部分高校的档次上不去，对高端人才的培养产生了不小的限制。广州与上海、北京在两院院士和高级专家等高层次人才上，还显得非常逊色。广州开发区获批为全国第二批国家海外高层次人才创新创业基地，广东省的另外 4 家均落户深圳。可见广州的高端人才引进工作还需努力。从作为国家中心城市所要承担的文化职能来看，广州还远不足。博览会、艺术展、话剧歌剧表演及普通的公共图书馆、群众艺术馆和文化馆的数量较少。

四 强化广州国家中心城市地位的努力方向

为促进广州增创新优势，进一步发挥对珠江三角洲乃至全国的辐射带动作用和先行示范作用，广州要力争在构建现代产业体系、引入高端型人才、提高企业自主创新能力、推动金融创新、提高对外开放水平及协调区域发展等方面取得突破。

（一） 做大做强做实做优广州经济，谋求广州新一轮大发展

《珠江三角洲地区改革发展规划纲要 （2008～2020 年）》第一次把广州提升到国家中心城市的战略高度。站在新的历史起点，广州要承担起建设国家中心城市的新任务、新使命，必须继续深入贯彻落实科学发展观和全面落实《规划纲要》提出的各项规划部署、重点任务和政策措施，紧紧抓住全省推动珠三角区域经济一体化和广佛同城化建设的发展机遇，加倍努力增创发展新优势，增强发展新动力，谋求广州新一轮的大发展，力争经济总体实力再上新台阶。

（二） 坚持走新型工业化道路，大力发展先进制造业

制造业转型升级是拉动以生产性服务业为代表的现代服务业发展的重要因素，更是广州建设国家中心城市、提升综合服务功能的重要途径。要提高工业整体竞争力，一方面必须加快传统工业更新改造、优化升级，坚持走新型工业化道路，坚持信息化和工业化的融合，坚持运用信息、节能、环保等先进是适用技术改造提升传统优势产业，依法关闭不符合产业发展要求的产能落后、耗能高、污染重、效益差的企业；另一方面必须坚持以技术高端化、产业集群化、资源集约化推动制造业结构调整，提升产业价值链，参与国际高度竞争，做大做强先进制造业的高端环节。

1. 提升三大支柱产业核心竞争力

汽车制造业、石油化工制造业和电子信息制造业是广州市三大支柱产业。2008 年三大支柱产业总产值约占全市规模以上工业总产值的 43.4%，继续做大做强三大支柱产业，进一步提升三大支柱产业核心竞争力，对广州市提高工业的高端化、集群化意义重大。

（1） 汽车制造业。坚持以整车制造为龙头，加快汽车零部件标准化、本土化生产进程，重点发展拥有自主品牌和专有技术的汽车制造产业群，大力推动四大汽车产业基地建设，构建和完善汽车制造的研发、生产、营销和服务等相关专业化协作配套体系。

（2） 石油化工。推动油化一体化联动建设，重点发展以炼油和乙烯为龙头的炼化一体化项目，加快建设南沙临港石化基地和广州开发区精细化工基地。依靠广州汽车工业和广州石油化工两大支柱产业的有机结合，促进下游产业链的发

展。推动炼油和石化生产过程向清洁化方向发展,降低资源的消耗和环境污染,进一步开发和推广资源利用效率高、污染物排放少的清洁生产技术,淘汰污染严重及能耗物耗高的工艺。

(3)电子信息。落实国家和省振兴电子信息产业发展规划,重点发展平板显示、集成电路、数字家庭、新一代宽带无线通讯和 LED 半导体照明等产业,着力构建五大产业集群。即加快引进高世代液晶面板生产线,打造平板显示产业集群;引进集成电路生产线,发展集成电路项目,打造集成电路产业集群;培育数字家庭研发园、商务园和制造园,打造数字家庭产业集群;建设宽带通讯无线接入系统研发和生产基地,实现宽带通讯技术的可持续发展和规模生产,打造新一代宽带无线移动通讯产业集群;启动半导体照明示范工程,着眼于以 LED 芯片为核心的整个产业链条建设,打造 LED 半导体照明产业集群。

2. 发展壮大高新技术产业,强化自主创新能力

大力发展高新技术产业对广州市加快新型工业化进程、提升工业产业水平发挥着重要的作用。大力加强自主创新作为高新技术产业发展的核心,进一步优化创新环境,加快形成自主创新的政策体系。着力发展高端产业和产业链高端环节,重点发展电子信息、汽车制造、船舶制造、软件、动漫、生物医药、新材料、新能源等产业。以龙头企业为核心,重点建设广州信息产业国家高技术产业基地、广州新材料产业国家高技术产业基地、广州国家软件产业基地、广州国家生物产业基地、广州国家网络游戏动漫产业基地、南沙科技创新基地、数字家庭产业基地,充分发挥龙头项目的示范带动作用,促进高新技术产业集聚发展。

(三) 改造传统服务业,优先发展现代服务业

从广州建设现代化大都市的战略高度出发,实施产业融合、布局优化、升级改造传统服务业和优先发展现代服务业的发展战略,立足广州市服务业现状和比较优势,准确把握服务需求,精心打造"广州服务"品牌,重点发展金融、现代物流、会展、中介、信息服务等现代服务业,大力提升总部经济、金融控制、物流枢纽、信息中心、创新引领等高级服务功能。

(1)金融业。高度重视金融业发展,金融中心的定位要从区域金融中心向国家级金融中心转变。积极创造金融中心的新载体,寻求中央政策支持,争取期

货市场和产权市场等金融市场获批广州。加强穗港澳区域金融合作，强化与国内外金融机构的联系，吸引国外金融机构进驻广州，与港深合力打造国际金融中心。

（2）现代物流业。以建设集物流园区体系、物流运输平台、物流信息平台和仓储、运输、加工、配送、展示、交易等功能于一体的现代物流体系为目标，加大对物流基础设施的投资力度，推进白云空港、广州港等一批枢纽型现代物流园区建设。积极引进港澳台和国外第三方物流集团公司来穗开展业务，支持各类物流企业与港澳台和国外现代物流企业合资合作发展第三方物流企业。

（3）商务会展业。依托广交会等平台，加强与国际展览业组织、世界会展业先进地区以及跨国公司的合作，特别是要加强与港澳地区会展业的交流合作，共同推动"穗港澳芭洲会展合作试验区"的建设，继续办好广州国际汽车展、中国（广州）进出口商品交易会、中国（广州）中小企业博览会、广州博览会等重要的品牌展会，扶持一批产业支撑力强、影响力和辐射力大的重要品牌展会。

（4）信息服务业。加快信息基础设施建设，率先建成无线城市，推动电信网、互联网和广播电视网"三网融合"。大力促进信息化和工业化的融合，鼓励广泛开展电子商务，广泛利用信息技术改造传统产业。加快以珠三角、港澳台合作为重点的区域信息一体化进程，加快建设国际先进的枢纽型信息基础设施体系，促进现代物流、信息、金融、商贸和会展等高端要素集聚，强化区域辐射带动作用。

（5）总部经济。遵循产业发展导向，发挥中心城市综合优势，加强国内外经济合作，紧密关注中国—东盟自由贸易区建设、粤港澳经济合作动向，深入研究总部企业尤其是跨国公司的投资及选址趋势，完善相关政策，优化服务，创新招商模式，增强中介服务，主动出击，不断增强对国内外大型企业总部的吸引能力。重点引进跨国公司、中央大企业在广州设立地区总部或职能性总部机构，着力引进珠三角优秀民营企业总部。努力培养、引进各类高端人才，为总部企业提供高素质的人才保障，夯实总部经济发展基础。此外，进一步加强广州与周边城市的合作发展，加快推动广佛同城化，并与深圳、香港等总部经济发达地区错位发展，构建布局合理、功能清晰、服务优质、科学和谐的总部经济示范生态圈。

（四）着力增强"三驾马车"对经济增长的拉动作用

目前，广州的投资、消费和出口较上海和北京差距明显。着力增强"三驾马车"对经济增长的拉动作用，对提高人民生活水平、增强经济发展后劲、提升广州国际竞争力意义重大。

（1）投资。加大固定资产投资必须坚持有效投资，注重投资结构和投资质量，重点投向高端产业项目和基础设施项目。要特别避免投向低水平重复建设，避免投向产能过剩产业，避免投向高能耗、高排放的企业，防止走粗放增长的老路。

（2）消费。首先，要加快调整国民收入分配格局，增加居民的收入，增强购买力，让百姓有钱花；其次，进一步完善医疗、住房、失业、养老等方面的社会保障制度，消解百姓的后顾之忧，让百姓敢花钱；再次，根据广州市城市居民的消费特点，大力开发文化娱乐教育健身等服务性消费市场和中高档物质消费市场，促进城市耐用品消费升级换代，让老百姓有地方花钱；最后，开发广大的农村消费市场，加大"家电下乡"推广力度，保证下乡家电的质量，做好售后服务。

（3）出口。要积极开拓新兴出口市场，努力扩大外部需求，把出口重点放在非洲、南美洲、中东地区和俄罗斯、印度等新兴市场。要调整出口贸易结构，一是努力扩大高新技术产品和名牌产品出口，提高出口产品竞争力；二是发展服务贸易，完善推动服务贸易发展的机制。同时积极扩大进口，鼓励引进科技含量高、资源消耗低、竞争优势强的技术装备、关键零部件、重要能源资源和原材料。努力优化投资环境，加大吸引外资力度，重点引进辐射面广、产业关联度大、能耗低的大型工业项目和现代服务业项目。

（五）把高层次人才引进放在基础首要地位

广州要建设成为广东的"首善之区"和面向世界、服务全国的国际大都市和国家中心城市，首先要促进包括高端人才、高端项目、高端技术在内的各项高端要素集聚，高层次人才是其中最宝贵的资源。要制定优惠政策，打造良好的创业环境和居住环境，吸引高层次人才成为支撑广州再次腾飞的核心引擎和建设国家中心城市的重要动力。

（六）不断增强广州辐射能力

根据《珠江三角洲地区改革发展规划纲要（2008～2020 年）》的相关要求，以建设广佛同城为示范，按照构建经济共同体的模式，推动珠三角区域内经济和规划一体化，包括重大基础设施一体化，产业发展合作共赢，协调发展能源、交通、水利等基础产业和在珠三角区域内形成若干重要的产业链条，充分发挥各地区比较优势，相互联动，促进广州和珠江三角洲地区的产业融合，不断增强广州的辐射能力。

（审稿：谢博能）

Comparative Study of Guangzhou and Other National Central Cities in China

Research Group of Statistics Bureau
of Guangzhou Municipality

Abstract：In 2010, in the "National Township System Planning" compiled by Ministry of Housing and Urban-Rural Development of the PRC, Beijing, Shanghai, Tianjin, Guangzhou and Chongqing were named as Five National Central City. For some indicators of economic development in Chongqing lagged behind the other four cities, this paper selected Beijing, Tianjin and Shanghai to compare with Guangzhou, and presented the Guangzhou's current development status and problems from the perspectives of overall economic competitiveness, urban economic development features, the main problems in Guangzhou constructing national central city and its directions to work for. In the end, this paper proposes constructive suggestions on Guangzhou constructing the central city of the PRD and the nation.

Key Words：National Central City; Guangzhou; Beijing; Shanghai; Tianjin; Comparison

产业企业篇

Industries and Enterprises

B.5

关于广州提升产业核心竞争力的
对策研究*

李 琳 简兆权

摘 要：本研究基于对全球竞争环境下科技创新与国际产业发展新格局的判断，以及对广州市工业、服务业发展现状的定性、定量对比分析，总结出金融、物流业发展滞后，批发零售业结构基础薄弱，高级人才缺乏，创新体制机制不完善等产业发展弱点。结合广州经济社会发展转型阶段的特征与新的城市功能定位，提出了提升广州产业核心竞争力的战略思路及途径。从核心资源、核心能力两个层面，产业孵化链、要素聚集、人力资源、软硬环境建设等切入点，有针对性地提出了具体对策建议。

关键词：广州 产业 核心竞争力

---

* 本课题为广州市人民政府决策咨询专家研究课题。课题组组长：李琳；执笔人：李琳、简兆权；课题组其他成员有：朱桂龙、肖霄、郑雪云、王广发。

"十一五"期间，我国经济迅速发展，但与发达国家相比，产业竞争力仍存在较大差距。中国的发展在理论和实践上正在逐步确立一种新的发展观，即科学发展观。科学发展观的确立，离不开科学技术、高素质人才、产学研密切合作（柳卸林等，2008）。"十二五"开局，我国产业发展面临新的机遇与挑战，全球经济和产业竞争格局面临新调整，发展低碳经济将成为必然趋势（宏观经济研究院产业所课题组，2010）。为了提升产业核心竞争力，政府必须大力发展生产性服务业，以支撑国家产业竞争力的提升（耿莉萍，2010）。

工业发展是产业发展的基础，必须坚持新型工业化道路；强调市场化方向的制度改革与创新；用中长期规范管理制约短期应急管理中的问题（李晓西，2009）。我国制造业整体上自主创新能力弱，产业创新转化的产出贡献度低（肖德云等，2010）。政府应鼓励创新投资，促进技术扩散，降低开发新技术的风险，并加强教育力度，降低制造业人力成本（金碚等，2010），为工业的发展提供有力的支撑。

进入21世纪，世界经济发展的重心已逐步转向服务业。中国要利用这个机遇促进自身发展（江小涓，2008），通过服务业集聚来提升区域竞争力（李江帆等，2009），并积极推动服务业自主创新，做好服务业发展的规划和布局（蓝庆新，2008），使服务业在一个良性系统中发展与成长。

作为国家五大中心城市之一的广州，其发展优势主要集中在一些传统行业和劳动密集型行业（胡霞，2006）。在全球化程度不断推进的时代，广州应大力开展关键技术联合攻关，共建联合实体，推进高校科技产业园的建设（吴二娇等，2010）。相对于制造业创新而言，服务创新更加强调人力资本、组织等因素（Evangelista，1998；Tether，2005），因此，政府应积极培养服务业专业人才，推动粤港两地高端服务业的合作（胡霞等，2009），逐步消除不利于服务输出的区域壁垒，引导关联效应，着力强化广州与珠三角产业关联的接口，才能取得竞争力优势（潘建国，2010）。

一　产业核心竞争力及其构成要素

产业核心竞争力是产业竞争力中最重要的部分，是产业关键或者潜在关键因素之间的有机整合。产业自身的内在素质熔铸、提升为核心力之后，即在竞争的过程中外在表现为产业的竞争优势，从而不仅能够使产业以更加有效的方式提供市场所需的产品及服务，而且能够使产业不断地赢得竞争并获得持续发展。产业竞争力与核心竞争力的不同在于核心竞争力具有难以描述、难以模仿、不可交易、不可直接计量等特性；而产业竞争力的诸多要素是可以通过市场过程获得，或通过模仿而形成的。

资源与能力是构成竞争力的两个最基本的要素；区别核心竞争力与竞争力的关键在于是否拥有或形成了核心资源与核心能力。核心竞争力之所以能够使产业维持长期稳定的竞争优势，在于其充分发挥了核心资源与核心能力的作用。由此可见，产业核心竞争力的构成要素包括两类：一类是核心资源要素，一类是核心能力要素。产业核心竞争力构成要素的层级结构可以用图1表示。

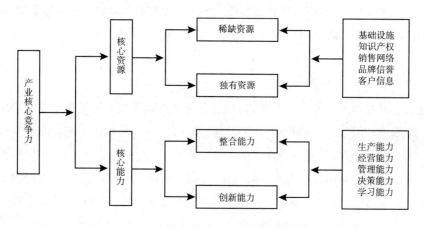

图1　产业核心竞争力构成要素层级结构示意

在全球经济市场变幻莫测、竞争无处不在的当下，不同的产业在各自不同的竞争环境下，其核心竞争力的要素会发生变化。核心能力是动态的、发展的。

二　广州市产业核心竞争力分析

（一）广州市综合竞争力分析

1. 广州产业发展受多方制约

目前，广州正处于经济转型与产业结构调整的关键时期，从广州产业发展的现实情况来看，其发展受到了多方条件的制约：一是受发展空间所限，以至传统产业的竞争优势出现了较大滑坡；二是新兴产业的发展受科技能力所限，缺乏强有力的技术支撑和系统集成能力，且核心技术创新能力及产业链衔接能力还较薄弱，产业资本积聚能力也不强，未能形成较大的产业规模；三是区域内虽有多项制度创新的空间，但政策的溢出效应不强，还有待进一步深化，对经济社会的引领作用尚未形成。立足于现实与未来的发展，广州产业亟须调整存量，发展增量，全面增强产业核心竞争力与抗风险能力。

2. 横向对比差距较大，创新能力等明显不足

2009 年，广州地区 GDP 达 9113 亿元。其中第三产业 5546 亿元，占 GDP 的 60.9%。按国际标准，广州已进入"服务经济"阶段。尽管如此，横向对比却发现，广州服务业竞争力指数仍不到香港的 1/3、新加坡的 1/2。不难看出，虽然广州产业优势体现在第三产业发达上，但由于当前工业结构层次偏低，高新技术产业发展不足，导致服务业结构层次也相对较低。在 2009 年全国 15 个副省级城市竞争力比较中，广州的综合竞争力虽排名第二，但自主创新能力、经济规模竞争力、创新环境竞争力只排第五，企业实力排在倒数第四，总体竞争力状况面临严峻挑战。

根据《全球城市竞争力报告（2009~2010）》全球最具竞争力城市排名，中国香港、上海、台北、北京、深圳、澳门等六个城市已跻身世界百强行列，但广州排名却靠后，其综合竞争力明显落后于北京、上海。在经济规模、企业素质、国际影响力等方面也均落后于北京、上海等地（见表 1），在经济集聚、专利申请数、当地市场竞争力、内部联系、公共制度等排名中都未能跻身前 10。

表 1 数据显示，广州的城市综合竞争力排名落后于上海 83 位，落后于北京 61 位，在国际影响力排名中落后于北京 62 位，落后于上海 60 位。在表 1 的 7 项指标排名中，只有经济规模、要素环境、企业素质及全球联系 4 个指标排名列席第 5 位，其他排名都未能进入前 5。广州发展所面临的威胁与挑战十分巨大。

由于广州的工业和服务业占 GDP 比重已超过 95%，农业比重较小，所以本研究将主要针对工业和服务业进行分析，探索促进广州形成结构高级化、竞争力高端化、布局合理化的产业体系的方法，以增强广州的产业核心竞争力和可持续竞争优势，为广州市政府制定未来产业发展规划和产业政策提供相关建议。

表1 2009～2010年全球城市竞争力排名

项　目	排名(国内排名前10位)									
	1	2	3	4	5	6	7	8	9	10
综合竞争力	香港 10	上海 37	台北 38	北京 59	深圳 71	澳门 93	广州 120	高雄 123	天津 165	台中 175
经济规模	香港 7	上海 11	北京 16	深圳 25	广州 27	台北 42	天津 46	佛山 61	东莞 72	南京 74
国际影响力	香港 5	北京 6	上海 8	台北 12	天津 64	广州 68	深圳 112	重庆 130	成都 156	高雄 158
要素环境	香港 5	北京 8	上海 15	台北 27	广州 115	天津 151	新竹 167	南京 175	深圳 187	沈阳 209
企业素质	北京 5	香港 6	上海 8	台北 19	广州 37	深圳 59	新竹 96	天津 97	南京 101	成都 113
当地要素	北京 14	上海 16	台北 24	香港 33	深圳 37	成都 63	绍兴 68	广州 70	杭州 77	天津 79
全球联系	香港 5	北京 7	上海 9	台北 23	广州 59	深圳 75	天津 83	南京 98	苏州 114	沈阳 118

注：各城市下方数字为该城市的全球排名名次。

资料来源：《全球城市竞争力报告（2009～2010）》。

（二）工业核心竞争力分析

2009年广州完成工业总产值13481亿元，增长9.9%。先进制造业占全市工业比重约50%，同比提高了近4个百分点。先进制造业俨然已成为广州经济结构调整中的一大亮点。三大支柱产业、装备制造业分别完成工业总产值5243亿元、4667亿元，分别增长20.3%、22.7%，高于全市工业平均增速10个以上百分点。轿车产量突破100万辆，也使得汽车作为广州支柱产业和全国轿车生产第一的地位得到巩固。但与京、沪等国内发达地区相比，工业发展仍存在诸多不足。

1. 工业竞争力对比分析

本文运用"偏离—份额分析法"（Shift-Share Analysis，简称SSA），以2005～2009年作为分析期，采用广州市2009年工业总产值比重前十位行业的总产值作为分析对象，以全国为参照系分析广州市工业竞争力现状，并与上海、北京和深圳三地进行对比分析，以综合全面评价广州市工业竞争力水平，分析结果见表2。

表2 2009 年广州市工业总产值比重前十位行业竞争力对比分析

表2 2009 年广州市工业总产值比重前十位行业竞争力对比分析

排名	行　业	总偏离分量 PD_{ij}（亿元）			
		广　州	北　京	上　海	深　圳
1	交通运输设备制造业	1551. 29	709. 88	1621. 01	121. 97
2	通讯设备、计算机及其他电子设备制造业	461. 46	53. 03	894. 37	3382. 46
3	化学原料及化学制品制造业	321. 88	−21. 87	463. 51	82. 88
4	电力、热力的生产和供应业	453. 21	769. 28	751. 27	241. 92
5	电气机械及器材制造业	207. 72	338. 58	445. 74	550. 71
6	石油加工及炼焦业	173. 52	26. 01	62. 26	9. 81
7	黑色金属冶炼及压延加工业	134. 17	3. 14	−370. 71	−14. 99
8	纺织服装、鞋、帽制造业	141. 75	8. 21	96. 72	79. 74
9	普通机械制造业	77. 47	107. 23	768. 59	95. 81
10	食品制造业	131. 69	22. 91	142. 58	21. 09
	总　　计	3654. 15	2016. 40	4875. 35	4571. 42

　　注：以上数据由 2005 ~ 2009 年相应年份《中国统计年鉴》、《广州统计年鉴》、《北京统计年鉴》、《上海统计年鉴》、《深圳统计年鉴》及《广东统计年鉴》计算得出。

　　国外区域经济和产业结构分析中被普遍使用的方法，即 SSA 法的基本模型如下：

　　设 $F_j(T)$ 表示 T 时期 j 产业全国报告期经济总规模，则：

$$F_j(T) = \sum_{i=1}^{n} F_{ij}(T) \tag{1}$$

　　其中，i 表示区域，$F_{ij}(T)$ 表示 T 时期 i 区域 j 产业经济规模，用 $F(T)$ 表示 T 时期全国所有产业经济总规模，则 $F(T) = \sum_{j=1}^{n} \sum_{i=1}^{n} F_{ij}(T)$，其中 $T = t_0$ 为基期，$T = t$ 为报告期。其地区某产业的总经济规模增量：

$$\begin{aligned}
\Delta F_{ij} &= F_{ij}(t) - F_{ij}(t_0) \\
&= F_{ij}(t_0)\left[\frac{F(t)}{F(t_0)} - 1\right] + F_{ij}(t_0)\left[\frac{F_j(t)}{F_j(t_0)} - \frac{F(t)}{F(t_0)}\right] + F_{ij}(t_0)\left[\frac{F_{ij}(t)}{F_{ij}(t_0)} - \frac{F_j(t)}{F_j(t_0)}\right] \\
&= N_{ij} + P_{ij} + D_{ij}
\end{aligned} \tag{2}$$

　　其中 N_{ij} 为全国增长分量，即 i 区域 j 产业按全国的增长速度而应有的增长额；P_{ij} 为产业结构分量，即 i 区域 j 产业经济规模增长偏离全国 j 产业平均增长的部分；D_{ij} 为 i 区域 j 产业增长额分界的属于成分，即扣除了全国经济增长、部门结构变动因素后的增长额，它体现了该部门在全国同行业中的相对增长水平，即竞争力分量。PD_{ij}为总偏离分量，反映区域i的j产业部门总的增长优势。

分析数据显示，广州工业竞争力偏离总量为3654.15，表示工业竞争力高于全国平均水平。但与北京、上海和深圳三地相比，仅优于北京2016.40，与上海4875.35、深圳4571.42相比有明显差距，与上海相比差距为1221.2亿元，与深圳相比为917.27亿元。

从数据分析还可看出，十个行业的竞争力偏离总量均大于0，均较全国平均水平有较强的竞争优势，但与北京、上海及深圳三地比较却不难发现，广州仅在石油加工及炼焦业、黑色金属冶炼及压延加工业以及纺织服装、鞋、帽制造业三个行业具有较明显的竞争优势。交通运输设备制造业、化学原料及化学制品制造业及食品制造业三个行业的总体竞争力优势排名第二，而通讯设备、计算机及其他电子设备制造业，电力、热力的生产和供应业则排名第三，电气机械及器材制造业、普通机械制造业排名最后，显示出较明显的相对竞争劣势。

根据表3数据的分析可以看出，广州市工业总产值比重前十位行业的P_{ij}均大于0，其中交通运输设备制造业所占比重最大（$P_{ij}=1462.009$），表明其对经济总量增长的贡献极大，其次化学原料及化学制品制造业，电气机械及器材制造业，通讯设备、计算机及其他电子设备制造业等部门结构偏离分量也相对较高，表明这些部门的生产基础较好，且现有的经济结构对经济总量的贡献较大。应大力发展这些优势行业，并借以带动其他行业的结构调整和发展。

广州工业竞争力状况也存在诸多不利影响因素。从竞争力偏离分量D_{ij}进行分析可以看出，有7种行业的竞争力偏离分量为负值，对经济增长的贡献较弱；只有电力、热力的生产和供应业，交通运输设备制造业，通讯设备、计算机及其他电子设备制造业的竞争力偏离分量为正值，表明这3种行业较全国平均水平有明显的竞争优势，且对经济总量的增长有显著的贡献，这3种行业竞争力的提高部分抵消了前7种行业竞争力下滑的后果，但提高的幅度远远小于前几种行业下降的幅度，使广州的工业产值损失近1420.28亿元。

广州工业竞争力与北京、上海等地相比仍有一定距离。尤其电气机械及器材制造业及普通机械制造业差距巨大，且普通机械制造业竞争力分量为负值，对经济增长的贡献尤为微弱。石油加工及炼焦业，黑色金属冶炼及压延加工业，纺织服装、鞋、帽制造业虽然总体优势大于北京、上海等地，但竞争力分量D_{ij}仍为负值，分别是 − 119.45、− 200.02、− 43.55，可见，这三个行业的发展也不容乐观，对经济总量的贡献正在慢慢减弱，且竞争力也正在下滑，需引起高度重视，才能使这些优势产业能够取得长足的发展。

表3 2009年广州市工业总产值比重前十位行业竞争力状况

排名	行　业	比重（%）	产业结构分量 P_{ij}（亿元）	竞争力分量 D_{ij}（亿元）	PD_{ij}
1	交通运输设备制造业	24.69	1462.01	89.28157	1551.291
2	通讯设备、计算机及其他电子设备制造业	11.22	460.16	1.29	461.46
3	化学原料及化学制品制造业	10.35	977.95	− 656.07	321.88
4	电力、热力的生产和供应业	7.32	267.16	186.05	453.21
5	电气机械及器材制造业	5.51	538.88	− 331.15	207.72
6	石油加工及炼焦业	3.95	292.97	− 119.45	173.52
7	黑色金属冶炼及压延加工业	3.86	334.18	− 200.02	134.17
8	纺织服装、鞋、帽制造业	2.64	185.29	− 43.55	141.75
9	普通机械制造业	2.61	341.07	− 263.59	77.47
10	食品制造业	2.52	214.76	− 83.07	131.69
总　　计			5074.43	− 1420.28	3654.15

注：以上数据由2005～2009年相应年份《中国统计年鉴》及《广州统计年鉴》计算得出。

2. 工业核心竞争力对比分析

本文运用层次分析法（AHP法），依照表4所示指标，建立了核心资源及核心能力的评价指标体系，并通过对相关专家、企业走访和调研，结合一手及二手资料，运用指标体系法、信度效度检验法对广州、北京、上海及深圳四地的核心资源及核心能力进行了对比分析，分析结果见表5。

表5数据分析显示出广州工业核心竞争力发展存在的诸多问题。

（1）工业核心资源优势不足。广州核心资源得分79，比北京高3分，与上海和深圳差距为−7分和−5分。基础设施、销售网络和客户信息三项得分较低，体现出广州在地方环境竞争力、市场开放和管制程度、产业政策竞争力、营销网络竞争力、资产规模竞争力、供应链一体化水平、服务满意度、客户关系管理能力及客户规模大小等方面的不足。

（2）工业核心能力优势不足。广州核心能力得分81，比北京高3分，与上海和深圳差距为−7分和−4分，差距非常大，在生产能力、管理能力及决策能力3项上差距显著。揭示出广州在生产、销售、高级管理人员素质、管理绩效、战略管理能力、信息传递速度、信息管理竞争力及供应链反应速度等方面存在明显不足。

表4 核心竞争力指标集

核心资源	度量指标	核心能力	度量指标
基础设施	地方环境竞争力 市场开放和管制程度 产业政策竞争力	生产能力	劳动生产率 资产贡献率 产品销售利润率
知识产权	核心技术领先水平 有科技开发机构的企业数比重 拥有发明专利数占全国的比重	经营能力	工业制成品出口额占全国比重 人均工业产品销售收入 宣传与促销能力
销售网络	营销网络竞争力 资产规模竞争力 供应链一体化水平 服务满意度	管理能力	高级管理人员素质 管理绩效 战略管理能力
品牌信誉	品牌竞争力 无形资产与固定资产比率	决策能力	信息传递速度 信息管理竞争力 供应链反应速度
客户信息	客户关系管理能力 客户规模大小	学习能力	学习竞争力 创新竞争力

表5 广州市工业核心竞争力对比分析

	广　州	北　京	上　海	深　圳
核心资源	79	76	86	84
基础设施	78	78	88	84
知识产权	87	80	85	83
销售网络	75	74	81	77
品牌信誉	87	82	89	89
客户信息	73	71	81	79
核心能力	81	78	88	85
生产能力	79	75	86	82
经营能力	79	78	83	86
管理能力	69	74	84	78
决策能力	86	87	94	90
学习能力	82	81	91	92

（3）科技园区、工业园区规划建设集聚效应不足。广州基础设施得分78，与上海差距为－10，劣势较明显。揭示了广州产业园区规划和建设中诸多的问题，如天河高塘工业区、永发工业园、花都三村工业区、番禺洛溪工业区、黄埔姬棠工业区等的规划和建设都未能发挥聚集效应；园区内配套设施及其管理服务相对滞后，产业配套体系不完善，公共服务平台及基础设施建设不足；龙头企业带动性能不突出，缺乏大企业及大项目支撑，开发建设进展缓慢。

（4）缺乏高级管理人才。广州管理能力得分69，排名末位，而管理能力评估中最重要的一项是高级管理人才素质，可见广州高级人才的缺乏是阻碍发展的一大障碍。据广东省相关数据显示，在"人力财富水平竞争力"方面，东莞、深圳、广州位列第二、三、四名，仅次于香港，超过了北京；在"人才技能水平竞争力"方面，深圳、上海、北京、中山等市都明显高于广州。在"人力资源质量指数"排名与"人力资源配置指数"排名中，广州都未能跻身前十位，足以说明广州市高级人才的缺乏。

据有关专家分析，广州目前已逐渐失去吸引高层次人才的优势。以前广州房价明显低于上海、北京，生活成本较低，不少人因此而来到广州；但如今，广州房价逐步攀升，已成为吸引人才的高门槛，且长三角等其他区域的崛起也让广州丧失了许多争抢人才的优势。

（5）缺乏创新竞争力。广州学习能力得分82，与上海、深圳相差－9、－10。学习能力中最重要的度量指标是创新竞争力。广州在自主创新方面与深圳存在较大差距。据2009年数据显示，从高新技术产品产值占工业总产值的比重比例来看，深圳占近57%，广州仅占32%，在拥有自主知识产权产品占高新技术产品比重上，深圳约50%，广州不到25%。创新能力的不足严重阻碍了广州产业经济的发展。

（6）制造业服务化力度不足。广州应该运用"制造业服务化"这个助推器实现产业结构的调整与优化，同时也应认识到这是一个系统工程，需要通过流程创新、技术创新、制度创新等来共同推动，这对广州生态、经济、社会效益的提升都将发挥重要作用。因此，必须大力倡导发展服务经济，但发展服务经济不可能放弃制造业的基础而另起炉灶，必须寻求服务业与制造业的有效融合。长时间以来，广州市对制造业的投入较大，而只有有效盘活、用好这些资源，才能取得制造业向"服务化"转型的新突破。

（7）过分依赖重化工业阻碍了广州的成功转型。广州的经济发展已经到达转型的关键时期，对钢铁、石化与汽车等产业的过分倚重，必会给广州经济转型带来不利的影响。2009 年全市工业产值共增长 144.86 亿元，其中有近 2/3 的产值增加来自重化工业，特别是汽车及钢铁产业的快速增长。但是，包括石化、钢铁及汽车在内的重化产品在全球市场都已明显过剩。近年来，国内重化工业也已遍地开花，国内市场供大于求的形势决定了现有重化模式将很难支撑广州经济的持续发展，阻碍广州经济的转型。

（三）服务业核心竞争力分析

1. 服务业竞争力对比分析

以下运用 SSA 法，以 2005～2009 年作为分析期，采用广州市服务业各行业城镇单位就业人员数作为分析对象，以全国为参照系分析广州市服务业竞争力现状，并与上海、北京和深圳三地进行对比分析（见表 6），以综合全面评价广州市服务业竞争力水平。

表 6　广州市服务业竞争力对比分析

行　　业	总偏离分量 PD_{ij}（人）			
	广　州	北　京	上　海	深　圳
交通运输、仓储和邮政业	120399.1	138203.6	185269.2	129243.5
信息传输、计算机服务和软件业	90607.8	168197.3	90555.2	94232.5
批发和零售业	381667.5	224208.2	256259.4	321873.8
住宿和餐饮业	91722.6	47502.9	107981.1	114782.9
金融业	63310.2	72645.9	114564.8	87935.7
房地产业	46926.1	82250.5	91940.2	89356.4
租赁和商务服务业	100539.3	196212.6	102638.2	179252.3
科学研究、技术服务和地质勘查业	15816.5	121489.8	152862.2	100134.7
水利、环境和公共设施管理业	6017.4	16339.3	15268.6	13242.3
居民服务和其他服务业	92509.7	-18849.8	6968.3	67322.1
教育	56790.1	72245.3	59472.8	8653.4
卫生、社会保障和社会福利业	16644.5	28860.8	29966.5	18647.3
文化、体育和娱乐业	16507.5	15019.9	17271.31	19931.2
公共管理和社会组织	41251.1	82434.9	81724.9	53241.7
总　　计	1140709.2	1246761.4	1312742.8	1297849.7

注：以上数据由 2005～2009 年相应年份《中国统计年鉴》、《广州统计年鉴》、《北京统计年鉴》、《上海统计年鉴》、《深圳统计年鉴》及《广东统计年鉴》计算得出。

表6数据显示，广州市服务业偏离总量为1140709.2，竞争力高于全国平均水平。但与北京、上海和深圳三地相比，却明显落后。与北京1246761.4、上海1312742.8、深圳1297849.7的差距分别为106052.2、172033.6、157140.5，与上海的差距最大，服务业竞争力明显不足。

　　服务业十四个行业的竞争力偏离总量均大于0，均较全国平均水平有较强的竞争优势，但与北京、上海及深圳三地比较却不难发现，广州仅在批发和零售业、居民服务和其他服务业两个行业具有较明显的竞争优势。信息传输、计算机服务和软件业，住宿和餐饮业，教育，文化、体育和娱乐业四个行业的总体竞争力排名第三，其他行业排名均居后，竞争劣势较为明显。

　　各行业竞争力分析（见表7）显示，广州市服务业大部分行业结构偏离分量大于0，只有批发和零售业为负，表明绝大部分行业部门结构基础较好，现有的经济结构对经济总量的贡献较大，只有批发和零售业的结构偏离分量处于弱势地位，需要进行内部结构的调整。其中租赁和商务服务业，信息传输、计算机服务和软件业以及房地产业优势较为突出，应该继续大力发展这些行业，提高总体经济水平。

表7　2009年广州市服务业各行业竞争力状况

行　业	产业结构分量 P_{ij}（人）	竞争力分量 D_{ij}（人）	PD_{ij}
交通运输、仓储和邮政业	105740.85	14658.20	120399.05
信息传输、计算机服务和软件业	95868.16	-5260.41	90607.75
批发和零售业	-76715.6	458383.10	381667.5
住宿和餐饮业	14101.39	77621.20	91722.59
金融业	47969.09	-466.21	63310.24
房地产业	18688.98	28237.12	46926.1
租赁和商务服务业	67369.99	33169.31	100539.3
科学研究、技术服务和地质勘查业	9435.02	6381.46	15816.48
水利、环境和公共设施管理业	2962.069	3055.29	6017.359
居民服务和其他服务业	5115.96	87393.72	92509.68
教育	6474.53	50315.55	56790.08
卫生、社会保障和社会福利业	12710.04	3934.41	16644.45
文化、体育和娱乐业	1611.95	14895.51	16507.46
公共管理和社会组织	10937.11	30314.01	41251.12
总　计	338076.85	802632.30	1140709.15

　　注：以上数据由2005~2009年相应年份《中国统计年鉴》及《广州统计年鉴》计算得出。

竞争力偏离分量 D_{ij} 数据分析显示，绝大多数行业的竞争力偏离分量都为正值，相对于全国平均水平都具有一定优势，其中批发和零售业的 D_{ij} 水平最高，表明此行业是极具市场竞争力的行业，虽然产业结构处于劣势地位，但其竞争力优势明显，如果能够加大行业结构调整力度，提升行业结构优势，加之竞争力的相对优势，其对国民经济的贡献必大大提升。表7数据中，信息传输、计算机服务和软件业以及金融业的竞争力偏离分量为负值，表明这些行业对国民经济的贡献相对较弱，低于平均贡献水平，应加强建设，加大高端化、专业化、信息化进程，使这些行业发展更加通畅。

广州服务业竞争力较全国而言具有一定的优势，但与北京、上海等国际化大都市相比却仍有一定距离。尤其金融业，水利、环境和公共设施管理业，卫生、社会保障和社会福利业及公共管理和社会组织业差距最大，且金融业的竞争力分量 D_{ij} 为负，劣势明显。批发零售业的总体竞争力虽具有优势，但其结构分量 P_{ij} 为负值，行业结构基础薄弱。信息传输、计算机服务和软件业虽较全国具有较明显的竞争优势，但近年来发展速度不及北京等地，竞争力分量 D_{ij} 为负值，表明该行业竞争力正在逐步减弱，对经济总量的增长贡献率正在下降。

2. 服务业核心竞争力对比分析

我们运用以上工业核心竞争力的分析方法对广州、北京、上海及深圳四地的服务业核心资源及核心能力进行了对比分析，分析结果见表8。

表8数据分析表明，广州服务业核心竞争力发展存在诸多问题。

表8　广州市服务业核心竞争力对比分析

	广 州	北 京	上 海	深 圳
核心资源	81	87	88	86
基础设施	80	88	87	85
知识产权	81	89	91	88
销售网络	78	87	86	82
品牌信誉	83	84	89	86
客户信息	85	86	90	89
核心能力	82	86	89	86
生产能力	72	75	79	79
经营能力	85	85	90	87
管理能力	83	87	89	85
决策能力	79	79	85	85
学习能力	83	93	91	90

（1）服务业核心资源优势不足。广州核心资源得分81，与北京、上海和深圳差距为 -6、-7 和 -5 分，劣势较明显。其中品牌信誉、基础设施和客户信息三项得分较低，充分体现出广州在品牌竞争力、地方环境竞争力、市场开放和管制程度、产业政策竞争力、客户关系管理能力及客户规模大小诸多方面的不足。

（2）服务业核心能力优势不足。广州核心能力得分82，与北京、上海和深圳差距为 -4、-7 和 -4 分，差距较大，在经营能力、管理能力及决策能力 3 项上差距明显，反映出广州在产品经销、高级管理人员素质、管理绩效、战略管理能力、信息传递速度、信息管理竞争力及供应链反应速度等方面存在明显不足。

（3）品牌建设力量较弱。广州品牌信誉得分83，与上海相差 -6 分。服务业虽总体竞争力在全国范围占据一定优势，但却缺乏具有国际竞争力的品牌。近年来，广州市服务型企业在外延快速增长的同时，内涵却未能实现同步增长，在品牌建设、企业形象、企业文化建设方面没有取得长足的进步。例如，广州市的服装出口量虽居全国前列，却缺乏具有国际竞争力的大品牌。广州市服务业企业要想开拓国际市场，除了具备过硬的服务产品、服务质量，还需要打造企业品牌，并不断赋予品牌以及企业独特的文化内涵。

（4）总部经济相对落后。广州基础设施、销售网络及学习能力得分依次为80、78、83，与北京、上海有一定差距，而影响以上指标的因素主要有地方环境竞争力、营销网络竞争力、资产规模竞争力及学习竞争力等方面，这些方面的不足也正影响着广州总部经济的建设。据《中国总部经济发展报告（2008 ~ 2009）》全国三十五个主要城市总部经济发展能力排行榜显示（见表9），广州总部经济发展能力位列第三。然而，与北京、上海差距仍大，尤其在研发能力方面，得分为59.1，与北京90.94分相差巨大。广州经济主要依靠的是外资驱动模式，但迄今为止在广州设立总部的外资企业并不多。广州的总部企业以区域性总部为主，跨国公司地区总部以及国家级总部企业较少。与京、沪两市相比，广州

表9 总部经济发展能力排行

排名	城市	综合得分	基础条件	商务设施	研发能力	专业服务	政府服务	开放程度
1	北京	85.60	77.04	98.54	90.94	99.96	71.12	82.02
2	上海	83.73	77.57	98.32	78.24	95.74	80.33	84.16
3	广州	76.22	80.43	78.39	59.10	78.74	84.53	78.14
4	深圳	73.75	76.21	69.42	68.65	70.52	87.02	71.61

在世界 500 强企业进驻及投资项目数等方面存在较大差距。

（5）服务业专业化程度较低。广州在知识产权、销售网络、品牌信誉、生产能力、学习能力等方面得分较低，反映出广州服务业专业化程度的不足。以现代信息服务业发展为例，广州市不断出台多项相关政策，大力支持发展互联网及全面拓宽基于多网络的信息增值服务业。市财政每年拿出 1.8 亿元支持软件业的发展，从 2009 年起 3 年内每年还安排 3000 万元经费以支持电子商务业发展。广州信息产业园区建设正逐步趋向完善。信息服务业在番禺数字家庭产业基地、天河软件园、南沙资讯科技园迅速兴起。但广州市现代信息服务业创新能力不足，高层次人才缺乏的现象却尤为严重，成为制约行业发展的瓶颈。对比香港可以看出，目前香港会计师、律师、建筑师、评估师、规划师等 10 个专业团体的专业人员形成团体效应，仅会计师人数就达 2.6 万，金融业雇员达到近 18 万，约占香港本地总工作人口的 5.3%，尤以展会从业人员人才济济，为日后香港拥有一批成熟的会展招展专家、策划专家、法律专家、贸易专家等会展服务人才提供了有力保证。

（6）IT 产业规模化不足。广州的信息传输、计算机服务和软件业规模化程度不足。有关资料显示，目前广州软件企业大多是 30～100 人的中小型企业，企业从业人员数平均为 204 人，其中 58.3% 的企业从业人员数在 100 人以下，最少的企业从业人员仅为 2 人，而从业人员在 500 人以上的企业仅占 10%。全部营业收入超亿元的企业仅有 13 家，可见企业缺乏规模经营能力，资金实力有限，对高端人才吸引力弱，软件研发能力有限，技术积累较少，企业竞争力明显不足，难以形成资金和人才的集聚优势，极大阻碍了产业的进步与发展。

（7）与亚洲发达地区相比服务经济总量不足且增长速度缓慢。广州的服务经济总量规模 2009 年达到 61%，但与香港和新加坡 90% 以上的比例差距仍然很大，这从表 10 中可以看出。

表 10　新港穗三地服务业经济总量比较

单位：亿元

地　区	服务业总产值				
	2005 年	2006 年	2007 年	2008 年	2009 年
广　州	2978.79	3515.31	4152.54	4890.33	5560.77
香　港	10532.78	11317.90	12490.16	12577.21	12530.73
新加坡	8804.26	9764.57	11499.11	12275.11	11753.81

2009年广州服务业总产值仅相当于新加坡的47%，香港的44%。从2005年开始，新港穗三地服务业总产值都呈现逐步上升的势头，但香港和新加坡的发展速度明显较快，广州的发展速度则较为平缓（见图2）。

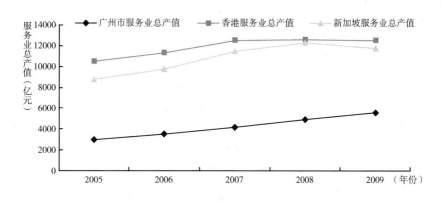

图2　新港穗三地服务业经济总量比较

三　广州市产业核心竞争力的基本思路与路径突破

（一）提升广州市产业核心竞争力的基本思路

基于广州产业核心竞争力对比分析研究，结合宏观环境现状及其发展趋势，提升广州产业核心竞争力的基本思路是：以科学发展观及构建和谐社会为指导，以提升产业核心竞争力及城市整体竞争力为目标，创新发展理念与体制机制；完善经济基础建设，培育壮大市场主体，加快经济发展方式的转变；并充分利用现有基础和比较优势，着力打造"广州创造"与"广州服务"品牌，树立"绿色、人文"观念，减少环境污染，减少资源消耗，提升要素投入效率，着力培育壮大先进制造业、现代服务业产业集群，不断推进产业结构优化升级及产业创新能力的提升；进一步深化户籍、住房等制度改革，不断改善民生，提高居民生活质量。具体来说，要着力实施如下核心战略。

1. 创新突破战略

应以国家创新型城市试点为契机，着力推进产业的技术创新、制度创新、文化创新及商业模式创新等全方位的自主创新；并破除传统路径依赖，把集成创新和引进技术再创新作为加强自主创新能力的突破口，集聚高端创新要素，促进产业核心竞争力提升。

2. "双轮驱动"战略

应大力增强广州作为国家中心城市的高端要素集聚、文化引领、科技创新以及综合服务功能，加大制造业服务化力度，大力发展现代服务业，坚持以现代服务业和新型工业为重点的"双轮驱动"战略。

3. 产业孵化战略

应着力完善产业孵化链，在产业发展链条的每一环节都积极参与，给予相应扶持，从城市整体的产业规划、运行基础建设，到吸引企业入驻、帮助企业运营生产，再到产品的推广、营销，所有的环节都指派相应的政府部门积极参与并负责，形成一个结构完整、功能强大的从规划设计到基础建设、招商、服务和推广的产业孵化链（见图3）。

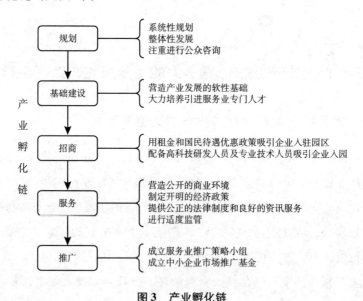

图3　产业孵化链

4. 产业链高效整合战略

应抢抓建设国家中心城市、推进珠三角一体化的历史契机，实施基于集群的产业链高校整合战略，提高广州对大区域范围的创新资源及战略要素资源的优化配置能力，力争在产业发展的新一轮挑战中起到引领作用。

（二）提升产业核心竞争力的"广州路径"

广州要依据未来经济变动趋势以及世界技术进步的方向作出预测与判断，并结合广州作为国家中心城市的功能定位与自身的产业基础，选择对广州经济社会发展具有重大带动作用和长期支撑的产业加以重点发展，且不断调整优化现有产业结构，与国际接轨，铺筑出产业核心竞争力提升的"广州路径"。

战略路径一：着力发展七大核心产业，带动产业转型升级，培育新的增长点

广州未来要集中力量发展具有较优的生产要素、较强的税收创造能力、较好的市场需求条件、较高集中度、较强带动性的七大产业：汽车制造、电子信息、金融、商贸会展、现代物流、文化创意、生物医药。广州应继续保持汽车制造与商贸会展业的优势，继续做强做大。打造高效灵活的金融市场，通畅信息物流服务链，为跨国生产经营提供便利。同时紧抓文化创意与生物医药等新兴产业的发展，使广州的核心产业进入发展的良性轨道。

战略路径二："进退结合"，通过产业转移与升级，提升传统产业的发展空间与能级

有序地调整高污染、高耗能、低附加值的劣势企业、劣势产品以及各落后工艺，对于产业链较短、盈利能力较差的企业应设立相应的退出机制，在珠三角乃至更大的区域内进行制造业空间布局及产业链的联动互补发展和结构调整。引导部分产业对外投资，鼓励广州开发区品牌输出，激励相关产业、开发区以及企业集团采取"飞地"方式与其他地区共建广州产业延伸区。

战略路径三：系统化升级，与国际产业价值链系统接轨

欧美日等先进经济体企业创造了许多产业价值链，成为完整系统解决方案的提供者，掌握全球通路与市场，利用品牌威力，获利丰厚。而广州企业大多承接外商低层次且获利微薄的发包项目，能提供的系统化产品不多，更少有全球营销通路与整体后勤支持的国际级品牌。正因为如此，如果广州产业只为求降低成本而外移，不做系统化地升级，势必会影响未来广州经济的成长。因此企业提升竞争力、创造力，与国际产业价值链系统接轨，已势在必行。

战略路径四：积极构建研发国际化情境下的开放式创新体系

积极构建研发国际化情境下的开放式创新体系，推动企业 R&D 导向更前端的创新性科技开发，吸收各国技术预见的能量，并推动本身技术的扎根。通过国际合作，强化研究机构、产业界、学术界等的创新预见、科技研发与产业化能力。在企业创新模式的调整方面，企业研发应更加强调与全球产业知识平台、研究团队、客户甚至竞争对手建立互惠依存的开放式生态体系。企业在"知识增值"过程中，应与其他组织、团体及个人，共同分享技术及创意，让知识能互惠交流，由此企业也能够降低创新成本与风险。高技术产业必须实施以知识产权为导向、创建自主品牌为目标的自主创新战略。

战略路径五：推动产业与金融资本融合，为新兴产业注入新活力，加快高新技术的产业化进程

金融市场是推动自主创新和产业技术进步的关键因素，尤其是对于新兴产业的发展来说，其在生命周期的初期往往需要较高的外部融资与权益融资。因此，在广州新兴产业发展的过程中，我们必须充分利用广州加快建设国际金融中心的契机，在控制产融结合风险的基础上，大力引导产业与金融资本的融合，建立一个灵活、多元的金融体系以满足产业发展中的金融服务需求，为产业发展注入新动力。

四 广州市产业核心竞争力的对策建议

（一）核心资源层面对策建议

1. 系统规划、集聚发展、打造国际品牌

（1）加强产业定位、引导集聚整合。工业园、科技园等园区建设应根据产业关联度培植企业群，大力发展园区产业集群，形成主导产业区。各园区要有各自具有鲜明特色的主导产品，并围绕主导产品发展一系列生产与服务。

以特色产业为主导，引导产业形成群体规模优势，并大力加强相同产业的空间整合，使大量规模普遍较小且面广的同类型企业聚集，发挥产业群体的规模效益。

（2）培育龙头企业、打造国际品牌。积极鼓励品牌企业在园区内以资金、技术、信息和管理等作支撑，聚集一批中小型企业，提供专业化产品及加工原材料、零配件供应等配套协作，逐步形成产业链、企业群。如万宝集团番禺生产基地，经过 OEM、专业加工等阶段，利用品牌带动，逐步向自主开发与生产过渡，使某些零部件和最终产品在全球具有影响力。

政府应当大力引导品牌建设，做大品牌产品。例如引导拥有名牌产品的企业，利用品牌优势，扩大协作，细化分工，积极推进协作单位入园投资合作，拉长名牌产品产业链；并以品牌为纽带，进行联合兼并，逐步扩大生产名牌产品的规模与能力；积极开发系列产品，提高产品档次，开拓名牌产品生产领域。同时，大力加强市场宣传，不断提高名牌产品市场占有率，保持品牌的持续竞争力。

（3）提升产业园区管理能力。积极探索多种行之有效的园区管理模式。逐步把工业园区发展成为适宜于企业创业建设，能把企业引进来、留得住的园区。以信息化带动园区现代化，进一步搞好相关配套服务，大力加强管理指导和协调服务，并充分利用社会各种资源，帮助做好企业想做而做不了的事情。还可根据各区的产业结构特点以及分布情况，举办一些专业论坛、专业会展等，不断促进产业集合型园区向产业结合服务型园区转变，形成为园区企业发展的综合服务体系。

2. 优化人文环境，培育高素质人才队伍

（1）优化人文环境。通过高素质的公民群体、鲜明的文化特色、良好的生态环境、高品位的生活质量、完善的法律体系以及规范的市场经济秩序优化人文环境，吸引并集聚关键人才，留住并整合核心人才，培育并配套骨干人才，形成科技振兴的人才链，逐步构筑起区域经济可持续发展的坚实平台。

（2）完善户籍政策。逐步完善户籍政策，放宽落户限制，让更多专才、优才、投资人能够在广州扎根。降低门槛并放宽限制，让专业技能人才可以自由落户广州。具体可参照上海出台的专项户籍改革方案，考察高技能人才在道德素养、文化素质与从业状况等多个方面的基本情况，并设置教育程度、在广州就业岗位、在广州工作年份、职业资历、特殊成就、收入水平、创业投资活动等具体条件的量化指标。对达到量化考核分数值的人才应给予办理入户广州的手续。

（3）从住房入手。大力解决高级人才的住房问题。可在开发区和科技园建造配套的住宿区，逐步提高人才生活的质量，构建一流的住房、医疗、教育等条件。

3. 聚集高端要素，推动总部经济持续、快速发展

坚持市场主导、政府引导相结合的战略，积极发挥市场配置资源的基础性作用，加强规划引导、政策扶持、资源倾斜的力度，引导区域协调发展，逐步优化发展总部经济的软硬件环境。

坚持大力引进与重点培育相结合的战略，充分利用体制机制、市场腹地以及服务资源等优势，积极服务好现有企业总部，并不断创新招商方式，吸引跨国公司和国内大型企业集团总部落户广州，着力培育本市优势产业的企业总部。

（二）核心能力层面对策建议

1. 加强产学研联盟建设，着力增强自主创新能力，加快科技成果转化

（1）依托开发区以及高新技术产业园区的发展，引导园区成为发挥企业创新主体作用的重要载体；积极构建产学研相结合的技术创新体系；大力加强政府对企业的服务和引导；加快公共服务平台建设，建立以科技中介为主体的社会化服务体系；营造鼓励创新、宽容失败的社会氛围，培育全社会的创新意识与创新精神。

（2）推进产业自主创新能力的形成，在构建自主知识产权的基础上，努力把握行业发展先机；在保持技术进步及国际同步的基础上，切实加强产业发展后劲。加快创新主体的建设以及创新环境的培育，充分激发企业技术创新的内在动力，并引导各类创新要素集聚，构建产业链的创新模式，以产业行业龙头企业为中心，推动产业链上相关企业的技术进步，持续突破产业化关键瓶颈。

（3）在创新主体的培育方面应贯彻国有企业抓动力、民营企业抓能力、外资企业抓溢出的思想，充分落实相关政策和操作流程，积极推进国企改革，完善创新激励机制；充分发挥企业组织并实施技术创新的主体地位，使其成为共性技术、关键技术的创造者、拥有者。

（4）在创新环境建设方面，积极构筑综合完善的产学研体系，加强共性技术网络的建设，加速创新成果的转化，并通过政策的引导与评价体系的纠正，逐步创建富有活力的科研创新体制。积极建立健全投入体系，抓好融资平台建设，逐步形成多元化、多渠道的科技投入体系，引导全社会多渠道、多层次增加高新技术产业投入，构建以财政投入为引导、企业拨入为主体、银行贷款为支柱、社会集资及引进外资为补充、优惠政策为扶持的全社会高新技术产业科技创新投入体系。

2. 积极承接服务外包转移

积极承接服务外包转移，进一步制定并完善具体的政策措施，构建符合国际惯例的服务外包机制，加强承接国际国内服务外包转移的能力，提升现代服务业发展水平。广州应当全面落实服务外包基地区域、示范区域、培训中心等的共建协议，逐步引导外资投向商务服务、物流等生产性服务业及以改善民生为重点的社会服务业。建立健全市场准入、资金扶持、市场开拓、财税支持、自主创新、知识产权保护等扶持服务外包产业发展的地方政策体系。

3. 打造高效灵活金融市场，通畅物流信息服务链

（1）政府应加强自身建设，加大上市公司培育力度，逐步形成上市企业广州板块；吸引大量金融机构总部进驻广州，积极开展金融创新研究以及金融业务创新试点，充分发展金融后台服务，承接国际、港澳、内地金融机构外包业务，打造金融产品与服务的创新基地；深化穗港金融合作，逐步形成联动港澳、辐射东南亚、与国际接轨的区域性金融中心。积极引进港澳地区银行和金融机构，支持香港金融机构入股内地，使广州逐步发展成为华南地区最重要的银行中心。

（2）广州应进一步进行大范围的物流园区规划；保护重点物流企业；扩大航空、铁路、水路物流规模，逐步实现产业升级换代。不断引进先进的技术对机场、海港、公路等进行有计划的改造规划，将广州的物流业尽快从传统货运服务业转型成为现代物流业，形成完整的现代物流体系，为广州经济的后续发展提供坚实的基础。

（审稿：彭建国）

参考文献

柳卸林、潘铁：《构建以企业为主体的产学研合作模式》，《中国科技产业》2008 年第6 期。

宏观经济研究院产业所课题组：《发挥香港服务业优势促进两地经济共同繁荣》，《宏观经济研究》2005 年第 5 期。

耿莉萍：《提升中国产业竞争力之难点与突破》，《综合竞争力》2010 年第 2 期。

李晓西：《应对金融危机：短期与中长期结合的思考》，《经济与管理研究》2009 年第 9 期。

肖德云、胡树华、戴勇：《我国制造业自主创新能力综合评价》，《管理学报》2010 年第 7 期。

金碚、刘戒骄：《美国"再工业化"观察》，《决策》2010 年第 2 期。

江小涓：《服务全球化的发展趋势和理论分析》，《经济研究》2008 年第 2 期。

李文秀、李江帆、陈丽：《中、美、日服务业的服务需求结构比较分析》，《现代管理科学》2009 年第 6 期。

蓝庆新、范忠伟：《世界服务业发展新特征、新趋势及我国战略对策》，《现代经济探讨》2008 年第 3 期。

胡霞、魏作磊：《广东服务业发展的国内外比较》，《广东行政学院学报》2009 年第 6 期。

吴二娇、刘璟：《广州工业竞争力系统动态预测及政策模拟研究》，《华东经济管理》2010 年第 1 期。

Evangelista, R., Savona, M. Patterns of innovation in services：The results of the Italian innovation survey. Paper presented at the 7th Annual RESER Conference, Berlin, 1998：8 – 10.

Tether, B. Do service innovate：Insight from the European innovate meter survey. Industry and Innovation, 2005, 12（2）：201 – 212.

胡霞：《广州深圳服务业发展比较与分工选择》，《岭南学刊》2006 年第 2 期。

潘建国：《广州服务业路径选择及政策建议》，《宏观经济管理》2010 年第 1 期。

Study of the Improving of Core Competitiveness of Guangzhou's Industries

Li Lin   Jian Zhaoquan

Abstract：According to the judgement of the technological innovation and the new pattern of international industries development, through qualitative and quantitative comparative analysis, this study summarizes several weaknesses of Guangzhou's industries, such as the hysteresis of financial services, logistics development, the weakness of structure foundation of wholesale and retail trade, a shortage of advanced talents, the imperfection of system and mechanism of innovation, etc. Combined with characteristics of stage for economic and social transition and new urban positioning, this research proposes strategic thinking and approach to enhance the core competitiveness of Guangzhou's industries. From the perspective of core resources and core competencies, this study puts forward some countermeasures and suggestions for the improving of industrial incubator chain, factor accumulation, human resources and the construction of hardware and software environment.

Key Words: Guangzhou City; Industries; Core Competitiveness

B.6
关于广州发展战略性新兴产业的
路径和对策研究[*]

向晓梅

摘　要：报告认为以"智慧城市"建设引领战略性新兴产业发展是广州实现"产业升级、城市升华"的战略路径，广州已具备良好基础和条件，同时剖析了国内外的相关经验启示，提出了该举措的总体思路、具体路径、重点突破领域及政策保障。重要观点有：以信息产业作为支撑"智慧城市"建设并带动战略性新兴产业发展的龙头和突破口；以智慧型战略性新兴产业空间集聚构建"智慧园区"；以战略性新兴制造业和战略性新兴服务业双轮驱动广州"智慧城市"建设；以"政府和市场联动体系"营造智慧型战略性新兴产业发展的良好环境。

关键词：智慧城市　智慧广州　战略性新兴产业　发展路径

"智慧城市"是知识信息时代继"数字城市"之后城市文明与城市发展的又一新的里程碑，是基于海量信息和智能过滤处理的新型生活、新兴产业和新型社会管理模式，是面向未来构建的全新城市形态。"智慧城市"是实现城市转型和产业升级的重要功能载体，而以物联网、云计算、智能电网、高端电子信息等高科技产业为代表的战略性新兴产业则是建设智慧城市的重要支撑。广州是国家级中心城市和亚太地区有影响的国际大都市之一，长期以来作为广东省的政治、经济、文化中心和改革开放的先锋城市，引领着珠江三角洲乃至整个华南地区城市

　＊　本课题为广州市人民政府决策咨询专家研究课题。课题组组长、执笔人：向晓梅，博士，研究员、硕士生导师，广东省社科院产业经济研究所所长；课题组成员：吴伟萍、燕雨林、张拴虎、邓江年等。

和产业的发展。作为正处在经济社会发展模式转型和加快建设国家中心城市关键历史时期的广州，立足自身产业基础和优势，强化产业与城市互动发展，以推动"智慧城市"建设为战略目标和突破口，引领发展具有广州特色和优势的战略性新兴产业，避免陷入跟风炒作和盲目发展的误区，对于广州抢占信息时代科技与产业制高点，实现"创新驱动"和"文化引领"，加快经济转型和产业升级，提升国家中心城市地位并赶超国际先进城市，具有重大意义。

一 以"智慧城市"建设引领战略性新兴产业发展是广州实现"产业升级、城市升华"的战略路径

当前，战略性新兴产业成为全国各地竞相规划和发展的热门产业，但很多地区不结合本地的产业基础条件和区域发展战略，盲目求新求全，制定出来的战略、规划基本雷同，可见一些地方政府对本地区战略性新兴产业的发展路径并没有十分清醒的认识。而以"智慧城市"建设引领广州战略性新兴产业发展，则是一条实现"产业升级、城市升华"的战略路径。

（一）"智慧城市"建设为战略性新兴产业发展提供巨大空间载体和广阔应用前景

2009 年奥巴马就任美国总统后与美国工商业领袖举行的圆桌会议上，IBM首席执行官彭明盛（Sam. Palmisano）首提"智慧地球"概念，其核心是以更智慧的方法通过利用新一代信息技术来改变政府、公司和人们交互的方式，以便提高交互的明确性、效率、灵活性和响应速度。具体地说，就是以传感技术为先导，以信息技术为纽带，将"物联网"和互联网相联，实现人类社会与物理系统的整合，并通过超级计算机和云计算对整合网络内的人员、机器、设备和基础设施实施实时的管理和控制，从而以更加精细和动态的方式管理生产和生活，达到"智慧"状态，提高资源利用率和生产力水平，改善人与自然间的关系。

"智慧城市"是"智慧地球"的重要组成部分。狭义的"智慧城市"是指充分借助物联网和传感网，发挥城市信息通讯（ICT）产业发达、RFID 相关技术领先、电信业务及信息化基础设施优良等优势，通过建设 ICT 基础设施、认证、

安全等平台和示范工程，构建城市发展的智慧环境。广义的"智慧城市"则从更高层面来认识智慧城市，把它定位为信息化与城市化融合向更高阶段发展的表现，其核心特征是信息资源、绿色科技、文化创意成为重要的生产要素，成为推进经济和社会发展的重要驱动力，而不仅仅是物联网在公共基础设施方面的应用。广义的"智慧城市"以信息化为龙头，以科技为支撑，以创新为驱动，以环境为载体，以智慧为本质，既包括城市生产与生活模式的信息化、智能化，还包括城市环境的改善和市民素质的提升，涵盖城市人居环境的绿色化、低碳化以及市民自身的高智商化与高度文明化。

（二）以"智慧城市"建设引领战略性新兴产业发展是广州抢占信息时代科技与产业高地的重要途径

随着城市逐步从以工业生产为主向知识、信息、智慧枢纽和集散地为主的方向转变，中心城市对知识密集、信息密集、创新密集的高新技术产业和高附加值的智慧产业的吸引力迅速增强，逐步成为产品设计、研发、管控、营销、服务的聚集地，逐步演进为信息与知识生产、使用和集散的中心。当前全球进入后危机时代，科技创新面临革命性突破，国际产业分工格局面临大洗牌。智能、绿色、低碳等新兴产业在全球蓬勃兴起，尤其是物联网、新一代移动宽带网络、下一代互联网、云计算等新一轮信息技术迅速发展和深入应用，信息化发展正酝酿着重大变革和新的突破，向更高阶段的智慧化发展已成为必然趋势。在全球信息化趋势和"智慧地球"理念的推动下，智慧城市发展模式应运而生，并成为世界范围内城市现代化的战略途径。在此背景下，一些国家、地区和城市率先提出了建设"智慧国家"、"智慧城市"的发展战略。例如，新加坡提出了2015年建成"智慧国家"的计划，台北提出了建设"智慧台北"的发展战略。目前，全球有200多个"智能城市"项目正在实施之中，北京、上海、杭州、南京等地已相继启动"智慧城市"建设。广州要抢抓机遇，力争以"智慧城市"建设为契机，引领和带动相关战略性新兴产业发展，在一些重点领域寻求突破并借机优化产业结构，缩小与发达国家的差距，提升在全球产业链分工中的地位，既是抢占信息时代科技与产业高地的重要抓手，也是落实科学发展观的客观要求。

（三）以"智慧城市"建设引领战略性新兴产业发展是广州实现以新兴产业化驱动新型城市化、以新型城市化推进产业新兴化战略的重要支撑

改革开放以来，广州成功走出了一条"工业化带动城市化、城市化促进工业化"的产业与城市良性互动发展之路。但是面对后金融危机和日趋激烈的国内外市场竞争，广州粗放型的经济增长方式正面临着日益严重的资源和环境压力，经济转型升级的压力十分巨大，迫切需要新的理念、新的思路和新的技术。同时，在城市化快速发展和经济快速增长的背景下，各种社会矛盾日益突出，社会安全监管难度加大，城市交通拥堵、食品安全、医疗资源紧张、环境污染、公共卫生事件、教育资源分配不均、就业压力等问题进一步凸显，不断考验着政府的执政能力和服务水平，更需要用智慧的技术推进这些问题的解决。特别是随着信息社会的高度发展以及低碳经济概念的兴起，在以信息技术、新能源技术为代表的新技术浪潮的推动下，现代城市功能急剧变革与扩张，数字化、信息化、智能化、低碳化等成为城市发展的新战略，传统模式的工业化已无法带动城市的飞跃变迁和发展，必须以新兴产业化驱动新型城市化、以新型城市化推进产业新兴化，着眼于建设"智慧城市"、发展智慧产业、推引智慧管理、提升智慧人群、提高城市文明，来提升管理水平，促进经济增长方式转变，提高人民群众的宜居宜业品质，破解城市发展难题，实现产业与城市互动提升和发展。

（四）以"智慧城市"建设引领战略性新兴产业发展是广州错位竞争的创新之举

战略性新兴产业是指对一个国家或地区发展具有战略意义或有助于实现国家或地区的战略发展目标，具有全局性、长远性、导向性作用的新兴产业。由于战略性新兴产业是从全球产业体系中动态筛选出来的具有战略影响、持续扩散的创新驱动型产业，其核心技术是高频演进、动态发展的，具有很高的投资风险和不确定性，如果照搬传统产业的发展模式，跟风炒作、盲目发展，将可能遭遇重大挫折和失败。因此，培育和发展广州战略性新兴产业，要以贯彻落实科学发展观和加快转变发展方式统揽全局，结合自身的城市发展目标，把握新兴产业规律、国际新技术变革路径和市场需求变动趋势，立足于现有的产业、科技、

市场基础和优势，以创新的路径和错位发展的思维，实行以"智慧城市"建设为引领，在一些重点领域求突破，走出一条广州特色的战略性新兴产业发展之路。

（五）以智慧城市建设引领战略性新兴产业发展是广州加快建设国家中心城市、重塑城市竞争力的关键抓手

"智慧城市"作为知识信息时代的高级城市形态，集中体现了作为一个先进城市面向未来所应具备的城市素质。目前，广州正在全面提升城市的引领、辐射、集散功能，加快建设国家中心城市，其中，提升产业经济的辐射力和影响力将是广州建设国家中心城市的主要途径之一。建设"智慧城市"，大力发展技术密集、知识密集、人才密集、资源消耗低、环境污染少的智慧型战略性新兴产业，开辟新的发展空间，形成新的经济增长点，将有利于以高端产业集聚高端要素，强化中心城市的研发、金融、科技、资讯、服务等功能，提高资源配置能力，从而推动产业结构优化升级，提升广州在大珠三角城市群中的综合竞争力，增强广州作为国家中心城市的扩散效应和辐射功能。

二 以"智慧城市"建设引领广州战略性新兴产业发展具备良好基础和条件

从"智慧城市"先导产业即信息产业发展基础及相关新兴技术领先优势看，广州信息产业发达，物联网及下一代互联网技术研发力量雄厚，具备发展智慧型战略性新兴产业的良好条件。作为"信息产业国家高技术产业基地"和"智慧广东"试点示范城市，广州信息基础设施完善，信息化水平居全国前列。2006年广州市的信息化综合指数达到85%，总体水平处于全国十大城市前列。2007年11月广州市被列入国家信息化示范城市试点，"国际信息港"框架基本形成，"数字广州"雏形粗具；中山大学、华南理工大学、广东工业大学、电子七所分别在芯片、中间件、传感网络等领域具有较好的研发基础；京信通讯、新邮通、中国电子科技集团第七研究所、杰赛科技、海格、金鹏、广晟微电子、安凯、七喜等骨干企业，在3G基站系统、宽带无线接入领域、TD射频芯片设计、短波及超短波通讯电台、北斗卫星导航等方面具有较强的技术研发能力和产业竞争力；在软件及信息服务业技术研发方面，广州处于全国领先水平。此外，广州市政府出台了《关于加快"信息广州"建设的意见》和《信息化促进条例》，与移动、电信、联通等部门签署共建"信息广州"合作框架协议等一系列推进广州信息化建设的举措，进一步为广州高端电子信息产业的大发展提供了广阔前景。

从区位和经济基础看，广州独特的地缘优势、国家中心城市的功能定位、雄厚的经济实力和先进的基础设施，为发展支撑"智慧城市"建设的战略性新兴产业提供了优越条件。广州地处珠三角城市群的几何中心，具有连通全球、衔接港澳、辐射华南、背靠泛珠和东盟广阔市场腹地的独特区位优势。《珠江三角洲地区改革发展规划纲要（2008～2020年）》从国家战略层面明确了广州作为国家中心城市的新定位，广州的引领、辐射、集散功能不断增强。目前，广州综合经济实力在全国大城市中仅次于上海和北京，居第3位。人均GDP在2008年就超过1万美元，达到中上等发达国家的水平。广州拥有全国三大枢纽机场之一的白云国际机场，货物吞吐量居世界五大港口之列的广州港和亚洲一流的铁路客运站，信息化程度居全国十大城市前列，空港、海港和信息港设施完善。

从综合的产业基础看，现代产业体系粗具雏形，配套能力增强，为发展战略性新兴产业提供了强大的产业支撑。广州初步形成了以服务经济为主导的现代产业体系，商贸经济发达，物流、会展、文化创意等现代服务业发展提速，第三产业GDP占比超过60%，居全国第2位。汽车、造船、石化、装备制造等先进制造业也迅速发展，2008年，轿车产量跃居全国首位，南沙造船基地将跻身中国三大造船基地，综合配套能力和产品开发能力不断增强。以信息、生物、新材料为主体的新兴产业已形成良好的集群化发展态势，产业规模持续扩大。生物、软件、信息、新材料、网游动漫等九大国家高技术产业基地成为新兴产业发展的重要抓手，由广州科学城和天河软件园组成的高新技术产业核心区迅速崛起，"一核三极多个特色功能区"的高新技术产业全市布局逐步形成，并展示出辐射带动效应。

从人才与科技创新基础看，较丰富的人才资源和较强的科技综合实力，为发展战略性新兴产业提供了智力和技术支撑。广州拥有华南科技资源聚集的优势，全省2/3的普通高校、97%的国家重点学科、大部分的自然科学与技术研发机构和全部国家级重点实验室都在广州。截至2009年底，广州共有高新技术企业

883 家。广州的自主创新能力也不断增强，已连续 5 次被评为"全国科技进步先进城市"。在国家科技部 2008 创新城市评价中，广州的创新评价综合指数排名仅次于北京、上海、深圳，科技创新综合水平居于全国先进行列。

从市场与制度环境看，较高的市场化程度以及对高技术产业的政策扶持，为发展战略性新兴产业营造了良好的环境。广州作为中国改革开放的先行地，经济开放度和市场化程度较高，先行一步的创新实践、强烈的商品观念、灵活的市场机制为新兴产业的市场化运作和产业化应用奠定了良好基础。同时，广州围绕促进自主创新和现代产业体系建设，出台了《关于大力推进自主创新加快高新技术产业发展的决定》、《广州市建设现代产业体系规划纲要》等一系列政策措施，为高技术新兴产业的发展营造了宽松的外部环境。目前广州正在加快制订战略性新兴产业的发展规划，并拟专门设立重大专项引导资金，以及出台财税、金融、投资、对外经贸合作等相关扶持政策。

三 先进国家或城市以"智慧国家"或"智慧城市"引领战略性新兴产业发展的经验及启示

从全球新兴产业发展轨迹来看，信息技术在驱动了上一轮技术革命以后，势头始终不减，新一代宽带网络、智慧地球、云计算、系统级芯片等新技术、新应用将推动信息产业实现新的质的飞跃。信息技术同时还会带动互联网、电子商务、文化创意等多个产业强劲增长，创造新的商业模式。因此，IBM 提出"智慧地球"（Smarter Planet）发展战略后，即受到美国政府的高度重视。美国政府提出的两大新兴产业发展领域，一个是新能源，一个就是物联网。美国政府计划将物联网应用于智能铁路、智能高速公路、智能电网等基础设施，在刺激经济增长，创造就业岗位，引领美国走出金融危机的同时，新一代的智能基础设施建设将为未来的科技创新与产业发展开拓巨大的空间，有利于增强国家的长期竞争力，为美国奠定长期繁荣的基础。

"智慧国 2015"或称"iN2015"计划是新加坡于 2006 年推出的一个为期十年的资讯通讯产业发展蓝图。它通过对基础设施、产业发展、人才培养以及利用资讯通讯产业进行经济部门转型等多方面的战略规划，意在达成新加坡成为一个由资讯通讯所驱动的智慧国家与全球都市的未来愿景。该计划确定推动 9 个部门的行业转型，分别为数字娱乐媒体、教育、医疗卫生、中小企业发展、交通、金融、旅游、酒店和零售、贸易和物流产业。通过提供辅助资金、技术支持、合作征求计划等方式，推出多个项目以促进资讯通讯技术在这些行业的应用，进而帮助提高行业的服务质量，实现整体经济发展。与此同时，作为对快速进步的环境的回应，许多近期出现的战略性领域，如云计算、商业分析、绿色资讯通讯技术等都将包含到"智慧国 2015"计划中来。在"智慧国 2015"的推动下，新加坡资讯通讯产业的发展在亚洲排名首位并在全球排名前 10 位，特别是在电子政府领域，新加坡的表现更为优异，在最近公布的 IMD 世界竞争力年鉴 2010 年报告中，新加坡跃升两级，排名第一。

为了因应全球数字化发展趋势，台北市政府于 1999 年起就开始推动网络新都计划，致力于资讯基础建设、普及网络教育、电子化政府改造以及市民数字生活应用，并以此带动大力发展智能交通、数字家庭等产业，尤其是着力打造智能型交通系统（ITS），通过整合机械、电子、电机、信息、通讯等技术，透过智能型交通系统，让交通系统更安全、更有效率的同时，也带动了相关产业的提升和发展。经过持续努力，台北市在全球城市中已有相当卓越的成果表现，于 2006 年 6 月 9 日荣获美国"智慧社区论坛"（Intellignet Community Fourm，ICF）组织颁发的"2006 年智慧城市"（Intellignet Community Awards 2006）首奖。

美国、新加坡、台北等国家或城市纷纷把建设"智慧国家"和"智慧城市"上升为国家或城市战略，反映了信息化、智慧化、绿色化已经成为信息科技与低碳经济时代的全球趋势，在完善国家或城市服务功能、提升国家或城市竞争力的同时，也为以新一代信息技术为代表的新兴科技的应用和产业化打开了巨大的市场空间，为新兴产业的迅速成长和传统产业的改造升级提供了载体和动力，成为引领经济转型、产业升级和城市提升的重要推动力。2009 年 11 月 3 日，温家宝总理在《让科技引领中国可持续发展》的讲话中指出了中国战略性新兴产业的选择标准和方向，并特别指出，要着力突破传感网、物联网关键技术，及早部署后 IP 时代相关技术研发，使信息网络产业成为推动产业升级、迈向信息社会的"发动机"，进一步为广州以"智慧城市"建设引领战略性新兴产业发展、以新兴信息产业作为发展战略性新兴产业的先导提供了方向和指引。

四 以"智慧城市"建设引领广州战略性
新兴产业发展的总体思路

(一) 指导思想

以科学发展观为指导,以"智慧城市"建设为引领,以信息化、工业化、城市化"三化融合"为动力,以物联网及高端电子信息产业为先导,把握新兴产业规律、国际新技术变革路径和市场需求变动趋势,立足于现有的产业、科技、市场基础和优势,以世界眼光超前部署战略性新兴产业重点领域和前沿技术创新,围绕"智慧城市"建设的不同维度,发展智慧装备、智慧家庭、智慧能源、智慧医疗、文化创意等智慧型战略性新兴产业,实现产业与城市互动、产业发展战略与城市发展战略互为支撑的良性格局,达到发展方式转变、城市竞争力提升、经济社会和谐的科学发展目标,力争把广州建设成为以"智慧城市"为特征的国家级战略性新兴产业示范基地、南中国地区高科技创新中心、亚太地区重要的新兴技术研发及产业化基地。

(二) 创新思路

1. 以信息产业作为支撑"智慧城市"建设并带动战略性新兴产业发展的先导和突破口

"智慧城市"的首要关键是信息技术的运用。因此,必须以信息产业作为支撑"智慧城市"建设和带动战略性新兴产业发展的先导产业和突破口,一是关注信息基础设施能级提升。适应高速、智能、融合的趋势,着力打造"城市光网"以提升信息网络带宽和接入能力,发展3G、WiFi等多种技术的无线宽带网,扩大其在全市域的覆盖,推动智能技术、云计算和物联网等新技术的研发应用,加快"三网融合"进程。二是关注信息技术的广泛应用。加快信息技术在金融、航运、商贸等服务业领域的深化应用,发挥信息化在改造传统产业和激发新兴产业中的作用;围绕城市规划管理、交通综合信息服务、城市应急联动,建设信息化综合管理平台;引导和发挥社会组织开展信息化的积极性,继续缩小城乡之间和不同人群之间的"数字差距";促进政务信息共享和业务系统的建设,提升政府信息化服务水平。三是关注信息技术创新和产业化。一方面借助信息技术创新，带动应用模式创新，促进业务形态创新，进而实现产业形态和结构的更新，催生新的信息服务业；另一方面由信息技术创新激发组织机制和管理模式创新，促进企业创新发展，实现企业做大做强。四是关注信息化的发展环境。继续深化信息安全保障、信息化政策法规体系、信息化人才培养、信息化合作交流等方面的工作，为信息化的新一轮发展提供支撑。

2. 以智慧型战略性新兴产业空间集聚构建"智慧园区"

高科技聚集地、科技总部和受过良好教育的人群是体现智慧城市内涵的要素。因此，打造"智慧广州"，首先要从打造智慧聚集地开始，产业园区是城市的重要功能区。要高标准推进中新知识城、广州科学城二期、广州国际生物岛等创新型产业集聚区建设，探索建立广州大学城科技园，充分依托软件、信息、生物、新材料等国家高技术产业基地，联动打造集知识生产、传播、运用和营销于一体的知识创新区和智慧经济带，带动新信息、物联网、生物医药等智慧型战略性新兴产业的集聚发展，强化华南科技创新中心功能。依托三大汽车产业基地，推动新能源汽车及零部件产业的集聚发展。依托广州设计港、国家网络动漫产业基地等，打造具有国际影响的文化创意产业基地。依托空港、南沙、黄埔三大国际物流园区，形成基于物联网技术的空港、海港双核型现代物流集聚高端基地。

3. 以战略性新兴制造业和战略性新兴服务业双轮驱动广州"智慧城市"建设

《珠江三角洲地区改革发展规划纲要（2008～2020年）》明确提出，广州要增强高端要素集聚、科技创新、文化引领和综合服务功能，提高辐射带动能力。广州作为国家中心城市的特色功能定位就在于打造国际商贸中心和文化中心、亚洲物流中心、区域金融中心。结合广州的城市功能定位以及广义"智慧城市"的发展要求，考虑到相关服务业对制造业和大区域发展的带动性以及技术性、新兴性和产业基础，广州在大力发展以新兴智慧技术带动的战略性新兴制造业的同时，还应大力发展智慧型的文化创意、现代金融、现代物流等战略性新兴服务业。以战略性新兴制造业和战略性新兴服务业双轮驱动广州"智慧城市"建设。

4. 以"政府和市场联动体系"营造智慧型战略性新兴产业发展的良好环境

广州在建设智慧城市、推进战略性新兴产业的过程中，必须充分发挥政府和市场两种力量的作用。战略性新兴产业风险大且具有各种不确定性，企业一开始不愿过多投资，然而，这类产业往往是一个地区争夺未来竞争话语权的难得机遇，因此政府需要扮演更为重要的角色。特别是在产业成长初期，应该首先由政府部门通过政府采购、扩大公共需求等途径帮助开拓新市场，并承担起扶持高风险的基础技术研发、改善制度环境等职责，引导整个社会投入新兴产业领域。而一旦社会资本进入，就应从"以政府投资为主"有序过渡到"以社会投资为主"，逐渐形成成熟的市场化盈利模式，通过市场对资本、技术、人才、信息等要素的有效配置，创造和实现商业价值，增强产业发展动能。广州要加快构建"政府与市场联动体系"，合理划分政府与市场的定位，营造战略性新兴产业发展的良好环境。

五 以"智慧城市"建设引领广州战略性新兴产业发展的路径及重点突破领域

围绕打造广义的"智慧城市"，分别从城市管理、城市生活、城市生产、城市环境、城市文化五个维度，重点打智慧交通、智慧家庭、智慧医疗、智慧能源、智慧装备、智慧市民等六大智慧板块，以六大智慧板块为引领，提出发展广州战略性新兴产业的六大路径。

路径一：以"智慧交通"建设引领物联网等新兴产业发展

即通过信息化整合交通系统，在全系统推广普及物联网技术应用，打造"智慧交通"并以此引领带动物联网上、中、下游全产业链的发展。

智慧交通是一个基于现代物联网技术和电子信息技术面向交通运输的服务系统。它的突出特点是以交通讯息的收集、处理、发布、交换、分析、利用为主线，为交通参与者提供多样性的服务，以此实现整个交通系统的整合，解决城市交通拥堵和减少交通事故，提高交通效率。其核心是物联网技术在交通领域的综合运用。依托"智慧交通"系统建设，并逐步拓展到城市运行管理、环境保护、医疗卫生、智能家居、食品安全、现代物流等领域进行物联网推广普及，以此带动物联网及相关产业的全面发展。广州在物联网相关产业已初具规模，无线射频识别（RFID）、二维码、条形码、传感器、卫星导航、视频监控等物联网企业近700家，产业规模达150亿～200亿元。广东省无线射频识别产业（番禺）园区、中国移动南方基地、广东省卫星导航产业示范基地等功能园区已成为广州市物联网产业的重要载体。

依据广州物联网产业的基础及发展趋势，建议广州应抢先制定物联网行业标准，重点从物联网芯片研发设计和智能终端制造、智能装备及物联网信息服务产业、物联网基础设施建设三个方面取得突破。

发展芯片研发设计和智能终端制造的特色功能产业园：依托广州科学城发展传感器、移动通讯设备等物联网相关电子信息制造产业聚集区，进一步加强广东射频识别（RFID）产业（番禺）园区和广东省卫星导航产业示范基地建设。

发展智能装备及物联网信息服务产业：在本田汽车生产基地、中船龙穴造船基地、国家级数控产业基地等一批产业集群的基础上，形成重大装备制造及配套的信息化、智能化。在天河软件园、国家数字家庭产业园等信息产业高科技园区发展物联网信息服务产业。

物联网基础设施建设：依托广州科学城建设无线网络芯片和设备的产业聚集区；在天河软件园高唐新建区发展以广州超级计算中心为核心的计算资源服务，在增城发展以中金数据系统华南数据中心为核心的信息技术和数据系统外包服务。

路径二：以"智慧家庭"建设引领数字家庭及相关产业发展

即通过推广普及"智慧家庭"建设，打造设计、制造、内容服务一体化的"数字家庭"产业链，引领和带动软件、数字内容、休闲娱乐、计算机、家电、通讯和光电等产业的快速发展。

智慧家庭是指把信息化应用与家庭生活相结合，包含家居安防、远程医疗、远程家电控制、手机支付民生费用等内容，将无线城市与家庭应用密切结合，为户主打造全方位的信息化、数字化家居生活。数字家庭产业具有高融合性、高附加值的特点，是基于信息化与工业化融合、"三网融合"、4C（计算机、通讯、消费电子、内容）融合、制造业与服务业融合的新兴产业，其发展将带动广州和珠三角具有优势的软件、数字内容、休闲娱乐、计算机、家电、通讯和光电等产业的快速发展。广州数字家庭产业已在全国处于领跑者地位，要加快建设国家数字家庭应用示范产业基地，推动形成数字家庭"广州标准"，加快应用及产业化，打造设计、制造、内容服务一体化的产业链。

结合数字家庭的发展现状，建议广州重点发展 3C 融合产业、数字娱乐产业和数字家庭 BOX 产业。

3C 融合产业：数字家庭作为融合家庭控制网络和多媒体信息网络为一体的

信息化平台，必定要实现 PC、消费电子、通讯设备的互联和管理，以达到在任何时间、任何地点都能获取信息的无所不在境界。大力培育发展以 4C 融合技术为依托的企业，引领消费电子、IT、通讯设备企业实现趋势发展。

数字娱乐产业：从消费者的需求导向出发，数字家庭市场的启动应该首先从数字化的家庭娱乐开始切入。广州应大力发展以动漫、卡通、网上游戏等基于数字技术的文化娱乐产业，既是发展数字家庭的重要内容产业，也是建设文化强市的重要支撑。

数字家庭 BOX 产业：在数字家庭发展的初期，DVB‑C（T/S）数字电视机顶盒和采用 Risc 架构的 IP 机顶盒，将会是"盒子"的主体；而 PC 则沿着家电化操作的方向发展，以数字家庭 BOX 的方式出现，在拥有机顶盒以电视为中心的娱乐功能的同时，成为家庭数码应用的中心和智能家居的控制中心，占据数字家庭的高端市场。随着数字家庭 BOX 市场接受度的提高和市场价格的逐步下滑，数字家庭 BOX 将会成为数字家庭"芯"的主体。广州应大力培育发展数字家庭 BOX 研发、生产企业，抢占数字家庭高端市场。

路径三：以"智慧医疗"建设引领生物医药及健康产业发展

即以医疗手段的信息化和智能化为依托，以医疗技术与疗效的智慧化为重点，引领生物医药及健康产业的变革和发展。

随着信息技术与医疗的进一步结合，智慧医疗成为全球趋势。作为"智慧城市"的重要组成部分，"智慧医疗"将带给人们更高水平的服务。智慧医疗应有两层含义：一是医疗手段的信息化和智能化，二是医疗技术与疗效的智慧化。前者倾向于医疗手段的信息化建设，后者则主要指以生物技术和生命科学为主导的药品研发技术。

生物技术和生命科学将成为 21 世纪引发新科技革命的重要推动力量。同时，随着医疗模式和健康观念的改变，生物医药与健康产业呈现巨大发展空间。广州是广东的主要医药生产基地之一，拥有广药集团等大型医药企业，中成药研发生产在国内享有盛誉。拥有各类与生物医药相关的研究院所、重点学科和重点实验室（中心、基地）100 余个，开发出包括基因工程类新药、生化类新药和中药新药等一批新医药产品，研发实力在全国具有一定优势。广州应依托自身的产业基础优势和资源优势，重点发展基因工程药物、现代中药、化学合成创新药物、海洋药物、康复医疗及养生保健等行业。大力打造科学城和国际生物岛两大生物医药基地，进一步集中生物技术产业专项资金的投向，培育生物医药重点龙头企业，完善生物医药与健康技术研发和产业化平台。

结合广州生物医药产业基础及发展方向，建议重点发展基因工程药物、现代中医、海洋生物制药等现代生物医药产业。

基因工程药物：主要研发新型预防性疫苗、治疗性疫苗、新型生物治疗技术；新兴诊断试剂；治疗性和诊断性抗体；新型基因工程药物与生化药物；新型生物治疗技术；化学合成新药、中间体与制剂；再生医学材料与生物医学工程技术；新型海洋药物等前沿技术，推进肝炎、霍乱等传染病疫苗，抗肿瘤、抗类风湿等抗体药物，以及血液制品的产业化。

现代中药：主要研发中医新品种、名优中药产品二次开发与生产，中药提取、分离、纯化新工艺与新技术，中医质量控制技术，中药新剂型研制，中药药理药效评价技术等，推进传统中药产品的二次开发和研制生产一批名老中医验方中药。

海洋生物制药：充分发挥广州的海洋资源优势，把海洋生物药物作为今后生物制药的发展重点。主要研发海洋生物活性物质的分离、提取、纯化技术设备；药用海洋生物的选育、培养和高效利用；海洋药物、海洋生物分子材料和诊断试剂产品的开发与生产。

路径四：以"智慧能源"建设引领新能源产业发展

即以"智慧能源"促进能源生产、消费以及观念的深度裂变，引领智能电网及新能源产业的发展。

"智慧能源"是人类面对能源安全、新能源的接入、电网可靠性以及信息安全的一种必然选择。它代表了能源发展和进化的一种未来：结合先进的自动化技术、信息技术以及可控电力设备，支持从发电到用电的整个电力供应环节的优化管理、新能源的接入以及电网的安全运行。换句话说，"智慧能源"将帮助人类实现一次能源领域的"深度裂变"，完成一次新的"进化"。因此，以"智慧能源"建设引领广州智能电网及新能源产业发展，是实现城市低碳化发展的重要途径。

结合广州的新能源产业基础，建议重点发展智能电网、新能源汽车制造业和LED半导体照明产业。

智能电网产业：所谓智能电网，就是建立在先进的数字和通讯技术的基础上，实现可靠、安全、经济、高效、环境友好和使用安全的电网。它不仅能够本身优化高效运行，同时还可以接纳不同发电形式并抵御攻击等。智能电网提高传统电网的用电效率和用电安全性的同时，也为新能源的电网接入提供智能化的解决方案。建设智能电网，设备是关键，广州要抓住国家电网公司智能电网计划实施的机遇，以设备智能化升级改造为契机，大力发展配套的新型输变电、智能开关、智能电表及相关电力装备企业，培育设备融合发展的大型电力装备企业集团，积极争取建设国内一流、国际先进的电力装备研发中心、制造中心、系统集成中心和重要电力装备出口基地，形成区域智能电网产业链。并依托智能电网技术发展电动汽车充电站，为未来新能源汽车的普及抢占产业商机。

新能源汽车制造业：基于节约能源和低碳环保的考虑，世界不少国家均对新能源汽车给予了高度关注。广州作为中国最大的汽车产业基地之一，具有发展新能源汽车的产业配套和技术基础。在新能源汽车研发方面，广州位于全国前列，以丰田、本田、日产为代表的中外合资企业都具有世界领先的新能源汽车生产技术，广汽集团、华南理工大学、中山大学等也取得了一系列科研成果。在产业推广方面，广州市是全国新能源汽车示范试点城市，已经从产业链完善、配套建设、消费环境等方面进行系统规划。广州要充分依托现有汽车企业和科研机构，重点发展纯电和混合动力新能源汽车及其零部件，并适时发展燃料电池电动车等。支持具有自主知识产权的核心技术实现产业化，加强国际国内合作，打造新能源汽车生产基地，加快新能源汽车国产化进程。建立较为完善的新能源汽车配套设施体系，尽快实现新能源汽车在城市公交系统的规模应用，新能源轿车步入家庭。

半导体照明产业：半导体照明带来了第三次照明光源的革命，是市场需求大、高效节能的战略性新兴产业。广州半导体照明产业（LED 产业）已具有一定规模，从中上游的外延芯片、下游的封装应用都有企业分布，特别是在封装、应用方面形成了一定的规模和特色，在国内具有较强的竞争优势。同时，以广州为中心的珠三角地区的巨大市场需求使广州的半导体照明产业面临着巨大发展空间。广州汽车产业、传统照明产业、电子仪器仪表、太阳能灯具等在全国大中城市中名列前茅，为 LED 产业提供了良好的配套基础和广阔的市场前景。广州应大力引进外延芯片具有核心竞争力的龙头企业，培育扶持中高端封装企业，形成自己的研发优势和后续竞争储备，初步形成从外延材料、外延片生产、芯片制造、封装及特色应用在内的完整产业链。同时通过建设一批应用示范，重点发展在汽车照明、LED – TV 背光源、通用照明等领域的专业 LED 应用龙头企业。

路径五：以"智慧装备"建设引领高端智能装备制造业及相关产业发展

即融合新兴智能技术和传统装备制造业，依托广州汽车、造船、机械装备等优势制造业基础，通过信息网络技术、智能技术等渗透嫁接，引领发展高端智能装备及相关产业。

智慧装备是工业自动化水平的最高体现，也是装备制造业升级的关键。机器人及自动化成套装备对提高产品质量和生产效率、改善劳动条件、降低成本都能起到重大作用，当前国内装备制造业正加快转型，将给机器人自动化生产线的研究开发带来巨大商机，该产业是信息化与工业化融合、新兴智能技术与传统装备制造业融合的产物。广州要依托汽车、造船、机械装备等优势制造业基础，通过信息网络技术、智能技术等渗透嫁接，大力发展汽车电子、船舶电子、数控装备、智能机器人等新型产业。

根据现阶段装备产业基础及市场发展趋势，建议广州重点发展数控装备及智能机器人产业。

数控装备产业：数控装备是以数控技术为代表的新技术对传统制造产业和新兴制造业的渗透形成的机电一体化产品，即所谓的数字化装备，如数控机床等。其技术涉及多个领域：（1）机械制造技术；（2）信息处理、加工、传输技术；（3）自动控制技术；（4）伺服驱动技术；（5）传感器技术；（6）软件技术。广州应在上述领域加强研发投入，大力建设并依托番禺数控机床产业园、广州数控设备有限公司 GSK 系列数控产业化基地、芳村西塱数控装备产业基地，推动广州数控装备产业的集群化和专业化发展。

智能机器人产业：近年来，微电子、通讯、计算机、人工智能、控制和图像处理等学科的突飞猛进，为机器人的高度智能化奠定了基础。机器人不再是冷冰冰的生产工具，它逐渐成为日常生活中人类的助手和伴侣，在生活、健康、娱乐等多方面对人类提供服务，由此产生了巨大的服务机器人产业。机器人技术及相关自动化装备的发展水平和拥有量已成为衡量一个国家和地区工业水平的重要标志，我国机器人技术经过国家"七五"以来的攻关，特别是在"863"高新技术计划的支持下，从无到有，从小到大，实现了质的飞跃，但产业化和规模化还有很长的路要走。广州应依托强大的智能装备及软件开发应用技术，率先发展智能机器人产业，并以此带动装备制造、电子信息、仪器仪表等行业的整体升级。

路径六：以"智慧市民"建设引领战略性新兴文化产业发展

即以"文化强市"为契机，以市民自身的"智慧化"建设为引领，发展数字娱乐、文化传媒、创意产品版权贸易、网游动漫、设计创意等高端、新兴文化产业。

"智慧城市"建设离不开人自身的智慧化。创意、科技与文化构成了人类智慧的基本要素。以"智慧市民"建设为引领，大力发展创意（智力）、文化与科技相结合的新兴文化创意产业，是广州更快切入产业价值链高端，提高创新能力和文化软实力，增强发展后劲的必然选择。广州有2200多年建城史，有贯穿古今、融汇中西的文化特色资源，文化底蕴深厚，科教文化资源和设施密集，新闻出版业发达，网游动漫产业领先全国。广州应以"文化强市"建设为契机，充分发挥岭南文化特色，发展数字娱乐、文化传媒、创意产品版权贸易、网游动漫、设计创意等高端行业。推进文化创意产业与传统产业的融合，带动珠三角制造业和服务业向价值链高端发展。

结合广州文化产业的现状及发展趋势，建议加大力度重点发展数字传媒与出版、工业创意设计、网游动漫产业。

（1）数字传媒与出版。该产业是数字技术与传媒出版业嫁接融合的新增长点。广州要依托发达的新闻传媒出版优势，变革内容生产和分销模式，拓展电子书、手机报纸、数字出版等新媒体领域，推动平面媒体集团向全媒体集团转型。

（2）工业创意设计。该产业是传统工业与现代服务业、技术与艺术交叉融合的产物。广州应面向本地制造业和珠三角制造基地这一庞大市场，把工业创意设计作为制造业升级的关键环节来抓，助推"广州制造"迈向"广州创造"，并将服务辐射到珠三角和全国。积极引导创意产业集聚发展，以广州创意产业园为统领，进一步规划建设越秀区创意大道，加快推进建设广州"设计港"、信义国际会馆"创意湾"、大坦沙"创意岛"、广东文化创意产业园、广州TIT纺织服装创意园、小洲美术原创基地和广州国际玩具礼品城。

（3）网游动漫产业。网游动漫产业作为近年来全球高速发展的新兴产业之一，随着经济全球化和文化产业化的发展进程，在计算机软件、信息网络技术发展以及文化娱乐消费浪潮的推动下，其独特的文化传播功能以及研发制作创意性极强、科技含量高等特点，这一产业已成为世界各国竞相扶持发展的重点产业之一。广州要充分利用国家级网络游戏动漫产业基地的政策优势，鼓励支持网游动漫企业创新发展，巩固和提升网游动漫产业全国领先地位，进一步扩大网游动漫产品及衍生品的国内外市场份额。重点加强国家网游动漫产业发展基地（广州）黄埔园区建设，适时将珠江电影制片厂改造、提升为动漫文化基地。

六 推动"智慧广州"战略性新兴产业发展的政策保障

（一）构建"智慧政府"加强对"智慧广州"战略性新兴产业的服务和引导

"智慧城市"的首要任务是"智慧政府"建设，要逐步建立以公民和企业为对象、以互联网为基础、多种技术手段相结合的电子政务公共服务体系。重视推动电子政务公共服务延伸到街道、社区和乡村。加快推进综合政务平台和政务数据中心等电子政务重点建设项目，完善城市管理、城市安全和应急指挥等与维护城市稳定和确保城市安全运行密切相关的信息化重点工程，使城市政府运行、服务和管理更加高效，形成全面覆盖、高效灵敏的社会管理信息网络，增强社会综合治理能力，强化综合监管，满足转变政府职能、提高行政效率和规范监管行为的需求。以"智慧政府"带动"智慧城市"建设，为智慧型战略性新兴产业的发展提供引导示范和高效的管理服务，同时也为智慧型战略性新兴产业发展提供良好的环境。

（二）构建"智慧广州"战略性新兴产业的四大储备系统

制度储备。在制度安排和产业政策上"先行先试"，围绕深化产权制度改革、中小企业融资担保、知识产权保护等方面，超前进行制度设计。编制"智慧广州"战略性新兴产业发展的长远规划和近期发展计划，绘制各具体产业的技术路线图，为其发展提供行动指南。

技术储备。围绕支撑"智慧广州"建设的各项新兴产业领域，加大对基础应用性研究和关键技术、前瞻性技术研究的政府投入。大力加强集成创新，注重对重大产品或关键产业的复合配套技术进行系统性突破。选择广州市具有一定的研发基础，而且距离国际前沿不远、产业化市场巨大的战略技术作为备选技术，编制新兴产业领域技术创新的方向性指导方案。

人才储备。构建面向全球的"融智"机制，建立"智慧广州"战略性新兴产业国际性智力精英的人力资源储备库，以项目方式引进海外领军型科研人才，形成国际化的智力资本支撑体系。鼓励广州地区的高校设立与新兴产业相关的专业学科，为产业发展奠定后备人才基础。培育和引进自主创新意识强的企业家和经营管理人才。

项目储备。创新孵化器运营模式，促进产学研深度结合，注重城市品牌营销，建立重大技术项目国际招标中心，培育和引进一批对行业整体水平有重大提升、对产业链完善有关键性作用的骨干项目。广州市财政可列出战略性新兴产业专项科技经费，专门鼓励进行探索性试验项目。

（三）构建"投、保、贷"一体化的"智慧广州"战略性新兴产业投融资体系

以重大专项带动重大突破。建议广州市财政安排专项资金重点支持引导发展战略性新兴产业，完善专项资金竞争性分配制度，强化资金分配的产业导向，围绕物联网、新能源汽车、半导体照明等产业领域设立重大专项，力争取得核心技术的重大突破。同时对新兴技术与优势产业融合型行业如高端智能装备、数字传媒与出版、工业设计等，要加大应用技术研发的财政专项扶持，力争取得贴近市场应用的技术突破。

（审稿：彭建国）

Study on the Development Path of Emerging Industries of Strategic Importance in Guangzhou

Xiang Xiaomei

Abstract： The report points out that the development of emerging industries of strategic importance based on the "Smart City" construction is a strategic path for Guangzhou to achieve the goal of "industrial upgrading, city sublimating". Moreover, Guangzhou already possesses a solid foundation and favorable conditions. Having analyzed relevant experience and lessons both at home and abroad, the report proposes the overall thought, specific methods, breakthroughs in key areas and policy guarantee measures. Important standpoints are listed as follows: Information industry is the main force to prop up a smart city, and also the leader and key to the development of emerging industries of strategic importance. "Smart garden region" is built on the basis of the spatial concentration of smart emerging industries of strategic importance. Utilizing emerging industries of manufacture and service of strategic importance to double speed the construction of "Smart City". To create a sound environment for the development of smart emerging industries of strategic importance by the co-ordination system of government and market.

Key Words: Smart City; Smart Guangzhou; Emerging Industries of Strategic Importance; Development Path

B.7
经济结构调整环境下广州
中小型工业企业发展研究

国家统计局广州调查队课题组*

摘　要：促进中小型工业企业可持续发展是当前面临的一项重大课题，也是调整经济结构、提高经济发展质量和效益、促进国民经济持续稳定快速发展的重要途径之一。本文利用广州市全国第二次经济普查资料，分析中小型工业企业现状、地位和作用及存在的问题，提出中小型工业企业发展定位的几点建议。

关键词：中小型工业　可持续发展　经济结构调整

2010年中央经济工作会议对加快经济结构调整，转变经济发展方式作出了全面部署。就企业竞争力而言，多数中小型工业企业[①]都不如大型企业，在此环境下，充分认识和客观评价中小型工业企业的地位和作用，对深刻理解和贯彻中央和地方政府关于大力扶持中小企业发展的战略决策，具有重要意义。

一　广州中小型工业企业基本状况

广州中小型工业企业经营范围十分广泛，在广州工业行业中充当重要角色，成为广州经济增长的重要推动力。

---

*　课题组组长：薛海林；课题组成员：欧文超、彭乃权、高英、温欣明、陈越、梁宇；执笔：温欣明。

①　本文所称中小型工业企业是以国家统计局等四部委下发的《关于印发中小企业标准暂行规定的通知》为界定中小型工业企业的标准：从业人数2000人以下，或销售额30000万元以下，或资产总额为40000万元以下。其中，中型企业须同时满足职工人数300人及以上，销售额3000万元及以上，资产总额4000万元及以上；其余为小型企业。该通知指出，中小企业标准上限即为大企业标准的下限。

（一）中小型工业企业是经济发展的重要力量

经济普查资料显示，2008 年末广州中小型工业企业法人单位数（以下表述均为法人单位，不含产业活动单位）为 28158 户①，其中中型企业 735 户，小型企业 27423 户，中小型工业企业占工业企业法人单位数的 99.79%，占全市第二、三产业企业法人单位数的 21.38%；中小型工业企业实收资本 1706.69 亿元，占工业企业的 59.70%，占全市第二、三产业企业实收资本的 17.67%；中小型工业企业总资产为 5507.37 亿元，占工业企业的 56.85%，占全市第二、三产业企业总资产的 9.00%；中小型工业企业营业收入为 6515.86 亿元，占工业企业的 58.97%，占全市第二、三产业企业营业收入的 20.05%。由此可见，中小型工业企业不但在单位数量上占工业行业的绝大多数，而且在大部分重要经济指标中，中小型工业企业所占份额已占工业行业的 50% 以上，是广州经济发展不可忽视的力量。

（二）中小型工业企业行业分布广泛

经济普查资料显示，广州中小型工业企业经营范围涉及广州所有的 38 个工业行业大类。从各行业企业数占全部中小型工业企业数的比重看，有 7 个行业所占比重超过 5%，分别是纺织服装、鞋、帽制造业 4158 个，占 14.77%；皮革、毛皮、羽毛（绒）及其制品业 2112 个，占 7.50%；金属制品业 2278 个，占 8.09%；化学原料及化学制品制造业 1787 个，占 6.35%；电气机械及器材制造业 1579 个，占 5.61%；通讯设备、计算机及其他电子设备制造业 1588 个，占 5.64%；塑料制品业 1578 个，占 5.60%。以上 7 个行业共有企业 15080 个，占全部中小型工业企业数的 53.56%，从不同行业大类看，除极个别行业外，中小型工业企业数量均占该行业企业数的 98% 以上，其中有 17 个行业大类，所有企业均为中小型企业，占 38 个行业数的 44.74%。如纺织服装、鞋、帽制造业，皮革、毛皮、羽毛（绒）及其制品业，塑料制品业，金属制品业等。

从营业收入看，占全部中小型工业营业收入比重较大的行业有：纺织服装、鞋、帽制造业，占 5.14%；化学原料及化学制品制造业，占 9.26%；交通运输

---

① 本文数据除特别注明数据来源或计算方法外，均根据广州市全国第二次经济普查数据库整理。

设备制造业，占 15.45%；电气机械及器材制造业，占 7.20%；通讯设备、计算机及其他电子设备制造业，占 8.14%。以上 5 个行业占全部中小型工业营业收入的 45.19%。从不同行业内部看，中小型工业营业收入比重超过 80% 的有 23 个，占 38 个工业行业大类的 60.53%。

（三）私营企业、港澳台企业、外商投资企业是中小型工业的主体

经济普查资料显示，广州中小型工业企业中，私营企业 20860 个，占全部中小企业的 73.93%；港澳台商投资企业 2484 个，占 8.80%；外商投资企业 1408 个，占 4.99%。上述三种经济类型单位数量所占比重达到 87.72%，其他各种经济类型的中小型工业企业均不到 1000 个，合计所占比重只有 12.28%。从不同经济类型内部结构看，集体企业、联营企业、股份合作企业均为中小型企业；其他有限责任公司、私营企业、股份有限公司中，大型工业企业分别有 1 家、2 家和 3 家，其他均为中小型企业，所占比重均在 98.50% 以上；国有企业和国有独资公司中，中小企业分别为 284 个和 90 个，分别占 98.27%、95.74%；港澳台商投资企业和外商投资企业中的中小企业所占比重分别为 99.28% 和 98.26%。

从各种经济类型中小型工业企业实现营业收入分析，外商投资企业、私营企业、港澳台投资企业营业收入分别是 2265.15 亿元、1744.39 亿元和 1621.96 亿元，分别占全部中小型工业企业营业收入的 34.56%、26.62%、24.75%，上述三种经济类型营业收入所占比重达到 85.93%。从各种经济类型实现营业收入内部结构来看，除集体企业、联营企业、股份合作企业均为中小型工业实现外，私营企业、其他有限责任公司、港澳台商投资企业和外商投资企业中小型工业企业实现营业收入比重都超过 50%，分别是 96.62%、71.81%、71.13% 和 50.14%；国有独资企业、股份有限责任公司、国有企业则相对较低，分别是 31.21%、25.64% 和 19.15%（见表 1）。

（四）中小型工业企业具有明显区域特征

1. 中小型工业企业分布区域相对集中

从企业数量的区域分布看，广州中小型工业企业主要集中在白云区、番禺区、花都区、海珠区、增城市，企业数分别为 5851 户、5819 户、3852 户、3484 户、2887 户，分别占全市中小型工业企业数的 20.78%、20.67%、13.68%、12.37%、

表1 各经济类型工业企业营业收入

单位：亿元，%

经济类型	营业收入	按规模分				中小型企业占该经济类型比重	占全市中小型工业企业比重
		大型企业	中小型企业				
				中型	小型		
国有企业	442.67	357.92	84.75	49.79	34.96	19.15	1.29
集体企业	66.18	—	66.18	15.09	51.09	100.00	1.01
股份合作企业	30.08	—	30.08	3.00	27.08	100.00	0.46
联营企业	4.49	—	4.49	—	4.49	100.00	0.07
国有独资企业	736.13	506.41	229.72	191.96	37.76	31.21	3.51
其他有限责任公司	399.16	112.53	286.63	67.08	219.55	71.81	4.37
股份有限责任公司	786.53	584.88	201.65	166.38	35.27	25.64	3.08
其他内资	17.38	—	17.38	—	17.38	100.00	0.28
私营企业	1770.00	61.10	1708.90	330.33	1378.57	96.55	26.62
港澳台投资企业	2279.54	658.46	1621.08	932.99	688.09	71.11	24.75
外商投资企业	4517.49	2252.49	2265.00	1469.69	795.31	50.14	34.56
总　　计	11049.65	4533.79	6515.86	3226.31	3289.55	58.97	100.00

10.25%，上述五区（县级市）合计已占全市中小型工业企业总数的77.75%。中小型工业企业较少的区（县级市）有越秀区、南沙区、从化市、黄埔区，分别占全市中小型工业企业数的0.76%、1.49%、2.18%、2.77%。

从营业收入看，萝岗区、番禺区、增城市中小型工业企业营业收入较大，分别是1577.20亿元、1081.43亿元、731.81亿元，占全市比重分别为24.21%、16.60%、11.23%。三个区（县级市）合计已占全市中小型工业企业营业收入的52.04%。中小型工业企业营业收入较小的分别是越秀区、荔湾区、从化市，占全市比重分别为0.28%、2.23%、2.86%。从各行政区营业收入结构看，增城市、海珠区、番禺区中小型工业企业占该区（县级市）全部工业企业营业收入比重达到80%以上，分别是92.63%、88.27%和80.78%，该比重较小的是黄埔区、天河区、荔湾区、越秀区，分别是30.32%、30.82%、35.88%、36.76%（见表2）。

表2 各行政区中小型工业企业单位数量及营业收入

行政区划	企业数		营业收入		
	中小型工业（个）	占全市比重（%）	中小型工业企业（亿元）	占工业企业比重（%）	占全市中小型工业企业比重（%）
荔湾区	995	3.53	145.19	35.88	2.23
越秀区	214	0.76	17.94	36.76	0.28
海珠区	3484	12.37	231.55	88.27	3.55
天河区	1808	6.42	306.79	30.82	4.71
白云区	5851	20.78	535.61	77.08	8.22
黄埔区	780	2.77	470.17	30.32	7.22
番禺区	5819	20.67	1081.43	80.78	16.60
花都区	3852	13.68	642.34	59.83	9.86
南沙区	419	1.49	589.60	62.44	9.05
萝岗区	1434	5.09	1577.20	59.16	24.21
增城市	2887	10.25	731.81	92.63	11.23
从化市	615	2.18	186.23	71.93	2.86
总　计	28158	100.00	6515.86	58.97	100.00

2. 中小型工业企业区域特色鲜明

中小型工业企业的发展一般都是围绕当地特色产业或围绕大企业进行专业化配套，形成了鲜明的区域特色。广州已形成了增城纺织服装、花都皮革、黄埔汽车零配件等一批具有区域特色的中小型工业企业产业集群。如增城市纺织业占广州该行业中小企业单位数的23.34%，营业收入的37.66%；纺织服装、鞋、帽制造业占广州该行业中小企业单位数的22.75%，营业收入的46.81%，两个行业占增城市中小企业单位数的41.88%，营业收入的30.89%。又如花都区的皮革制品业和橡胶制品业，单位数分别占广州该行业中小企业单位数的33.43%、25.84%，营业收入分别占27.55%、30.27%。黄埔区中小型工业为大企业进行专业化生产和配套服务的特点很明显，该区汽车零部件及配件制造业占广州该行业中小企业单位数的12.7%，营业收入的21.47%，该行业占该区中小企业单位数的21.41%，营业收入的45.77%，成为该区名副其实的支柱产业。

二 中小型工业企业的重要作用

从经济普查资料分析，广州中小型工业企业在推动全市工业经济持续稳定增长、缓解就业压力、促进民营经济发展等方面发挥着重要作用。

（一）就业容量大，在维护社会稳定中发挥了重要作用

1. 提供大量就业岗位

2008 年末广州中小型工业企业从业人数为 185.90 万人，占全部企业从业人数的 38.96%，占工业企业从业人数的 87.51%；其中中型工业企业从业人数为67.34 万人，小型工业企业就业人数为 118.56 万人，分别占中小型工业企业从业人数 36.22%、63.78%。平均每户中小型工业企业吸纳就业人员 66 人，其中，中型企业 916 人，小型企业 43 人。从不同行业不同规模从业人数比重来看，全市 38 个工业行业大类中，有 18 个行业中小型工业企业从业人数占该行业比重超过 90%，只有 5 个行业的中小型工业从业人数占该行业比重小于 50%，分别是烟草制品业，石油加工、炼焦及核燃料加工业，电力、热力的生产和供应业，燃气生产和供应业，水的生产和供应业。

2. 中小型工业企业就业容量大

2008 年末广州中小型工业企业从业人数占工业行业的 87.51%，而中小型工业企业的实收资本、净资产、固定资产原价分别占 59.70%、53.53%、56.79%，均低于从业人数比重。从每亿元实收资本能够吸纳的从业人数看，大、中、小型工业企业分别是 230 人、883 人、1256 人；从每亿元净资产能够吸纳的从业人数看，大、中、小型企业分别是 129 人、539 人、1049 人；从每亿元固定资产原价能够吸纳的从业人数看，大、中、小型企业分别是 130 人、440 人、1026 人。上述数据表明，每亿元的实收资本、净资产、固定资产原价吸收的从业人数，中型企业分别是大型企业的 3.84 倍、4.18 倍、3.38 倍，小型企业吸收的从业人数分别是大型企业的 5.46 倍、8.13 倍、7.89 倍。由此可见，中小型工业企业以其数量多、经营方式灵活等特点，成为劳动力就业的主要渠道，中小企业的健康快速发展可以给社会创造出大量的就业机会。

（二）有利于促进民营经济发展壮大

民营经济是社会主义市场经济的重要组成部分，是促进社会生产力发展的重要力量，以民营企业最重要的组织形式——私营企业为例，2008 年，中小型私营工业企业单位个数占广州中小型工业企业的 73.93%，中小型私营企业营业收入占广州中小型工业企业的 26.62%。但就企业平均实力而言，广州私营企业实力仍然不强，2008 年广州平均每户私营工业企业实收资本为 138.32 万元，是全市工业企业平均值的 13.65%；资产总额为 510.02 万元，是全市工业企业平均值的 15.83%；净资产为 207.92 万元，是全市工业企业平均值的 13.20%；销售产值为 706.07 万元，是全市工业企业平均值的 19.62%；从业人数 35 人，是全市平均值的 46.30%。在私营工业企业中，大型企业只有 2 户，中小型企业 20860户；而在所有中小型工业企业中，私营企业占 73.93%。

再以集体企业为例，平均每户实收资本为 173.55 万元，是全市工业企业平均值的 17.13%；平均每户资产总额为 771.10 万元，是全市工业企业平均值的 23.74%；平均每户净资产为 368.17 万元，是全市工业企业平均值的 23.38%。相对国有控股企业而言，民营企业平均实力仍然不强，适当发展中小型工业，有利于形成多种经济成分共同发展的格局。

（三）失业人员再就业的重要渠道

经济普查资料显示，2008 年末，在所有企业就业的初中及以下学历人数为 175.20 万人，其中在工业企业就业的有 107.48 万人，在中小型工业企业就业的有 98.46 万人；在中小型工业企业就业的初中及以下学历人数占全部企业的 56.20%，占工业的 91.61%。可见，中小型工业企业能够吸纳大量较低文化程度的人员就业。

再从不同文化程度和技术水平人员比重看，中小型工业企业就业人员中，初中及以下学历人员比重占 53.33%，而大型工业企业是 37.65%，比重明显大于大型工业企业；中小型工业企业无技术职称人员比重占 94.87%，比大型工业企业高出 4.93 个百分点；从不同技术等级人员比重分析也有类似结果，中小型工业企业的初级工及以下人员比重占 95.60%，比大型工业企业高出 8.64 个百分点。

由此可见，中小企业吸纳了较多的文化层次和技术水平较低的劳动就业人员，与广州失业人员的状况比较相似。因此，适当发展中小企业对促进失业人员再就业，保持社会和谐发展具有积极意义。

（四）深化生产专业分工，促进了支柱产业的发展壮大

生产的社会化、大规模化和高技术化是现代经济的主要特征，大企业无疑是现代经济的主导和支柱，但大企业的快速发展，也需要以众多的中小企业为依托。经济普查资料显示，2008 年末广州汽车制造业、电子产品制造业、石油化工制造业三大支柱产业共有企业 4154 户，其中中型 184 户，小型企业 3950 户，中小型企业占 99.52%，中小型企业固定资产原价占 51.87%，净资产占 62.96%，实现主营业务收入占 41.84%，营业利润占 37.31%，应交增值税占 33.26%。表明中小型工业企业在广州三大支柱产业发展中有着重要地位（见表 3）。

表 3　三大支柱产业中小型工业主要经济指标

单位：个，亿元

	单位数	其中：中小型	净资产	其中：中小型	主营业务收入	其中：中小型	营业利润	其中：中小型	应交增值税	其中：中小型
汽车制造业	480	476	463.59	266.20	1859.98	681.17	193.33	71.25	92.18	30.25
#汽车零部件及配件制造业	447	447	169.25	169.25	450.86	450.86	46.13	46.13	23.30	23.30
电子产品制造业	1845	1834	325.86	249.80	1038.00	611.16	51.77	22.06	15.75	12.36
石油化工制造业	1829	1824	411.72	240.30	1705.63	634.00	130.95	47.03	94.2	24.62
总　计	4154	4134	1201.20	756.30	4603.61	1926.34	376.06	140.30	202.13	67.23

以汽车制造业为例，大型企业 4 户，中型企业 50 户，小型企业 426 户，中小型企业占绝大多数；中小型企业实收资本占该行业的 75.04%，净资产占 57.42%，实现主营业务收入占 36.62%，营业利润占 36.85%，应交增值税占 32.82%。其中汽车零部件及配件制造业所有企业均为中小型企业，其中中型企业 44 户，小型企业 403 户，平均年从业人数 49888 人，共实现主营业务收入 450.86 亿元，实现营业利润 46.13 亿元，应交增值税 23.30 亿元。

上述数据表明，在支柱产业中大企业与中小企业密切协作配合，利用技术力

量强及资金雄厚的优势，吸收中小企业的"小而专"、"小而精"的单项优势，进行合理的产业及产品结构调整，能够更好地发挥优势，提高竞争力。

（五）中小型工业企业在部分行业成为工业的支柱

广州 38 个工业行业中，有 17 个行业均是中小型工业企业，这些中小型工业企业对广州拥有较完备的工业制造体系具有重要意义。这 17 个行业共有 11438 个企业，占 2008 年末工业企业数的 40.54%。拥有净资产 580.33 亿元，占全部工业企业的 13.06%；实现主营业务收入 1766.20 亿元，占 16.26%；年平均从业人数 62.13 万人，占 29.25%（见表 4）。

表4　全部由中小型工业构成的 17 个行业分布

行业名称	企业数 （个）	年平均从业 人数（人）	主营业务收入 （亿元）	净资产 （亿元）
煤炭开采和洗选业	2	35	0.05	0.03
石油和天然气开采业	2	15	0.02	0.02
有色金属矿采选业	1	263	1.06	0.05
非金属矿采选业	28	926	3.54	1.16
其他采矿业	1	30	0.05	0.01
农副食品加工业	394	16637	258.46	40.27
纺织服装、鞋、帽制造业	4158	263973	333.00	87.88
木材加工及木、竹、藤、棕制品业	344	13795	29.14	17.75
造纸及纸制品业	1035	45972	153.85	65.50
印刷业和记录媒介的复制	1121	45096	79.64	45.25
化学纤维制造业	26	1183	15.38	4.79
塑料制品业	1578	82449	289.41	105.36
非金属矿物制品业	882	48526	150.07	80.91
有色金属冶炼及压延加工业	180	14305	176.61	29.77
专用设备制造业	1183	49193	145.66	56.21
仪器仪表及文化、办公用机械制造业	419	36928	105.01	41.25
废弃资源和废旧材料回收加工	84	1939	25.27	4.13
总　　计	11438	621265	1766.20	580.33

除上述 17 个行业外，还有部分行业的中小型工业企业在该行业占有重要地位，成为该行业的重要支柱。中小型工业企业主营业务收入占该行业 70% 以上的有纺织业（79.54%），皮革、毛皮、羽毛（绒）及其制品（87.05%），家具制造业

（91.73%），文教体育用品制造业（95.50%），医药制造业（84.72%），金属制品业（95.73%），电气机械及器材制造业（70.29%），燃气生产和供应业（81.87%）。

三 广州中小型工业企业存在的主要问题

广州中小型工业企业尽管已经具备了一定的规模和地位，但仍然存在不少问题。诸如生产技术相对落后、创新能力低、融资渠道不畅等，众多文献已有所论述，本文不再赘述。本文主要以企业竞争力为主线，利用规模以上中小型工业企业数据，分析广州中小型工业企业存在的主要问题。

（一）中小型工业企业竞争力较弱

2009年，规模以上工业中、小型企业工业经济效益综合指数分别为215.39%、143.78%，分别比大型企业（443.40%）低228.01个和299.62个百分点，数据表明，中小型工业企业在劳动生产率、资金营运能力、成本控制等方面均落后于大型企业。

1. 中小型工业企业劳动生产率明显低于大型企业

2009年，规模以上中、小型工业企业全员劳动生产率分别为每人16.34万元（以工业增加值计，下同）、8.29万元，分别只有大型工业企业（49.70万元）的32.88%、16.68%；中、小型工业企业增加值率分别为24.64%、21.19%，分别比大型工业企业低5.28个和8.73个百分点；中、小型工业企业平均每个员工提供利税分别为8.13万元、2.67万元，分别是大型工业企业的27.36%和8.98%，表明中小型工业企业劳动生产率明显低于大型工业企业。

2. 中小型工业企业资金营运能力不强

2009年，规模以上中、小型工业企业资产负债率分别为62.05%、58.17%，分别比大型工业企业高13.99个和10.11个百分点。说明中小型工业企业投入的自有资金比重较小，借贷和拆借资金比重较大，企业经营风险大于大型企业。规模以上中、小型工业流动资产周转率分别为1.84次、2.08次，分别比大型工业企业低1.02次、0.78次；规模以上中、小型工业每百元固定资产原价提供利税分别为31.35元、20.05元，分别是大型企业的87.99%、56.27%。可见中小型工业流动资产的资金利用效果欠佳，再生产的循环速度较慢，生产经营能力有待提高。值得注意的是中、小型工业企业每百元固定资产原价提供总产值分别为255.66元、293.56元，比大型企业高28.38%、47.41%，在一定程度上说明中小型工业企业的固定资产使用强度大，工作时间较长。

3. 中小型工业企业经济效益较差

2009年规模以上中、小型工业企业总资产贡献率分别为15.64%、9.75%，分别比大型企业低4.56个和10.45个百分点，说明中小型工业企业的资产获利能力较弱，企业管理水平和经营业绩有待改善。中、小型工业企业成本费用利润率分别为8.03%、4.11%，分别比大型工业企业低1.64个和5.56个百分点，反映中小型工业企业投入等量的生产成本费用，获取利润的能力较弱。中、小型工业企业每百元总产值实现利税分别为12.26元、6.83元，分别是大型工业企业的68.53%、38.18%；中、小型工业企业亏损面分别为16.74%、20.51%，分别比大型工业企业高6.74个和10.51个百分点，可见中小型工业企业降低成本、获取经济效益的能力有待提高（见表5）。

表5 2009年规模以上工业企业部分经济效益指标情况

项 目	大 型	中 型	小 型
工业经济效益综合指数(%)	443.40	215.39	143.78
总资产贡献率(%)	20.20	15.64	9.75
资本保值增值率(%)	107.30	105.84	105.02
资产负债率(%)	48.06	62.05	58.17
流动资产周转率(次)	2.86	1.84	2.08
工业成本费用利润率(%)	9.67	8.03	4.11
工业全员劳动生产率(元/人)	497026	163425	82901
工业增加值率(%)	29.92	24.64	21.19
企业亏损面(%)	10.00	16.74	20.51
每百元资金提供的总产值(元)	152.85	128.33	144.33
每百元资金提供的利税(元)	27.35	15.74	9.86
每百元固定资产原价提供利税(元)	35.63	31.35	20.05
每百元固定资产原价提供总产值(元)	199.14	255.66	293.56
每百元固定资产净值提供利税(元)	57.58	50.74	31.46
每百元固定资产净值提供总产值(元)	321.80	413.74	460.58
每百元总产值实现利税(元)	17.89	12.26	6.83
每百元总产值占用全部资产(元)	95.53	86.15	77.41
平均每个职工提供利税(元)	297210	81329	26721

资料来源：《广州市统计年鉴（2010）》。

（二）中小型工业企业活力不足

企业活力是指企业素质、经营能力及经营成果三者的综合反映。对如何评价企业活力，不同文献提出不同看法。比较普遍的观点是企业活力可以用获利能力、成长能力、适应能力和凝聚能力来描述，活力型企业是指在行业内竞争力强、盈利能力好、增值力强的企业，通过分析企业活力能够大致判断出企业竞争力和持续经营能力，如果活力型企业比例高，经济运行的质量就比较高，反之则较低。

本文利用2006年《广东省活力型中小工业企业发展研究报告》中关于企业活力的计算公式①，对广州中小型工业企业进行企业活力分析。当企业同时满足以下两个条件时，我们可以说它是活力型企业：一是企业的活力系数大于1，活力系数越大，企业越有活力；二是企业销售利润率大于行业平均水平。通过计算和分析2008年广州规模以上工业活力型中小工业企业主要指标（见表6），可以得出两个结论。

表6　广州规模以上工业活力型中小企业主要指标

	活力型企业		非活力型企业	
	指标值	比重（%）	指标值	比重（%）
企业数（个）	720	16.34	3686	83.66
从业人员（人）	210059	18.11	949675	81.89
总资产（亿元）	1364.57	34.72	2566.07	65.28
主营业务收入（亿元）	1798.93	35.91	3210.38	64.09
利润总额（亿元）	246.72	90.03	27.32	9.97
所有者权益（亿元）	721.18	42.36	981.47	57.64

注：以2008年和2007年广州规模以上工业中小企业数据为基础进行分析，通过数据规范化处理，并去除缺乏可比性数据企业，实际取得可评估规模以上工业中小企业4406户。

---

① 活力系数的计算方法为：$C_{ij} = 0.3 \times [(1+d1_{ij}) \div (1+D1_i)] + 0.2 \times [(1+d2_{ij}) \div (1+D2_i)] + 0.25 \times [(1+d3_{ij}) \div (1+D3_i)] + 0.25 \times [(1+d4_{ij}) \div (1+D4_i)]$。其中，$j = 1, 2, 3, \cdots, n$，表示行业；$i = 1, 2, \cdots, m$，表示企业；$C_{ij}$表示第$j$个行业中第$i$个企业的活力系数；$D1_j$表示第$j$个行业全行业销售收入增长率，$d1_{ij}$表示第$j$个行业中第$i$个企业的销售收入增长率；$D2_j$表示第$j$个行业全行业总资产增长率，$d2_{ij}$表示第$j$个行业中第$i$个企业的总资产增长率；$D3_i$表示第$j$个行业全行业所有者权益增长率，$d3_{ij}$表示第$j$个行业中第$i$个企业的所有者权益增长率；$D4_i$表示第$j$个行业全行业劳动生产率，$d4_{ij}$表示第$j$个行业中第$i$个企业的劳动生产率。

1. 活力型中小工业企业比重偏小

从表6可以看出，在4406户中小型工业企业中，同时符合上述两个条件的活力型工业企业仅有720户，只占企业总数的16.34%，但非活力型工业企业却达3686户，比重高达83.66%。按照本文确定活力型工业企业所用的方法和理论要求，活力型工业企业应占50%以上，才能从整体上判断为企业具有活力。从广州规模以上中小型工业企业的总体情况看，活力型企业比重偏小，非活力型企业比重过高，整体表现为活力不足。

广州中小企业活力不够的原因还表现在活力型企业的活力水平不高，多数在较低活力层次上。在活力型企业中，活力系数在1.5以内的企业占62.37%，在1.5~2之间的占18.19%，在2以上的仅占19.44%。

2. 非活力型中小工业企业盈利能力低

在4406户中小工业企业中，活力系数在1以上的有2003户，占45.46%，但加上销售利润率大于行业平均水平后，比重就下降到16.34%，说明多数企业的盈利水平低于平均水平。从主营业务利润率考察，活力型企业和非活力型中小企业的差距相当大，活力型中小企业的平均销售利润率为13.71%，非活力型中小企业为0.85%，两者相差12.86个百分点。由于非活力型企业的销售利润率太低，导致4406户中小工业企业的平均销售利润率仅为5.47%。

（三）研发水平不高，创新能力低下

1. 科技人员和科技活动经费比重较低

2008年规模以上中小型工业企业科技人员比重为2.18%，比大型工业企业低2.70个百分点；研究与试验发展（R&D）人员比重为1.47%，比大型工业企业低0.99个百分点；科技活动经费支出占主营业务收入比重为1.07%，比大型工业企业低0.82个百分点；R&D经费支出和新产品开发经费占主营业务收入比重分别为0.85%和0.90%，与大型企业基本持平。

2. 新产品开发力度弱，新产品产值比重低

2008年规模以上中小型工业企业平均每户的科技项目和新产品项目分别是0.43个和0.31个，分别比大型工业企业少14.93个和6.24个；平均每户拥有的发明专利数为0.18个，比大型企业少2.49个。中小型工业企业新产品产值占总产值比重为5.02%，比大型工业企业低20.17个百分点。

（四）综合能耗较高

2008 年规模以上中小型工业企业每亿元工业总产值综合能源消费量是大型企业的 1.80 倍，其中中型企业是大型企业的 2.15 倍，小型企业是大型企业的 1.41 倍，与上年比较，中小型工业综合能源消耗降低了 13.99%，其中中型企业降低 11.39%，小型企业降低 16.59%。从不同行业看，在可比的 20 个行业中，有 13 个行业中小型工业企业综合能源消耗均高于大型工业。如食品制造业，中小型工业综合能耗是大型工业的 2.15 倍；皮革、毛皮、羽毛（绒）及其制品业，中小型工业企业综合能耗是大型工业的 1.34 倍；通讯设备、计算机及其他电子设备制造业，中小型工业企业综合能耗是大型工业企业的 1.24 倍。

四 加快广州中小型工业企业发展的几点建议

党中央、国务院对中小企业的发展高度重视，在制定《中小企业促进法》后，2009 年又出台了《国务院关于进一步促进中小企业发展的若干意见》，各级政府也制定了相应的贯彻意见，众多文献也对中小企业的发展提出了许多相应措施，本文不再赘述。本文仅就调整经济结构、加快经济发展方式转变环境下，如何确定中小型工业的发展方向提出如下建议。

（一）围绕支柱产业，发展配套中小型工业企业

2008 年，广州汽车制造业、电子产品制造业、石油化工制造业三大支柱产业中，中小型工业企业单位数量占 99.52%、从业人数占 78.81%，主营业务收入、营业利润等一些重要经济指标均占 30% 以上，说明支柱产业的发展壮大离不开中小型工业企业。

建立以大企业为核心，中小企业为其分工配套的纵向生产协作体系，从而达到产业链的优化，提高整个产业效率，可以较好促进支柱产业的做强做大。如在汽车制造业中，汽车零部件制造业单位数量占汽车制造业的 93.13%，且全部为中小型企业，主营业务收入占 24.24%，营业利润占 23.86%，表明骨干企业可以带动一大批中小企业的产生和发展，从事专业化的生产。无论今后广州支柱产

业如何变化，围绕支柱产业的建设，发展配套中小型工业，推进产业链延伸，从而提高支柱产业的集聚能力，都是中小型工业企业发展的一条重要途径。

（二）扶持一批有较大发展潜力的活力型行业

下面按活力企业的计算方法，稍作改变，以规模以上中小型工业企业相关指标的平均值为对比基础，计算有关指标值，当活力系数大于1并且该行业销售利润率大于平均值时，就认为是活力型行业（见表7）。相对而言，这些行业竞争力较强，经济效益较好，部分行业还是广州工业的支柱产业，可以作为政策扶持对象，支持这些行业内较有实力的企业做强做大。

表7　活力型行业及相关指标值

行 业 名 称	活力系数	销售利润率（％）	劳动生产率（万元/人）	净资产增长率（％）	总资产增长率（％）	主营业务收入增长率（％）
中小型工业平均值		5.47	43.19	7.58	5.5	6.24
农副食品加工业	2.13	6.75	229.57	10.98	-0.74	25.23
食品制造业	1.01	7.09	52.36	-11.64	3.51	8.74
饮料制造业	1.30	9.29	84.04	13.38	17.12	16.33
化学原料及化学制品制造业	1.34	8.84	95.26	17.55	4.55	10.83
医药制造业	1.04	11.1	46.60	9.91	12.13	5.75
有色金属冶炼及压延加工业	1.71	5.87	177.82	7.3	-7.78	-10.28
通用设备制造业	1.05	6.74	49.22	11.73	7.72	7.83
专用设备制造业	1.02	14.01	41.17	14.36	5.87	10.45
交通运输设备制造业	1.38	9.35	98.85	15.63	13.89	12.88
废弃资源和废旧材料回收加工	2.17	8.15	224.59	57.53	4.89	7.93

（三）重点发展一批先进制造业

先进制造业是指以先进制造技术或高新技术为主要生产手段，采用现代先进管理模式，能产生良好经济效益与社会效益，对经济增长、产业结构优化与升级有巨大促进作用，走可持续发展与循环经济道路，体现新型工业化方向的制造业。列入广东省先进制造业的主要行业有装备制造业、钢铁冶炼及加工业、石油及化学工业。以此为标准，2008 年广州已有先进制造业企业 9911 户，其中中型企业 296 户，小型企业 9582 户，中小型企业数占 99.67%；中小型企业净资产占 65.69%，主营业务收入占 49.02%，营业利润占 42.06%，年均从业人数占 80.54%。在先进制造业中，同时又列入广州三大支柱产业的有 3607 户，占 36.39%。以上数据说明，在先进制造业中，中小型工业企业已占有重要地位。

先进制造业各行业中，大多数属资金密集型、技术密集型行业，中小型工业企业应将其资源集中到核心专长领域，专注自己核心竞争力的提高，在某些领域建立自己独特竞争优势，发展特有技术，开发独特产品，创造独特营销手段，以获得企业发展壮大的持久动力。

（四）发展有较强竞争力的优势传统产业

根据现代产业体系统计报表制度，列入广东省优势传统产业属于工业范围的包括纺织服装、食品饮料、家具制造业、建筑材料、金属制品业、家用电力器具制造业。按此分类，广州优势传统产业共有 10591 户，其中中型工业 215 户，小型企业 10363 户，中小型企业数占 99.88%，中小型企业净资产占 72.72%，主营业务收入占 80.30%，营业利润占 63.91%，应交增值税占 72.74%，年均人数占 93.36%。从以上数据看，广州优势传统产业数量较多，占 2008 年有经营活动的工业企业数的 37.54%。在如此众多的企业中，应着重发展一批竞争能力强、单位能耗相对较低、污染程度小的中小企业。结合广州中小型工业企业单位能耗数据和广州活力型行业的计算结果，在优势传统行业中，可列入优先发展的行业主要是农副食品加工业、食品制造业、饮料制造业、电气机械及器材制造业。

（五）大力发展高技术产业

按现代产业统计制度，以电子信息为主导的高技术产业包括电子信息、生物医药、新材料、环保、节能与新能源、海洋生物等六个产业，包括了《国民经济行业分类》中的 58 个行业小类。2008 年广州有 2140 户高技术产业企业，高技术产业中，中型企业 120 户，小型企业 2007 户，中小型工业企业占总户数的 99.39%，占净资产的 77.71%，占主营业务收入的 60.24%，占营业利润的 49.19%，占应交增值税的 78.52%，占从业人数的 79.41%。数据表明，广州工业从事高技术产业的企业比重相对较小，但中小型工业企业仍占多数。

我们要结合广州实际大力发展高技术产业。一是根据有所为有所不为的原则，以现有从事高新技术产品的企业为基础，选择龙头企业和核心技术，培育一批具有自主品牌的高技术产品，壮大一批创新型企业；二是以中新广州知识城为基础，加快创新型园区建设，营造良好的发展环境；三是实施培育中小企业与大企业相结合的产业发展战略，在加快培育一批具有核心竞争力的跨国经营大企业的同时，根据专业化分工的原则，培育一批小而专、小而精的中小高技术企业，从而更好地提高行业竞争力。

（审稿：刘东河）

Research on the Small and Medium-sized Industrial Enterprises Development of Guangzhou under the Background of Economic Structure Adjustment

Research Group of Survey Office in Guangzhou
National Bureau of Statistics of China

Abstract：To promote the sustainable development of small and medium-sized industrial enterprises is an important topic, also is an essential way for that adjustment of economic structure, improve the quality and efficiency of economic development, and promote national economic sustainable development. This paper analyses present situation of small and medium-sized industrial enterprises, position and function and existing problems of small and medium-sized industrial enterprises by using the date of The Guangzhou Second Nation Economic Census, this paper puts forward some suggestions for the development orientation also.

Key Words：Small and Medium-sized Industrial Enterprises; Sustainable Development; Economic Structure Adjustment

B.8
广州黄埔区船代和货代行业发展
现状分析及对策研究

施黎菊 *

摘　要：作为流通业中的一个重要组成部分，船代、货代业伴随着黄埔区经济发展和对外贸易的增长已发展成为一个初具规模的新兴服务产业，但市场竞争也日趋激烈。针对黄埔区打造临港经济战略功能区，建设华南航运服务中心的目标，本文对船代、货代行业的发展现状和面临的挑战进行了分析，进而对如何发展船代、货代等相关辅助航运服务业，推进黄埔现代航运服务业发展，提出了对策和建议。

关键词：船代、货代行业　现代航运服务业　华南航运服务中心

货代业是指接受进出口货物收货人、发货人的委托，以委托人的名义或者以自己的名义，为委托人办理国际货物运输及相关业务并收取服务报酬的行业。货运代理的兴起，为船舶代理业发展打下了基础。船舶代理企业，主要代理与船舶有关的业务，为船东办理船舶靠泊手续，安排船舶在港口作业的有关事项，完成船方的委办事项，代替船东收取货运费用。在国际经济发展之中，货运代理业和船舶代理业作为一种纯服务性质的服务贸易分支，是海上运输业的重要辅助业务，也是现代航运服务业的基础产业和重要组成部分。

黄埔，作为广州实施"东进"战略的重要区域，以及广州建设国际航运中心的重要功能区，港口经济一直占据重要地位。在市委、市政府提出黄埔要加快推进产业结构调整，建设"港城一体、宜业宜居的现代化滨江城区"的要求下，

---

* 施黎菊（1964～），女，硕士研究生，广州市黄埔区科技和信息化局局长，民革黄埔总支主委，专业领域为港口经济学相关领域。

黄埔区认真谋划了临港经济战略功能区的建设目标。黄埔将立足区位优势和港航产业基础，重点发展中、高端现代航运服务业，全面提升航运服务功能，打造华南航运服务中心，凸显在广州国家中心城市建设中的核心战略地位。

一　黄埔区船代和货代行业基本情况

（一）区位优势明显，港航产业基础扎实

在整个珠三角城市空间布局当中，黄埔的区位优势非常突出，华南地区最大的港口——广州港位于黄埔区内，拥有万吨级以上泊位 39 个，万吨级以上装卸作业浮筒 13 个，万吨级装卸锚地 23 个（其中最大锚泊能力 30 万吨），港口货物吞吐量居全国沿海港口第 3 位，世界十大港前列。2005 年货物吞吐量达到 2.5 亿吨，集装箱吞吐量 300 万标准箱以上；2008 年货物吞吐量 3.47 亿吨，集装箱吞吐量突破 1100 万标准箱；2009 年集装箱吞吐量达到 1131 万标准箱；2010 年全年完成货物吞吐量 4.1 亿吨、集装箱吞吐量达到 1255 万标准箱，其中黄埔港区货物吞吐量 1.89 亿吨，是名副其实的大宗货物的集散地（广州港集团的集装箱吞吐量见图 1）。

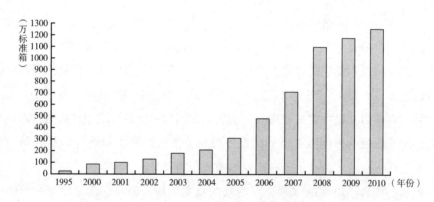

图 1　广州港集团集装箱吞吐量

黄埔港定位为"喂给港"、"中转港"，在运输成本等方面有明显的优势，黄埔港区仍然是很多企业习惯用的物流港口，也是国外港口与国内港口交往的重要标志。源于黄埔港历史沉淀，黄埔临港一带集聚了大批港口经营、专业市场、仓

储、报关、商检、进出口贸易、货代、船代、保险、船舶供应、铁路专用线经营、集装箱修理、船舶修造等企业，集聚在黄埔区的相关物流企业达652家。广深公路、广深沿江高速公路、广园快速路、东二环等多条道路都从黄埔经过，随着有"华南第一桥"之称的黄埔珠江大桥建成通车，黄埔已成为连接广深高速和京珠高速的重要节点。广州地铁5号线和BRT快速公交系统建成通车后，黄埔与广州市中心的距离进一步拉近，仅20分钟车程。

（二）物流需求广阔，船代、货代业发展迅速

黄埔区内社区经济大多从运输、仓储行业起步，从事物流运输行业的经济主体占有一定的比重，占全区企业总数的14%。由于港口的物流作用，加上区内及周边工业发展具有一定规模，巨大的物流运输需求，对船代、货代等行业的发展起着积极的促进作用。特别是在区委、区政府打造临港商务区的战略出台后，对依托港口开展经营的船代和货代行业的发展具有极大的推动作用，作为船、车、货连接的船代、货代公司得到蓬勃发展。根据区统计局统计，黄埔区营业收入500万元以上的货代、船代企业，2007年有16家，2008年有37家，2009年更上升到42家，2010年1～11月有40家（见表1）。

表1　黄埔区2007～2010年货代、船代企业统计

单位：家，亿元

年　份	年收入500万元及以上		其中：收入5000万元及以上	
	家数	营业收入	家数	营业收入
2007	16	3.56	3	2.48
2008	37	17.8	7	13.8
2009	42	20.19	10	15.22
2010年1～11月	40	19.88	9	15.24

另外从区工商局提供的数据显示，黄埔区目前从事水路运输的船代企业有64家，从事货代业务的企业有537家，合计共为601家，与规模以上企业相比，黄埔区规模以下企业占了93%，主要分布在外运大厦及和安堡大厦。船代企业大多从事珠三角内河运输及港澳航线的水路运输业务，货代业务则涉及国内、国际的货物运输代理业务。黄埔区2008年船代、货代企业增长率为25%，高于企业总体增长率。从税收方面看，2008年，黄埔区纳税额300万元以上的船代、

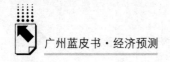

货代企业全口径税收为2180万元，2009年达到9714万元，2010年为9577万元，显示该行业正处于一个蓬勃的发展期。

（三）货代业发展形成一批骨干企业

从这几年看，黄埔区5000万元以上的企业的营业收入占规模以上企业营业收入比例越来越高，从69.7%上升到76.6%，几个大的货代、船代公司的市场占有率相当高，形成了以中国外运广东有限公司等为代表的一批主营业务突出、具有国内先进水平的货代骨干企业。许多国有控股、外资和私营货代企业也纷纷涌现，推进了货代业市场发展，为建立区域货代服务体系和发展现代航运服务业奠定了坚实的基础。

二　黄埔区船代、货代行业存在的问题

由于相关政策和区域发展环境的制约，以及行业发展、企业自身发展的原因，黄埔区的船代、货代企业仍未能体现出其行业优势，有待进一步提升竞争力。

（一）货代行业规模小且服务水平有限

黄埔区目前有从事船代、货代业务的企业共601家，但绝大部分依托某一港口，规模较小，只有少数公司建有全国性的服务网络。此外，黄埔区货代业总体规模比较小的一个直接原因是大量的物流活动仍停留在工商企业内部，以制造企业为例，其大部分的原材料和成品的物流服务是由企业自我服务系统和供应商承担的，只有少部分的物流服务是由专业化物流企业提供的。

（二）基础设施及技术水平不高、专业人才缺乏导致企业服务缺乏核心竞争力

目前，区内多数船代、货代企业只停留在代理概念上，尚不具备提供增值服务的能力，未能形成自己的核心优势。且大部分船代、货代企业技术装备仍比较落后，服务网络和信息系统不健全，上下游企业之间物流活动中的重复操作、准确性差、可靠性低等问题无法得到根治。有一定规模的货代企业虽建立了自己内部的信息系统，但存在集约化与规模化水平低、数据无法互通共享等问题，管理

与技术还远远落后于国际著名货代企业。另外，制约货代企业发展缓慢的一个重要因素是缺乏专业人才。尽管货运代理资格证书的培训在不断发展，然而从业人员仍然不能满足实际需求。

（三）货运代理行业的税收政策直接影响其发展壮大

货运代理行业细分比较多，参照的税率不同，可以归集为运输服务业主要征收营业税，如果是纯代理公司，只能开具服务业发票，税率为5%；如果是自有运输工具从事运输的，可开具运输业发票，税率为3%；且生产企业所得税可以用运输业发票进行抵减。因此生产企业在选择物流供应商时，多数愿意选择拥有运输工具的运输代理企业，纯代理的第三方物流企业的优势不能得到有效发挥，直接影响其发展空间。

（四）黄埔区生活服务业配套不够完善制约了船代、货代行业的发展

由于区位特征和发展基础等因素制约，黄埔区第三产业基础较为薄弱，现有商业商务配套设施少，布局凌乱，档次较低。目前，黄埔区现有的星级酒店、高级餐饮酒家、大型购物中心、时尚娱乐场所少，大型商业商务活动接待能力不强，难于留住商务人士进行商务洽谈和交易，不利于聚集人气。在黄埔区的外运大厦及和安堡大厦里，如果按照每间公司从业人员10人来计算，加上外运等几个大公司，总人数超过万人。据企业反映，绝大部分的员工都住在周边，本应带动房地产的发展。但因黄埔区住宅用地是全市最少的，且控规要求的容积率仅为2，这就限制了商品房、公寓、写字楼的建设和发展。

（五）交通拥堵影响了船代、货代业发展环境

船代、货代等港航基础性产业有赖于完善的物流支撑体系。黄埔区由于历史原因和种种因素制约，疏港通道工程一直未能动工，港口生产性交通与生活性交通交相混杂，集装箱占据着主要干道，人车抢道、外地集装箱车遍地开花，横冲直撞，造成行车、行路的安全隐患，影响了公共交通环境和居民生活质量，从而也影响到船代、货代行业的发展。

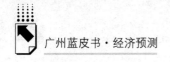

三 黄埔区船代、货代行业面临的机遇和挑战

(一) 发展机遇

1. 第三方物流企业迅速增加，企业面临经营模式转型的机遇

根据美国美世顾问和中国物流与采购联合会的调查，2001年我国真正意义上的第三方物流企业的营业额为400亿元人民币，以每年30%的速度上升，据测算，2002年已接近600亿元，2003年接近800亿元，2004年超过1000亿元。这反映了工业与流通企业物流外包业务明显增加，有60%左右的企业选择将部分或大部分物流业务外包，第三方物流需求不断增长。这就为我国货运代理企业的长远发展提供了广阔的空间。

2. 区域发展战略的实施将为发展现代航运服务业创造良好的环境

区委、区政府《关于加快建设港城一体、宜业宜居的现代化滨江城区的决定》科学描绘了黄埔未来5~10年的发展蓝图，为"十二五"时期黄埔的发展指明了方向。临港商务区等战略功能区开发建设和"三旧"改造的全面推进，有利于黄埔区经济转型发展。广深沿江高速、新化快线、地铁7号线、地铁13号线和疏港道路体系的建设，将更加凸显黄埔区的交通枢纽地位。区域发展环境的完善、生活配套环境的改善等因素将为发展提升船代、货代等航运基础服务业打下了良好的基础。

3. 华南现代航运服务中心的建设将为发展现代航运服务业提供新的动力和支撑

目前，黄埔将充分发挥区位优势和港航产业基础，通过搭建现代航运服务产业发展平台，集聚航运服务资源，健全航运服务门类，大力发展临港生产型服务业，全面提升航运服务功能，致力于形成辐射范围广、引领作用强的华南航运服务中心，全面实现黄埔港口城区的功能转型，把现代航运服务业打造成为黄埔经济的新发展极，使黄埔迅速成长为广州国际航运中心的重要核心功能区。在功能形态上，将重点打造高端航运服务功能区、现代物流功能区，以及邮轮、游艇休闲旅游区。而现代物流功能区的建设将为船代、货代等企业在黄埔港区的集聚发展和实力提升提供根本的支撑。

（二）面临挑战

1. 行业战略定位不清，缺乏长远的发展规划

当前，全球的货代业都在向现代物流业转变。要实现这种转型，企业就必须根据自身条件，把握市场变化，不断挖掘潜力，开发不同层次的物流增值服务。在这种形势下，我国大多数中小货代企业管理理念仍然落后，提供的服务项目简单且范围小，服务方式单一，没有主动细分市场，没有研究市场变化，更没有依据客户需求心理进行市场定位，并制定科学的企业发展战略，还处于低层次的经营状态，无法为客户提供个性化的物流方案，更不用说形成并增强供应链管理的组织能力。

2. 缺乏核心竞争力，盈利方式有待改进

从货源结构看，国内货代企业尤其是中小货代企业，主要以承揽出口预付货为主，营销手段主要是靠比拼运价和社会关系，而对已超过我国对外贸易比重80%的FOB（Free on Board）指定货（这些货物运输主要由跨国货代公司控制），由于缺乏海外代理网络关系，往往力不能及。目前，中小货代企业在运价、舱位等方面对承运人过分依赖，以赚取差价和订舱佣金为主要收入来源。企业忽视了对市场需求的细分，造成中小货代业务的可替代性强，客户稳定性差，专业化服务程度低，市场竞争力低下。

3. 管理体制和政策环境尚不完善

货代的行业性质决定其在运作的过程中跨部门、跨行业、跨地区的特点非常突出，目前珠三角地区货运代理市场还不成熟，长期以来受到计划经济思想的影响，使得政策、基础设施的规划都不能满足当前的货代发展，管理体制上还存在一定障碍，相关的融资制度、市场准入与退出制度等方面的政策与法规尚不完善。

四 发展黄埔区船代、货代行业的建议

（一）改善政务环境，建设华南地区航运中心

根据广州国际航运中心功能建设的规划，将设立航运高端服务集聚区（设在市中心区，构建高端的航运服务产业链）、南沙现代保税物流集聚区和黄埔临

港商务集聚区，实行差异化发展。其中黄埔临港商务集聚区将立足黄埔港区，聚集港口经营、仓储、运输、报关、商检、货代、航代、理货等企业，形成现代临港生产性服务业集聚区，建设黄埔特色临港专业市场、船舶交易市场、船员市场、口岸综合服务中心、游艇休闲旅游基地、国际海员教育培训与劳务输出基地。根据广州市的战略部署和黄埔区的规划设想，黄埔要建成华南现代航运服务中心，就必须高起点规划建设标志性现代航运综合服务机构，建立"大通关"平台。其主要宗旨是提高口岸通关效率，实行集海关、检验检疫、海事、边检、报关企业、货代船代企业于一体的"一门式服务"，简化查验流程，推行通关自助化，大力发展集装箱江海联运、海铁联运、多式联运，实现"大通关"。在功能形态上，华南现代航运服务中心在功能形态上将重点打造高端航运服务功能区，现代物流功能区，邮轮、游艇休闲旅游区三大现代航运服务功能区。其中现代物流功能区将以黄埔、新沙港区为依托，聚集港口经营、仓储、运输、报关、商检、货代、航代、理货等企业，建设现代物流中心、仓储物流中心、临港大宗商品交易中心、口岸综合服务中心。这将为货代、船代企业的发展壮大创造良好的环境。

（二） 加强政策扶持，建立长效激励机制

船代、货代业的发育、成长，需要完善的市场经济体系来支撑。黄埔区应当以需求为导向研究制定相关的优惠和扶持政策，为船代、货代业的发展创造一个宽松稳定的环境。同时，应充分发挥广州港口航运行业协会等行业协会的纽带作用，为行业发展搭建广阔的平台。另外，在纳税方面，建议对有一定规模的区内纳税的企业，从留区税收增加部分按一定比例给予企业租赁补贴；对于自有物业企业，也可以从超收部分给予适当的奖励；对于总部型的企业，按照区里的有关条例进行奖励。

（三） 加强政府引导，鼓励企业提升传统业务实现转型升级

一方面，企业应走专业化道路。无论是大企业还是中小企业，专业化是引领黄埔区货代企业未来发展的一条必由之路，是培育货运代理企业核心竞争力的必然要求。专业化经营就是货代企业在海陆空及仓储分拨、展览报关等可以广泛经营的业务范围中，抓住市场缝隙或抓住其中最能体现自身价值的业务作为主业，细分市场、客户、产品，在市场开发、团队建设、经营运作、管理方式等集中营

销，滚动发展。另一方面，企业应发展增值服务。国内货代市场正逐步成为全球市场的一部分，因此，黄埔区船代、货代企业不能只做纯粹代理人的单一业务，而应该认清变化的形势，调整经营模式，在传统货代业务的基础上，扩充业务范围，创新发展模式，提高服务能力与服务质量，创造条件尽最大可能向客户提供租船经营、国际多式联运以及综合物流管理和现代物流等增值服务，增加收入来源，稳定客户，以求得自身的生存、发展和在新的市场条件下取胜。

（四）优化物流体系，建设港城分离交通体系

加强基础设施建设，构建集水路、高快速路、轨道交通等于一体的区域交通网络，强化广州东部水陆交通及物流中心功能，提升珠三角"一小时经济圈"交通枢纽地位。全面推进港前路（黄埔大道—开发大道）、石化北路（含石化北路广园路立交）、石化南路、信华路等疏港道路建设，完善黄埔中心区道路网络，打通货运专用通道，实现生活性交通和港口货运性交通的分流。配合完成广深沿江高速、新化快线、黄埔东路（茅岗立交—信华路）建设，力争建成鱼珠—长洲过江隧道。依托上述道路及东二环、广园东路等省、市主骨架道路，构建发达的对外、对内综合交通体系。配合推进地铁7号线、13号线建设，合理调整、增加区内公交线路，利用公交、地铁交通工具的无缝接驳，构筑起由轨道＋BRT＋公交主线＋公交支线组成的多层次立体公交网络。

（五）重视人力资源，建立船代、货代人才培养体系

依托区内广州航海高等专科学校的师资和学科优势，鼓励区内船代、货代企业与之合作，加强对现有员工的培训及未来人才的开发，加大船代、货代人才储备，将高层次的人才教育制度和多元化的职业资格认证制度有机结合，形成多层次的船代、货代人才教育培训体系。拓宽教育和培训渠道，鼓励广州港口航运等行业协会、企业和学校开展多方面、多层次培训工作，加快专业人才队伍建设，并采取激励、股权等现代人才管理方式来进行人力资源管理，从根本上提升企业的服务质量、水平和竞争力。建立货代、船代人才中介，提供从培训、测评到职场一条龙服务。

（审稿：林穗子）

Preliminary Analysis and Countermeasure Research on the Ship Generation and Freight Forwarder Industry in Huangpu District

Shi Liju

Abstract: Ship generation and Freight forwarder industry has long been recognized as one of the key logistical intermediaries for modern logistics industry. In Huangpu district, it has been undergoing rapid growth together with the healthy development of international trade and economy, and has become a new service industry with considerable scale. However, the competition in this industry is intensive. According to the area target of building Lingang economic Strategic function and South China shipping service center, in this paper, the current status and challenges faced by the shipping generation and freight forwarder industry industry will be analyzed, and countermeasures and suggestions based on how to improve it and then Promote the development of modern shipping services will be given.

Key Words: Shipping Generation and Freight Forwarder Industry; Modern Shipping Services; South China Shipping Service Center

B.9
广州市海珠区检测和认证产业
发展战略研究报告

中山大学港澳珠江三角洲研究中心课题组*

摘　要：进入"十二五"以后，做大产业规模，提升产业竞争力，抢占产业发展高地，是海珠区建设服务珠三角、带动华南和辐射东南亚的检测认证产业基地的必由之路。本报告在分析了海珠区检测和认证产业发展现状的基础上，从重点平台建设、保障措施和配套政策构建等方面提出了进一步加强海珠区检测和认证产业发展的具体对策建议。

关键词：海珠区　检测和认证产业　发展战略　对策

一　海珠区检测和认证产业发展现状与分析

（一）发展现状

1. 产业集群雏形初现

经过改革开放30多年来的快速发展，海珠区的检测行业规模由小变大，认证机构、检验机构和测试及校正实验室等机构门类齐全。按机构认定部门级别可分为国家级、省市级、高等院校及科研机构三个层次。到2009年，海珠区的检测及认证机构约50家，其中企业实验室数量大约占60%，监督检测机构占32%，科研院校检测力量占8%。这些检测机构的仪器设备资产总价值超过10亿元，其中大型分析测试仪器近500台套，实验室总面积超过5万平方米，具备

---

*　课题组组长：毛艳华，中山大学港澳珠江三角洲研究中心教授、博士生导师。课题组成员：万陆、朱仁宏、郭惠武、杨本建、黄小莉、张宏燕、易中俊、李漪。

了一定规模。全区检测认证产业的从业人员达到 1.5 万人，其中在册实验室人员约 4000 人，具有了一定的人才资源基础。2005～2008 年，业界以每年约 20% 的平均速度扩张。尤其是沿海珠区新港路一条街，分布着包括中国电器科学院电器检测中心、广东省疾病预防控制中心、广东省职业病防治院、中山大学测试中心、中国科学院南海海洋研究所检测中心等近 20 余家检测和认证机构，检测认证产业集群雏形初现。

2. 服务领域分布较广

海珠区检测机构体系经过长期建设，总体服务体系初步建立，业务类型由单一到综合，并呈现多元化格局。根据广东省质监局认可处的信息统计，海珠区获得政府部门认定的提供分析测试和计量检测机构或中心的检测服务面基本覆盖各个行业与高新技术领域。服务领域分布较广，涉及机械、电子、冶金、化工、建筑、医药、疾病控制和公共卫生、轻工、食品、公安、环保、能源、农业等主要国民经济和社会发展领域，提供了较为全面的技术保障。为国内外尤其是珠三角制造的消费品提供大量测试服务，所涉产品包括玩具及儿童用品、电器及电子产品，以及纺织品及服装。此外，业界也为上述产品及相关的质量管理系统（如 ISO9000）提供认证服务。业界还提供其他测试服务，包括化学测试、环境测试、医务化验、验证试验以及物理和机械测试。

3. 服务产业化的趋势加快

在中国加入 WTO 和检测认证产业改革发展的大背景下，海珠区检测产业的市场化概念从无到有。近年来，检测服务业增长速度明显加快。例如，通过调研访谈了解到，广州电器科学研究院的检测认证业务收入达到 18%～25% 的年均增长率，2009 年检测服务收入接近 1.5 亿元，2010 年预计超过 1.8 亿元。随着事业单位机构改革，科研院所不断加大检测业务的投入，使其变成主业发展，相继转型为第三方独立法人检测企业。例如，成立于 1959 年的广州市纺织工业研究所，经过改制后成为广州纺织工贸企业集团有限公司授权经营的一所科研机构，由单纯的科研型事业单位向生产、经营、服务一体化的科技企业转型。目前，该所已成为一家集研发、生产、经营、技术服务于一体的高新技术企业，成为华南地区具有较强的纺、织、染、纺织品检测一条龙的技术开发和产业中试的综合性纺织技术研究开发机构。

4. 龙头企业的品牌效应日趋明显

海珠区检测认证业出现了一批龙头企业和知名品牌。近年来，各级监督机构设立的检测室由于有了政策上的绝对优势，加上其政府背景，通过垄断检测任务的形式很快在规模和检测能力上占据优势，成为目前检测市场中主流检测力量。例如，作为国家质量监督检验检疫总局（AQSIQ）和广东省质量技术监督局（GDQTS）属下法定的产品质量检验和认证机构，广东省产品质量监督检验中心（简称CEST）近年来获得了快速发展，已成为CNAS认可的国家级实验室和检查机构、IECEE认可的国际CB实验室、CNCA指定的CCC国家强制性产品认证检测机构和CQC等认证机构签约的实验室，也是我国目前唯一的集检测、校准、标准制定、认证与研究于一体的检验、检查和认证机构。CEST承担着五个国家级产品质量监督检验中心和十一个省级产品质量监督检验站的职能，其业务范围包括了电气、电子、信息技术、机械、塑料、家具、食品、化工、涂料、纺织、RoHS、玩具、消防、安防工程、EMC、测量设备、建设工程检测等近30大类产品和工程项目的检测、校准和工厂检查工作。CEST公正、权威的第三方检测与认证地位已得到社会的广泛认可。

5. 研发机构和技术支撑平台建设加快

在省、市、区等各级科技主管部门的积极推动下，海珠区检测认证服务业的产学研合作不断深入，通过承担各级科技项目，快速地推动了检测技术平台的建设步伐。例如，中山大学广州现代中药质量研究开发中心与广州市医药工业研究所（国家广州新药安全评价研究重点实验室）共同承担了2006年粤港合作关键领域重点突破招标项目，由中山大学与广州市医药工业研究所共同组建了"华南创新中药研究开发和技术服务中心（平台）"。该平台在硬件上达到国内一流水平，为广东全面提升现代中药自主研发创新能力，开发自主知识产权的中药新品种，带动突破一批中药研发和产业关键技术，从而为推动广东中药产品结构调整和产业技术升级等提供了重要的技术平台支撑。还有，广州市纺织工业研究所2004年被认定为广州市特种纱线工程技术研究中心，2007年被广东省科技厅立项为广东省纺织重点科研基地，2008年被省经贸委组织认定为第九批省级企业技术中心。

（二）主要优势

1. 广州的新中心城区

海珠区位处广州市南部，在广州城市规划和功能区布局中，是广州市新中心城区和未来发展的重点区域。珠江新城—琶洲—员村地区将整体定位为广州中心城区现代服务业核心地区、国际化大都市最核心区域。其中，琶洲是中国进出口商品交易会（广交会）所在地，各类生产性服务业配套齐全，已划定成为广州最为重要的总部经济基地之一。海珠区还具有交通优势，地铁与新火车站和白云国际机场相连，与珠三角地区的制造业基地交通联系十分便利。在实施《珠江三角洲地区改革发展规划纲要（2008～2020年)》过程中，作为国家中心城市的广州极具发展成为检测和认证产业枢纽中心的潜力。各职能部门应抓住这一机遇，进一步解放思想，搞好优质服务，支持检测和认证产业发展。

2. 技术创新基础实力较强

海珠区聚集了13所高校、40多所科研院所。其中，新港路享有"科技一条街"之美誉，集中了中山大学、中国科学院南海海洋研究所、中国电子科技集团公司第七研究所、中国水产科学研究院南海水产研究所、国家海洋局南海海洋环境监测中心等大型综合科研（教学）单位以及广东省昆虫研究所、广东省造纸研究所等地方研究机构，这些科研机构的技术创新基础实力较强，为海珠区检测认证产业的发展提供了强大的智力支持。例如，中山大学是一所学科门类齐全的综合型研究性大学，其生命科学、医学、化学、环境科学等学科可为相应领域的检测认证服务提供强大的技术创新支持。另外，广州市海珠科技产业园以海洋生物技术、电子信息技术为主导产业，既是海珠区发展高新技术产业的重要基地，又是高校、科研院所的成果转化基地。它将发挥聚集、研发、孵化、产业化、展示、中介、服务等综合性功能，突出孵化和产业化功能，推动海珠区高新技术产业快速发展。

3. "广交会"品牌的关联效应

从全球范围来看，进出口贸易活动与检测认证服务业二者之间存在密切的联系，进出口贸易促进检测认证产业发展，而检测认证服务为进出口贸易活动提供重要保障。可以说，会展业与检测服务业之间存在明显的关联效应。例如，作为唯一被推荐的检测机构，总部设于伦敦的天祥检测集团（简称ITS）借助香港贸易发展局的平台，已成为世界上规模最大的工业与消费产品检验公司之一。其业务发展已遍布全球110个国家，合计254个实验室及504间分支机构，共有超过10400名全职和7000名合约式的专业人员，为全球超过30000家的各类客户包括产品零售商、贸易发展商、加工商及服务机构等提供服务。长期以来，广州会展品牌深受海内外客户的信任，2008年琶洲地区共举办各类展览58场。中国（广州）国际汽车展、广州国际照明展等知名展览影响力不断扩大，华南国际口腔医疗器材展、广东国际广告展等品牌展览相继进驻。海珠区被中国会展经济研究会授予"中国会展名区"称号。海珠区可借助"广交会"品牌的关联效应，以及获得与国内外买家接触的先发优势，推动检测认证产业的发展。

4. 具备完善的认可制度

广东省质量技术监督局位于海珠区南田路。该局的认证监管处专职管理认证工作，承担对产品质量检验检测机构的资质认定和监督管理工作；监督管理认证机构、认证咨询机构和内审员培训机构；依法监督产品认证和管理体系认证工作等职能。长期以来，广东省质量技术监督局为本地的实验所、认证机构及检验机构提供认可服务。因此，临近这一官方机构，既有利于本地检测服务品牌的信誉保证，又有利于检测和认证产业维持专业水准及进一步发展。在海珠区，还有大量的国家级检测机构、实验室和行业管理部门，一批专家在监控检测机构水平的工作上也扮演着重要的把关角色。拥有具备完善和可信赖的本地检测和认证机构，因而能够把海珠区检测认证产业打造成"诚信"的品牌标记。

5. 地方政府重视

由于检测认证服务具有公共产品的属性，以政府的名义来推动检测服务外包基地的发展，能够为获得客户的信任打下良好的基础，增加海外检测服务买家的信心。近年来，海珠区委、区政府十分重视检测认证产业的发展，已把检测认证产业作为重要的现代服务业之一加以推动发展。因此，地方政府重视是海珠区检测认证产业发展的重要优势之一。在国内，随着近年来出现的苏丹红事件、吊白块事件、阜阳奶粉事件和三鹿奶粉事件等一批恶性食品案件的爆发，食品安全作为一项关系民生、构建和谐社会、促进经济健康发展的重大任务被提到了前所未有的高度，公共检验检测工作受到了各级政府的高度重视。只要海珠区政府采取科学决策，做到合理规划，定能加快检测认证产业的发展。

（三）面临挑战

1. 检测机构的技术服务能力不强

从国内外检测和认证机构的发展趋势来看，为应对检测认证服务日益市场化的需求，一般都致力于发展成为综合性、专业性、国际性的检测机构，通过技术和服务的融合，为众多行业和产品提供一站式的全面质量解决方案和检测验证服务，帮助客户提升产品质量及管理水平，优化供应链，有效降低风险，提升企业竞争优势，满足其对品质的更高要求。例如，深圳华测（CTI）具有中国合格评定国家认可委员会 CNAS 认可及计量认证 CMA 资质，并获得英国 UKAS、新加坡 SPRING、美国 CPSC 认可，检测报告具有国际公信力。其服务网络遍布全球，在工业品检测、消费品检测、贸易保障及生命科学四大领域，提供有害物质、可靠性、失效分析、材料分析、环境安全、计量校准、纺织品、鞋类、皮革、玩具、汽车、验货、食品、药品、化妆品等十多项检测服务。另外，还积极参与国内外行业标准的起草，建立行之有效的标准体系。相比之下，海珠区部分检测机构明显缺乏高层次创新人才和科技"领军"人物，尚未构建完善的科技支撑平台，实验室设备更新缓慢，高端设备配置不足，专业实验室条件较差，机构运营方式和服务功能单一，还无法满足检测服务市场结构调整的需要。

2. 面临其他区域的竞争

在广州加快发展现代服务业的背景下，广州科学城在用地、税收和相关配套服务方面都具有优势，因而吸引了大批国内外检测机构落户。目前，英国天祥公司、瑞士通用公证行、德国莱茵集团、美国美华认证公司等全球最著名的商品检测认证机构已落户广州开发区，测试项目涉及汽车、信息技术设备、资讯设备、医疗器械、食品微生物、建筑材料等数十个行业，成为国内测试项目最多、涉及行业最广、认证资格和水平最高、检测能力最强的地区之一，出现了商品检测认证企业集群的趋势。相比之下，海珠区在吸引国内外机构前来设立实验室或分支检测机构的情况较少。而且，新港街一带的大型检测认证机构，近年来因发展空间限制而纷纷到科学城设立分支机构。如中国电器科学院电器检测中心、广东省产品质量监督检验中心等都相继在广州科学城购买土地兴建实验室。因此，如何加快吸引国际知名检测机构落户海珠区和做强做大本地检测机构是一个十分紧迫性的课题。

3. 检测认证行业的条块分割现象较严重

海珠区检测认证产业在很大程度上是计划经济时代遗留下来的产物。目前，检测机构主要分布在质检（即质量监督检验检疫）、卫生、建设、环境保护、交通、农业等部门（系统、行业），其中质检部门所属的检测机构数量最多。这些检测机构的资产形态以国有性质为主，虽然经过企业改制和市场化改革，但行业的条块分割现象仍然十分严重。主要体现在三个方面：第一，由于各行业、各部门之间缺乏统一规划协调，造成同类检测机构重复设置的现象普遍，多数实验室规模小且服务无特色，各检测机构的市场定位不清，未形成优势互补的合作格局。第二，同一专业技术领域的检测机构之间，大量重复购买昂贵的检测设备，由于缺乏资源共享机制，很多检测机构的仪器设备利用率很低，许多大型仪器设备的使用时数只达到设计满负荷运行时数的1/3。因此，大量的检测资源无法发挥其应有的作用，造成资源极大浪费。第三，各类检测机构之间缺乏一个统一的服务平台和联系渠道，难以实现规模服务效应，不能有效提高检测资源的利用率，不利于提升服务效率及水平。

4. 部分检测机构的市场意识亟待加强

长期以来，检测行业具有强烈的政府色彩，一直处在政策保护状态，尽管在权威性、服务门类等方面占有一定的优势，但其服务效率相对较低，服务的市场意识相对较弱，技术水平也不高。目前，绝大多数实验室仅能提供基本检测服务，缺少深入的高层次增值服务。在管理方面，长期处于保护之下的检测机构往往以附属部门或科室形式运作，没有形成一套独立运作发展的管理模式，特别是与国外先进的检测同行相比，在检测工作管理方面缺少科学、系统的内部管理体系和经验。市场化改革使民营资本和外资一直注视着这一领域。因此，检测行业的市场竞争将日趋激烈，检测机构必须提高检测质量意识，树立服务观念，找到自己真正的市场定位。

5. 相对远离珠三角的生产基地

检测行业带有很强的地域性。一方面，由于检测行业是政策性很强的行业，因此各级地方行政主管部门都会根据自己地方实际制定有地方特色的管理要求，特别是行业主管部门设立的资质审查注册制度直接决定了检测机构的服务范围以所在地为主，外地机构打入本地市场受到严格限制。近年来，基于国家级质检中心建设与地方产业结构相配套的原则，广东省质检局在广东省主要产业基地布局了24个质检中心。例如，针对深圳的数字电子产品、中山的灯具产品、东莞的造纸业和信息技术产品等产值在全国占有绝对份额、生产企业密集等特点，分别设置了电子信息、灯具、造纸等相应的国家质检中心。另一方面，产品尤其是大型产品的质量检测本身需要大型的检测设备，并且样品的检测具有明确的实效性，因此从交通、成本、运作方便性考虑，检测工作跨地区开展具有难度，从而决定了各行政区域内市场的独立性。还有，近年来，有实力的检测机构或跨国公司都在珠三角地区的主要生产基地建立了分支机构或专业实验室，直接参与竞争并利用价格建立相对优势。因此，海珠区发展检测认证产业，必须与各级检测行业主管部门加强合作，利用广州总部经济的优势，通过虚拟网络或平台将检测机构的服务延伸到珠三角产业基地。

二　海珠区检测和认证产业发展目标与战略

（一）指导思想

1. 政府推动和市场运作相结合

一方面，遵循产业自身发展规律，通过政府推动作用，创造良好的宏观环境、制度环境和市场环境，并综合运用各种政策引导资源配置，努力提升产业发展势能；另一方面，不断提高市场配置产业资源的能力，着力维护市场公平，鼓励国有、民营和外资企业进入检测认证产业，有效增强产业发展动能。

2. 制度创新和研发创新相结合

一方面，要加大改革力度，增强在技术研发、人才培养、企业改制、投资融资等方面的制度建设，不断完善企业治理结构，创新体制机制，促进企业科学发展；另一方面，要凭借对重点领域研发创新的大力支持，加速核心技术的研发，争取在若干领域取得突破，以核心技术的突破促进产品创新体系的建立和完善，提升检测服务的竞争力。

3. 区域品牌营销与重大项目引进相结合

一方面，要借助"广交会"的品牌效应，宣传和推广检测服务外包基地，尽快建立采购商的信任，有效扩张区域品牌营销的效应。另一方面，要抓好区域品牌营销工作，提升海珠区产业投资吸引力，通过聚放海珠区品牌势能与效能，将资源优势转化为经济优势。通过大力宣传海珠区的产业环境、科研支撑体系和便利的生活条件，进一步增强重大项目承接能力。

4. 扩大产业规模与提升产业层次相结合

一方面，针对珠三角传统产业转型升级的现实要求，支持检测机构从事研发、设计和产品开发的高增值检测或顾问服务，发挥龙头企业的品牌效应和综合优势，扩大产业规模；另一方面，抓住战略性新兴产业加快发展的机遇，鼓励检测机构参与生物医药、新能源、海洋产业、环保产业等的标准研发、产品认证和管理认证，引导产业向高级化发展。

（二）发展目标

根据海珠区"十一五"规划、2008 年统计公报、2009 年政府工作报告和海珠区第二次全国经济普查系列报道之八（《我区服务业实现四年翻番增长》）等文件中有关服务业发展数据和制定的发展目标，海珠区检测认证产业的短期目标为，到 2015 年实现增加值约 25 亿元，年均增长率（CAGR）达到 20%，高于全区服务业的平均增长水平（18%），检测认证产业的增加值在服务业中的比重上升为 10%；中期目标为，到 2020 年实现增加值约 50 亿元，年均增长率 15%，明显高于全区服务业的平均增长水平，其增加值在服务业中的比重上升为 15%，检测和认证产业成为海珠区重要支柱产业，海珠区成为国内外知名的检测认证中心。

（三）发展战略：调结构促发展

立足产业发展现状，适应国内外检测认证产业发展趋势，抓住全球检测认证产业转移外包和国内加快检测认证产业发展的新机遇，以提升产业竞争力为目的，以调整结构和促进发展为途径，以企业创新为主体，以制度创新和研发创新为动力，充分发挥政府推动和市场机制两种作用，推进产业向市场化、高端化、集群化和国际化转型。

三　海珠区检测和认证产业发展思路与重点

（一）整合资源，加快发展工业制品和日用消费品检测认证产业，提升优势检测行业的竞争力

1. 政策背景

日用消费品和工业制品量大面广，承担着繁荣市场、扩大就业、服务"三农"的重要任务，是国民经济的重要产业，并与人民日常生活息息相关。面对全球金融危机，在促进产业振兴、推动结构调整升级方面，国家认监委已与有关

部委制定了 3C 认证助推《十大产业振兴纲要》落实的工作计划，调整和充实轻工、电子等产业的 3C 产品目录，3C 认证产品从最初的 19 大类 132 种产品发展到 23 大类 172 种产品。

国家发改委、国家质检总局和国家认监委已先后联合发布五批《中华人民共和国实行能源效率标识的产品目录》及相关产品实施规则。规定自 2010 年 3 月 1 日起，在中国大陆生产、销售和进口的相关产品均必须加施能效标识，低于能效等级 5 级（或 3 级）的相关产品均不得在中国大陆生产、销售和进口。目前，共十九类产品，涉及家用电器、空调制冷设备、工业产品、照明器具及办公设备领域的用能产品。长期目标是覆盖 40 类以上用能产品，以取得更好的经济效益和社会效益。

2009 年 4 月 27 日，国家质检总局、财政部、国家认监委联合发布公告，决定从 2010 年 5 月 1 日起，对防火墙、网络安全隔离卡与线路选择器、安全隔离与信息交换、安全路由器、智能卡 COS、数据备份与恢复、安全操作系统、安全数据库系统、反垃圾邮件、入侵检测系统、网络脆弱性扫描、安全审计、网站恢复等 13 种产品，在政府采购法所规定的范围内实行强制性认证，未获得中国信息安全认证证书的产品，不得进入政府采购。

2009 年 6 月 1 日《中华人民共和国食品安全法》正式实施，政府将会为食物的有害物质，例如防腐剂、染色料、残余除害剂及食物添加剂等，制定法定标准，加上逐步推广营养资料标签制度，食品业对检测服务的需求将会大增。因此，从食品原材料、生产过程、供应及运输等环节的新监管的强制性实施将为食品的检测、产品认证和标准校正等行业带来巨大的市场空间。

2. 重点服务领域

在玩具、儿童用品、电器、电子产品，以及纺织品与成衣等工业制品领域，支持研发、设计和产品开发的高增值检测或顾问服务。在食品产业领域，加强食品安全监测、提升食品安全检验检测水平、完善食品安全相关标准、构建食品安全信息体系等。

3. 重点服务对象

工业制品和日用消费品领域面向国内消费市场的制造商和零售商，酒店餐饮、品牌商以及医药、化妆品等其他行业的企业。

4. 重点服务项目

产品安全质量的检测认证，以及验货、培训及咨询等服务，为不同规模的企业提供测试、认证、验货等一系列质量控制服务。

5. 重点扶持企业

广东省产品质量监督检验中心、广州工业微生物检测中心、广东省食品质量监督检验站。

6. 重点引进企业

PONY 谱尼测试、CTI 华测检测技术股份有限公司。

7. 重点建设园区

以琶洲园区为基础，包括新港路科技密集带延伸地区。通过机构改革和体制改革，整合检测资源，提升优势检测行业的竞争力。

（二）抓住先机，抢位发展贸易保障检测认证产业，建设检测服务外包基地

1. 政策背景

在国际贸易中，技术性贸易壁垒对我国出口企业的影响很大，国外以品质或安全因素来限制中国出口货品。近年来，纺织服装、电子电器、玩具、食品等领域，部分自身并不开展生产的外贸公司，以及一些专门从事出口市场的生产企业，由于技术人才和国际贸易人才较为匮乏，对国外最新的技术要求缺乏关注，多次遭遇"绿色壁垒"。广东是出口第一大省，2009 年一般贸易出口 1098.2 亿美元，外贸进出口占全国的比重达到 27.7%，外贸依存度达到 106.8%。美国、欧盟、日本一直是广东的三大传统出口市场，对中东、印度和东盟等新兴市场的出口近年来也快速发展。因此，如何获得通行证进入国际市场，成为越来越多的企业遇到的问题，而由此产生的巨大市场空间，则吸引着众多的国际权威认证机构纷纷进入我国市场。

目前，中国的出口商品面临的主要贸易壁垒包括：美国《消费品安全改进法案》（CPSIA）、日本肯定列表制度（针对出口食品和农产品）、欧盟 ROHS 指令、WEEE 指令、REACH 指令（化工产品回收利用指令）以及欧盟提出的 PFOS（全氟辛烷磺酰基化合物）标准的检测实验室。另外，美国、欧盟、加拿大、韩国以及香港都已修订了食品标签法规，加大了从食品原料、加工、包装和流通等各个环节的检测和产品认可的要求。因此，积极开展贸易保障检测认证工作，做

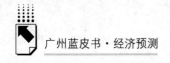

好出口产品原产地认证、国际质量认证、安全认证、环保认证等，以获取产品在国际市场上的通行证。

2. 重点服务领域

机电产品、化工、电子电器、玩具、文具、橡塑、纺织品以及农产品、食品接触材料等主要出口产品领域。

3. 重点服务对象

根据"广交会"出口产品的结构特点，以攻克欧美日等发达国家的技术壁垒为目标，检测认证企业帮助出口制造商和贸易商应对欧美日的最新法规，在产品认证、检验和测试方面共同协作，共同监管设计鉴定、工厂流程控制评估、测试报告及相关文件，以确保产品符合各国政府的进口要求并顺利获准清关，有效地减小因故障和召回造成的生产障碍、高成本的返工及后分配等问题。

4. 重点服务项目

重点提供的服务包括测试、认证、审核、安全、检验、质量保证、评估、分析、咨询、培训、外包、风险管理和安全保障等。提供的检测项目包括 REACH、RoHS、PAHs、Phthalates、NP、PoHS、DMF、AZO、PFOS/PFOA、LFGB、FDA、EN71、ASTM F963 等。

5. 重点扶持企业

中国电器科学研究院、广东省产品质量监督检测中心、广州市无纺布产品质量检验中心，尤其要重点支持与国外开展国际合作检测技术研究的实验室。

6. 重点引进企业

天祥检测集团（Intertek）和中普检测技术服务有限公司（PTS）。

7. 重点建设园区

以琶洲园区为重心，充分利用琶洲园区现有的检测机构，并发挥琶洲会展中心的品牌优势，集聚国内外知名的第三方检测机构，大力发展检测服务外包产业。

（三）瞄准高端，提速发展战略性新兴产业的检测认证服务，形成市场竞争优势

1. 政策背景

为应对全球金融危机，国务院出台了产业结构调整和振兴规划，其中提出要加快战略性新兴产业的发展。战略性新兴产业包括新能源、节能环保、电动汽车、新材料、新医药、生物育种和信息产业共七大产业。为推动产业结构调整，转变经济发展方式，抢占新兴产业制高点，引领新一轮的经济增长，广东省尤其是广州、珠三角其他城市都在加快培育战略性新兴产业。

要发展战略性新兴产业，产品认证和检测标准制定是产业化的起点。长期以来，我国新产品的开发都是采用欧盟和美国的产品标准，在国际贸易中处于极为不利的地位。近年来，为推动自主创新，我国加大了产品标准制定的支持力度。以高科技领域为例，广州已制订"数字家庭"的标准，并在番禺设立"数字家庭"实验室。同样，在生命科学领域，海珠区依托几所高校和研究所，在中医药、生物技术和新药开发等实验室具有强大的科研实力，长期主动参与这些领域的标准制定，推动检测和认证工作。

2. 重点服务领域

在交通、能源、环保、新材料、生命科学等重点领域，包括国家统一推行的节能环保汽车认证、能源装备节能认证、能源管理体系认证、光伏产品认证、新能源新材料的检测认证、电子信息产品有害物质控制自愿性认证和生物医药研发高端检测服务。

3. 重点服务对象

参与国家、国际标准研究和从事自主创新的高科技企业。

4. 重点服务项目

自主创新的产品认证；中药标准研发和高端检测服务；环境管理体系认证、环境产品认证；有关发展循环经济、建设资源节约型和环境友好型社会的认证认可工作；节能、节水、可再生能源等领域的认证技术规范和标准及合格评定程序的制定。

5. 重点扶持企业

中山大学广州现代化中药质量研发中心、广东中大南海海洋生物技术工程中心有限公司、中国科学院南海海洋研究所、方圆标志认证集团广东有限公司。鼓励业界积极参与制定中国的检测和认证标准，务求在检测方法、科学化等方面，达至国际水平，继而争取国际承认中国的标准。

6. 重点引进企业

天祥检测集团（Intertek）、国家太阳能光伏产品质量监督检验中心，以及具有全球数据互认资格的检测实验室。

157

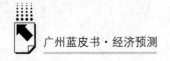

7. 重点支持园区

以中山大学海珠科技园为主，充分利用园区智力密集的优势，加强标准、计量、检验检测三个技术基础，建设一批在专业技术上达到国内领先水平的国家质检中心、省工程技术研究中心和省重点实验室。

四 海珠区检测和认证产业发展对策与措施

（一）重点平台

1. 海珠区行业检测集成服务中心（检测服务外包基地）

行业检测集成服务中心主要由行业内数家权威学术和技术机构发起，联合行业内离散的检测机构，统一规划和有效集合业内优势资源，组建的服务中心，可提供面向行业各个环节的检测。在国内较典型的行业检测集成服务中心是"北京材料测试服务中心"。该中心在2004年6月正式挂牌成立，由北京新材料发展中心牵头，联合国家钢铁材料测试中心、国家有色金属及电子材料分析测试中心、国家建筑材料检测中心等三家国家级分析检测机构作为发起单位。"北京材料测试服务中心"对北京地区的分析测试资源进行了统一规划，使各检测单位逐步穿珠成链、资源共享，以统一的形象对外。同样，在上海，由数家权威检测单位共同成立的"上海质谱技术专业服务中心"，为各领域的研发提供质谱检测分析。

长期以来，海珠区在食品检测、电器检测、纺织品检测和中药检测等若干行业领域形成了较好的产业基础。为了推动检测认证产业的发展，提升产业国际竞争力，海珠区应在这些领域以大型检测机构为核心组建一批行业检测集成服务中心，通过体制机制创新，把分散在各个行业部门的检测资源科学有效地组织起来，形成集检测、研发、认证于一体的高科技质检机构，充分利用计算机网络和其他信息技术，快速、灵活、高效地为华南及东南亚地区制造业提供"一站式"检验和研发服务，推动珠三角、环珠三角及国内相关产业转型升级和产品质量提高。

以行业检测集成服务中心为依托，大力扶持检测服务外包基地的发展。检测服务外包是一种高端、新型的服务外包产业，同时，《珠江三角洲地区改革发规划纲要（2008～2020年）》中也明确提出了建立若干服务外包基地的目标。海珠区应力争成为检测服务外包基地，加快制订发展规划和实施方案，争取广东省检验检疫局、广东省科技厅、广东省商务厅和各级地方相关部门的支持，为检测服务外包基地提供配套的优惠政策、扶持措施以及财政支持，包括对基地建设工作的指导、对人才队伍建设的帮助和对其开展检验检测服务外包业务所需仪器设备的优先投入等。争取将符合条件的基地（中心）纳入各级科技公共服务平台予以支持，并在各相关部门积极帮助下广泛承接检验检疫服务外包业务，按照国际认可标准提供测试、验货及认证等服务。

2. 海珠区检测服务电子商务平台

一方面，在国际贸易环境中，海外买家对供货商的要求不断提高；另一方面，在网络环境下，基于互联网的电子商务平台成为重要的交易手段。适应网络环境下的交易质量和信誉保证，检测服务电子商务平台应运而生。近年来，国际著名检测认证机构英国天祥集团（Intertek）与香港贸易发展局的网上平台"贸发网"（www.hktdc.com）合作提供一项新的证书验证服务，核实供货商会员登载于"贸发网"的各项证书，进一步加强买家的采购信心，同时又凸显供货商的诚信优势。根据贸发局的调查显示，超过九成受访买家认为该项服务能有效地帮助他们寻找高素质供货商，证明公司的诚信非常受买家的关注和重视。"贸发网"（www.hktdc.com）是香港贸发局的网上平台，自2000年推出以来，成功建立庞大而优质的买家及供货商网络，为企业提供一个高效的渠道推广产品及服务，拓展海外市场。另外，近两年推出的用以证明产品高品质的质量和性能标志、针对欧洲市场的第三方产品安全认证标志ETLEU、大大减少认证成本和时间的实验室数据认可计划"卫星计划"也都广受客户好评。

海珠区检测服务电子商务平台的建设可参照上述"贸发网"和天祥国际（Intertek）的合作模式。广交会的官方电子商务平台是"网上广交会"（e.cantonfair.org.cn），由中国对外贸易中心主办，该网站是国际买家和中国供应商的长期交易平台，具有很大的点击率和用户群。海珠区要发挥"广交会"在邕洲的优势，尽力争取广州市人民政府与中国对外贸易中心进行协商，将海珠区检测服务电子商务平台挂在"网上广交会"的主页面上，将检测服务电子商务平台作为海珠区检测产业园区品牌建设的"窗口工程"。网站内容功能应突出

"检测服务和机构名录库"建设、更新与维护，信息内容应包括检测机构的检测能力、检测资质、检测信誉、检测设备、检测人才、检测方法、检测结果，以及检测能力验证结果、国内外检测政策法规及发展动态等。在条件成熟后，还可增加"招商引资项目库"和"产业发展优惠政策库"等内容。检测服务电子商务平台应成为国内外了解海珠区的重要"窗口"，成为增强城市影响力、提高招商引资成功率的重要环节。为此，应加强网站的版面设计，不断提高网站的亲和力和点击率。

建立检测服务电子商务平台具有四个方面的好处：第一，对于检测机构来说，透过检测服务电子商务平台向国际买家推广检测产品及服务，扩展检测服务外包业务；第二，全球买家可以透过检测服务电子商务平台深入了解海珠区检测认证机构的数量、信誉和证书资质，根据检测任务选择合适的检测机构；第三，国内供应商也可以透过检测服务电子商务平台寻找到具有国际声誉和市场经验的检测机构，获取证书顺利实现产品出口；第四，检测服务电子商务平台作为一种综合联合服务平台，能够克服海珠区检测机构分散的弱点，有利于实现规模服务效应，有效提高检测资源利用率，提升服务效率及水平。

3. 海珠区检测产业园公共测试平台

科研院校的测试中心依靠国家科研投入的优势，检测业务投入不断加大，在技术力量、硬件设备和办公场地方面有着不可比拟的优势。近年来，依托强势科研机构建立的公共测试平台的功能比以往传统的检测机构强大，不仅提供检测服务，还可提供共享实验室的代理运作和培训，并具有一定的孵化功能。在国内最为典型的是"清华科技园公共测试平台"，依托清华大学分析中心的优势资源，国内唯一的可以授予博士学位的分析中心，不仅拥有超过5000万元的高精尖设备，还有一支经验丰富的专家教授队伍，目前作为北京市科委"首都科技条件平台"的试点单位之一，服务面从校内科研延伸至社会，平台实施市场化运作。平台设有专门部门负责代理共享实验室的运作，为企业服务所需的实验辅助人员由清华科技园孵化器有限公司聘任，由分析中心的专家负责技术指导与培训。园内企业使用公共测试平台的费用由孵化器公司收取，公司按照企业的测试需要对分析中心提出相应的要求，如果企业有长期稳定的实验需求，还可以为他们培训专业队伍。据估算，目前该平台每年可以提供2000个机时，在生物、医药、环境、冶金、食品、化工、材料、地质等诸多领域提供测试分析服务。

中山大学测试中心和中国科学院南海海洋研究所海洋科学大型仪器区域中心都是多功能的大型检测机构，尤其是中山大学测试中心依托综合性高校的优势，不但仪器装备处于国内高校测试中心的前列，同时还是广东省乃至华南地区仪器设备先进、仪器种类较齐全、技术力量雄厚的大型理化分析中心。目前，中山大学测试中心拥有建筑面积约4000平方米的实验室，装备有总价值300多万美元的大型分析测试仪器20多台。海珠区可参考"清华科技园公共测试平台"的模式，依托中山大学检测中心的仪器条件和技术力量，与中山大学测试中心联合共建"海珠检测产业园公共检测平台"。平台实行市场化运作，成立专业的管理和服务团队，为社会提供检测、认证、认可、标准、咨询和培训等服务。

（二）保障措施

1. 明确产业主管部门

成立海珠区检测和认证产业发展领导小组，组长可由主管科技的副区长兼任，成员包括科技、质检、商检、经贸、外贸、工商、财政、税收等相关部门的主管领导。领导小组下设办公室，挂靠在区科技和信息化局，并在科技和信息化局的指导下开展日常工作。坚持"事权统一"原则，明确产业发展主管部门在资源配置和产业管理方面的职能，统筹协调和指导全区检测和认证产业发展。由产业主管部门牵头，相关部门按照各自的职责分工，各司其职，协同配合，逐步建立并完善产业管理体系。发挥主管部门在对口争取各级政府重大专项工作中的牵头作用，努力争取各级重大专项在海珠区落地，使海珠区成为检测认证产业自主创新战略的落脚点，成为全省检测认证产业发展布局中的主要基地。组建由各政府机构、行业协会和骨干企业组成的产业发展促进委员会，制定以市场为主导的三年行业发展蓝图，以提升海珠区检测和认证的专业水平和国际认受性，开拓更多商机和机遇。

2. 成立海珠区检测行业协会

建立海珠区检测行业协会，搭建检测行业战略联盟，构建检测资源共享平台，积极推进检测资源共享机制。通过战略联盟这一虚拟组织，将分布于不同部门、高校、科研机构及其他领域的检测资源加以利用，避免资源重复建设、促进资源共享及合理利用。依托行业协会，加强协调配合、形成工作合力，积极营造海珠区大检测环境，让检测服务更好地促进经济发展、保障消费者权益。行业组织要在为企业提供市场信息、国际合作交流、保护企业利益等方面发挥积极作用。定期举办研讨会和论坛，交流检测行业的最新动态、发展趋势、运行机制、管理方法等，加强先进质量管理方法在检测机构之间推广应用。邀请质检、检验检疫、工商等主管部门和专家学者讲解有关中国市场产品质量标准和质量监督及商品监测、政策法规的问题，为企业和政府之间搭起了一座沟通的桥梁，帮助制造商及零售商了解国内市场的标准、质量监督及商品监测体系，以成功赢得国内市场先机。举办各式论坛或组织企业参加研讨会，还可以使检测机构深入了解企业的需求。

3. 打造具有国际竞争力的品牌企业

对照科学发展观的要求，不断完善检测企业治理结构，创新体制机制，促进企业科学发展。明确质检为本定位，找准自身的市场地位，确定战略目标，抓好战略管理，真正肩负起打造中国检验民族品牌企业的重任。鼓励检测机构创新业务模式，形成以检验、鉴定、认证、测试和保险公估为主业，朝向为企业提供产品研发、设计定型、原材料供应、供应商筛选、设备支持、生产流程、合格评定、报废、国内外市场准入认证等整个产品生命周期的供应链模式转变。努力使检测机构实现从低水平、小而全、散而弱向高水平、大而强、专而精的方向转变，实现从被动应对向主动预警的检验方式转变，实现从单一的检验检测向产品质量分析测试和产品质量科技创新方向转变。检测机构建立行业信任是一个很长的过程，鼓励检测机构通过与国内外知名企业（如索尼、阿迪达斯、家乐福、海尔、华为）合作来获得社会的认可，提升专业水平和省内、省外、国际认可度。鼓励检测机构参加各类会展，如香港玩具展、香港秋冬时装展、拉斯维加斯国际消费类电子产品展览会（CES）等亚太地区或全球知名的展览会，以全面宣传和展示检测机构专业的、多领域的检测能力及其服务能力。

4. 积极参与粤港检测认证合作

香港在内地进出口贸易中一直扮演着中介桥梁的角色。2008 年，内地经香港转口的调制食品、成衣、器械、运输设备及玩具总值多达万亿港元。而经香港转口的货物大部分来自广东的珠江三角洲地区。粤港两地长期以来建立的密切经贸关系和《内地与香港关于建立更紧密经贸关系的安排》（CEPA）中广东省

"先行先试"的机遇，为海珠区抓住先机率先与香港合作发展检测服务外包产业创造了条件。香港认可处是国际多个认可合作组织的成员和互认协议的签署成员。另外，"香港品牌"核心价值的诚信、专业、独立和成熟的司法制度、自由廉洁等，在内地和华人社会，含金量甚高，正是建立具有公信力的检测和认证服务的必要条件。因此，加强与香港合作发展检测服务外包产业，一方面可以提高检测认证产业的竞争力；另一方面，可以帮助内地企业在产品安全、环保及原料等方面符合国际标准，促进出口产业发展。

（三）配套政策

1. 推进检测业信息化和数字化建设的政策

以海珠区检测认证电子商务平台建设为核心，不断推进检测认证机构的信息化和数字化建设，实现信息资源共享和开发利用。各检测机构（站）要加快完善网页建设，除机构与设备仪器介绍等基本内容外，要将网站建设的重点放在数据库开发上。检测机构要根据各自积累的历年测试项目的测试用例和测试方案，将有关服务信息、分析测试方法、仪器检定方法、标准物质资源等内容转变为数字化资源，将这些智力型检测知识成果为社会共享。专业行业检测机构要不断拓展网络环境下的检测服务业务，在将现有检测服务实现上网受理的基础上，加快拓展有关国内外的检测技术、检测设备的信息报道，新技术和新产品发布，委托分析研究、咨询服务等功能。要加强检测检验市场监管，提高技术机构规范化、信息化管理水平。

2. 资金扶持和财税优惠政策

建议海珠区政府将检测认证产业作为现代服务业进行重点发展，纳入服务业政策体系并出台优惠政策措施。要切实加大资金扶持力度和财税优惠政策来推动检测认证产业的发展。在建设投资和技术改造经费安排中，加强检测平台建设的投资导向。制定相应政策，鼓励多种渠道投入资金。要大力争取省财政和科技部门的资金、地方政府的资金和企业的自主创新资金。要大力吸引社会资金投入，筹措资金加紧建设各类平台和中心。对于入驻海珠区检测产业园的各类检测检验、认证认可和计量企业，将享受国家、省、市扶持发展高新技术产业的各项优惠政策。检测企业如租用园区的经营管理用房将实行减免租优惠。对于参与国家检验技术研究、产品标准研发和修订的各类检测与认证企业，海珠区政府给予适度资助奖励。对符合国家产业政策、纳税成绩优异的企业，政府每年从该企业所缴纳税收的区留成分中计提 30% 奖励企业。与各类高新技术企业一样，享受创业中心管理机构提供的各种优质高效服务。

3. 加快人才培训的鼓励政策

检测认证产业对于技术人才有很高的要求，但目前大学和大专以上程度的技术人员供应均短缺，而且现有的教育或培训课程已不能满足产业发展的需要。要与本地院校及组织磋商，鼓励它们开办更多与检测及认证相关的培训课程，为检测和认证产业的业内人士举办培训活动，协助他们提高专业水平。培训内容可包括实验室管理、验证试验、内部审计、基本计量等，以及食物营养标签测试、建筑材料测试、产品认证和检验等。专业人才则要长时间培训，政府必须拨出专项基金作长远培训投资，支持高校和大实验室开发专业检测认证培训课程，为在职训练提供进修课程。加强高校、检测业界和相关行业的合作，在高校开设硕士学位课程和检测业的成人高考证书课程，鼓励有条件的检测机构与高等院校联合建立培养博（硕）士生的科研实习基地。通过建立一支适应业务发展需要，政治强、业务精、素质高的检测认证人才队伍，实现人才总量、结构和素质与检测认证事业发展需要相适应。

4. 吸引高端人才的激励政策

人才是检测机构的最重要资源，检测高端人才的短缺与流失是检测企业发展所面临的严重问题，与跨国公司同台竞争中处于极为不利的地位。为了引进一批急需的紧缺人才，可参照高新技术产业的办法，制定高端人才引进的激励机制。例如，企业员工薪酬支出总额的 30%，可抵扣企业高级人才个人所得税应税额；高新技术企业自行开发的新技术、新产品、新工艺等高新技术成果产业化后，成果完成人可以享受适当的技术折股奖励，可以评估作价入股，也可按照技术成果产业化成功后，为企业创造的新增税后利润折股部分折价入股；对高新技术企业中持股科技人员的股权分红（利）收益所缴纳的个人所得税对园区的贡献，五年之内给予 100% 的财政奖励；对海珠区发展检测认证产业亟须的高级人才，在职称评定、子女入学、家属落户上给予优惠政策。

（审稿：林穗子）

Report on the Development Strategy of Testing and Certification Industries of Haizhu Dsitrict, Guangzhou

Research Group of the Center for Studies of Hong Kong,

Macao and Pearl River Delta, Sun Yat-sen University

Abstract: Since going into the "12th five-year" period, the only way for Haizhu District to be the testing and certification industries base of offering service to PRD, driving south China, and radiating southeast Asia, is to develop industries scale, enhance industrial competitiveness and seize the industrial development high ground. This report analyzes the current status of testing and certification industries in Haizhu District, and offers proposals on strengthen the testing and certification industries development from the perspectives of constructing key platforms, guarantee measures and supporting policies.

Key Words: Haizhu Dsitrict; Testing and Certification Industries Base; Development Strategy; Countermeasure

亚运经济篇
Asian Games Economy

B.10
亚运会对 2010 年广州经济影响的
预测分析

广州市统计局课题组

摘　要：本文预测分析了亚运会对 2010 年广州总体经济、供给、需求和就业的影响，并对"亚运影响"进行了思考，认为亚运会举办年的"扰动"因素是暂时的，亚运会的长期影响是积极的；在后亚运时期，应注意迅速恢复生产，合理安置从业人员，确保后续投资的连续性，高效利用体育场馆，继续保持良好的环境，加大招商引资力度并优化结构，大力发展会展旅游业；应重视亚运影响下广州市能耗水平的快速变化。

关键词：亚运会　广州　经济影响

第 16 届亚运会和首届亚残运会将于 2010 年 11～12 月在广州举办。为了确保亚运会和亚残运会期间环境质量良好、道路通畅和人身安全等，广州市制定了

一系列限制性措施。本文从总体经济及供给、需求、就业等方面对亚运会对
2010 年广州经济的影响进行了预测分析。

一 亚运会对广州总体经济的影响

受国际金融危机的影响，2010 年全国的经济走势都将是前高后低。广州市
由于举办亚运会，第四季度大部分工程项目停工，亚运会期间部分工业企业将停
产、限产，机动车辆分单双号行驶，内河货运船舶白天禁航。在不考虑有关改善
措施的情况下（如工业、建筑业企业主动调整生产计划，商业促销等），综合分
析，亚运会将影响 2010 年广州市 GDP 减少约 90 亿~190 亿元，拉低增速约 1.0~
1.9 个百分点（见表 1）。

表 1　亚运会对广州 GDP 的影响预计

指　标	影响增加值数量（亿元）	影响幅度（%）
GDP	-90 ~ -190	-1.0 ~ -1.9
第一产业	3	0.02
第二产业	-210 ~ -310	-2.3 ~ -3.2
工业	-190 ~ -290	-1.8 ~ -2.7
建筑业	-20	-0.5
第三产业	117	1.2
交通运输邮电业	-14	-0.1
房地产业	36	0.2
商贸旅游及其他服务业	95	1.0

注：以 2009 年快报广州 GDP 9113 亿元为基数。

二 亚运会对广州市场供给的影响

（一）预计拉动农业总产值增长 1 个百分点

亚运会期间，预计亚组委将在两个半月内集中为运动员、裁判员、政府官
员、媒体人员、贵宾、赞助商等 10.2 万人提供餐饮服务，食品消费量达 12000
吨左右。这些食品供应优先考虑从广州市的农业企业单位订购，目前广州市已有

46 家农业企业单位初步入选为亚运会农产品供应商，占全部农产品供应商的六成。预计广州市将提供大米 2000 吨、鲜玉米 1500 吨、番薯 4000 吨、蔬菜 4000 吨、水果 4200 吨、牛奶 1200 吨、猪肉 1600 吨、肉鸡 1800 吨、鸡蛋 800 吨、水产品 5000 吨。此外，亚运会期间全市主要公路两旁、体育场馆、公共场所等都使用鲜花装饰，预计增加摆设盆栽鲜花 2000 多万盆、盆栽植物 100 多万盆。由于向亚运会供应的农产品（包括花卉）的品质较高，其价格也相对较贵，初步测算增加农业总产值 4.05 亿元，拉动 2010 年农业总产值增长 1 个百分点。

（二）预计对工业生产有一定影响

为确保亚运会期间空气质量良好，有关部门制定了会议期间多种限制性措施。一是对部分工业企业实行停限产，制定了三级应急预案，分别是全停、停 50% 和停 30%。纳入限产、停产名单的工业企业有 246 家，其中规模以上工业企业有 160 家，占全市规模以上工业企业户数的 2% 左右，产值占全市规模以上工业总产值的 11% 左右。二是根据空气污染指数，分别对占工业源污染排放总量 30%、50% 和 70% 的重点监管企业，按顺序实施限产、停产。三是在亚运会期间，机动车辆实行分单双号行驶，内河货运船舶白天禁航。直接停产、限产将对广州市工业生产造成较大的冲击。交通管制对企业产品的外运、原材料的运进等带来较大的困难，尤其对需要每天外运产品、运进原材料的企业影响大，也将导致运输企业效益下降、成本上升，直接推动运输价格的上涨。据调查，第四季度是大多数企业产销两旺季节，停限产导致企业利润减少的幅度远远超过产值减少的幅度。预计如停限产一个半月，番禺区停限产企业产值减少 15% 左右；增城市预计停限产企业全年利润下降 25% 左右。

综合以上各种因素的影响，预计业运会期间，对部分工业企业停限产 1 个月以及受交通管制等因素影响（以 2010 年工业品出厂价格上升 3% 计），将拉低广州市规模以上工业增加值增速 4.0 ~ 6.3 个百分点（减少规模以上工业增加值 120 亿 ~ 190 亿元），拉低规模以上工业总产值增速 3.5 ~ 5.3 个百分点（减少规模以上工业总产值 450 亿 ~ 680 亿元）。如对部分工业企业停限产 1.5 个月，将拉低广州市规模以上工业增加值增速 6.3 ~ 10.0 个百分点（减少规模以上工业增加值 190 亿 ~ 290 亿元），拉低规模以上工业总产值增速 5.3 ~ 8.0 个百分点（减少规模以上工业总产值 680 亿 ~ 1020 亿元）。

（三）预计拉低建筑业总产值 10％左右

广州市建筑业企业完成的建筑业总产值由两部分构成，一是工程项目在广州市内的建筑业总产值，2009 年该部分产值占 47.8％；二是工程项目在广州市外的建筑业总产值，2009 年该部分产值占 52.8％。亚运政策性停工，仅对工程项目在广州市内的建筑业总产值构成影响。参照 2009 年第四季度市内工程项目建筑业总产值占全年比重为 32％推算，2010 年第四季度政策性停工，对全年全部建筑业总产值的影响为 15.3％。

考虑到部分建筑业企业将在政策性停工前抓紧建设完工或赶工，并且部分项目免受停工影响，预计亚运停工对广州市全年建筑业总产值影响将在 10％左右。

（四）对房地产开发和供应有较大的拉动作用

为迎接亚运会，广州加快了地铁建设进程，到亚运会开幕前，将形成 8 线235.7 公里的地铁线网。特别是随着连接广州南站、白云国际机场、番禺亚运场馆等多条地铁线路的相继开通，房地产的"地铁效应"将进一步显现。地铁对其沿线的商业营业用房及周边住宅和办公楼的建设与销售起到一定的促进作用。

亚运城是亚运会的主要配套建设项目，占地面积为 273 万平方米，总建筑面积达 438 万平方米。所有商品房在亚运后均对外销售，其中仅"三大村"就包含 96 栋住宅楼，共 8078 套单位（147.8 万平方米）。亚运城的建成，将为广州市房地产市场提供大量的优质货源。

（五）对旅游业发展有较大的促进作用

举办亚运会有力推动了广州市旅游业软硬件环境建设。一是兴建现代购物中心，改造原有大型商业网点，进一步宣传打造北京路、上下九路、江南西路、番禺繁华路步行街，旅游购物环境实现优化升级。二是突出抓好星级酒店评定工作，目前全市共有星级酒店 244 家，比 2004 年末增加 49 家，住宿业高端化步伐有效加快。三是严格控制宾馆、酒店、饭店卫生环境，全面提高服务人员专业素质，旅游接待环境明显改善、服务水平大幅提升。四是完善了旅游交通标识、旅游区（点）内游览引导标识、旅游信息咨询等服务设施，旅游服务基础设施更加系统化、完备化。

根据广州亚组委和广州市旅游局的预测，正常情况下，第16届亚运会的参赛运动员将达到1.2万名左右，为广州市带来过夜游客增量约34万人次（人均在穗停留3天），其中海外过夜游客增量约4万人次，国内过夜游客增量约30万人次；一日游游客增量约70万人次。预计，亚运会将给广州带来旅游业总收入23亿元，拉动2010年旅游业总收入增长2.3个百分点。据世界旅游组织测算，旅游收入每增长1元，可直接或间接创造社会财富4.3元。

（六）对体育产业的发展有较大的带动作用

亚奥理事会将广州亚运会市场开发权让渡给广州亚组委，这在亚运会举办历史上是第一次。广州亚运会市场开发主要包括六大领域，即商业赞助、电视转播权销售、特许经营、票务、捐赠和宣传推广。预计将增加体育产业收入40亿元。商业赞助将是亚运会最大的收入来源。截至目前，广州亚组委已签约49家合作企业，总赞助金额是2006年多哈亚运会的5倍之多，预计将超过30亿元。广州亚运会已基本确定了六个地区的持权转播商，预计电视转播收入增加1.6亿元。广州亚组委正式授权的特许企业共60家，将开发超过10大类别4000余款亚运特许商品，预计特许商品销售收入2.8亿元。亚运会将有超过200万张门票面向全球公众公开销售，预计门票收入2.4亿元。预计亚运会捐赠收入3.2亿元。

此外，本届亚运会比赛将使用70个场馆，其中12个为新建场馆，58个为改扩建场馆。亚运会结束后，将为广州体育产业发展留下一批高档次的运动场馆。亚运会的主办，也将给体育器材和运动服装等体育用品行业提供展示平台，刺激体育器材、运动服装等体育用品的生产、消费和换代。

（七）推动IT、电子和通讯行业升级换代

在IT行业，新闻中心配有1500台高性能电脑设备，提供高清晰度电视屏幕墙，正式新闻发布厅将安装多种同声传译设备。在电子行业，广州将投入23亿元，积极推进亚运安保工作，将大大促进电子安防业的发展。在通讯行业，作为亚运会高级合作伙伴的广东移动计划投入100亿元建设和优化移动网络，在亚运营销初步规划的投入将超过10亿元。

三　亚运会对广州市场需求的影响

（一）全社会固定资产投资增速将出现较大波动

为承办亚运会，广州新建了亚运城及 12 个场馆，改扩建了 58 个体育场馆，加大了城市基础配套设施投入，对城市建筑外观进行了整饰，加快了治水工程进度，加快新区开发和旧城改造步伐，进一步优化了城市环境，增加了投资额，预计全年全社会固定资产投资有望跃上 3000 亿元新台阶。由于各项亚运场馆建设和改造要求在 6 月底前完成，从 9 月 30 日起绝大部分的在建工程项目停工，将直接导致广州市固定资产投资增速出现较大波动。

为及时了解亚运限制措施对广州固定资产投资项目施工进度所产生的影响，我们对计划总投资超 3000 万元以上的固定资产投资项目（共 1178 个）进行了一次性问卷调查，收回有效问卷 1072 份。调查结果显示，在调查的 1072 个项目中，有 462 个项目（占 43.1%）预计于 9 月底前完成本年投资计划；有 905 个项目（占 84.4%）不受限制措施影响；有 167 个项目（占 15.6%）因限制措施影响投资进度，在 167 个受影响的项目中，有 87 个项目（占 52%）将采取措施，加快投资建设进度，争取 9 月底前完成全年计划。

根据北京奥运会限制措施对当年投资减少率推算，亚运限制措施预计将减少广州市投资 10% 左右，投资量减少主要出现在第四季度，第四季度当季完成投资占全年比重将会明显下降，全年固定资产投资走势呈前高后低的态势。

虽然亚运会期间停工限产的影响将拉低第四季度的固定资产投资，但有的项目会缩短工期，加快前三季度的建设进度，全力保障完成全年投资计划，另外南航飞机购置、亚运城板块开发、白云新城等一些重大项目超常的投资增量，将在一定程度上平衡第四季度受到的影响。

（二）消费需求将保持较快增长

受亚运会筹备期和举办期新增大量从业人员，以及举办期运动员、裁判员、官员、游客集中来穗影响，广州市消费人群扩大，对粮油、食品、饮料、烟酒类和服装、鞋帽、针纺织品类商品零售及住宿和餐饮业发展带动作用明显。综合考

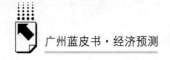

虑各种因素的叠加影响，预计有利于 2010 年初制定的全年社会消费品零售总额增长目标的实现。

四　亚运会对就业形势的影响

（一）提升第三产业就业比重

由于亚运场馆及相关设施建设将在上半年完工，大部分建筑工程在第四季度停工，部分工业企业停产、限产，劳动力的需求将逐步集中在第三产业。亚运会的筹备和组织需要大批的工作人员，亚运会期间旅游来访者、运动员的到来将带动旅游、餐饮、住宿业的就业增长。亚运的广告宣传、动漫制作、特殊商品设计等，带动了创意人才的增长。预计 2010 年末，全市城镇单位从业人员约为 242 万人，比上年末增加 7 万人，增长 3%。其中，第三产业从业人员约为 138 万人，占从业人员的比重达 57%，比上年提高 1 个百分点。

（二）培养、造就一批高素质的人才

在亚运会的筹备和举办过程中，许多工作直接与国际接轨，对人员素质要求较高，参与这些工作将提升亚运相关人员的国际化视野，锻炼他们在国际环境中处理问题的能力，将培养、造就一批外语水平较高，有良好沟通能力、执行能力和敬业精神的国际化管理人才。

五　对"亚运影响"的几点思考

（一）亚运会举办年的"扰动"因素是暂时的，亚运会的长期影响是积极的

根据北京奥运会的情况，我们应该看到，亚运会举办年的"扰动"因素是暂时的，亚运会的长期影响是积极的。从当今世界的发展趋势看，举办一届国际综合性大型运动会，其政治、经济、文化、教育等方面的作用和意义，都要超出运动会本身。以日本和韩国为例，两国都是通过举办亚运会后，实现了经济上的腾飞，并使两国的国际地位大为提高。从广州本身看，广州市曾经举办过六运会

和九运会，这两次全国性的体育盛会都促进了广州市的城市建设和经济发展。一般来讲，世界性体育盛会的影响周期是 8～10 年。广州自 2004 年 7 月申办亚运会成功后，即开始了大规模的筹建活动，对经济增长发挥了很大的促进作用。以投资为例，2005～2009 年，广州市全社会固定资产投资年均增长 12.9%，比 1999～2004 年平均增速提高了 5.7 个百分点。2008 年广州市全社会固定资产投资突破 2000 亿元，2009 年全社会固定资产投资总量达 2659.85 亿元，比 2004 年增长近 1 倍。筹备亚运会以来，广州城市基础设施建设投入明显加大。2005～2009 年，累计完成城市基础设施投资 3150.02 亿元，占全社会固定资产投资总额的 32.0%，年均增长 14.5%。2009 年，广州完成城市基础设施投资 1020.54 亿元，比 2004 年增长 1.48 倍，占全社会固定资产投资的比重达 38.4%，比 2004 年提高 7.6 个百分点。尤其在 2009 年，受国际金融危机的影响，全球经济一片低迷。广州以迎亚运为契机，采取了强有力的保增长政策措施，加快了亚运场馆和相关基础设施建设，有效地拉动了经济增长，以高于全国、全省和北京、上海等国内主要城市的速度实现全年经济增长目标。亚运会结束后，如果各方面后续工作处理得好，广州市经济将会很快恢复正常，亚运会的后期促进效应仍然存在，加上金融危机后广州市经济处在新一轮的上升期，亚运会后广州市经济仍将保持较快增长的走势。

亚运对广州的积极影响还表现在，利用此契机，可促进广州经济结构调整，转变发展方式，加快产业升级，也是大力推进国家中心城市建设的难得机遇。

更重要的是，亚运会不仅对经济有很大的促进作用，还在加快城市建设、提升城市形象、提高城市国际知名度、加强城市文化内涵、加强市民凝聚力等方面起到很大的促进作用。亚运会的举办还将加强珠三角地区甚至泛珠三角地区的体育、旅游、会展、物流、建筑、商贸、城市规划和建设等各个领域的交流与合作，将进一步强化广州在华南地区要素配置中的主导地位，广州作为华南地区中心城市的龙头地位将更加强化。

（二）后亚运时期的注意事项及对策

从以往承办奥运会或亚运会的国家或城市看，一些国家或城市奥运会或亚运会后存在着场馆闲置、投资中断、资源浪费等现象，即所谓的"后奥运风险"或"后亚运风险"。如：雅典奥运会后政府得到了一张 24 亿美元的超支账单，

2005 年希腊的经济增长下降到 9 年来的最低点。广州市应及早预料到亚运会结束后经济社会发展面临的情况和问题，提前制定规划和应对措施，避免"后亚运风险"的出现，以保持广州市经济社会持续发展。具体来讲，应注意以下事项。

1. 迅速恢复生产，合理安置从业人员

亚运会结束后，应迅速组织停、限产的工业、建筑业和交通运输业企业恢复生产。停、限产企业应提前做好准备，如做好原材料的储备，对放假休息的职工发放基本生活费，并加强联系，以便在解除禁令时，迅速组织人员恢复生产，避免出现用工荒。

众所周知，在亚运会筹办期和举办期，需要增加大批临时性的工作岗位。据了解，亚组委近年分三批从全国各地招聘了 400 多名合同制工作人员。在亚运会期间，亚运城要满足运动员、媒体人员、裁判员、政府官员及相关人员的食宿需求，至少需要招聘 4000 名临时工。另外，亚运会期间，公共交通、旅游、住宿、餐饮、安保等领域都需要增加大量的临时性工作人员。亚运会结束后，这些临时性工作人员大部分将面临分流。因此，我们应该及早制定对策，亚运会后合理安置这些从业人员，引导他们实现再就业。

2. 确保后续投资的连续性，不断优化投资结构

亚运会将对广州 2010 年投资增长造成很大的波动性，第四季度将从高位迅速下滑，12 月份跌至谷底。而且这种波动性影响在亚运会后还将持续几年。因此，为减少波动性，防止经济大起大落，广州应做好亚运后投资项目的储备工作，确保后续投资的连续性。在投资方向上，应注意投资结构的优化，加快推进一批产业链条长、产品附加值大、带动力强的生产力骨干项目建设。

3. 高效利用体育场馆，推动体育产业快速发展

许多大型的运动会之后，所兴建的大量体育馆面临空置，利用率极低，若要防止风雨的侵蚀和毁坏，还要常年付给大量的维修费。如：日本政府对于曾经举办冬季奥运会的长野运动场地，表示已经无力再承担其维修的费用。广州亚运会共使用 70 个场馆，其中新建场馆 12 个，改扩建场馆 58 个（含训练场馆）。亚运会后应高效利用这些体育场馆，推动体育产业快速发展。广州市有亚运城、大学城、广东省奥林匹克中心、天河体育中心和老城区五大场馆群，分布相对分散。我们应对这些大型公共体育场馆实行市场化经营管理，使公共体育场馆在赛季供比赛使用，在闲时供全民健身使用。并利用承办亚运会的契机，加强宣传，激发群众参与体育锻炼的热情。也可围绕场馆参观、体验，开发体育旅游产品。

4. 继续保持良好的环境，加大招商引资力度并优化结构

为迎接亚运会，广州市各级各部门全力以赴投入到城市环境综合整治工作中，随着人居环境综合整治、污水治理和河涌综合整治、加强交通管理、城市绿化美化亮化等工作的推进，广州天更蓝了，水更清了，路更畅了，房更靓了，城更美了。亚运会后，广州市应继续保持良好的环境，与转变经济发展方式相结合，建立城市环境综合整治工作的长效机制，不断提升广州市的城市形象。还应利用亚运后广州良好的城市环境与城市形象，加大招商引资力度并优化结构，抓住国际产业转移的新机遇，吸引跨国公司把更高技术水平、更大增值含量的加工制造环节和研发机构转移到广州市。

5. 利用承办亚运会的经验及影响，大力发展会展旅游业

2010 年亚运会是广州有史以来承办的最大型的综合性国际体育赛事，给会展旅游业发展带来了新的机遇。会展旅游是通过举办各种类型的大型国际展览会、博览会、交易会、运动会、招商会等，达到吸引大量游客前来洽谈贸易、旅游观光、技术合作、信息沟通、人员互访和文化交流等的目标，并以此带动相关产业的发展，是一种综合性的旅游服务形式。会展旅游具有组团规模大、消费档次高、客人停留时间长、产业关联性强等优势。广州地理位置优越，交通便利，有良好的城市形象、丰富的旅游资源、完善的会展设施和较强的城市功能，我们应利用承办亚运会的经验及影响，大力发展会展旅游业。

（三）应重视亚运影响下广州市能耗水平的快速变化

预计由于亚运会期间对部分工业企业停限产、货运车辆限行等因素影响，将使广州市单位 GDP 能耗下降 1.5～3.0 个百分点。由于亚运会期间停限产的大多数高耗能工业企业、限行的货运车辆和内河船舶等，将在亚运会结束之后恢复生产，于 2010 年大幅降低的工业增加值能耗、单位 GDP 能耗，在 2011 年可能会出现反弹，将对广州市完成"十二五"期间节能降耗的任务带来不利的影响。有关部门在制定"十二五"期间广州市单位 GDP 能耗下降目标时，宜充分考虑这一因素。

（审稿：刘东河）

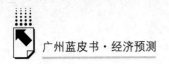

Forecast of the Impact of Asian Games
on Guangzhou Economy in 2010

Research Group of Statistics Bureau
of Guangzhou Municipality

Abstract: This report forecasts and analyzes the impact of Asian Games on Guangzhou overall economy, supply, demand and employment, and reviews the "Asian Games Impact". The report argues that the "disturbing" elements in the Asian Games hosting year is temporary, the long term impact of Asian Games is positive; in the post Asian Games era, the following arrangements are needed: restoring production rapidly, settling the employees reasonably, ensuring the sustainability of follow-up investment, making full use of stadiums, keeping the sound environment, promoting the trade and investment and optimizing the structure, developing the MICE tourism. Meanwhile, much attention should be paid on the rapid changes in city's energy consumption level under the influence of the Asian Games.

Key Words: Asian Games; Guangzhou; Economic Influence

ℬ.11
2010 年广州亚运会对广州番禺区经济社会发展影响研究

中共广州番禺区委办公室、广州市社科院联合课题组*

摘　要：2010 年亚运会在广州举办。番禺区筹备和承办亚运会，必将推动番禺区经济社会全面发展，带动城市规划建设水平的提高和城市空间的拓展，促进城市形象和综合竞争力的提升，但同时也会给番禺区带来压力，在经济社会的某些领域里也会造成一些负面影响。番禺区如何利用亚运机遇，保持亚运经济的持续影响力，促进经济社会全面发展，将成为当前研究或关注的热点，特别是亚运会对具体行业或领域的深入影响以及亚运可能带来的风险等热点、难点问题，也有待于进一步深入探讨。

关键词：广州亚运会　经济社会　发展　番禺

2010 年亚运会在广州举办。根据《2010 年广州亚运会比赛场馆及相关设施建设总体规划方案》和竞赛组织安排，有 18 个竞赛项目在番禺区内 40 个场馆进行比赛和训练，区内新建和改建场馆 19 个，市、区两级财政用于场馆建设的经费估计达 6901.2 万元（其中市级财政经费为 3196.8 万元，区级财政经费为3704.4 万元），另外还有来自社会的投入资金，从而掀起番禺区新一轮建设发展高潮。根据经验，大型国际体育盛会对举办城市的影响不仅仅限于体育范畴，已深入和渗透到政治、经济、社会、文化、城市规划建设等各个领域。番禺区参与筹备和承办亚运会，必将推动番禺区经济社会全面发展，带动城市规划建设水平的提高和城市空间的拓展，促进城市形象和综合竞争力的提升，但同时也会给番

---

* 课题组成员：中共番禺区委办公室，组长为陈德俊，成员为曾小原、王小燕、张献策；广州市社科院，组长为朱名宏，成员为杜家元、陈来卿、蒋丽、姚宜。

禺区带来压力,在经济社会的某些领域里也会造成一些负面影响。番禺区如何利用亚运机遇,保持亚运经济的持续影响力,促进经济社会全面发展,将成为当前研究或关注的热点,特别是亚运会对具体行业或领域的深入影响以及亚运可能带来的风险等热点、难点问题,也有待于进一步深入探讨。

一 国际体育盛会对举办城市发展影响的理论分析

为满足大型国际性体育盛会举办的要求,承办地都需要大规模投资建设场馆、配套设备、基础设施、改善环境等。根据乘数效应理论、大推进理论、发展极理论,大规模投资建设,对大型体育盛会承办地经济社会的发展具有乘数效应,促进经济社会快速发展,而且影响时期较长。经济社会的快速发展及基础设施的完善,大型体育盛会的承办地将发展成为区域经济中心。根据总需求与总供给理论,筹备和举办体育盛会,将会增加大量就业机会,并促进建筑、建材、设计、旅游、商贸等行业发展。机会成本理论认为,举办体育盛会对承办地是个发展机会,但可能会减少某些领域的投资,相关方面的发展机会将会减少。

事实证明,世界各国、各地区充分利用举办国际大型体育盛会的机会,充分展示经济实力、科技实力、文化魅力、居民素质,并促进国家、民族及人民之间的相互沟通和交流。同时,各国和地区充分利用举办大型国际体育盛会的契机,促进举办城市综合经济规模扩大,刺激建筑业发展,推动旅游业逐渐兴旺,增加就业机会,改善城市基础设施,提升城市形象和现代化水平,拓展城市空间,提高科技水平,以及扩大举办城市国际化程度。

二 2010 年广州亚运会对番禺区经济发展的影响

(一) 2010 年广州亚运会各项支出

根据《2010 年广州亚运会比赛场馆及相关设施建设总体规划方案》,广东省和广州市将投资约 377.9 亿元用于比赛场馆及配套设施建设,投入约 8 亿元用于安排竞赛和宣传推广等。

（二）番禺区建设、整治亚运会场馆和基础设施及环境的支出

番禺区承建的 9 个亚运场馆中，除番禺体育训练基地的建设经费由市财政全额支付外，英东体育馆、英东体育场、大夫山山地车赛场、大学城公路自行车和马拉松赛场等场馆的建设资金按 3∶7 的比例由市、区两级财政支付。据初步估算，番禺区财政将支付 3704.4 万元（不含大学城自行车和马拉松赛场的改造资金）。

为配合亚运会的召开，番禺区将开展 13 项迎亚运专项规划建设与整治，包括道路的改建扩建、配套设置改造与建设、周边环境的整治等，预算支出为 561 万元。

（三）2010 年亚运会对番禺区经济发展的正面影响

1. 投资环境进一步改善，经济中心地位将得到加强

通过亚运会的筹备和相关商贸设施的建设与投入营运，番禺区将成为广州经济最具活力的地区之一。亚运会筹办期间，番禺区将投入巨资新建和改建一批体育场馆及其配套设施建设，加快推进城市环境建设与治理，城市化进程将不断加快，基础设施将逐渐完善，营商投资环境和居住环境将进一步优化，商贸、旅游等行业日趋活跃，番禺区在广州的经济中心地位将得到进一步加强。

2. 拉动经济增长

广州 2010 年亚运场馆及配套设施的投资计划为 60.6 亿元。利用"投资乘数"和"回归方程"的方法，以及历届亚运会举办的经济效益情况，推测 2010 年亚运会的举办，广州的消费收入将增加 101 亿元，GDP 将增加 271 亿元。

番禺区作为广州亚运会主要承办地之一，大规模投资建设正在进行。随着亚运会的临近，届时番禺区的人流、物流、消费等规模将大幅度扩大，亚运会对番禺区的经济拉动将随着整个广州消费收入和 GDP 的增加而增加，直接经济效益和间接经济效益将明显提高。

3. 带动相关产业发展

亚运会的筹办与举办，在推动地区总体经济效益增长的同时，还将优化举办地的产业结构。由于产业之间的关联性，通过产业之间的前向联系拉动建筑业、制造业、交通运输业等的发展，通过后向联系带动体育产业、广告业，房

地产业、旅游服务业、餐饮业、商贸业等的发展，通过相互耦合，带动更多相关产业的发展。为高质量举办亚运会，举办地的服务业营销方式、服务技术、经营理念、经营业态等方面将逐步与国际接轨，服务水平和质量会得到明显提高。信息咨询业、现代物流业等现代服务业将加快发展，行业规模必将迅速壮大。

（四）2010 年亚运会对番禺经济发展的负面影响

1. 存在"挤出效应"与"低谷效应"

从经济学的角度来分析，亚运会存在"挤出效应"与"低谷效应"。对番禺经济的"挤出效应"，主要体现在对投资和消费的挤出。对投资的挤出效应主要是指：番禺区财政将投资大量资金用于亚运，投入其他领域的资金相对减少。"低谷效应"指：在亚运会结束后，如果投资不能继续增加，将有可能对番禺经济带来冲击，出现低谷。

2. 在一定程度上增加财政压力

有关资料表明，为迎接亚运会，番禺区财政将支付 3704.4 万元用于场馆建设与改造，同时在基础设施建设、城市改造、环境整治、安全保卫、宣传教育、医疗卫生、教育培训等方面也将投入大量资金。这将在一定程度上增加了番禺区的财政压力。

3. 可能在短期内无法回收亚运场馆投资

亚运场馆的开发建设具有整体规模大，投资回收期长，利润收益难以预测，投资风险较大的特征。根据其他地区的经验，政府投资建造的体育场馆，短期内难以回收投资成本。

4. 可能会出现体育设施闲置的现象

为承办亚运会，番禺区的体育场馆数量将大幅增加。在亚运会结束后，如果番禺区的亚运场馆设施不加以积极开发利用，也有可能出现闲置的现象。这种现象在其他国家和地区是有先例的。

5. 可能导致商务成本上升

筹办亚运会期间，一些围绕亚运建设和商务开发的公司将选择广州，使广州的住宅和商务中心的租金保持较高水平。与此同时，由于场馆建设与基础设施建设的增加，将增加对就业的需求，如果出现供不应求的情况，将会导致工资的增长。因此，综合来看，亚运会期间，甚至是亚运会结束后，番禺区的商务成本会随着广州整体水平的提高而上升。

三 2010 年亚运会对番禺区社会发展的影响

（一）亚运会对番禺区社会发展的正面影响

1. 带动投资建设需求，增加就业机会

亚运会的筹备和举办为番禺在一定程度上拓展了就业机会。根据亚运经济对劳动力市场的供给弹性考虑，就业数量的提高程度会更大。这些就业机会主要表现在以下三个方面。第一，通过亚运会所需要的工程建设以及在亚运会之后永久使用需要专人管理、运行所带来的就业。第二，亚运会将为城市吸引更多的新投资以及旅游，这些投资和旅游必将创造大量新的就业机会。第三，参与亚运会工作的市民为举办亚运会需要进行相应的教育和培训，从而提升人力资本增值，增强了竞争力，在间接意义上也增加了就业。

2. 教育服务需求扩大，带动教育培训产业蓬勃发展

亚运会的举办，将为番禺区教育培训服务的发展提供机遇。国外运动员的参赛将会拓展外语教育市场。通过亚运会的举办可增加项目管理人才、广告人才、经济中介人才、公关人才和文秘语言人才的培训与就业，拉动相关教育领域的发展。因此，亚运会的举办，将为番禺区教育培训服务的发展提供机遇。

3. 增强大众体育意识，促进体育文化事业健康发展

亚运会的举办有助于增强番禺市民体育意识，激发群众参与竞赛与锻炼的体育热情。有助于促进群众体育参与方式的改变，促进市民对体育精神的认同和番禺全民健身活动的普及，通过现代化体育场馆的增加、体育人才队伍的壮大，推动体育运动的更加普及和群众体育水平的进一步提高。

番禺区的体育基础设施建设将取得飞跃式发展，成为广州市体育建设强区，为以后承办高水平、高规格的体育赛事打下良好的基础，也为广大市民进行体育健身提供了场地设施。举办亚运会将推动区内高水平竞技体育人才的培养，助推区内竞技体育向更高水平发展。

4. 提高市民参与意识，促进区域市民素质整体提升

举办亚运会将促进番禺区市民素质的全面提升。一是体育精神的推广和体育意识的增强。二是市民服务和奉献社会意识的提升。三是市民参与国际大型活动能力的提升。四是市民对亚洲国家历史与现代文明、社会进步的了解加深。五是激发市民对番禺的热爱之情、增强番禺区的凝聚力和向心力。

5. 增强对外交往能力，带动区域国际化水平大幅攀升

2010 年亚运会是有史以来在番禺承办的规格最高、规模最大的综合性国际盛会，既是对番禺区的对外交往能力的考验，又是促进对外交往能力提升的宝贵实践。要保障亚运会的顺利举办和圆满完成，需要加强与国际组织沟通，提高接待区域能力，满足多样化的语言需求，提升统筹安排能力，完善外事接待处理技巧和加强政府、民间多层次的对外交往。可以预见，经过筹备和举办亚运会的实践锻炼，番禺区的对外交往能力将获得飞跃式的发展，区域国际化水平将大幅提升。

6. 增强服务能力，推动服务业管理水平的提高

亚运会对服务业的促进和带动作用是多方面的，它不仅能给服务业带来多方面的需求，带来可观和丰厚的利润回报，而且能够有效促进服务业管理与服务水平的不断提高。亚运会对广州服务业的带动和影响主要体现酒店服务业、餐饮服务业、旅游服务业和商贸服务业等几个方面。

7. 提高行政效率，促进政府职能转变与政府服务模式转型

通过举办亚运会，番禺区将不断推进制度创新，建立以政府宏观调控为指导，以市场化为导向，由企业、政府、个人共同参与，实现政府行为与市场机制相结合的投、融资新体制；有助于打破部门、行业垄断和地区壁垒，打通民间资本进入通道，减少政府在经营性城市基础设施方面的投入；有助于加快电子政府、电子商务、数字化社区等信息化应用，提高电信网络、数字电视、卫星直播技术和服务水平，推动政府管理服务水平的进一步提升。

（二）亚运会对番禺区社会发展的负面影响

2010 年亚运会是亚洲历史上最高规格、最大规模的综合性国际体育盛会，涉及范围广，在体育竞赛之外还要考虑外交、宗教、国际关系等诸多因素；赛事规模大，比赛项目数量超过奥运会；参加人数多，数以十万计的运动员、体育官员、媒体记者、观光者将前来番禺。亚运会既会推动番禺区的经济和社会发展，也可能产生、催化某些社会问题，产生负面影响。

1. 存在非受益人群利益受损可能

番禺区是本届亚运会的主要举办区域之一，在经济社会和城市建设发展之外也会面临着一定的附加成本。对于亚运会的非受益人群来说，存在利益受损的可能。首先，原有的自然生态环境可能遭到一定程度的破坏，噪音、空气污染加剧，交通运输系统负荷加重，将会形成对番禺区的"干扰效应"，有可能影响到区域自然环境的可持续发展；其次，易导致物价超常规上涨，造成总体价格指数上升，形成"物价飞涨"的负面效应；再次，不同的地域文化、行为模式和思维方式在体育和旅游交往中易产生误读与冲突，导致文化领域的"碰撞效应"。

2. 存在社会安全隐患

亚运会期间人员高度集中，不同宗教信仰、不同习俗和文化在番禺汇聚，加上世界范围内许多不稳定因素、一些不可抗拒的负面影响因素等方面的问题或许共存于亚运会始末。因此，稍有疏忽极易造成误会或引发重大事件。亚运期间的安全问题主要包括人员安全、设备安全、交通安全、食品安全和防恐安全等。

3. 危机管理压力加大

举办亚运对番禺区应对突发性事件的危机管理能力提出了新的要求。亚运会危机具有竞赛政治化、危害复杂化和多"源"化的特点，亚运期间番禺区可能存在的危机问题主要包括自然环境危机、人文环境危机和社会环境危机。此外，亚运期间，珠三角乃至广东省的交通运输汇集番禺，容易造成交通堵塞，影响运动员参赛和组织管理人员的工作程序。

（三）亚运会对番禺区社会发展的要求

1. 对市民素质的要求

举办 2010 年亚运会，需要不断提高市民综合素质。首先是赛事组织参与和服务人员，在过硬的专业素养之外，还需要具有良好的语言能力和沟通技巧，具备敬业精神和涉外礼仪知识；其次是亚运志愿者，要政治合格、社会责任感强、综合素质高，要掌握亚运会赛事的基本常识和必要的工作技能。

2. 对各行业人才的要求

亚运会将为番禺区带来极大的人才需求。第一，旅游和体育人才需求明显；

第二，媒体从业人员，特别是专业体育媒体从业人员的需求加大，主持和导播成为这一领域最紧缺的岗位；第三，高级翻译人员紧缺；第四，餐饮和营养搭配人才，特别是熟悉亚洲各国饮食习惯和餐饮特色、具有较强的营养搭配知识的餐饮专门人才将有极大需求；第五，宗教人才在亚运期间的短期需求较强；第六，安保和防恐人才，亚运期间的防恐任务艰巨，需要大量受过专门训练和培训的安保和防恐人才。

3. 对社会组织的要求

举办亚运会不仅不能排斥社会组织的参与，还要积极组织社会各界力量参与亚运服务，发挥各类社会组织的优势和特长，为举办高水平、有特色的亚运会贡献力量。

四　2010年亚运会对番禺区城市发展的影响

（一）亚运会对番禺区城市发展的正面影响

1. 推动基础设施建设，促进番禺区城市现代化进程

亚运会对番禺区城市基础设施建设的促进作用主要表现在两个方面：一是兴建和改造了大量体育场馆，提高了区内体育场馆的建筑水平。二是升级和完善了区内道路交通建设，形成了公路、铁路、地铁紧密衔接，强化番禺对外联系的交通网络体系。

2. 提升城市规划水平，优化番禺区城市空间布局

区内大学城、亚运城以及比赛场馆及其配套基础设施的建设，一方面充分体现了广州城市发展需求，有助于"南拓"战略的实现；另一方面提升了区域城市规划水平，促进了番禺区的城市空间合理化发展。亚运会的举办将勾画出"新番禺"的美丽蓝图，即以构建"广州新城"为中心的城市空间结构计划。

3. 改善市容市貌，完善番禺区人居环境

举办亚运会促进番禺区城市面貌和人居环境的改善主要表现在两个方面，一是城市环境整治，二是市容景观改造。通过对生态环境、城市景观环境的大力整治，番禺将实现"天更蓝、水更清、路更畅、房更靓、城更美"的目标，建设成为"创业城市、宜居城市"的现代化新城区。

4. 丰富区域形象，提升番禺区国内外知名度

番禺区是本届亚运会的"中心区域"，届时将成为国际媒体关注的重中之重。筹备和举办亚运会有助于丰富番禺区现有的区域形象，有助于番禺区域形象的宣传和推广。首先，番禺现代化新城区的区域形象将深入人心。其次，在旅游和美食之乡的传统区域形象之外，亚运会的举办将树立番禺区"体育强区"的新形象。再次，借助亚运，番禺区域新形象的宣传与推广将事半功倍，亚运会的媒体平台将成为宣传和推广番禺区域形象的最佳渠道。

（二）亚运会对番禺区城市发展的负面影响

1. 城市交通管理任务艰巨

亚运交通需求巨大。亚运会举办期间，车辆、道路等的需求急剧增长，各种出行方式的出行量将快速增长，对于场馆和赛事较多的番禺区来说，交通压力非常之大。要保障亚运期间交通正常运行，对番禺区的交通城市管理提出了高要求，但对区内居民的正常出行和生活可能造成一定的负面影响。

2. 城市卫生环境面临较大压力

亚运期间，番禺区市容卫生面临的压力主要来自两个方面，一是随着人流增加，城市日常废弃物将骤增，二是亚运场馆废弃物。这给番禺区城市环境卫生管理带来较大压力。

（三）亚运会对番禺区城市发展的要求

1. 对区内基础设施配套建设的要求

亚运会是亚洲地区规模最大、规格最高、影响最广的国际体育盛会，对举办城市的生态环境、道路交通、场馆建设、竞赛设施、信息通讯、公共设施等基础设施和市政建设提出了严格要求。要保障亚运会的顺利举办，番禺区除了新建、改造体育场馆以提供足够的合格的体育设施外，还需要提供高标准的城市基础设施保障，满足亚运赛事的各项需求并借此契机促进番禺区城乡基础设施建设的升级改造。

2. 对城市空间发展规划的要求

番禺区是广州城市总体规划中"两心"之一的广州新城所在地，亚运城位于广州新城启动区，对番禺区城市规划影响巨大。要未雨绸缪，做好区内城乡建设、空间发展、生态环境、综合交通、市政基础设施、新区发展与旧城保护、产业发展与布局、城市文化和村镇建设等一系列的规划安排，保障亚运场馆对番禺区城市空间结构优化带动作用的充分发挥。这是一项系统的、长期的工作，近期内则要加快亚运相关和周边地区的整治规划的落实，确保番禺区以崭新的城市面貌迎接亚运会的召开。

3. 对区内环境质量和市容卫生综合治理的要求

亚运会是一场亚洲瞩目、世界关注的综合性国际盛会，作为体育竞赛，需要举办城市的空气、水等环境质量达到较高标准；作为大型国际集会，对举办城市的卫生治理、市容整洁提出较高要求，番禺区作为本届亚运会亚运城和部分赛事的所在地，更是面临着对区内市容市貌和环境卫生的更高要求。要保障各项赛事的顺利开展，要充分利用好亚运会这一展示实力的舞台，就必须做好对区内环境质量提升和市容卫生综合治理工作。

4. 对区域形象塑造和宣传的要求

亚运会的筹办和举办过程也是举办城市形象的塑造和展示过程。番禺区作为亚运城和多项赛事的举办地，将迎来一次宣传区域形象、提升区域地位的千载难逢的大好机会。在完善城市各种基础设施的基础上，要结合番禺区的地域、历史和人文特色打造现代化城市形象，加大宣传力度，丰富宣传方式和手段，发动社会各界力量，塑造、提升和宣传番禺区域新形象。

（审稿：刘东河）

Research on the Impact of Economic and Social Development in Panyu from 2010 Guangzhou Asian Games

Joint Research Group of Office of CPC Panyu District, Guangzhou and Guangzhou Academy of Social Sciences

Abstract：The 2010 Asian Games was held in Guangzhou. The city's Panyu

District prepared for and hosted the Games, which will promote economic and social development in the district, encourage an improvement in standards of urban planning and construction, expand urban space, improve the city's image and overall competitiveness, but also put pressure on Panyu District and adversely affect a number of economic and social areas. How Panyu should take advantage of the opportunity presented by the Asian Games and maintain the sustainable economic development arising from the Games into a wider economic and social function will be the focus of this current research, and there will be particular discussion of topical issues including the significant impact on specific industries or fields and risks that need further consideration.

Key Words: Guangzhou Asian Games; Economic and Social; Development; Panyu

B.12
亚运背景下广州番禺石楼镇
社会经济发展策略研究

番禺区石楼镇政府、华南师范大学城市与
区域发展研究中心联合课题组*

摘　要： 本文着重探讨亚运会对石楼社会经济发展的影响，包括亚运背景下石楼社会经济发展现状、机遇与挑战，发展策略等。

关键词： 亚运　社会经济　发展策略　石楼

石楼镇位于番禺区东部，珠江三角洲的中心，南濒深圳、珠海特区和香港、澳门，东邻东莞，北通广州市区，与黄埔港隔江相望。第 16 届亚运会在广州举行，亚运村落户于番禺东部，其中有 2.73 平方公里的面积位于石楼。

从赛前的征地拆迁安置、商业性住宅的大规模开发和公共服务配套设施的建设，赛中大规模的人群带来的巨大商机，到赛后所带来的会展经济、商务办公、休闲商业、旅游业等机会，这一重大事件所引发的一系列影响都将给石楼镇带来前所未有的机遇和挑战。

重大事件对一个区域的发展有时比资金、技术、劳动力等传统的区域经济发展因素显得更为重要，成为城市提升竞争力，实现战略目标的工具。亚运会作为亚洲人民的体育盛会，对举办城市来说，无疑是一个重大事件。它除了能带来上述的影响外，还会提升石楼在广州城市中心体系中的地位，提高城市基础设施建设水平，推进了城市化进程；但同时也会导致镇区存量土地的减少、房价上涨、失地农民被边缘化等社会问题。

---

* 本课题执笔人：方远平，华南师范大学城市与区域发展研究中心副主任，副教授，硕士生导师；课题参与人：李倩、郭增雨。

因此，对本文着重对亚运背景下石楼镇的社会经济发展进行研究，并提出相关的策略。

一 亚运会对石楼社会经济发展的影响分析

（一）亚运会对石楼的正面影响

1. 对经济发展的正面影响

（1）改善优化了石楼的投资环境。亚运会筹办期间，政府投入巨资新建亚运村及其配套设施建设，加大石楼镇及周边地区的改造与建设力度，例如城镇破旧建筑的翻新整改，使城镇面貌焕然一新。

（2）拉动石楼经济增长。主要包括直接投资与间接投资。直接投资包括直接经济效应如体育赛事直接投资用于购买本地区商品和服务所产生的新增效益，间接经济效应如因为体育赛事的举办而增加在本地消费所产生的新增效益等。间接投资包括交通、通讯、市政建设和环保等投资等即使不举办本项赛事也需要进行的投资，只不过因其举办而提前或增加。

（3）刺激相关产业发展，优化产业结构。亚运会的筹办与举办，在推动石楼镇总体经济效益增长的同时，还将优化当地产业结构。由于产业之间的关联性，通过产业之间的前向联系拉动建筑业、交通运输业等的发展，通过后向联系带动房地产业、旅游服务业等的发展，通过相互耦合，带动更多相关产业的发展。

2. 对社会发展的正面影响

（1）刺激投资建设需求，创造就业机会。举办亚运会，需要投入资金进行基础设施及体育场馆建设，投资建设需求增加，从而刺激劳动力需求增长。因此亚运会的召开可以为石楼镇在一定程度上拓展就业机会。

（2）提升民众的参与意识，促进镇域国民素质整体提升。亚运会的举办有助于增强石楼镇民众的体育意识，激发群众参与竞赛与锻炼的体育热情。

（3）增强服务能力，提高服务业管理水平。亚运会对石楼镇服务业的发展具有多重促进作用，它不仅能给服务业带来多方需求和可观的利润回报，还能有效促进当地服务业管理与服务水平的不断提高，主要体现在酒店服务业、餐饮服

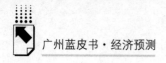

务业、旅游服务业等。

（4）促进政府执政能力的提升。大型国际体育盛会的筹办和举办过程既是对举办城市政府管理水平的一次重大考验，又能促进城市面貌、政府管理服务水平和城市运营效率的全面提升和政府职能转变。

（5）提升石楼的整体形象，形成品牌效应和集聚效应。石楼镇是本届亚运会亚运城的所在地，届时将成为国际媒体关注的焦点之一。筹备和举办亚运会有助于丰富石楼镇现有的区域形象，有助于石楼形象的宣传和推广。

3. 对城镇建设的正面影响

（1）推动基础设施建设，促进石楼的城市化进程。亚运村对石楼镇城市基础设施建设的促进作用主要表现在两个方面：一是兴建和改造了大量的配套设施，提高了区内基础设施水平；二是升级和完善了镇内道路交通建设，亚运城与亚运会各赛区拥有便捷的交通联系。

（2）改善镇容镇貌，完善石楼的人居环境。举办亚运会促进石楼镇面貌和人居环境的改善主要表现在两个方面：一是环境整治，如实施"河涌综合整治"、"大气污染治理"、"城乡卫生清洁"工程；二是镇容景观改造，如翻新镇区主要干道两旁的建筑、规范广告招牌、穿衣戴帽整饰、环境绿化美化和改造道路等。

（二）亚运会对石楼的负面影响

1. 对经济发展的负面影响

（1）可能会产生"低谷效应"。亚运会结束后，各种设施设备的投资将会减少，人流、物流、信息流对比亚运举办期间也会相对减少，将有可能对石楼经济发展带来冲击，出现低谷。

（2）可能导致商务成本上升。因筹办亚运会，导致的地价、厂房、住宅和商务中心的租金提高，住宿、饮食、休闲娱乐等服务行业的提价等，都会造成石楼镇的商务成本上升。

（3）存量土地的减少。亚运城的征地涉及集体土地225.0345公顷，其中的大部分征地位于石楼镇，这将会导致石楼镇土地的减少，使农业用地和建设用地更加紧张。

（4）在一定程度上增加财政压力。亚运城的主体投资虽然都是市级和省级财政出资，但是一些基础设施的建设和破旧建筑的翻新，镇级财政还是会出一部分，这就会造成一定的财政压力。

2. 对社会发展的负面影响

（1）拆迁安置问题容易激发矛盾。亚运城共征用集体土地 225.0345 公顷，其中的大部分征地位于石楼镇，因此征地安置问题十分重要，如不能妥善解决就会激发矛盾。

（2）社会安全隐患增加。亚运会期间人员高度集中，不同宗教信仰、不同习俗和文化在石楼汇聚，外加世界范围内许多不稳定因素、一些不可抗拒的负面影响因素等方面的问题或许共存于亚运会始末。

（3）间接导致危机管理压力加大。亚运会危机具有竞赛政治化、危害复杂化和多"源"化的特点，举办亚运会对石楼镇应对突发性事件的危机管理能力提出了新的要求，包括自然、人文、社会环境危机等。

（4）交通管理任务剧增。亚运会期间的石楼镇内的交通需求包括两个部分：一是镇内日常运行产生的背景交通需求，二是亚运会本身的特殊交通要求。对于亚运村的所在地石楼镇来说，交通压力非常之大。

（三）亚运会对石楼带来的重大影响分析

1. 导致土地存量减少，推动土地价格提升

（1）亚运城建设导致石楼存量土地减少。亚运城建设，征用了清流村、裕丰村和南派村约 3415.292 亩土地，使得石楼存量土地减少，镇属集体土地转为市属国有土地，给石楼土地存量带来一定的影响。

（2）土地价格大幅攀升。亚运城作为广州新城的核心部分，是广州南拓的战略要地。亚运城的建设，将使亚运城发展成为广州南部集居住、休闲、商务办公、商业、体育赛事、会展等功能于一体的大型高端城市新区，2010 年房价高达 13000 元/平方米。

2. 推动产业升级，促进新兴产业发展

（1）亚运城建设将推动石楼产业升级。亚运城的建设与亚运会的举办，使石楼成为广州新城重要组成部分，意味着石楼将从传统的镇域经济形态向城市中心区的经济形态转变，对石楼镇产业发展提出了更高的要求。亚运城的使用及广州新城的规划建设将对石楼产业升级带来持续动力：传统农业将向都市型观光休

闲农业和高效农业升级；工业实施腾笼换鸟、退二进三的产业升级战略，改造提升现有工业层次，积极发展都市型、环保型、高科技型研发与制造业；传统的商业服务业将向都市型现代商贸、商务服务业转型。

（2）亚运城建设将带动新兴产业发展。亚运城的开发建设，带动了石楼镇房地产业的快速发展和现代商贸、休闲旅游、高新技术产业等新兴产业的聚集。为适应大规模高素质人群的聚集，现代商务服务、现代商业、生产性服务业、房地产业、休闲运动、休闲旅游业、特色餐饮业等将迅速崛起。石楼镇区整体环境的改善也将进一步吸引高端服务业、高科技研发与制造业的发展，进一步推动石楼新兴产业的发展。

3. 聚集人口规模，推动人口素质的提升

（1）人口总量增加。亚运会期间，石楼镇将聚集大量的志愿者、亚运服务管理人员、亚运会媒体人员、运动员、教练员和技术官员、国内外游客等，将给石楼带来潜在的巨大消费人群。同时，石楼镇未来将吸引大量高素质人群进入，成为石楼镇的常住居民，给石楼镇带来潜在的消费力量；另外，近年来石楼企业发展环境的改善，将吸引越来越多的企业投资者入驻，并将聚集产业工人及其家眷进入石楼，进一步扩大石楼人口规模。

（2）人口结构改变。由于石楼的裕丰、清流、南派等村大量农用地被占，三个村的失地农民将转化为城市居民，其务农的职业特征将向非农职业转变；另外，由于石楼产业升级的加快，从事传统农业和传统制造业的人员将减少，从事高端制造业、现代服务业等第三产业的人愈来愈多，将优化石楼镇的人口结构。另外，随着一批高科技企业的入驻，石楼的人口文化结构也会发生变化；大多数企业员工都是年轻人，也会对人口的年龄结构产生影响。

（3）人口素质的提高。亚运城建设直接推动了石楼城市化进程，也将加速农民向市民身份的转变，为了迎接亚运，石楼开展了"迎亚运，讲文明，树新风"各类文体活动，提高了镇区人口素质；另外，房地产业的发展、高端制造业和高端服务业的发展将聚集大量高素质人群，将促进石楼高素质人口量的增长。

4. 提升城市定位，推进城市化进程

石楼镇是广州首批十五个中心镇之一，亚运城选址落户石楼后，使石楼镇从广东省级的中心镇定位转变成为广州南部新城市中心的重要组成部分。这意味着石楼镇将从镇域形态的区域向广州新城中心区转变。这不仅要求石楼要从乡镇风貌向城市建设面貌转型升级，而且要求其以工业为主导的产业结构向以服务业为主导的城市型经济结构转变，同时也要求镇区的人口由农民逐渐向市民转变，农村传统习俗文化也要向城市社区转变。

亚运城的建设及石楼定位的提升，实质上将大大促进石楼镇城市化的进程，加速石楼城市景观、产业结构、人口职业结构与素质、城市文化等方面的城市化转变。

5. 促进体制创新，推动政府职能转变

亚运城的建设，提升了石楼镇的中心城市定位，未来石楼镇将实现从镇一级建制向城区街道一级建制转变。街道建制意味着城市管理的一系列制度将取代镇区目前的制度。从镇到街道，意味着石楼将不再是一级政府，而是上级政府的派出机构。其中最主要的变化是政府的经济发展职能将弱化，而政府的社会管理职能将进一步强化，即石楼镇将由目前的发展型政府向服务型政府转变。

作为相应的调整，石楼镇改街道后，下面各个村将在城市化的进程中，逐步转为社区居委会一级建制，城市社区管理制度将进一步完善；这就意味着社会结构将形成以社区为主的单位结构。

二　石楼社会经济发展现状、机遇与挑战

（一）经济发展现状分析

1. 石楼社会经济发展特征

（1）经济整体稳步发展，产业结构不断优化。由表1可看出，自2000年至2009年，石楼镇地区生产总值在番禺区所占比重连年上升。2002年3月，番禺区莲花山镇撤销，并入了石楼镇，使得石楼镇的经济总量明显扩大，地区生产总值为上一年的106.28%。

石楼镇2008年第一、二、三产业比重为12.6∶60.7∶26.7，呈现"二、三、一"的格局。如图1，第二产业在石楼镇的产业结构中占有绝对的优势，所占比重均在50%以上，并呈现继续上扬的趋势。由于第二产业快速发展，速度在服务业之上，使得服务业虽有增长之势，但所占比例仍有下降。但从图1中也可明

表1　2000~2009年石楼镇地区生产总值

年　份	2000	2001	2002	2003	2004	2005	2006	2007	2008	2009
GDP(万元)	79668	90366	186405	216230	251489	268901	304264	344903	460379	550000
占番禺区比重(%)	2.85	2.75	4.98	5.00	4.89	4.43	5.56	5.48	6.33	6.38
增速(%)	—	13.43	106.28	16.00	16.31	6.92	13.15	13.36	33.48	19.47
财政收入(万元)	5007	8509	—	12100	—	18992	17118	21732	24200	45000
人均GDP(元)	15598	17652	28925	33518	38991	41561	46810	52269	—	—

显看出,工业产值占GDP的比重在这些年有了下滑的趋势,表明石楼镇的产业结构正在进行优化调整,根据发达国家的产业结构分析及亚运将会给石楼镇服务业的发展带来的拉动效应,石楼镇的服务业还会有着巨大的潜力,产业结构的调整也会因此而加快步伐。

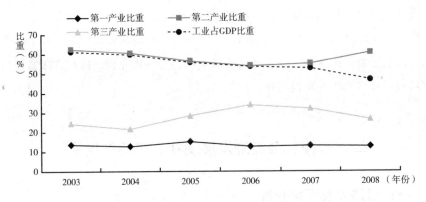

图1　石楼镇2003~2008年三次产业及工业比重

（2）石楼镇第一产业稳步发展,比重略有上升。石楼镇镇域面积大、耕地多且肥沃,是一个农业大镇。农业总产值从2000年的43188万元增至2007年的82429万元,年增长率平均可达10%。

（3）第二产业产值增加迅速,主导地位进一步增强。石楼是番禺区的工业大镇,从1995年至2007年,石楼镇工业总产值都保持平稳的增长态势,在2003年莲花山镇并入石楼镇后,工业总产值迅速增加,实力也大大增强,工业始终是石楼镇经济增长的主要动力所在。

（4）经济发展正处于工业化加速阶段。根据钱纳里等对经济发展阶段的划分，石楼镇处于工业化的加速阶段。从 2003 年到 2008 年，石楼镇的经济结构正在从工业化中期转入工业化成熟时期。全要素对经济增长的贡献超过了劳动力、资本对经济增长的贡献。

2. 与番禺区其他镇街的比较

（1）总体经济水平位于番禺区的中上位置。对比 2005～2007 年番禺区各镇、街生产总值的变化（见图2），石楼镇在番禺区的发展处于中等偏上水平。番禺区三产结构为 5.3 : 47.0 : 47.7，对比番禺区的产业结构（见图3），石楼镇第一产业高出番禺区平均水平 7.3 个百分点，第二产业高出 13.7 个百分点，服务业低 21 个百分点。在番禺区的 17 个街镇中，石楼镇是一个典型的以工农业为主的镇区，服务业的发展略显不足。由于石楼镇特殊的地理环境，农业的发展在番禺

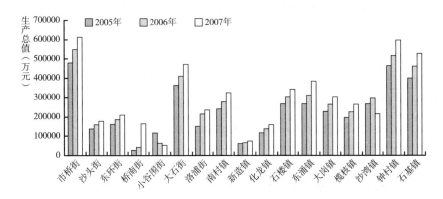

图2　番禺区各镇、街地区生产总值

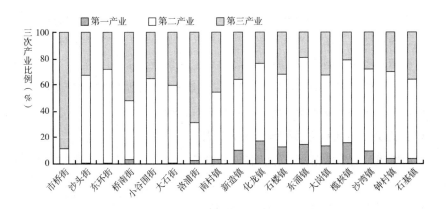

图3　番禺区各镇、街产业结构

区处于领先地位，尤其是其水产业的发展。伴随着亚运的临近，亚运对于石楼镇服务业的促进作用也越发凸显出来。石楼正在从以工农业发展为主的阶段向服务业带动城镇发展阶段转变。

（2）石楼镇第一产业的发展在番禺区中处于领先地位。2007年石楼镇的第一产业总值仅次于东涌镇，水产品产量居于番禺区首位，而且有着绝对的优势，这与石楼镇独特的地理位置是密不可分的。充分发挥石楼镇的区位优势，保持渔业的领先和带动作用，是石楼第一产业发展的重中之重。同时随着观光农业的兴起，石楼镇第一产业的发展有着很大的潜力。

（3）第二产业发展位居中上，优势不明显。石楼镇的工业发展速度快，是石楼镇目前发展的主要动力所在。但番禺区各镇工业发展速度均较快，石楼镇第二产业生产总值在番禺区的镇、街中排名第六，仅处于中上等水平，优势不明显。

（4）服务业发展处于番禺区的中间水平，发展潜力巨大。目前石楼镇服务业的发展水平落后于钟村镇、石基镇、大石街、洛浦街、南村镇，但随着广州新城的建设，亚运城落户于石楼镇，掀起以房地产为龙头，大力发展服务业的热潮。休闲、观光、饮食、零售、教育等都会随之兴起，必将带来可观的经济效益，带动石楼镇服务业的发展。

（二）石楼镇发展的机遇

1. 广州经济发展重心南移与广州新城的建设

广州"南拓"发展采取增长极模式，确定广州南站、广州大学城、广州新城和南沙为重点发展地区，作为带动经济增长的增长极。广州新城有28569.1亩位于石楼镇，经济发展重心南移对石楼镇跨越式发展带来了机遇。石楼镇所在区域将会发展成为广州市新的经济中心区，镇域经济将会提升为都市型经济，相应地整个社会文化和经济领域都将会得到跨越式发展。

2. 亚运会给石楼镇发展带来的重大机遇

如前所述，亚运城落户石楼，各方的投资、大量的人流一系列的因素都将会促进石楼设施的完善、产业结构的升级、城市的发展转型等。

3. 广州定位为国家中心城市带来的机遇

广州被定位为国家级的中心城市，石楼镇所在区域——广州新城，将会成为广州市南部新的城市中心，而石楼镇原本就是广东省确定的中心镇，又是广州新城的重要组成部分，石楼在整体区域定位中将承担更加重要的角色与地位，必将促进石楼的发展更加紧密地配合广州新城及亚运城的建设，加快产业结构的调整与产业转型，向新城市中心迈进。

4. CEPA 对石楼镇发展现代服务业带来机遇

《内地与香港关于建立更紧密经贸关系的安排》（CEPA）进一步明确了香港与内地的经济贸易合作关系，加速了香港与珠三角的一体化进程，也为香港服务业向珠三角转移提供了条件。

（三）石楼镇发展的挑战

1. 以工业为主导的发展方式难以突破，石楼镇面临社会经济转型的考验

石楼镇作为广州市南部未来的经济增长中心之一，必然要求镇域经济向都市型经济转型，而这种转型是包括经济、社会和文化等在内的全面转型。石楼镇目前仍属于典型镇域经济阶段，产业集聚程度不高；服务业发展水平较低，结构单一；发展模式以高投入低产出的粗放式增长为主。传统的经济结构和发展模式在石楼镇有着较长的历史。面临广州南拓和亚运会带来的重大机遇，石楼传统的发展模式形成的路径依赖在短时间难以打破。

2. 土地资源存量减少，可用土地资源紧缺，土地使用权十分有限

广州市发展重心南移和亚运村等大型基础设施向南发展为石楼镇发展带来重大机遇的同时，也带来了诸多的不利条件，尤其是广州市政府为全面协调规划广州新城周边开发，较大程度上控制了石楼镇土地开发利用。具体包括市政府直接控制了广州新城及亚运城的土地开发，再加上国家政策不支持农村集体土地流入市场交易的限制政策，使得石楼镇土地资源更为紧张，也使亚运城周边的发展优势不能立即显现。正因为如此，石楼镇近年新开发的房地产项目很少，新引进的工业项目逐步减少，同样也影响了现有工业企业生产规模的扩大，导致不少工业企业因发展用地受限而到石楼镇以外寻找发展空间。

3. 亚运城建设征地导致失地农民被边缘化的风险

土地是农民生存之本，一旦失地，当地农民生存就存在很大的问题。亚运城的建设，使得石楼镇裕丰、清流、南派等村的土地全部或部分被征用，进行了拆迁，虽然政府对于失地农民进行征地拆迁安置补偿，但是如果各方面的社会保障措施未能及时跟进，将会产生"三无"（务农无地、就业无岗、低保无份）的失地农民，很大一部分将会成为游离于城乡社会之间的"边缘人"。

4. 以工业为主导的产业向以服务业为主导的产业转型障碍重重

亚运给石楼镇带来产业转型的机会，使得石楼镇有机会从单纯的发展工业向发展都市型工业、现代商贸服务业、房地产业、休闲旅游业等进行转变。但石楼镇目前仍属于典型镇域经济阶段，经济结构不合理，工业占绝对主导地位，甚至有强化的趋势；以劳动密集型工业占主导地位的工业结构，产业集聚度不高；服务业发展水平低，结构单一；发展模式以高投入低产出的粗放式增长为主。这种传统的经济结构和发展模式在石楼镇有着较长的历史，难以在短时间打破，而服务业作为支柱产业的培育需要一个较长的过程，因此石楼镇在产业转型过程中将面临种种障碍与挑战。

5. 城镇化水平与工业化不相匹配，基础设施滞后，城市管理水平较低

石楼镇也出现了珠三角城市中普遍存在的问题，即城镇化水平落后于工业化水平。如若将外来人口视为非农人口，则石楼镇的城镇化水平（非农人口占总人口的比重）为46.4%，若只计算户籍人口，则石楼镇的城镇化水平仅为15.1%。石楼镇工业化速度快，2007年第二产业占地区生产总值的60.7%，城镇化与工业化的发展速度还有一段距离。此外，石楼镇城市基础设施水平总体较低，道路交通、市政设施、公共服务及公共文化设施等相比中心城区差距较大。

6. 渔民新村的安置成为石楼镇面临的一大难题

石楼镇的水产品产量在番禺区17个镇、街中居于首位，渔业总产值在镇第一产业生产总值中占有非常大的比例。其中莲花山渔港是我国491个重点渔港之一，莲花山有四个渔民村：群星村、明星村、东星村及卫星村，其中群星村是最具有代表性、规模最大的渔民村，有渔民四千多人。如今，珠江河流污染日益严重，海产品产量越来越少，渔业发展日益艰难，渔产品产量和质量趋于下降，从20世纪90年代起，渔民的收入基本比农民低，生活质量下降。目前这些渔民都是有宅基地，无土地。对于渔民的安置和保障工作成为石楼镇政府的一大难题。

三 石楼社会经济发展策略

在后亚运时代，石楼镇需要解决如下几个重要问题：如何持续快速推进农村城市化？如何引导征地拆迁村庄转型发展？如何推动三旧改造？如何对镇区进行全面改造升级？如何进一步推动产业升级与布局优化？如何推进政府转型和城市管理？如何借亚运品牌做好城市营销？

针对这些问题进行研究，给予石楼以下发展定位并提出了相应的发展策略。

（一）亚运影响下石楼发展定位

1. 总体定位——亚运名镇，魅力石楼

以广州南拓、举办亚运会和建设国家中心城市为契机，依托石楼镇的区位优势、资源环境优势和工业基础优势，大力转变经济发展方式，优化产业结构，提高城市化水平和城市基础设施建设，大力提升城市形象、创新城市功能，重点发展商贸服务、商务会展业、房地产业、休闲旅游业等现代服务业，重点提升都市型工业和现代物流业，积极发展生态观光农业和休闲渔业。努力将石楼打造成"中国亚运名镇、广州南部新城"、"区域性海滨休闲旅游名镇，岭南宜居水乡"、"珠三角国际化都市型工业名镇"、"迈向国际化的区域性商务办公基地"。

2. 社会经济发展目标

（1）经济发展目标：镇域经济到都市经济，工业主导到都市型工业、现代服务业双轮驱动。未来石楼经济结构具有以下特点：以都市型工业和现代服务业（现代商贸、商务办公、物流业、房地产、休闲旅游等）的发展带动整体经济的发展；服务业比重与工业基本持平，劳动就业主要分布在服务领域；总税收中3/4以上来自地方税收，而地方税收又以营业税为主，说明商业、商务办公、社会服务业等发展较好，入驻本地区的企业总部较多；产业布局得到调整，村内已基本没有工业，特别是污染型工业已经全部迁出；旧村环境得到改造，土地价值得到充分体现；科学地划分了市政府、区政府、居委会和股份合作社之间的财权和事权。社会管理职能、基础设施和公共服务设施建设职能分配合理。

（2）城市化目标：从二元分离向城乡统筹，地方中心到城市中心。到2020年左右，完成镇改街工作，石楼镇农民实现转变为市民，土地权属、土地使用期限、地域景观、社区社会管理、基础设施和公共服务设施建设、股份合作社管理、居委会职能、社区规划建设管理、社区社会结构、生活方式、社区居民保障制度等方面完成向城市的转变。

通过明晰土地产权、居委会职能改造、股份合作社改制和各级行政（或经

济）主体之间合理的事权财权划分，旧村的环境改造实现从二元结构的城乡地区成为一个真正的广州新城市中心地区，实现城市区域与乡村景观和谐统筹的局面。争取用 5 年时间，使石楼镇中心区与亚运城融合发展，成为广州新城市中心的重要组成部分。

（3）城市空间目标：从粗放蔓延到精明增长。加强石楼镇的土地管理，提高土地利用效率，加强城市建设用地的增量控制，防止建设用地向莲花山、海鸥岛及基本农田保护区蔓延；积极推进镇内的旧村改造与工业用地置换，强化土地存量调整，对闲置土地进行挖潜改造，对建成区内厂房土地置换，提高土地利用强度，提高土地容积率，走紧凑城市发展模式；在明确城市功能分区的同时，注意功能的互补与复合，加强土地的混合利用；积极改善石楼镇的道路交通设施，大力发展公共交通，提高城市各片区的可达性；对靠近亚运城、广州新城、镇中心区等的地方进行旧村改造，完善配套，进一步完善以镇中心区的城市功能；切实保护莲花山、海鸥岛等城市生态敏感区和区内基本农田，保留或建设功能区之间的生态隔离带，实现石楼镇生态环境的可持续发展。

（二）产业空间布局策略

1. 产业空间布局的原则

（1）产业升级、腾笼换鸟的原则。以建设现代产业体系为目标，按照产业升级的规律及珠三角产业升级的总体趋势，引导增量、优化存量，逐步推动石楼镇产业结构优化升级，大力发展现代服务业和高新技术产业、休闲旅游业等，实施"腾笼换鸟"战略，逐步淘汰高污染、高能耗、低产出的产业，积极谋划和培育发展新兴产业，采用高新技术改造提升优势传统产业，促进产业结构优化升级。

（2）中心聚集，园区发展的原则。逐步引导现代服务业向镇中心区集中，打造都市型现代服务业聚集区，严格控制工业无序发展，逐步引导新招商工业项目进园发展，逐步将分散工业搬迁入园，实行产业统一配套，延伸产业链，培育工业聚集体，提高土地利用效率和产出效率和生态环保效益。

（3）对接亚运，辐射周边的原则。产业发展要积极主动对接亚运城的开发和广州新城的辐射带动作用，充分考虑未来亚运城居住人群的需求和广州新城产业配套的要求，重点发展现代商贸、商务服务、休闲旅游业、高新技术产业等，提升石楼镇整体产业结构水平。

（4）区域协调，错位发展的原则。石楼镇产业布局要充分考虑不同功能区之间的产业功能互补与错位发展，形成相互联系、相互支持又相互区别的产业功能区格局，要注意镇中心区商贸聚集区与周边工业区的有机隔离，注意房地产发展区与工业区的生态隔离，注意休闲农业旅游区与居住区的相对隔离，使之形成布局合理、分工明确、生态环境优良的产业格局。

2. 产业空间布局策略

产业总体布局为：一核，两园，两基地、两区。

（1）一核：石楼总部经济与现代商贸服务业聚集区。范围包括石楼镇中心区及周边区域，南邻亚运城，东临莲花山水道、北接大岭村历史文化乡村休闲体验基地，西连石基镇工业区。

积极承接亚运城的辐射，主动融入广州新城，落实镇中心区控制性规划，积极改善镇区城市风貌，推进三旧改造，实施"腾笼换鸟"和产业升级战略，重点发展现代商贸服务业、房地产业、生产性服务业及商务服务业，休闲娱乐服务业等，未来发展成为广州新城重要的区域性总部基地和现代商贸中心区。

（2）两园：番禺现代高新技术产业园，西部跨国产业与都市型工业园。番禺现代高新技术产业园：包括番禺现代产业园及其远期扩展区域，近期规划控制土地，逐步推进旧村改造和新农村建设，扩大现有清华高新科技园等规模，打造高科技产业创新平台，加强与大学城及国内外高校及科研机构的合作，大力引进研究与开发服务业、高新技术产业和高端制造业，使之成为番禺区东部的产学研科技孵化器和科技新城的创新中心。

西部跨国产业与都市型工业园：跨国工业园、广日工业园、潮田工业区及周边工业用地为范围，进一步整合现有工业用地，完善工业园区配套设施，加强环境保护，建设生态性花园式工业园区，积极引导产业升级，发展机械工业、化工工业、食品工业、制药业、制衣业、电子工业等都市型环保制造业，完善产业链，加强工业配套服务，打造成为番禺区东部重要的都市型工业园区。

（3）两基地：莲花山佛教养生休闲度假基地，大岭村历史文化乡村休闲基地。莲花山佛教养生休闲度假基地：包括莲花山风景名胜区及原莲花山镇区，大力推进旧城改造、完善配套服务设施，整体规划莲花山景区和莲花山镇区，统一风格、加强产业对接，提升改造莲花山现有旅游基础设施，创新旅游项目，莲花山景区进一步发展佛教养生、休闲运动、高端度假、商务会议、节事庆典等旅游项目，莲花山旧镇区则打造住宿、餐饮、购物、休闲、娱乐等于一体的旅游风情小镇，使山上山下功能互补，融为一体。

大岭村历史文化乡村休闲基地：包括国家级历史文化名村大岭村及其周边区域，进一步保护修缮大岭村历史古建筑，突出岭南水乡古镇风情，充分挖掘历史文化资源，发展古村观光、文化体验、创意产业、观光农业及农家乐，使之成为番禺东部乃至广州最具代表性的岭南古村文化体验休闲基地。

（4）两区：海鸥岛南国水乡休闲观光农业产业区，亚运城及广州新城现代商务区。海鸥岛南国水乡休闲观光农业产业区：包括整个海鸥岛在内，巩固和发展现有万亩水产养殖基地和特色休闲农庄，统一进行规划设计，充分体现南国水乡特色，未来重点发展三高农业、观光休闲农业、特色水产养殖、休闲度假农业、休闲渔业、水乡特色高端生态度假、商务会议等于一体的休闲度假观光农业产业区。

亚运城及广州新城现代商务区：包括亚运城及未来广州新城，重点发展居住、现代商业、休闲体育、会议展览、商务办公、休闲度假等产业。

（三）观光休闲农业发展策略

1. 发展定位

充分利用农业土地资源，发展生态型、服务型的现代都市休闲农业，全力打造广州番禺的休闲农业大镇，广东省、广州市渔业强镇。在农业产业结构上，驱动"三驾马车"，即大力发展水产养殖业、休闲农业和生态经济林业。在农业发展功能上，逐步实现由原有单一性的生产功能向"生态服务、生活服务、生产服务"即所谓的"三生"功能转变。重点发展的地域为海鸥岛和大岭、岳溪和官桥片区。

2. 发展策略

（1）资源节约型农业发展策略。由于亚运征地造成的石楼镇农业土地资源的稀缺性，因此，必须根据石楼镇的中长期发展规划，有计划、有步骤地利用有限的土地资源，因地制宜，发展资源节约型（包括节地型、节水型、节肥、节种、节能型等）与资源综合利用农业。

（2）"生态石楼"发展战略。在石楼镇社会经济发展过程中，要始终坚持保护生态环境与提高人民生存质量的原则，切实发展和建设"有农有林、有山有水"的城区；加强农林业生态缓冲斑块和生态廊道的建设；发展生态农业、生态工业和生态服务业，生产、消费绿色产品；采用环境友好型技术，防治和控制环境污染，建设"生态石楼"。

（3）"工业反哺农业"和"生态补偿"战略。石楼镇第二、三产业较为发达，现已具备了较强的经济实力和综合实力，因此，在现阶段，每年应通过一定的财政投入，加大对农业基础设施的建设力度，加强对农林业的"生态补偿"，以提高农业可持续发展的综合能力，是切实可行和十分必要的。

（4）创造就业机会，鼓励失地农民的再就业。由于亚运城坐落在石楼镇，占据了南派、清流、裕丰等村的全部或大部的土地，仅保留了很小的一部分预留地，如何解决失地农民的再就业问题是石楼三农工作的重中之重。要制定公平合理的失地农民的就业政策，构建符合城乡统筹就业要求的就业管理制度。

（5）以亚运为契机，大力发展休闲观光农业。石楼的农业发展应该摆脱老路子，寻求新路子，尤其是亚运到来，给农业的发展带来新的发展机遇，要把农业发展和亚运旅游观光结合起来，大力发展休闲观光农业。

（6）"三次产业协调"和循环经济发展战略。在石楼镇产业发展总体定位上，农业处于辅助地位。因此，在这种形势下，农业发展必须与其他产业和城市建设相协调，拓展产业链，加强三次产业之间的横向耦合与纵向闭合，大力推行清洁生产工艺以及工农业废弃物的无害化处理与资源化利用，发展循环经济。

（四）都市型工业发展策略

1. 发展定位

未来石楼的工业发展应该走高端路线，通过产业升级、技术改造、招商选资、"腾笼换鸟"等手段，使整体工业发展向着"环保型、高科技型、低消耗型"都市型工业迈进。

在亚运背景下，石楼镇应抓住机遇，进一步加大"择优招商"和工业投入的力度，以"一行业领先发展，多行业紧随其后"为导向，加快工业结构的调整。围绕经济的持续健康快速发展和保障充分就业的目标，重点培育一批高新技术型、技术密集型、高附加值的强势企业，形成一批工业发展基地、一批支柱行业和优势企业、一批拳头产品。提高全镇工业的综合质量和竞争能力，建成广州

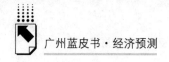

市都市型工业基地和工业新高地。

2. 发展策略

（1）选择合适的主导产业。从产业链、市场需求和附加值、消耗方面综合分析，可选择电子材料制造业、电子元器件制造业、专用机械制造业、食品饮料制造业等产业作为石楼镇的工业主导产业。

（2）扶持优势产业，促进产业发展集群化。按照石楼镇都市型工业的定位，应重点扶持本地已经具备一定产业基础的优势产业发展壮大。政府应该引导产业龙头企业带动相关企业集聚和配套，实现上下游企业的集聚和产业链的延伸。

（3）实施"腾笼换鸟"策略。亚运加速了石楼产业结构的转变，使得石楼镇可以凭借亚运之机，在政府政策及投资之下快速地完成转变。将工业集中在工业园区，其余的空间用来发展居住、商业和休闲旅游业，将石楼镇的工业发展区与居住、商业、休闲旅游区进行功能和地域的分离、整合。

（五）现代服务业发展策略

1. 发展定位

石楼未来应紧密结合广州新城的定位和功能结构的要求，大力发展现代商贸、商务办公、房地产、会展旅游等现代服务业，致力于打造国际化工业名镇和区域性商贸中心。

（1）近期：以社区商业为主导，以休闲旅游业为补充，重点发展现代商贸业、大型购物中心、批发市场。

（2）中期：以餐饮业和住宿业为基础，以商务办公和房地产业为核心，重点发展休闲旅游业、中高档宾馆、商务酒店、中低档写字楼等和中高档房地产业，形成广州市南部乃至珠三角重要的商务办公中心和高档居住中心、休闲旅游基地。

（3）远期：以信息服务、中介服务、会展服务和商务服务等生产性服务业为重点，以本土工业企业的研究开发与技术创新为辅助；大力培育区域性总部经济（办公服务业），形成广州市南部乃至珠三角地区具有一定影响的区域性总部服务基地。

2. 发展策略

（1）大力发展现代商贸业。改造传统商业；加强传统商贸业的信息化建设；

在镇区和大型住宅区大力发展社区型购物中心；等等。

（2）引导发展生产性服务业。建设商务办公园区；吸引国内外金融和保险业机构在石楼镇设立营业机构，引导金融企业将服务对象转向周边区域的中小企业；将中介服务职能从政府部门转移到社会，发展法律、会计以及行业协会等各类社会中介机构，逐步形成客观、公正执业和管理规范的中介服务体系。

（3）依托土地置换，发展房地产业。石楼镇的房地产业有很大的发展潜力，但房地产发生的最大障碍是土地问题，因而加快土地存量清查，实行有序的工业用地置换计划，是房地产可持续发展的根本保障。

（4）打造城市休闲旅游度假精品。充分利用石楼镇优良的生态休闲环境，组织专家展开城市休闲度假旅游地规划设计，以定位高端、打造精品为目标，将石楼镇建设成为广州市南部，乃至整个珠三角地区的高层次的城市休闲旅游度假服务区。

（六）休闲旅游业发展策略

1. 发展定位

在广州新城启动和亚运城建设后，将会有更多的广州市民到石楼休闲度假。石楼镇应主打休闲这张牌，因此定位为"珠三角休闲旅游胜地"、"海滨休闲名镇，岭南宜居水乡"。目标是将石楼镇打造成为"广州东部的海滨休闲旅游首选地"，在这一发展目标的指引下，经过科学的规划和制定合理的发展策略，石楼镇的旅游定会朝着更有利的方向发展。

2. 发展策略

（1）旅游产品的开发。大力开发莲花山的宗教观光游（莲花节、观音诞辰、举办素食文化节、特色农家菜）、大岭村古村民俗游（科举文化、岭南古建筑、岭南民俗、水乡风情、农家体验、美食、摄影、创意产业等）、海鸥岛乡村休闲海岛游（原生态水产养殖、渔家体验、生态湿地观光、农家乐、农家美食节等）以及东星四村的渔村体验游（海上捕鱼、渔家体验）等旅游点。

（2）旅游基础设施建设。主要包括游客中心，配套的住宿、饮食、休闲、娱乐及购物设施，还有旅游点的交通条件等。

（审稿：刘东河）

Research on Economic and Social Development in Shilou Town in the Context of the Asian Games

Joint Research Group of Shilou Government of Panyu District
of Guangzhou, Urban and Regional Development Research Center
of South China Normal University

Abstract: This paper mainly discusses the impact of the Asian Games on social and economic development in Shilou, as well as the social and economic status, opportunities and challenges, and development strategies and policies of the Shilou government in the context of the Asian Games.

Key Words: the Asian Games; Social and Economic; Development Strategy; Shilou

转型升级篇
Transform and Upgrade

B.13

建设低碳广州的情景分析和战略思考

陈勇 赵黛青 黄莹 陆耀 汪鹏*

摘 要：近年来，广州市通过不断调整产业结构、提高能源效率，能源消耗和碳排放强度显著下降。然而，由于能源消耗的总量较大，广州未来的经济发展面临着"能源结构、发展阶段、技术水平"等方面的挑战。在此情景下，中科院广州能源研究所通过分析广州市的经济现状和未来发展趋势，利用 ExSS 模型对广州市 2020 年不同情景下的经济、能源和温室气体排放水平进行预测，并在此基础上提出了广州市低碳经济发展的思路和对策。

关键词：低碳经济 低碳城市 节能减排 碳生产率

* 本课题为广州市人民政府决策咨询专家研究课题。课题组成员：陈勇，博士，研究员，中国科学院广州分院院长，主要从事固体废弃物综合治理技术、能源战略领域的研究；赵黛青，博士，研究员，中国科学院广州能源研究所副所长，主要从事能源战略、低污染燃烧技术领域的研究；黄莹，硕士，研究助理，中国科学院广州能源研究所，主要从事低碳社会情景研究；陆耀，硕士，研究助理，中国科学院广州能源研究所，主要从事低碳社会情景研究；汪鹏，博士，高级助理，中国科学院广州能源研究所，主要从事能源模型和能源情景研究。

一 低碳经济概述

进入 21 世纪，人类活动造成的气候变暖问题引起了全球的广泛关注。在一系列的应对方案中，旨在降低碳排放的"低碳"发展模式在世界范围内得到普遍认同，并成为新时期人类发展的目标。从降低资源消耗、减少环境污染而获得更高经济产出的"低碳经济"，到提倡减少碳排放的新的生活方式和治理模式的"低碳城市"，低碳理念在生产发展和社会发展的各个层面迅速地推广。

（一）低碳经济相关理念

低碳经济是指在可持续发展理念指导下，通过技术创新、制度创新、产业转型以及新能源开发等多种手段，尽可能地减少煤炭、石油等高碳能源消耗，在减缓全球气候变化的同时保持经济的高速增长，实现"碳生产率"（单位二氧化碳当量排放所产生的 GDP）大幅度增加的经济发展模式，是一种实现经济社会发展与生态环境保护双赢的经济发展形态。[①]

作为人类活动最为集中的地区，城市是温室气体排放的核心。有研究表明，仅占陆地面积 20% 的城市消费了全球能源的 75%，排放了全球近 80% 的温室气体，是温室气体的主要来源之一，同时也是受气候变化影响最大的地区之一。[②]因此，在应对气候变化、转变发展方式的过程中，城市（特别是处于发展过程中的生产型城市）的发展模式和发展轨迹成为全球低碳发展的关注焦点，"低碳城市"的概念开始受到学术界、国际组织和各级政府的广泛关注。低碳城市是指以低碳经济为发展模式及方向、市民以低碳生活为理念和行为特征、政府公务管理层以低碳社会为建设标本和蓝图，通过转变经济发展模式、消费理念和生活方式，实现减少碳排放的城市发展模式和社会发展方式。[③] 低碳城市不仅是一个经济领域的概念，而且涉及城市的制度结构、空间结构、环境特征等各方面内

---

① 袁男优：《低碳经济的概念内涵》，《城市环境与城市生态》2010 年第 1 期，第 43～46 页。
② 辛章平、张银太：《低碳经济与低碳城市》，《城市发展研究》2008 年第 4 期，第 98～102 页。
③ 辛章平、张银太：《低碳经济与低碳城市》，《城市发展研究》2008 年第 4 期，第 98～102 页；相震：《气候变化与低碳城市》，《环境科技》2009 年第 2 期，第 120～122 页；刘志林、黛亦欣、董常贵等：《低碳城市理念与国际经验》，《城市发展研究》2009 年第 6 期，第 1～7 页。

容，城市的低碳转型需要通过低碳技术创新、经济结构优化、转变消费模式等手段来实现。

（二）国内外低碳经济发展概况与趋势

1. 低碳经济发展的国际背景

低碳概念是在应对全球气候变化、提倡减少人类生产生活活动中温室气体排放的背景下提出的。2003 年 2 月英国首相布莱尔发表了题为《我们未来的能源——创建低碳经济》白皮书，首次正式提出"低碳经济"的概念，引起国际社会的广泛关注。2006 年，前世界银行首席经济学家尼古拉斯·斯特恩牵头做出的《斯特恩报告》指出，全球以每年 GDP 1% 的投入可以避免将来每年 GDP 5% ~20% 的损失，呼吁全球向低碳经济转型。2007 年，日本开始致力于"低碳社会"建设，力图通过改变消费理念和生活方式，实行低碳技术和制度来保证温室气体排放的减少。美国虽然拒绝重返《京都议定书》，但 2007 年提交到美国国会的法律草案中就包括一项"低碳经济法案"，表明低碳经济的发展道路有望成为美国未来的重要战略选择。联合国环境规划署也将 2008 年世界环境日的主题定为"转变传统观念，面向低碳经济"，希望低碳经济理念能够迅速成为各级决策者的共识。2009 年的哥本哈根会议虽然没有达成具有法律约束力的协议，但却使得发展低碳经济的思路更加深入人心。在国际社会中，低碳经济已经成为社会经济发展的一个重要方向，世界各国都想抓住绿色经济发展带来的契机，培育以低碳排放为特征的新的经济增长点。①

2. 国内低碳经济发展概况

改革开放以来，我国经济增长迅速，并且由于技术水平和发展方式等原因，温室气体排放量已跃居世界前列，降低温室气体排放的国际压力越来越大。② 作为一个负责任的大国，我国在国际舞台上逐渐展现出积极的姿态，于哥本哈根会议前对外宣布了控制温室气体排放的行动目标，即到 2020 年单位国内生产总值

---

① 陈柳钦：《低碳经济发展的国际动向》，《中国环保产业》2010 年第 6 期，第 30 ~35 页；陈岩、王亚杰：《发展低碳经济的国际经验及启示》，《经济纵横》2010 年第 4 期，第 102 ~106 页；李雪玲：《低碳经济的国际动态与中国对策》，《广东经济》2010 年第 5 期，第 26 ~28 页。
② 邓越月、金仁淑：《低碳经济：我国经济发展的必然选择》，《社会科学家》2010 年第 5 期，第 101 ~104 页。

二氧化碳排放比 2005 年下降 40% ~ 45%。

目前，我国正处于工业化的中后期，大规模的城市基础设施和住房建设，城市人口对交通运输、电力消费等公共设施的更高要求都将直接导致能源消费和温室气体排放的高增长。如何摒弃发达国家 19 世纪高能耗、高污染、低效率的发展模式，实现经济的可持续发展，低碳之路无疑为中国城市的可持续发展提供了一条新的途径。[①] 2010 年 8 月，国家确定了将广东等五省八市作为低碳发展的试点省市，积极探索低碳发展新模式。

二　广州市低碳发展现状

（一）城市概况[②]

广州市地处中国大陆南部，广东省中南部，珠江三角洲北缘，毗邻香港和澳门，是广东省的省会。全市总面积 7434.4 平方公里，包含 10 个区和 2 个县级市。根据第五次人口普查的结果，广州市常住人口在近 30 年始终保持年均 2% 的速度增长，到 2009 年末全市人口达到 1035 万人，是我国继北京、上海之后的第三大城市。[③]

1. 经济与产业发展

作为我国华南地区的政治、经济、文化、科技和交通中心，广州是我国著名的沿海开放城市和国家综合改革试验区。改革开放以来，广州市实现了经济的高速增长，成为我国经济最为活跃的城市之一。

1978 ~ 2009 年广州市实现地区生产总值（GDP）年均增长 18.85%。2009 年，广州市 GDP 达到 9113 亿元（见图 1），占全国 GDP 总量的 2.7%。其中，三次产业比重由 1978 年的 11.6：58.6：29.8 发展为 2009 年的 1.9：37.2：60.9（见图 2），第三产业逐渐成为广州市经济增长的重心。

---

① 邓越月、金仁淑：《低碳经济：我国经济发展的必然选择》，《社会科学家》2010 年第 5 期，第 101 ~ 104 页；李宗才：《我国低碳经济研究述评》，《学术界》2010 年第 6 期，第 215 ~ 219 页；封颖、杨春林：《低碳城市是改善我国城市环境与发展的新机制》，《全球科技经济瞭望》2010 年第 3 期，第 20 ~ 26 页。

② 广东省统计局：《广东统计年鉴 2010》，中国统计出版社，2010。

③ 国家统计局：《第五次全国人口普查主要数据》，http：//www. stats. gov. cn/tjsj/ndsj/renkoupucha/2000pucha/pucha. htm。

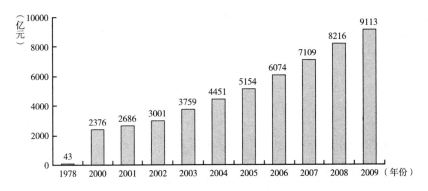

图1 广州市历年地区生产总值（按当年价计算）

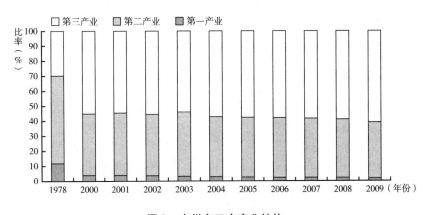

图2 广州市三次产业结构

2. 能源生产与消费

近年来广州市经济总量增长迅猛，重化工业产能不断扩大，造成全市能源消费总量大，能源需求增长迅速。同时，由于自然条件的限制，广州市常规能源资源贫乏，本地区能源消费需求主要靠能源的外省调入和国外进口来满足，能源消费对外依存度逐年提高（见图3）。

从能源消费结构来看，广州市终端能源消费主要由煤炭、油品和电力构成。2009年，广州市终端能源消费量为5454万吨标煤，各种能源的比例如图4所示。

3. 二氧化碳排放

引起气候变化的 CO_2 主要是由化石能源的大量使用而产生。近年来，由

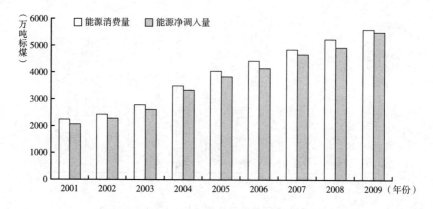

图3 广州市能源生产与消费

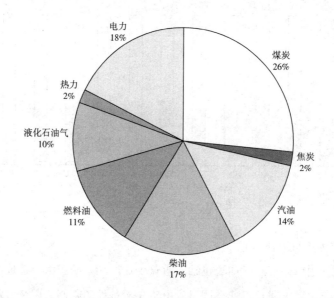

图4 广州市终端能源消费构成

于广州市能源消费需求的迅速增长，CO_2排放总量也呈逐年增长的趋势（见图5）。

从排放结构来看，工业和电力是广州市最重要的两个排放部门。以2009年为例，工业和电力部门排放量约占广州CO_2排放总量的79%（见图6）；除去电力后的建筑部门排放为6%，交通部门排放为14%，农业部门的排放仅占排放总量的1%。

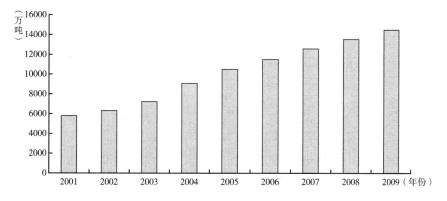

图5 广州市 CO_2 排放总量的历年变化

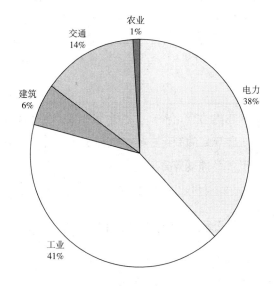

图6 广州市各部门 CO_2 排放

（二）广州市低碳发展总体水平

近年来，广州市通过产业结构调整、提高能源效率，单位 GDP 能耗和碳排放等指标在很大程度上低于全国平均水平，处于先进地位。然而对照中国社科院可持续发展研究中心制定的低碳城市评价体系（见表1），广州市虽然在碳生产力、森林覆盖率、单位能源消费 CO_2 排放因子、建筑节能标准执行率、非商品能源发展激励措施的制定等方面优于全国平均水平，但人均碳排放、人均生活能源

表1　广州市低碳发展总体水平（2007年）

一级指标	序号	二级指标	单位/指标	全国平均	广州市	状态
低碳产出指标	(1)	碳生产率	万元/吨碳	1.56	1.88	
	(2)	重点行业单位增加值碳排放	吨碳/万元	—	0.81	
低碳消费指标	(3)	人均碳排放	吨碳/人	1.36	4.91	
	(4)	人均生活能源消费碳排放量	吨碳/人	0.05	1.25	
低碳资源指标	(5)	人均零碳能源消费量	吨标准煤/人	0.14	0	
	(6)	森林覆盖率（生态市）	%	45	38	
	(7)	单位能源消费CO_2排放因子	吨碳/吨标煤	0.65	0.64	
低碳政策指标	(8)	低碳经济发展规划	有	无	无	未达到
	(9)	碳排放监测、统计和监管体系完善程度	完善	不完善	不完善	未达到
	(10)	公众低碳经济知识普及程度	大于80%	不详	不详	不详
	(11)	建筑节能标准执行率	大于80%	小于50%	100%	达到
	(12)	非商品能源发展激励措施	有且到位	有	有	达到

　　* 指标体系及全国平均水平取自中国社科院可持续发展研究中心的研究成果；广州市的数据取自中科院广州能源所的广州低碳情景研究结果。

消费碳排放、人均零碳能源消费量等指标与全国平均水平相比还存在较大差距。同时，对于低碳经济发展规划的制定、碳排放监测、统计和监管体系的完善程度以及公众低碳经济知识普及程度等方面也较为欠缺。因此，广州市要实现真正意义上的"低碳城市"，还需要付出更多的努力。

（三）广州市发展低碳经济的困难和挑战

　　根据广州现实与低碳发展模式的内在要求，广州发展低碳经济将主要面临来自"能源结构、发展阶段、技术水平"三个方面的挑战。

1. 以煤为主的能源结构是向低碳发展模式转变的长期制约因素

　　随着经济的快速发展，广州的能源消费呈现总量大、能源需求逐年增加的态势。同时，由于常规能源资源贫乏，广州的能源对外依存度较高，极易受到市场和各种不稳定因素影响，能源安全保障问题严峻。在多煤炭少油气的资源禀赋制约下，以煤为主的能源结构在未来相当长的一段时间不会发生根本性的改变。与石油、天然气等能源相比，单位热量燃煤引起的二氧化碳排放比石油、天然气分别高出约36%和61%，使得单位能源的二氧化碳排放强度将长期处于较高水平。

2. 广州目前所处的发展阶段与发展低碳经济之间的矛盾

根据发达国家的发展历程，广州正处于工业化和城市化发展的加速阶段，面临着改善广大人民生活水平的艰巨任务。由于人口众多，大规模的能源、交通、建筑等基础设施建设，将直接导致能源消费的增加。虽然广州市已经初步构建起现代产业体系，但产业重型化、低端化问题依然存在，在现阶段和未来较长的一个时期，能源需求和温室气体排放必然呈现增长趋势，这对广州走新型工业化道路提出了新的挑战和要求。

3. 总体技术水平落后是发展低碳经济的严重障碍

近年来，随着广州市对节能减排投入力度的加大，能源的使用效率得到大幅提升，单位 GDP 能耗和碳排放等指标在全国处于先进地位。然而从总体上看，目前广州的能源生产和利用、工业生产等领域的技术水平仍然较为落后，一些重点行业中落后工艺所占的比例仍然较高，技术开发能力和关键设备制造能力与发达国家仍然存在较大差距。落后工艺技术的大量存在和先进技术的严重缺失，使得工业生产和基础设施建设呈现高排放的特征在未来几十年将长期存在，陷入所谓的"锁定效应"，这将极大地增加未来向低碳发展模式转变的成本，并给广州市带来更大的减排压力。发展低碳经济对广州技术创新能力提出了更强烈的要求。

三　广州市 2020 年能源经济情景预测

为了分析广州市发展低碳经济的潜力，中科院广州能源研究所能源战略中心与日本京都大学 AIM 能源模型组合作建立了广州市低碳经济模型 Extended Snapshot Tool（ExSS），通过量化广州市未来的发展情景，预测了不同情景下广州市 2020 年的社会经济、能源和温室气体排放水平。

模拟过程中，选择 2005 年为基准年①，设定了广州市 2020 年的两种发展情景。其中，基准情景（简称 BAU 情景）代表依据目前的经济、能源发展规划②，

---

① 广东省统计局：《广东统计年鉴 2006》，中国统计出版社，2006。
② 中国科学院广州能源研究所：《广州市建设"首善之区"发展新能源规划（2008～2020 年）》，2008。

应用现有技术和发展模式的情景；低碳情景（简称 CM 情景），则代表在相同的经济发展前提下应用各种低碳措施和技术的情景（见表2）。

表 2 2020 年两个情景描述

情　　景	简　　称	描　　述
基准情景	BAU	2005～2020 年经济年增长速度为9%，代表应用目前的技术及发展模式的情景
低碳情景	CM	经济增长速度与2020BAU 相同，但是各产业部门采用了先进技术后的发展情景

根据模型的模拟和分析，在相同的社会经济条件设定下，广州市通过实施节能减排、发展新能源和可再生能源、调整产业结构等低碳措施和行动，到2020 年其能源消费需求及二氧化碳排放指标将较基准情景大幅度提高，具体结论如下。

（一）人口和经济

根据目前的发展趋势以及发展规划，广州市未来的人口和经济仍将持续增加，但增长速度将有所减缓。预计到2020 年全市常住人口约1527 万人，国民生产总值（GDP）将增至2.13 万亿元，第三产业比重将进一步提高，约占国民生产总值的65%左右，第二产业增加值比重明显下降。

（二）能源消费需求

在 BAU 情景下，广州市2020 年终端能源消费需求总量将比2005 年增长2.2倍；而在 CM 情景下，通过采用各种低碳措施和技术，终端能源消费需求总量可较 BAU 情景降低30%。从分部门的终端能源消费需求来看（见图7），BAU 和CM 两种发展情景下，工业部门的能源消耗比例均为最大，但在 CM 情景下商业和服务业的能源消费比例已有所提高。

从一次能源消费结构来看，BAU 情景下广州市2020 年一次能源消费量将比2005 年增长2.2 倍（见图8）。其中，原煤约占一次能源消费总量的68%；原油约占30%；天然气以及新能源和可再生能源消费比例仅为2%；在 CM 情景下，通过采用低能耗的技术和措施，一次能源消费需求总量可较 BAU 情景降低48%。同时，由于新能源和可再生能源的大力推广和引入，原煤和原油的消费比

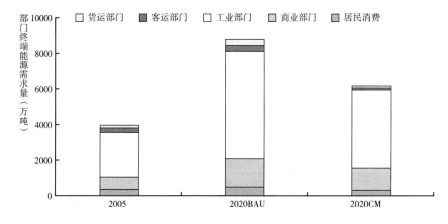

图7　广州市2020年终端能源需求

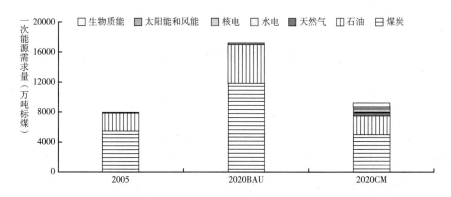

图8　广州市2020年一次能源需求

例分别下降到54%和27%，天然气约占4%，水能、核能、生物质能以及风能和太阳能等新能源和可再生能源消费比重大幅度增加。

（三）温室气体排放

在BAU情景下，广州市的温室气体排放总量将比2005年增长2.2倍。在CM情景下，通过实施低碳措施和行动，广州市可实现温室气体排放总量较BAU情景下降39%，从而实现碳生产率3.53万元/吨，人均碳排放4.58吨。在两种发展情景下，工业部门的排放比例均为最大，但在CM情境下，通过提高能源利用效率、减少对工业部门的投资等措施，工业部门的排放已得到显著下降，重点行业单位增加值碳排放达到0.58吨碳/万元（见图9）。

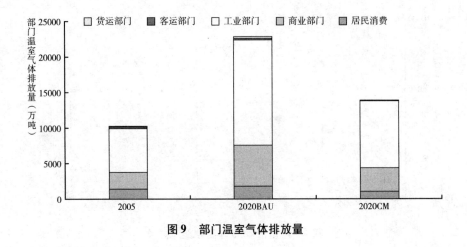

图9　部门温室气体排放量

四　广州市低碳发展的思路与对策

（一）指导思想

以科学发展观为指导，以构建资源节约型、环境友好型社会和控制二氧化碳排放为目标，以促进低碳发展为战略取向，以转变经济增长方式、节约能源、优化能源结构、增强森林碳汇能力为重点，发挥技术进步与机制创新的原动力作用，发展特色低碳经济，培育新兴产业，倡导低碳生活，实现广州经济社会与资源环境的协调和可持续发展。

（二）总体目标

通过转变发展方式，促使资源、能源利用效率的最大化，提高碳生产率，促进广州经济与社会的可持续发展，实现单位地区生产总值能耗和二氧化碳排放强度显著下降，满足广东省对广州市低碳发展的总体要求（见表3）。到2020年，基本建立能有效促进低碳发展的体制机制；基本形成以效益型、低排放为特征，低碳产业占主导地位的新经济形态；初步建立自主创新能力强、低碳技术水平高的科技支撑体系；初步形成能源结构进一步优化、非化石燃料比重显著提高、森林碳汇能力大幅增长的低碳发展模式；基本形成低碳理念深入人心、低碳生活与消费成为自觉行为的低碳社会模式。

表3 广州市低碳发展的预期目标（2020年）

一级指标	序号	二 级 指 标	单位/指标	广州市（2020年）	与2007年相比
低碳产出指标	(1)	碳生产率	万元/吨碳	3.53	提高53%
	(2)	重点行业单位增加值碳排放	吨碳/万元	0.58	降低28%
低碳消费指标	(3)	人均碳排放	吨碳/人	4.58	降低7%
	(4)	人均生活能源消费碳排放量	吨碳/人	0.35	降低72%
低碳资源指标	(5)	人均零碳能源消费量	吨标煤/人	1.45	显著提高
	(6)	森林覆盖率（生态市）	%	50	增加12%
	(7)	单位能源消费CO_2排放因子	吨碳/吨标煤	0.39	降低39%
低碳政策指标	(8)	低碳经济发展规划	有	有	显著进步
	(9)	碳排放监测、统计和监管体系完善程度	完善	完善	显著进步
	(10)	公众低碳经济知识普及程度	大于80%	80%	明显提高
	(11)	建筑节能标准执行率	大于80%	100%	保持原水平
	(12)	非商品能源发展激励措施	有且到位	有	进一步完善

* 表中指标数据取自中科院广州能源所能源战略研究中心"广州低碳情景研究"中低碳情景下的研究结果。

（三）基本思路

1. 提高能源效率，促进既有支柱产业的低碳化

积极引导第二产业由粗放型、劳动密集型、资源消耗型向集约型、技术密集型、环境友好型转变。最大限度发挥政策"高地效应"，旗帜鲜明地退出不符合广州发展定位的产业，严格控制高耗能行业增长，加快淘汰劣势产业和落后产能，严格控制并逐步淘汰资源开采型产业。大力推广节能降耗高新技术和适用技术，通过技术改造实现部分产业升级，努力促进传统高耗能行业开发低能耗、高附加值产品，并积极发展替代产业和后续产业。

2. 优化产业结构，加快培育低碳产业

大力发展新兴产业，扶持以核电装备、汽车制造、石化、船舶制造、风电成套装置制造等为主的先进制造业，以及以高端IT、现代生物医药、新材料、环保、节能与新能源、海洋生物等为主的低碳型新兴战略产业，争取到2020年，广州高新技术企业产值占地区工业总产值的比重从2005年的28.7%达到45%以上。重点发展第三产业，提高第三产业比重，使现代金融业、现代物流业、现代

信息服务业、科技服务业、能源管理产业、文化创意产业等高端服务业成为第三产业中的主导产业，尤其率先发展服务于低碳发展的计量、咨询、检测、评价、认证等碳管理服务业。

3. 优化能源结构，推广应用新能源和可再生能源

城市的能源消费结构应满足能源供应多元化、保障能源安全和降低二氧化碳排放的需要。广州市应大力减少煤炭直接燃烧，积极推广煤炭高效清洁利用，提高燃气、电力和热力等清洁、高效能源的使用比率，进一步提高城镇和农村居民生活用能的电气化和燃气化率，争取到 2020 年，基本实现广州市能源结构中煤炭消费低于 30%，石油低于 25%，天然气高于 18%，核能高于 10%，西电高于 14%，可再生能源高于 3% 的调整目标。

4. 科学规划基础设施，保障城市低碳化运行

城市的规划格局以及商务活动和市民生活的基础设施的设计和建设理念，直接影响城市的能源消费和温室气体排放。为了配合能源结构调整、交通能源替代和城市功能转变，广州市应将碳减排的约束纳入城市规划与设计的重要指标之中，基本建成以公共交通为主导的现代化综合交通体系，以安全、高效、清洁为重点的多元化能源供应体系，以统筹城乡供水安全为核心的水资源保障体系，以宜居为目标的自然和谐的城市环境体系，大幅增强基础设施承载能力，提高城市运行效率，保障经济社会发展需要。

5. 强化低碳发展科技支撑，加强国际合作

建立健全低碳发展合作机制，建设低碳技术研发平台，力争全面形成以企业为中心的、更加灵活高效的新型产学研结合机制和发展模式，提高自主创新能力，强化科技成果的应用和集成。同时，紧密跟踪国际低碳发展趋势，及时掌握国外低碳发展的信息和动态，加强与国外在先进低碳技术、经验和理念等方面的交流与合作，深入推进与国内其他城市的技术、经验交流与合作。

6. 普及低碳理念，转变生活和消费方式

充分发挥新闻媒体的舆论监督和导向作用，宣传国家和省低碳发展的各项方针政策，开展以低碳发展和节能减排为主要内容的全民行动，广泛动员和组织企事业单位、机关、学校、社区开展创建低碳型机关、学校、社区等活动，引导崇尚节约的社会风尚和生活方式。把节约资源和保护环境、低碳发展理念列入学校教学计划，培养青少年儿童的低碳意识。

（四）主要对策措施

1. 广州市低碳发展的长效机制

（1）低碳产业创新机制。广州市应本着促进低碳产业的发展以及实体产业的低碳化转型出台一系列的宏观管理政策。完善促进低碳发展的政策体系，根据低碳发展特征，从能源、环境、产业、经济等领域入手，加快制定有利于低碳发展的体制机制。

——能源方面，进一步完善价格调控机制，运用价格手段调整能源产品之间的比价关系，鼓励低碳能源的发展与消费，促进能源的合理开发、高效利用和保护。

——环境方面，提高准入门槛，加强以碳排为标志的环保执法，把碳减排约束性要求纳入环境管理、监测和执法全过程中。

——产业方面，把低碳发展落实到各项产业规划中，加快编制出台广州市发展现代产业体系规划、循环经济总体规划和资源综合利用中长期规划，引导体现低碳特征的新兴产业发展。

——金融方面，出台绿色信贷、绿色投资等经济政策，通过补贴、直接拨款、贷款贴息等多种形式，创新资金支持方式，引导企业走清洁生产和循环经济之路。积极利用清洁发展基金、外国政府和国际组织等的优惠贷款或赠款，形成多元化资金投入机制。

——低碳政策方面，利用税收政策，限制和淘汰资源消耗大、低附加值产品的生产；积极探索建立和完善碳排放交易机制和生态环境效益补偿机制。设立低碳发展专项资金，引导和鼓励社会各类资金投向低碳领域及其相关产业，并对低碳理念宣传、低碳信息服务等给予资金支持。

（2）低碳资本市场创新机制。将"碳减排"作为企业资产的一部分，引导企业改变观念，提升对碳资产与负债理念的认可度，尽快构建与低碳经济发展相适应的碳金融制度，打造包括银行贷款、直接投融资、碳指标交易、碳期权期货等一系列金融工具组合而成的碳金融体系。具体包括以下三个层次。

——鼓励通过银行贷款和债券市场等间接融资手段支持低碳经济发展。广州市商业银行加大对低碳经济的金融支持力度，扩大节能减排贷款规模，同时推进贷款管理机制创新，制定一整套适合节能减排项目的新的贷款管理办法。

——充分利用发行股票等直接融资手段支持低碳经济发展。积极鼓励新能源企业兼并重组，做大做强，达到公开发行要求，扶持一批具有产业关联度大、低碳效应的上市公司，特别是要鼓励、扶持低碳技术开发和应用的企业进入创业板市场，为其发展壮大提供资本支持。抓紧设立致力于减少碳排放的环境产业基金和面向节能减排企业的风险投资基金。

——尽快构建和完善广东省碳交易市场。根据国际气候谈判形势变化，发展自愿减排市场，研究借鉴国际上的碳交易机制，建立较为完善的市场交易制度，逐步提高市场的规范化、层次化和国际化水平，利用好国际和国内两个交易市场，争取广州市在国内碳市场的定价权。

（3）低碳专业人才队伍的培育。着力引进和培养一批适应广州市低碳发展需要的高技能人才和学术带头人，为广州市布局不同领域低碳研发作好人才储备。

——决策支持层人才。建立广州市低碳发展国际脑库高级咨询委员会，吸收一批国内外在低碳经济理论具有很高修养的专家、知名跨国低碳技术专家等参与广州市咨询决策。

——低碳"白领人才"。大力实施引进自主创新团队和科研团队计划、留学人员来广州从事低碳领域的创业计划，形成低碳经济创业的科研、商业氛围。

——"低碳蓝领人才计划"。蓝领人才主要服务于低碳制造及低碳管理后续服务，大力支持低碳专业的高等教育和职业技术教育，支持各层次产业人才参加低碳领域的继续教育，建设低碳高技能人才培训基地，加快造就与低碳发展相适应的实操性人才。

2. 广州市低碳发展的具体行动方案

（1）便捷交通。在经济的带动下，广州市未来交通系统中便捷、高速的小汽车和航空运输比例将持续增高。为了发展便捷交通系统，广州市需要优化交通运输结构，优先发展城市公共交通，合理规划和建设城市（际）功能区和快速公交设施，加快城市快速公交和轨道交通（地铁）建设，加快发展运输能力大、资源消耗和环境污染小的铁路和水路运输，促进各种运输方式协调发展；同时，强化运输组织管理，大力推广替代燃料和新能源交通工具，提高综合交通运输系统效率。

（2）绿色建筑。随着经济水平的不断提高，人们对居住及办公条件的要求日益提高，建筑面积将不断扩大，电器设备逐渐增多。为了营造绿色建筑，广州市需要进一步推进既有建筑的节能改造以及提高新建建筑节能标准的实施力度，加大节能保温材料在建筑领域的应用，不断提高电器设备的能效，大力发展分布式新能源。为实现建筑领域减排行动的顺利开展，应针对广州的具体情况配置恰当的政策措施来予以保障，如制定新能源发电补贴政策，鼓励分布式能源系统的建设，低息贷款补贴旧建筑的节能改造等。

（3）低碳工业。低碳工业行动主要包括提高工业能源利用效率和优化产业结构两个方面。其中，工业能源利用效率的提高，具体措施包括实施工艺、装备、流程的优化创新，提高设备的能源利用效率，并加快设备大型化技术改造，加强能源管理和余热余能资源的回收利用等；产业结构优化主要措施为淘汰落后产能，提升产业规模，增加规模效应，减少高耗能、高排放产能的投资，逐渐将投资转向低排放、高附加值的低碳新兴产业和第三产业。

（4）燃料结构调整。燃料结构调整行动主要通过调整工业、建筑、交通等部门的燃料使用结构来实现温室气体的减排。广州市应逐步调整各行业中煤炭、石油、天然气、电力等能源的消费比例，逐渐减少煤炭和石油的直接使用，加强新能源和替代能源的推广应用，适时调整天然气利用政策，鼓励以气代油，提高燃气、电力和热力等清洁、高效能源在全市工业、建筑、交通等领域能源消费中的份额。

（5）低碳电力。电力行业是广州市主要的温室气体排放部门，低碳电力行动包括提高发电效率和发电用能源清洁化两个方面。广州市电力部门应进一步实施"上大压小"政策，采用大容量、高参数、低能耗的超临界、超超临界机组，提高发电部门的能源使用效率以及减小传输和分配损失；大力推进天然气、核能、水能、太阳能、风能等清洁能源发电项目，降低传统的煤、油等高碳能源发电的比例。

（审稿：彭建国）

Guangzhou Low-carbon Economic Development Strategy Research

Chen Yong   Zhao Daiqing   Huang Ying

Lu Yao   Wang Peng

Abstract： In recent years, through the reform of industry structure and increasing energy efficiency, Guangzhou's energy consumption and carbon emission have decreased significantly. However, due to the increase of total energy demand, Guangzhou's future economic development will face many challenges from energy structure adjustment, new stage of energy development and relatively low technology level. In this case, by using ExSS model, Guangzhou Institute of Energy Conversion predicted the social economy, energy consumption and GHG emission level of Guangzhou in different scenarios in 2020 based on the analysis of the economic situation and future trends of Guangzhou city. According to the research result, we put forward a series low-carbon develop approaches and strategies.

Key Words: Low-carbon Economy; Low-carbon City; Energy Saving and Emission Reduction; Carbon Productivity

B.14
广州市推进加工贸易转型升级工作方案

广州市对外经济贸易局课题组

摘　要： 本文确立了广州市推进加工贸易转型升级的指导思想、工作目标、领导机构和实施步骤。从设定扶持配套政策、培育特色园区、优化外资结构、发展生产性现代服务业等方面制定了工作措施，并提出了具体的工作要求。

关键词： 加工贸易　转型升级　工作方案　广州

为贯彻落实《珠江三角洲地区改革发展规划纲要（2008～2020年)》和省政府《关于促进加工贸易转型升级的若干意见》、《广东省支持港澳台资企业应对国际金融危机和加快转型升级若干措施》精神，加快广州市加工贸易转型升级步伐，确保加工贸易转型升级工作扎实推进，现制定如下工作方案。

一　指导思想

以邓小平理论和"三个代表"重要思想为指导，深入贯彻落实科学发展观，坚持以市场为导向、企业为主体、政府为辅助、环保为前提的原则，按照国家和省对加工贸易转型升级的总体要求，结合广州实际，着力提高广州加工贸易产品的技术含量和附加值，延长产业链，增强国内配套能力，优化加工贸易产业结构和区域布局，促进加工贸易企业提高可持续发展能力，推动广州经济社会又好又快发展。

二　工作目标

力争经过十年的努力，全市加工贸易产业结构优化，现代化产业整体层次有较大提升；加工制造环节向精细化发展，产品技术含量和增值率进一步提高；产业链不断延伸，自主研发能力得到较大发展，企业创新能力、管理能力和核心竞争力显著增强；加工贸易自主品牌和营销网络逐步建立，物流配送、总部功能得到加强，开拓国内外市场的能力进一步培育；加工贸易转型升级环境不断完善，功能完备、设施先进的创新型产业园区和特殊监管区域体系基本成型；加工贸易企业不断深化社会责任，环保意识不断加强；全市加工贸易转型升级取得明显成效，广州成为全省乃至全国加工贸易转型升级的排头兵。

三　领导机构

成立广州市促进加工贸易转型升级工作领导小组，由市政府分管领导任组长，外经贸、经贸、财政、发展改革、科技、环保、劳动保障、海关、税务、外汇管理、检验检疫等职能部门为成员单位，领导小组办公室设在市外经贸局。建立并健全各级推进加工贸易转型升级工作协调机制，及时研究转型升级过程中出现的新情况、新问题，提出新形势下加工贸易转型升级的方法、路径、措施。

四　实施步骤

力争到 2015 年，全市加工贸易产业整体有较大提升，企业配套能力、创新能力和核心竞争力显著增强，产品技术含量和增值率进一步提高。全市加工贸易进出口总额中的机电产品和高新技术产品分别占 75% 和 45%，较 2009 年年均增长率分别为 4.03% 和 4.79%；20% 的加工贸易企业设立各种类型的研发机构；50% 的加工贸易企业拥有自主商标；加工贸易企业内销总量突破 800 亿元，较 2009 年增长 15%。

到 2020 年，率先基本实现加工贸易转型升级，加工贸易产业基本实现高端化、现代化。全市加工贸易进出口总额中的机电产品和高新技术产品分别占 80% 和 55%，较 2015 年年均增长率分别为 1.30% 和 4.10%；40% 的加工贸易企业设立各种类型的研发机构；60% 的加工贸易企业拥有自主商标；加工贸易企业内销总额比 2009 年翻一番，达到 1400 亿元。

五 工作措施

(一) 设立加工贸易转型升级扶持配套政策

安排专项资金从以下方面扶持加工贸易企业转型升级。

(1) 推动加工贸易企业加快自主创新,对加工贸易企业技术设备更新改造贷款贴息,对委托第三方制订转型升级解决方案相关费用进行资助。

(2) 鼓励加工贸易企业设立研发机构。对新设立的技术水平较为先进、投资规模较大的加工贸易企业研发中心或有较大规模的追加投入或新产品研发取得一定成效的项目,对其采购用于研发的设备缴纳增值税部分进行资助。

(3) 鼓励加工贸易企业设立总部和地区总部。对符合《关于加快发展总部经济的实施意见》条件的加工贸易企业申请设立总部或地区总部的,优先给予认定并按规定给予奖励。

(4) 推动加工贸易企业加快品牌建设,强化质量管理体系和产品认证。对加工贸易企业在境外注册商标或购买、租赁、获得授权使用国外商标,在国内外开展质量管理体系认证和产品认证及专利注册进行资助,并对自主品牌产品出口进行奖励。

(5) 鼓励和支持加工贸易企业优化出口市场结构,积极开拓新兴市场。重点支持加工贸易企业开拓东盟、拉美、中东、非洲、东欧、俄罗斯等新兴市场。

(6) 鼓励加工贸易企业多渠道开拓国内市场,对企业参加国内专业展览会、推介会等费用给予资助。对内销纳税额较大的加工贸易企业进行奖励。

(7) 完善扶持保税物流体系建设,增强服务功能,提高重点口岸物流吞吐能力以及集聚和辐射能力,为加工贸易转型升级提供现代物流服务。

(二) 加大特色园区培育力度,增强加工贸易产业发展集聚力

以三个国家级开发区和各类创新园区和特色产业园区为载体,推动加工贸易集聚发展。积极参与中新合作的"知识城"项目建设,积极推进《粤港合作框架协议》下穗港共建南沙新区的步伐,推进国家医药出口基地、国家软件出口创新基地、国家汽车及零部件出口基地等各类出口基地和产业园区建设,增强对

优化产业结构、提升出口产品价值链的引领作用。推进从化开发区的扩区工作，做好从化明珠工业园认定为省级开发区的申报工作。加强对全市各重点产业园区的分类指导，着力提高各类园区资源利用、产业发展和辐射带动水平。

（三）推进外资结构优化，增强加工贸易产业竞争力

把好招商引资入口关，鼓励外资投向现代服务业、高端制造业、战略性新兴产业、高新技术产业、新能源和节能环保等产业，提升广州市现代产业竞争力。以广州市的优势产业为基础，突出各区（县级市）产业特色，积极引进先进制造业、高新技术产业项目，加大新能源和环保产业招商，促进加工贸易整体结构优化升级。进一步鼓励跨国公司在穗设立地区总部、研发中心、技术中心和采购中心。

（四）积极发展生产性现代服务业，为加工贸易转型升级提供支撑

大力加快发展生产性服务业，推动金融、物流、会展、商务服务、创意产业等生产服务业发展，为加工贸易企业就地转型升级提供强大产业配套支持和良好的环境。注重加快完善保税物流体系，以保税物流园区为重点载体，着力引进具有先进国际物流管理和服务理念的第三方现代化国际物流企业。

（五）"分类指导、有序推进、先易后难、以点带面"推进加工贸易转型升级

第一种类型：跨国公司在穗投资设立的代工型企业

这类企业产业和技术水平高，但研发和市场两头在境外，都不为我所有。对这类企业的对策：

一要抓住跨国公司逐步将研发、物流、配送等环节转移到发展中国家的机遇，争取其将研发，特别是贴近市场的应用型研发以及物流配送中心放在广州。近年已出现了这种态势，2009年外商投资企业联合年检数据显示，目前广州市已有523家外商投资企业在内部设立了研发机构，研发团队总人数1.27万人，累计在广州市研发投入96.93亿元。

二要做好其先进技术和管理经验的消化吸收。要特别关注中外合资、合作企业，利用中方参与经营管理的渠道发挥其技术外溢作用。

三要以拓展内销为突破口，使此类企业由单纯制造者向生产销售一体化转变，使其对外做 OEM，对内做自主品牌，实现品牌经营的市场划分。

第二种类型：国有和民营企业（含外资身份的民营企业）

此类企业与第一种类型企业恰恰相反，属本土民族工业，但大多自主创新能力不强，技术水平不高，没有品牌或品牌不成熟，大多只占有国际低端市场。对这类企业的对策：

一要扶持其坚持自主创新，加大研发投入，引进先进设备和人才，逐步掌握核心技术。

二要促其树立长远目标，坚持不懈地进行品牌经营。

三要坚持两个市场的方针，逐步拓展高端市场。

第三种类型：港澳加工贸易企业

主要指改革开放早、中期进入的劳动密集型传统产业。此类企业掌握海外市场，是典型的"前店后厂"发展模式；技术含量和附加值不高，主要依托廉价劳动力和资源得以发展，但当前这类企业的竞争优势逐步削弱，也不受我国政策的鼓励；在环保节能方面压力较大。对这类企业的对策：

一要引导其加大技术改造和产业升级的力度，提高生产过程的自动化水平，降低对劳动力的依赖。

二要鼓励港澳资企业将总部、地区总部和配送中心逐步转入广州市，并以此促进产业链条的延伸，加大对广州市经济的贡献度。

三要在环保节能方面下工夫，实现可持续发展。

四要由市场在外转为国内外两个市场并举。

第四种类型：来料加工企业

一是推动少量存在的不具备法人资格的加工厂不停产转型成为具有独立法人资格的企业；二是把国内购料比重大的来料加工转型为自主性更强的进料加工，享受国家出口退税政策；三是把部分在国内有市场的但不允许内销的来料加工转为进料加工以拓展内销。

第五种类型：转移中的加工贸易企业

对把制造环节转移出去的加工贸易企业，要争取其将总部、研发、销售等环节留在广州。

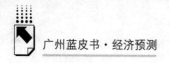

六 工作要求

（一）加强加工贸易企业准入管理，带动加工贸易整体产业格局优化升级

各外经贸主管部门要积极培育和扶持加工贸易先进制造业，要特别加大对世界 500 强投资项目、加工贸易先进制造业项目招商力度，在用地审批、项目设立等方面给予大力支持。重点培育和扶持一批技术含量高、附加值大、资源消耗少、产业关联度强的先进制造和高新技术类加工贸易企业，尤其是电子信息、装备制造、精密仪器设备、精细化工等先进制造业企业。

（二）加强监督管理，维护加工贸易发展秩序

各外经贸主管部门要加强对现有加工贸易企业经营状况与生产能力核查的管理，将环保、安全生产、能耗、用工、设备水平等指标纳入企业经营状况与生产能力核查范围。积极推进加工贸易企业开展节能减排、资源综合利用。严格执行建设项目环保与安全设施"三同时"制度，强化源头管理。实行"优胜劣汰"机制，淘汰不符合产业优化升级发展方向的企业与落后生产能力。对使用落后生产工艺、环保不达标的企业，依法不再批准其开展加工贸易业务，腾出空间发展高附加值的重点加工贸易企业。

（三）开展"典型引路"促进加工贸易转型升级

在全市范围内评选若干加工贸易转型升级示范区。各外经贸主管部门要建立重点加工贸易企业转型升级定点联系制度，挖掘"典型企业"，建立重点加工贸易企业转型升级服务制度，协调解决企业在转型升级过程中遇到的重点、难点问题。

（四）建立健全各级推进加工贸易转型升级工作协调机制

各区（县级市）要成立相应的推进加工贸易转型升级工作协调机制，对本地区转型升级过程中出现的新情况、新问题要及时研究，提出新形势下加工贸易转型升级的方法、路径、措施。

（五）落实工作责任制度

各级外经贸主管部门要建立目标责任考评制度，实行领导负责制，逐步落实目标管理。

（审稿：林穗子）

The Work Plan of Promoting the Transform and Upgrade of Processing Trade in Guangzhou

Research Group of Bureau of Foreign Trade and Economic Cooperation of Guangzhou Municipality

Abstract：This paper sets the guiding ideology, work objectives, governing body and implement steps for Guangzhou's processing trade transform and upgrade promotion. It establishes working practices from the perspectives of setting supporting policies, nurturing the distinctive industrial park, optimizing the structure of foreign investment and developing modern productive service industry, and puts forward specific requirements for the work.

Key Words：Processing Trade；Transform and Upgrade；Work Plan；Guangzhou

B . 15

广州加快结构调整、促进产业升级的
成效分析与对策建议

广州大学广州发展研究院、广州市经贸委综合处联合课题组 *

摘　要： 近年来，广州抓住国际金融危机形成的倒逼机制，积极实施"双转移"战略，推进产业结构调整升级，在发展先进制造业、现代服务业和节能降耗等方面取得了积极成效。在今后的产业结构调整中，广州需进一步提升制造业科学发展水平，抢占产业制高点，同时围绕建设"国际商贸中心"这个中心，促进现代服务业大发展。

关键词： 结构调整　产业升级　先进制造业　现代服务业

一　深入实施"双转移"战略，
产业结构调整取得积极成效

近年来，广州各级政府和经贸部门抓住国际金融危机形成的倒逼机制，依据中央提出的"加快转变经济发展方式，推动产业结构优化升级"的战略任务，广州积极实施"双转移"战略，积极转变经济增长方式，"腾笼换鸟"推进产业结构调整升级，在发展先进制造业、现代服务业和节能降耗等方面取得了积极成效。

（一）积极推动制造业高端化，产业基地和园区建设实现"双提升"

依托大项目、大基地、大企业，将抓"双转移"、市区产业"退二进三"与

---

* 课题组成员：涂成林、曾恒皋、雷宏超、肖泽军。

抓制造业高端化紧密联系在一起,大力提升制造业科学发展水平,促使广州市工业竞争力不断提升。2009年完成规模以上工业总产值、工业增加值分别为12502亿元和2939亿元,同比分别增长10.2%和9.7%。先进制造业占全市工业比重同比提高4个百分点左右。工业利润总额增速(22.4%)高于工业总产值增速12.2个百分点。

1. 高端项目和高端产业成为结构调整的亮点

2009年,广州市在全省率先举办"广州—央企及国内大型企业战略合作"活动,在7大现代产业领域签订了28个高端合作项目。汽车产业实现自主品牌、公共研发和异地并购"三大突破",龙穴造船基地30.8万吨油轮下水试航,东方电气制造出国产首台百万千瓦级反应堆压力容器,乐金显示、康奈可、广力机械等一批生产力骨干项目顺利推进。20家企业进入省装备制造业50强。近80个产值超亿元重点项目拉动工业增长6个百分点左右。三大支柱产业、装备制造业分别增长20.3%、22.7%,都高于全市工业平均增速10个百分点以上。

2. 产业基地和园区建设实现"双提升"

全力推进汽车、石化、造船、数控装备、电子信息等国家级产业基地以及中船大岗低速柴油机、飞机维修、大功率机车检修、自主品牌乘用车等大基地建设,广州民营科技园加快扩园建设有序推进。"退二"园区建设步伐加快。广日工业园聚集7家电梯制造及配套企业,万宝工业园加快打造"白色家电"产业基地,增城东部工业园区围绕本田整车聚集了一批年产值超亿元的骨干项目,东风日产花都工厂60万辆以及发动机扩建项目、南沙核电装备产业园和横沥工业园等建设积极推进。开发区工业设计产业化基地成为国家工信部第一批新型工业化示范基地。2009年,全市装备制造业产值有65%来源于产业基地及工业园区。

3. 高新技术产业化步伐加快

一批高新技术产品进入亚运和重大市政建设项目,LED、太阳能光伏、新材料等产业化步伐加快。金发科技完成高性能碳纤维产业化"工艺设计"前期工作,纳米透气膜、完全生物降解塑料等高新技术产品广泛运用于"白色家电"市场。广州数控GSK系列产业化基地一期工程建成。晶科电子大功率LED芯片进入规模化生产,国内首条"干喷湿纺法"的CCF-1原丝中试线成功运行。2009年,全市完成高新技术工业产值4103.85亿元,增长17.3%,高于全市工业平均增速7个百分点以上。

（二）产业转移和"腾笼换鸟"加速产业"退低进高"，现代服务业得以蓬勃发展

在积极推动"双转移"工作的同时，广州市紧紧抓住产业转移和市区产业"退二进三"战略实施契机，以发展创意产业为切入点，整合利用一批闲置和废旧的工业厂房，"腾笼换鸟"发展现代服务业。对接广州国家中心城市五大功能区，编制《广州市现代产业体系规划纲要》、《广州市产业物流布局规划》等30多个产业规划和指引。"退二进三"和"腾笼换鸟"战略的实施，推动了市内60多家企业向外转移，淘汰落后产能企业270多家，为新一轮产业结构调整腾出近150万平方米发展用地空间。至目前止，全市"腾笼换鸟"发展了白云创意创业园、1850创意园、广州TIT纺织服装创意园等30多个创意产业园，已利用旧厂房（仓库）发展现代服务业项目60多个，主要分布在荔湾、海珠、天河、白云等中心城区，占地面积约2500万平方米，建筑面积约5000万平方米，每年实现产值120亿元左右，取得了明显的成效。

1. 因地制宜实施"腾笼换鸟"

在新的产业布局规划引导下，各区主动适应产业结构调整的新形势，制定产业发展规划，明确发展重点，完善发展措施，积极承接国际服务业转移。越秀区以总部经济为龙头，以现代服务业为重点，率先出台了创意产业发展规划和配套政策，通过贷款贴息、房租补贴、财政奖励、绿色通道服务、提供优质学位等措施，吸引优秀科技企业、创意企业进驻发展。荔湾区紧紧抓住"中调"城市发展战略的机遇，改造重点地段闲置厂房资源，培育发展创意产业，建成了以信义会馆为龙头的滨水创意产业带。番禺区出台了《关于推进"腾笼换鸟"工作的意见》，区财政每年安排3000万元开展有计划的"腾笼换鸟"。鼓励有条件的用地者进行旧厂房改造，合理提高容积率。海珠区充分借助区位优势发展会展经济、总部经济、高端商贸服务业和创意产业，大力扶持广州TIT纺织服装创意园、太古仓创意产业园建设，并给予开发主体最高300万元的财政补助。此外，天河、白云、黄埔、花都、萝岗、南沙在资金扶持、管理服务、配套设施建设和城区综合整治方面，为现代服务产业发展积极营造良好的环境。

2. 多种模式实施"退二进三"

以"政府引导、市场运作、中介服务"的形式，充分调动"退二"企业的

积极性，形成独具特色的现代产业发展模式。（1）优势互补模式。广州汽车集团与梅州强华公司合作，在广州（梅州）产业转移园建设汽车发电机、启动机生产线，充分利用梅州产业基础与广州市场、资金、技术、人才、管理等方面的优势，进行产业互补对接，实现合作共赢。（2）产业链集聚模式。广日集团以广日工业园建设为载体，承接集团属下城区内生产性企业和上下游配套关联企业，打造国内一流、国际知名的产业集聚区，并利用"退二"企业原址谋划发展高端服务业，走出一条高集聚、高科技、高效益、低能耗的科学发展之路。（3）异地改造模式。广纸集团通过搬迁，着力改造升级和扩大规模，在南沙兴建百万吨规模的现代化、环保型造纸基地，提升了工艺技术水平，提高了竞争力，生产规模比搬迁前翻了一番，实现了跨越式发展。（4）筑巢引凤模式。国际信义会馆利用苏式旧厂房，借助珠江景观进行整饰改造，建成广州市首家综合性、高档次创意文化综合小区，吸引多家知名文化企业以及总部公司进驻，取得了较好的经济效益和社会效益。

3. 集约发展服务产业升级的公共服务平台体系

一是综合孵化服务平台。成立广州文化创意中心，打造文化创意产业交易、展示等公共服务平台。鼓励原南华西工业厂房改建的海珠创意产业园、原虎头牌电筒厂改建的 IDC 创新科技园、原广州纺织机械厂改建的广州 TIT 纺织服装创意园等一批创意产业基地在园区内设立设计研发、技术咨询、质量检测、项目申报、创业辅导、市场策划、培训教育等公共技术服务平台，为入驻企业提供综合孵化服务。二是技术支持服务平台。积极推动广州电科院汽车电气零部件公共检测服务平台、信息产业部电子第五研究所质量检测中心、中科院广州生物医药与健康研究院、广州工研院、广州超级计算中心等一批公共技术创新平台加强与驻园区企业合作，重点开展企业产品共性及关键技术的研发，扩大公共技术外溢效应，为企业提升竞争力提供科技和智力支撑。三是企业融资服务平台。针对入园发展的企业，建立中小企业融资对接、信用担保、创业基金等"三个平台"和银行、担保、产权交易融资、集合发债、小额贷款、政府直接扶持"六条路径"，2009 年广州市信用担保机构提供 130 多亿元的担保资金支持。

（三）加强产业政策引导，积极推动节能降耗

广州市在国内大城市中率先出台并组织实施《广州市新能源和可再生能源

发展中长期规划》，以科学发展观统领经济社会发展全局，围绕建设全省首善之区的总目标，坚持节约资源基本国策，一手抓经济发展，一手抓节能降耗。建立了淘汰落后退出机制，采取规划控制、调高电价、压减负荷、停止供电等措施，加快电镀、造纸、纺织印染、水泥、冶炼等六大高耗能行业的搬迁和淘汰，加快淘汰落后产能。近年来，共关停落后水泥生产企业 91 家，淘汰落后水泥产能1425 万吨，节能 112 万吨标煤，提前完成淘汰落后水泥生产能力任务；关停小火电机组 192.5 万千瓦，超计划关停 85.5 万千瓦。各区还淘汰了一批能耗高、污染大的电镀、纺织印染、建材企业。全市单位 GDP 能耗和单位工业增加值能耗持续大幅下降，2006、2007、2008 年分别下降 4.62% 和 4.44%、4.56% 和5.08%、8.33% 和 10.72%，3 年累计分别比"十五"末下降 13% 和 22%。2009年全市规模以上单位工业增加值能耗又下降了 10% 左右。

1. 层层分解节能目标，建立区、县级市政府节能目标责任制

市经贸委会同市发改委，制定了《广州市节能工作实施方案》、《广州市节能减排工作方案》以及《广州市节能目标责任评价考核办法》，明确了各区、县级市人民政府的节能目标责任，量化了目标责任的评价考核和奖惩，建立起较为完善的节能目标责任制。2009 年，组织对各区、县级市上年节能目标完成情况进行了考核。经核定，12 个区、县级市均完成了 2008 年度节能目标，能耗下降幅度较大。其中，番禺区、海珠区、南沙区 2008 年万元 GDP 能耗同比下降 5%以上。

2. 全面铺开百家重点耗能企业节能行动

对年综合能耗 1 万吨标煤以上的 100 多家企业实施监控，在组织专家对企业能源审计报告和"十一五"节能规划进行审核的基础上，结合全市节能工作目标，对照行业国内和国际先进水平，分批与 136 家重点耗能企业签订了"十一五"节能目标责任书。并组织由社会各界组成的专家，对企业 2006～2008 年节能目标完成情况进行了考核。经考核，95% 以上的企业完成了年度节能目标，实现节能超过 100 万吨标煤。

3. 大力推进节能新技术与新产品应用

加强先进适用节能新技术推广力度。100 多家企业落实市政府《关于划定禁止使用高污染燃料区域的通告》，大力推进生物质燃料、天然气、热泵等新能源技术应用，取得节能减排的明显成效。华润热电公司为丰田汽车公司供气的柴油锅炉改用乳化焦浆后，每月节约燃料费用超过 200 万元。扎实推广锅炉窑炉节能、电机节能、热电冷联供、空调节能、绿色照明等节能新技术。2008 年以来，市、区、协会等各级部门和组织举办了 100 多场节能技术推广会，累计约 4000 多人次参会。

同时，积极推广使用新能源、节能新设备与新产品。一是在多个工程项目中使用 LED 路灯照明节能控制设备，有效节省用电量超过 10%；在仑头—生物岛隧道工程项目中着手试验风光互补节能灯设备，通过利用和储存风能及太阳能补充电能，从而达到节省电能的功效。二是推广使用节能灯具。2008～2009 年，在企业和居民中推广使用节能灯具约 180 万支。三是大力推进天然气置换工作和煤气技术改造。2008 年共完成天然气置换 27.5 万户，全市已有 56.6 万户用上天然气，高热值清洁能源的使用使生产装置负荷进一步降低，能源消耗和污染物排放逐步下降。

4. 建立节能降耗专项资金扶持机制

2006 年以来，广州市每年都将节能降耗列为扶持企业发展专项资金和技术创新专项资金扶持的重点专题之一，扶持金额和所占比重逐年大幅度增加。2008 年，市政府还专门设立 2000 万元节能专项资金，用于支持企业开展节能技术改造、清洁生产与资源综合利用。2009 年，市财政安排 7 亿元用于鼓励淘汰黄标车暨汽车以旧换新工作。与此同时，广州市积极组织企业申报国家和省的节能技术改造项目，争取国家和省的大力支持。通过各级财政资金的大力扶持，有效带动企业加大节能改造投入，取得了较好成效。如广纸股份公司高效节能技术改造、珠钢公司 10MW 电炉余热发电工程、珠江啤酒集团沼气回收综合利用等一批项目实施后，预计每年可节约标煤 19 万吨，节电 13948 万千瓦时。

5. 稳步推进循环经济示范工程建设

积极协调与支持广州开发区成为了国家第二批循环经济试点单位，组织 32 家企业申报省第二批循环经济试点。重点抓好广州开发区等重点区域循环经济推进工作。目前，萝岗新城和广州国际生物岛循环经济重点区域示范项目正稳步推进，其中蒸发式冷凝节能节水中央空调产品节能效果显著，技术达到国际领先水平，已初步推广应用。抓好清洁生产，对广州本田汽车有限公司等 22 家通过市清洁生产审核的企业授予"广州市清洁生产优秀企业"匾牌。与香港生产力促进局共同签署了《穗港清洁生产合作意向书》，成立"穗港清洁生产合作协调小组"，按照"互补、双赢、业界推动及政府支持"的原则，建立合作机制，以试点项目合作为突破口，形成示范效应，共同推进"清洁生产互利合作工程"。

6. 强化建筑与交通等领域的节能行动

在建筑节能方面：一是开展建筑能耗统计与能源审计。对全市政府办公建筑、大型公共建筑以及16条抽样街道的居住建筑和普通公共建筑的基本信息和能耗进行统计，开展办公建筑和大型公共建筑能源审计工作，55栋建筑物的能源审计示范工作已全部完成。二是开展建筑能耗监测与建筑能耗测评试点。推动建筑能耗监测平台建设，广州市建筑能耗监测平台的首期建设工程已完成。在南沙行政办公楼和番禺中心医院等政府机关办公建筑和大型公建项目开展建筑能效测评试点工作。三是积极推进建筑节能示范工程和既有建筑节能改造。推进广州亚运城、芳村花园住宅小区等建筑节能示范项目建设，推广太阳能光电、太阳能热水系统、浅层地能利用、隔热保温等先进节能技术的应用，积极引导可再生能源在建筑领域的应用，推广绿色建筑。

在发展绿色交通方面：优化调整城市公交，优先发展城市公共交通。开展大规模的公交线网优化调整工作，公共大巴服务城市中心区、公共中巴服务住宅社区、公共小巴服务城乡结合部的三大层次常规公交服务网络已具雏形。出台了广州市公交地铁票务优惠政策，有利于全社会交通节能。实施"绿色公交"工程。全面推进液化石油气（LPG）清洁能源公交工程，取得明显成效。据测算，2008年广州市LPG公交出租车可替代燃油约50万吨，使广州市对燃油的依赖减少约五分之一。

二 进一步加快广州经济结构转型升级的对策建议

（一）不断提升广州制造业科学发展水平，抢占产业制高点

牢牢把握"加快经济发展方式转变和经济结构调整"这个主旋律，紧紧围绕建设与国家中心城市相适应的工商现代产业体系，科学制定产业规划和政策，强化工作服务指引，着力推动制造业高端化提升产业竞争力，积极培育战略性新兴产业抢占发展制高点，大力发展低碳经济和绿色经济争创发展新优势，切实推动工业经济加快转入科学发展轨道。

1. 转变产业发展思路，坚持"三高"与"双融合"相结合

认真贯彻落实《广州市贯彻落实〈珠江三角洲地区改革发展规划纲要（2008～2020年）〉实施细则》，加快制定与之相衔接的重点产业发展规划和政策指引，紧紧围绕聚集区位、产业、科技、资金、人才、服务等高端要素，做强汽车、石化、电子信息制造、造船、数控机床等高端产业领域，重点推进新能源、新材料、环保、光电子等高新技术产业化，积极推动先进制造业与现代服务业、工业化与信息化融合互动，不断增强中心城市产业集聚辐射和引领带动功能。

2. 转变产业发展模式，坚持"三重"发展策略

一是以培育战略性新兴产业为重点，抢占产业制高点。加快研究制定推动战略性新兴产业发展的实施意见，在新能源、新材料、新电子信息、生物医药、高端装备制造等领域扶持一批战略性新兴产业产业化项目。依托中新知识城、科学城、生物岛等国家级产业基地和一批区（县）重点产业基地，建设一批战略性新兴产业示范基地或产业集群。二是以央企项目落实为重点，依托大项目、大企业调结构。坚持以城市发展战略规划和主体功能区规划为指引，市、区、部门联动推进大项目及其产业链招商，全力做好协调服务。继续落实28个央企项目、30多个省市重点工业项目和预备项目和一批区（县）列出的重点项目，推动一批骨干项目进入省先进制造业100强项目。三是以产业基地和园区建设为重点，通过提升产业集聚度调结构。突出抓好汽车及零部件生产基地、广州重大装备制造产业基地（大岗）、南沙核电产业基地、花都飞机维修基地、开发区工业设计产业化基地、广州节能与新能源新材料产业基地等一批重大产业基地建设。结合"三旧"改造，更好地谋划广州民科园、番禺节能科技园等园区建设，围绕行业龙头促进产业链上下游项目加速向园区集聚。

3. 转变产业发展方式，坚持"抓创新、抓节能、抓产业转移"

一是进一步推动企业自主创新，加强国家、省、市级企业技术中心建设，在高分子复合材料、节能装备等领域培育一批能参与制定国家级行业技术标准和规范的企业。以设计数字化、生产自动化、产品智能化、管理网络化推动传统产业改造升级，争取更多项目列入省传统优势产业项目100强。二是大力发展绿色经济和低碳经济。实施绿色增长计划，推动广州经济技术开发区、南沙经济技术开发区以及新建的中新知识城和广州国际生物岛等绿色发展。发展低碳产业，以白云节能和新能源产业基地等为载体，实施一批低碳园区和低碳工程，推进低碳技术研发、示范和产业化。完善节能技术平台和节能数据库。创建国家循环经济示范城市，组织开展千家企业清洁生产行动，推进南沙等区域建设生态工业园。三是深入推进城区双转移和"退二进三"。强化市区共同建设和招商引资的责任，统筹协调推进广州（梅州）、广州（阳江）、广州（湛江）、湘西（广州）产业转移园的建设。分类分批加快"退二"企业向增城汽车产业基地、从化明珠工业园等10个"退二"产业承接区转移。

（二）围绕建设国际商贸中心，促进现代商贸业大发展

建设国际商贸中心是广州"国家中心城市"的重要定位和战略支撑。作为千年商都，广州有着悠久的商业贸易历史、独特的区位和交通枢纽优势、发达的功能区位载体、强大的珠三角制造业支撑。2010年，广州取代上海成功问鼎"2010中国大陆最佳商业城市"。未来几年，广州将立足于强化国家中心城市的商贸功能，着力塑造集文化积淀、休闲娱乐、商旅互动、滨水景观等商业功能于一体的广州"千年商都"、"购物天堂"的特色形象，全力推进高端集聚、业态领先、结构合理、功能完善、以人为本的国际商贸中心建设，促进现代服务业大发展，加快经济结构转型升级。

1. 打造国际购物天堂

按照"项目带动、聚集品牌、功能集成、错位发展"的原则，把广州打造成为与高端商务、金融商务区功能相配套的世界一流高档消费区和国际顶级品牌、高级奢侈品的发布地和聚集地。

一是大力发展高端零售业。通过集群式形态建设、多业态集中发展，进一步推动天河路、环市东路、北京路、上下九路、中山三路等五大商圈由沿街线状向街区网状转变，完善经营服务功能，突出岭南文化、千年商都等文化元素，完善停车设施，提升商业设施品位，提高新型业态比重，加速引进国际品牌和国内知名品牌和专卖旗舰店，分别建设成为国际优势品牌的集聚地、城市品牌消费的首选地、商贸文化创意中心地、商旅文购物体验地、流行时尚商品的发祥地。

二是差异化发展特色商业。改造提升玉器、海味干果、饰物精品、字画文化等老字号传统特色商业街，注入新型业态，扩大商业容量，形成集聚，促进商业

资源与旅游资源、文化古迹与现代商业街的有机融合，打造成集特色购物、特色休闲服务、岭南传统文化和都市时尚体验于一体的国际商贸旅游区。

三是创新打造一批特色商旅文体验区。发挥城市历史、人文、生态资源优势，打造一批商业、旅游、文化有机结合的特色风情体验区，形成著名民族品牌、特色商品集聚经营，实现商旅文互动共赢。结合文化名城建设，着力打造北京路—文德路广府文化商贸旅游区、上下九—十三行岭南商贸文化旅游体验区；结合特色创意园区建设，规划建设白鹅潭滨水创意商贸休闲文化带、员村北岸商业文化创意休闲区；结合主题公园购物中心建设，创新打造长隆—万博—汉溪生态商旅体验区；结合生态、文化资源开发，支持有条件的区（县级市）发展一批度假型休闲商业区。

四是培植国际影响力的消费节庆品牌。结合城市重大活动和传统的消费旺季，策划购物节、消费季和时尚商品周，加大国内外宣传推广和全市、全省联动，以消费节庆品牌吸引国内外消费者。

2. 打造国际商务会展中心

发挥广交会龙头带动作用，大力集聚符合广州产业发展导向和城市发展战略的品牌会展，提升会展业专业化、品牌化、国际化和信息化发展水平，努力把广州打造成全国三大会展核心集聚区之一。

一是加强培育扶持品牌会展。选择有比较优势、代表行业发展方向、展览面积在1万平方米以上的潜力会展，以3~5年为一个培育周期，滚动扶持，造就一批具有自主知识产权的本地会展品牌。鼓励国内外优质展会落户广州，对5万平方米以上、已连续举办多届的展览提供工商登记、立项审批等优先服务。力争在5年内培育2~3个具有国际水平、4~5个位于亚洲前列、15个左右位于全国前列的专业品牌展览。

二是培育展会和国际性会议。发展与先进制造业、现代服务业和战略性新兴产业相关联的专业会展，做大一批物流、金融、创意与设计、广告等现代服务业展览会，培育一批新能源、新材料、生物医药等战略性新兴产业专业展，推动形成一批展贸联动的专业展，联动发展一批与国家行业协会合作举办的国家级和世界级专业展。积极争取国际会议组织和会议公司、著名企业来广州举办高层次论坛、文化与学术交流、奖励会议、采购会议等多种形式的会议，把广州建设成为承接国际高端会议的知名城市。

3. 打造国际采购中心

以要素集聚、辐射引领、增强功能为导向，加快建设大宗商品交易平台和大型展贸市场，提升"广州价格"影响力和带动力，打造专业化、国际化商品采购中心。

一是培育以大宗商品交易平台为核心的国际采购中心。加快塑料、金属材料、粮食、煤炭、石化、化工、木材、机械等大宗商品电子交易中心的规范化建设，建立大宗商品交易价格指数编制与发布机制，打造具有国内外广泛影响力、辐射力的广州价格。在汽车零配件、酒类、茶叶、农产品、医药等较具优势的领域，探索商品交易中心发展模式。努力把广州建设成为"全球采购、广州集散、辐射全国"的大宗商品及工业原材料集散基地和采购中心。

二是培育以大型展贸市场（园区）为核心的国际采购中心。以广州国际商品展贸城等为依托，以吸引跨国采购龙头企业为重点，争取引进联合国和欧盟的采购组织、中国与东盟自由贸易区驻广州办事处、外国以及外省市的商会，形成由中小贸易商云集，若干大型跨国贸易企业为主导，跨国采购商、跨国渠道商、国际品牌制造商、贸易增值服务商、跨国公司制造商、贸易促进机构等入驻，打造以商品展示为主，集洽谈、接单和电子商务为一体的国际化采购中心。

三是培育以产业物流园区为核心的专业化国际采购中心。以广州国际医药港为示范带动一批产业物流园区成为专业化国际采购中心，增强商贸、物流、研发、会展、科普、电子商务、观光、旅游以及配套等功能，吸引国内外跨国公司地区总部、区域交易中心、结算中心、采购中心集聚，打造面向全国、辐射全球、永不落幕的商品采购交易会。

四是实施城市配送和物流示范工程。以大型物流企业为龙头，依托主要交通枢纽，在广州城区周边构建若干个综合性城市分拨配送体系。以"中央大厨房"和番禺农副产品物流配送中心建设为示范，构建城市商品配送标准体系和冷链物流体系构建为基础的城市主副食品物流配送体系。力争到2015年形成以电子商务为纽带，区域配送和集中配送相结合的城市配送体系。培育发展一批信息化程度高、配送系统完善、服务功能专业化的第三方物流示范企业，建设一批行业物流综合服务平台。

五是整合提升专业市场。按照"有形市场与无形市场、要素市场与商品市场相结合"的思路，加快批发市场的升级改造和创新商业模式，采取中心城区整合升级转型、城区外新建承接的做法，对批发市场实行不保留、转营、规划调整、转型升级发展四种处理办法，推动一批符合城市规划的批发市场向专业展贸批发集聚区发展，引导一批沿街式批发市场向特色专业街转型，迁移一批不符合城市规划且行业集聚度低下的批发市场。加快推进汽配、茶叶、木材、酒店用品、水产品、皮革皮具、布匹等 7 大批发市场群园区化升级改造，推广竞买制、拍卖制、电子交易等现代交易方式，加强行业信息发布功能和"广州价格"形成机制的建设，提升行业总部经济功能。

（审稿：林穗子）

The Effectiveness Analysis of Accelerating Structural Adjustment and Promoting Industrial Upgrading and Suggestions

Joint Research Group of Comprehensive Division, Economic and Trade Commission of Guangzhou Municipality

Abstract: In recent years, seizing the anti-driving mechanism formed from international financial crisis, Guangzhou actively implemented the "double transfer" strategy, promoting the industrial restructuring and upgrading, and achieved positive results in the development of the field of advanced manufacturing, modern services and energy saving etc. For the restructuring in the future, Guangzhou needs to further upgrade the scientific development level of the manufacturing, to seize the industry high ground. Meanwhile, Guangzhou should focus on building the international business and trade center, and promote the further development of modern service industry.

Key Words: Structural Adjustment; Industry Upgrade; Advanced Manufacturing; Modern Service

市场消费篇

Market Consumption

ℬ.16

关于改善广州市消费环境的对策研究

广东省社会科学院课题组*

摘　要：广州市消费环境建设已经取得重大成就，进一步改善广州市消费环境也具备了良好的基础和条件。应该按照建设国家中心城市、国际商贸中心和世界文化名城的整体要求，以构建和谐消费环境，建设现代城市流通中心、增强流通力，打造现代商贸企业聚集区和构筑购物天堂、时尚之都为目标，全面采取措施改善广州消费环境。

关键词：广州市　消费环境　思路与对策

　　加快转变经济发展方式，全面走上科学发展道路是后危机时期广州发展面临的新的历史任务。改善和优化消费环境，拓展消费市场空间，促进消费增长，是

＊　本课题为广州市人民政府决策咨询专家研究课题。主笔：李新家，广州市人民政府决策咨询专家，广东省社会科学院副院长，经济学研究员，管理学博士；参加本报告写作的还有广东省社会科学院研究员游霭琼、陈建。

广州建设国际商贸中心的关键任务，是建设国家中心城市的重要举措，是发挥商贸优势、加速转变经济发展方式的客观要求。

一　广州市消费环境现状分析

"十一五"时期，广州市消费环境持续优化，整体状况良好，但是与构建国家中心城市和国际商贸中心的目标定位相比，仍然存在较大差距。

（一）现状与特点

目前广州消费环境具有一些明显的优势和特点，主要表现为以下几个方面。

一是持续高速的经济增长为扩大消费提供了良好的经济环境。改革开放以来，广州经济持续高速增长，城市综合经济实力不断迈上新台阶，2010年的经济总量已突破1万亿元，成为内地第三个进入GDP万亿元城市。

二是扩内需促消费政策的贯彻落实为扩大消费提供了良好的政策环境。

三是商业设施的整治改造使广州消费硬环境不断趋于改善。近年来，广州市致力于畅通商品流通渠道、优化购物环境、强化酒店升级改造、打造特色饮食品牌，使广州消费环境进一步改善。

四是消费品零售总额快速增长，商业辐射功能明显增强。在连续10年保持两位数增长的同时，广州市社会消费品零售总额更是连续两年高居榜首，成为中国第一大消费城市，2009年社会消费品零售总额达到3648亿元（约合536亿美元），远远超过国际公认的国际商贸中心城市250亿美元的标准。

五是居民消费保持较快增长，消费结构升级特征凸显。居民消费能力持续增强，城乡居民消费支出稳步增长；城镇居民家庭的恩格尔系数呈现下降趋势，居民消费高端化趋势明显，对消费质量、消费品档次以及消费的快捷、高效、低成本要求更高，高额消费品成为消费热点、网络消费、服务性消费支出保持较快增长，居民花钱"买享受、买轻松、买时尚、买健康"等正成为居民消费的新趋势。但城乡消费、区域消费以及商品和服务消费不平衡的矛盾依旧突出，"十一五"时期，广州农村居民恩格尔系数呈窄幅变动态势。

六是文化娱乐支出占消费总支出比重提高。随着居民收入水平提高，居民文化娱乐消费支出增长较快，占消费总支出比重高于北京和上海，接近西方发达国家水平。

（二）广州与国内若干大城市消费环境比较

1. 消费情况对比

从总量看，广州市消费规模在我国四大城市中居于前列，但增速落后于天津；消费率高于天津，但低于北京和上海。

2. 商贸竞争力发展比较

广州在城市基础设施硬环境上与国内主要先进城市的差距并不大，有些指标还处于领先地位，华南特别是珠三角区域性交通运输枢纽和物流集散中心地位的确立，为广州建设国家中心城市和国际商贸中心打下了有力基础。但在商贸设施、物流中心建设、人才储备、龙头商贸集团企业等方面不仅与北京、上海、天津存在差距，而且与国家中心城市和国际商贸中心的标准要求也存在较大的差距。一是国际商贸中心所要求现代化大港口（海港、空港、信息港）、发达的物流体系与平台、现代化的综合运输体系与疏散系统等方面的商贸设施建设明显不足，便捷快速、连接空海港于一体的城市快速物流走廊也未形成，适应信息社会需要的具有全球化功能的物流信息平台尚未搭建。二是交通物流聚散能力存在差距。三是人才储备、科技实力及公共文化事业建设等方面存在差距，在科技投入、科技成果转化和科技创新环境等方面也弱于北京、上海，与天津相比优势也不明显。四是广州对外开放程度和层次相对较低。2009 年，在四大城市中，广州进出口规模排名第三，实际使用外资和外贸依存度排名第四。在国际交往上，广州与北京、上海相比也存在明显差距。在顶级品牌入驻率方面，广州与国内外先进城市的差距明显。现在的广州还没有成为大国际品牌代理商总部基地，与纽约、伦敦、巴黎、东京等国际商贸中心城市尚存一定差距，商业集中度远落后于北京与上海。

（三）广州消费环境建设的差距

1. 缺乏大型商贸流通企业

与上海、北京、深圳相比，广州商贸是单体经营唱主角，不仅缺乏上海百联、北京国美、深圳华润万家、大连大商这样的全国性零售龙头企业和家电量贩连锁巨人——苏宁、国美，更缺乏像沃尔玛、家乐福、亚马逊、麦德隆、太平洋百货那种集商贸于一身，以商带贸、以贸促商的跨国商贸业巨头。

2. 商贸方式相对落后，现代商贸发展水平低

长期以来，广州重视批发业等传统业态的发展，而对零售业等新兴业态则缺少政策性引导，致使商贸发展主要集中于"商"，所建的各类批发市场、商业一条街、商业功能区等大多是"商"气很"浓"，"贸"气不足，传统业态占主导地位，业态差异化不明显，商业流通模式单一。大型的商业网点布局不合理，商业网点的跨地区，乃至跨国连锁化、品牌化远没有建立起来，商业信息化、虚拟市场建设没有得到有效发展。

3. 商贸软环境建设滞后

与上海市政府在 1997 年就确立了"靠大、联大、做大"的战略思路相比，广州政府在现代商贸发展方面的体制创新不足，缺乏促进流通标准化、培养重点零售业龙头企业等方面的机制，期货市场发育程度不高，现代商贸人才十分短缺，市场环境有待进一步完善。

4. 高端消费供给不足，文化消费结构层次较低

与北京、上海比较，广州中等收入户、中等偏上收入户、高收入户的文化娱乐消费占消费支出的比重偏低。一方面是由于高端消费供给不足，导致高收入阶层的高端消费需求没有得到满足；另一方面在已有的精神文化消费中，广州居民存在重娱乐性消费、轻发展性消费，热衷于趣味消费、忽视高雅消费和健康消费的问题。

二 广州市改善消费环境的条件分析

改善消费环境既是广州建设国家中心城市和国际商贸中心所必须，又具有较好的基础和条件，但也面临一系列的制约因素。

（一）有利条件

1. 基础条件

（1）悠久的商贸历史和深厚的文化积淀。广州是千年商都，拥有 2000 多年历史的商业名城、我国海上丝路的起点，商贸历史积淀深厚；同时是全国第一批历史文化名城，岭南文化中心地、近现代革命策源地、当代改革开放前沿地和最具活力的会展城市。

（2）祖国南大门的区位优势。广州地处珠江出海口，位于珠江三角洲的中心，而珠三角又地处南中国和东南亚区域经济圈的几何中心，毗邻香港、澳门，联系太平洋和印度洋。随着空港、海港的加速发展，各种快捷的铁路、高速公路体系建设步伐的加快，广州作为我国南方重要门户的地位不断得到强化。这种地理和区域中心优势，为广州建设国际商贸中心提供了宽广的腹地和空间。

（3）持续增强的城市综合经济实力。改革开放 30 多年来，广州经济持续高速增长，生产总值从 1978 年的 43.09 亿元增加到 2009 年的 9113 亿元，平均 5 年翻一番，城市综合经济实力不断迈上新台阶。2009 年，广州人均 GDP 为 88834 元（按常住人口计），折合 13069 美元（1 美元 = 6.8 元人民币汇率计），已达到了中等发达国家水平。广州与京、津、沪三城市人均 GDP 之比为 1.00：0.77：0.70：0.89，广州高居榜首。

（4）排名第一的营商环境。根据《2008 中国营商环境报告》，广州的营商环境在全国 30 个城市中排名第一。与营商环境有最密切关系的开办企业、注册产权、获取信贷和强制执行合同等四项指标，广州均位居前列，优势凸显。

（5）领先的商贸服务业发展优势。近年来，广州现代服务业呈现出良好发展势头。现代物流、金融保险、商务会展、总部经济、信息服务、文化创意和服务外包等现代服务业发展迅速，结构不断优化，服务功能不断增强，集群效应日益凸显。同时，广州商贸服务优势明显。目前，广州拥有零售商业网点 10 万多个，为全国十大城市之首，专业批发市场 900 多个，市场和消费规模在全国占重要地位，直接影响和引领着珠江三角洲地区的消费趋向。作为行业风向标与价格晴雨表的"广州价格"，充分凸显了广州作为华南经济中心的地位和作用。广州的商贸从业人口比例尽管低于纽约、伦敦、巴黎等一些国际中心城市，但与北京、上海相比，仍然处于领先地位。2006～2009 年，广州在《福布斯》发布的《中国大陆最佳商业城市排行榜》的排名，由 14 位跃升为第 2 位，目前排名仅次于上海，而且在《福布斯》的排行榜上，广州一直保持着难以撼动的物流中心优势。

（6）一流的交通枢纽优势。广州具有一流的交通基础设施，空港、海港和信息港条件优越，拥有"三港双快"（空港、海港、信息港，高快速道路、快速轨道线）为主骨架的现代化交通网络。

（7）良好的城市建设基础。广州是一个适宜生活居住的城市，享有"花城"的美誉。先后荣获了"国家卫生城市"、"国家环境保护模范城市"、"中国人居环境奖"（水环境治理优秀范例城市）、"国际花园城市"、"联合国改善人居环境最佳范例奖"和"欧洲人最喜爱的中国旅游城市"等称号；广州信息化综合指数位于国内前列，已被列入国家信息化试点示范城市；已经建成城市五大污水处理系统。随着"首善之区"建设的推进，广州城市环境的绿化、美化、生态化和艺术化水平将全面提升。

（8）强大的珠三角制造业和城市群为依托。2009年珠三角以仅占全国0.57%的土地面积和3.57%的常住人口实现了经济总量占全省的82.16%、全国的9.57%，并先后超过亚洲"四小龙"的新加坡、香港和台湾，达到中等发达国家的经济发展水平。珠三角雄厚的经济实力和广州作为珠三角核心城市功能的提升为广州打造国际商贸中心提供了有力支撑。

2. 政策条件

从国家、省到市一系列扩大内需、刺激消费、增强消费对经济发展拉动力政策措施的出台为广州打造国际商贸中心，改善消费环境提供了政策支撑。

3. 需求条件

广州所面临的重大发展契机，加上经济发展水平的不断提高、居民消费结构升级和城市转型发展的加快为改善消费环境创造了巨大的需求空间。

（1）居民消费结构升级需要。随着工业化、城市化逐步走向高端，生产力水平上升，国民收入增加，广州居民需求已实现了低层次的生存需求向高层次的发展需求和享受需求的转变，对消费环境提出了更高要求。这时提高社会性消费比重，大规模增加社会公共产品供给，加快社会基础建设与社会事业发展，更好地满足城乡居民交通、通讯、居住、医疗保健和文教娱乐消费需求，构建和谐消费环境就成了改善广州市消费环境的重要内容。

（2）广州城市转型的需要。调结构、促转型，建设国际商贸中心、世界文化名城和国家中心城市是广州"十二五"以及未来一段时期的核心任务，改善消费环境是其中的一个具体内容。必须通过消费环境的改善增强广州对高端要素的吸引力，从而加快广州现代产业体系的建立，强化广州辐射、带动、服务功能。

（二）制约因素

1. 居民收入水平提高缓慢对消费需求扩大形成制约

长期以来，不论是广州的城镇居民可支配收入还是农村居民人均纯收入都低于上海和深圳。收入分配不合理、城乡居民收入短期内难以大幅度提高是制约广州居民消费增长的根本原因。

2. 消费环境缺陷对居民消费意愿和消费信心产生负面影响

近年来虽加大了对市场监管和整治力度，市场秩序也有所改善。但由于相关管理体制不健全、监管机制不完善，使得广州消费环境还存在许多隐患，严重影响居民消费信心和消费意愿。营造放心的消费环境仍然任重道远。

3. 现代服务业发展滞后是消费环境改善的瓶颈

广州 2009 年的服务业增加值占 GDP 的比重虽达到了 60.9%，但仍远远低于发达国家 72% 的平均水平和 68% 的世界平均水平。从广州第三产业内部结构来看，传统服务业依旧占了大头，占全省比重最大的行业是交通运输仓储邮政业，新兴服务行业商务服务业、金融保险业、科学研究和技术服务业、卫生和社会保障福利业等所占比重不高，这种状况与广州作为广东的经济、文化、政治、教育中心的地位不相称，而商务服务业[①]发展的相对滞后制约着广州高端要素的聚集，致使总部经济发展缓慢，创新能力提升乏力，从而弱化了广州作为区域中心城市的服务功能和经济辐射功能。同时，教育、卫生、社会保障和社会福利业发展滞后，与人们消费结构升级需要不相适应。

4. 城市规划不到位是对消费环境改善的制约

由于城市规划不到位，城市功能分区不突出，功能布局不合理，缺乏成熟的城市综合体项目，使得广州商贸优势得不到很好发挥。

三　广州市消费环境的基本思路

按照建设国家中心城市、国际商贸中心和世界文化名城的总体要求，应将构建和谐消费环境，建设现代城市流通中心、增强流通力，打造现代商贸企业聚集区和构筑购物天堂、时尚之都作为改善广州市消费环境的主要目标。根据广州目前消费环境现状、优劣势和发展要求，建议广州今后改善消费环境采取以下思路。

[①] 商务服务业是新兴的服务行业，包括各种形式的市场中介服务，科技、管理、信息、法律等方面的咨询服务，代理、代办、经纪、拍卖等代理性服务，会计、评估、统计、审计、广告、计算机、市场调查等专业性服务。

（一）国际商贸中心和世界文化名城建设并举，创新和发挥广州商业文化的作用

发挥商贸优势，建设国际商贸中心。着力培育本土商品品牌和零售品牌，引进国际知名品牌，形成品牌聚集，扩大商品品牌和零售品牌的影响力；着力提高特色商业街区的感召力，形成各具特色、功能互补、街区连接成片，更好地满足消费者购娱餐需求的商业街区；提升城市商业业种业态以及经营手段的创新力，适应消费者消费需求多元化趋势、日趋激烈商业生态竞争环境和日新月异的技术创新；加强历史街区的开发模式与民间商业文化产业发展的契合，更加注重商贸中心建设的人性化和亲民性，将传统文化品牌和现代商业休闲有机结合，多形式开发利用好历史文化街区、民间品牌商业资源，增强特色传统零售商业的市场竞争力和文化融合力，打造文化品牌，满足文化消费需求；利用广州独特的岭南文化特色、悠久的人文历史底蕴和日新月异的都市文化优势，塑造历史文化与现代文明有机统一、凸显广州开放务实人文特色的现代商务文化，树立良好的商务区形象。

（二）以世界眼光和战略意识，加快广州商贸发展的国际化

扩大对外开放，引进国际先进的规划设计、经营管理理念和新兴商业业态，吸引更多国际品牌和国际著名商贸企业落户广州，鼓励商贸企业开拓国际市场，加快融入国际市场，提高商贸业国际化水平。

（三）以大广州思路，提升广州在珠江三角洲城市群中的中心城市作用

以大广州思维，进一步发挥广州区位、历史优势，通过制度、技术创新，建设服务平台，深化服务市场、提高服务质量、创新服务机制、营造服务文化、增强广州资源、要素、产业聚集能力，吸引服务国内外的更大的资金流、信息流、人流、物流，实现城市流量扩张，努力提升城市价值和地位。

（四）坚持以人为本、以商为主的思路，做好城市功能区分与规划协调

树立"设计广州"的理念，深化完善广州城市总体发展战略规划、主体功能区规划和土地利用总体规划，规划建设好与广州"东进、西联、南拓、北优、中调"的城市总体发展战略相一致的"四线三圈，两轴一带"的商业发展布局。在中观层面，重点抓好国际商贸中心、世界文化名城的规划设计；在微观层面，秉承以人为本、以商为主的理念，做好城市微观设计，提高城市景观水平，提升城市宜居宜业程度。一是突出打造都会级、区域级、社区级等不同规模的现代都市商业功能区；二是做好现代商贸聚集区的布局及规划；三是综合运用规划、经济、法律、行政、管理等手段，强化城市功能协调。

（五）以大市场思路，构建多层次、多元化的立体消费市场体系

实施大流通、大市场战略，构筑多层次、多元化的立体消费市场体系。突出主业和全面发展相协调；消费天堂和购物天堂相结合；满足本地市场需求和满足全球市场需求相结合；突出高端消费市场和全面满足社会需求相结合。一是着力开拓新市场；二是着力做强一批具有国际竞争力的商贸流通巨头；三是着力构筑多元化商贸品牌群；四是着力培育消费热点；五是着力实施"商旅互动"发展战略，促进商业贸易和旅游业、会展业的融合发展。

（六）以大环境思路，超前谋划，全方位改善消费环境和营商环境

以大环境思路，软硬两手抓，全方位设计、改善消费环境和营商环境，使广州消费环境和营商环境在全国排名最前列，成为亚太地区最重要的商务中心之一及世界五百强企业新一轮投资热土，为国际商贸中心提供相匹配的环境。一是加快推进枢纽型、功能性、网络化的现代化城市基础设施建设；二是加快传统批发市场转型升级；三是构建多层次的物流配送体系，加快发展现代商贸物流业；四是加快商贸物流业信息化建设；五是健全各项政策和制度，进一步改善消费政策环境。

（七）以大腹地思路，为国际商贸中心建设拓展广阔的消费市场空间

发挥广州商贸优势和祖国南大门的区位优势，提高广州商贸集散辐射功能和资源配置能力。建设连接泛珠三角的现代交通网络；大力发展现代服务业，构建开放型经济体系，扩大现代服务输出，提升广州服务泛珠三角内陆省区工业化起飞和加速发展的能力。

四 广州市消费环境的对策建议

改善广州消费环境必须适当超前规划，整体设计，把环境建设，城市发展与管理创新有机结合起来，抓住主要矛盾，采取一系列对策措施，争取在解决一些重点问题上有新的突破。

（一）以城市规划和城市建设为抓手，重构城市空间结构

（1）更新规划理念。树立城市功能从工业生产主导向创意生产主导转变、从生产主导向消费主导转变的理念，树立广州应与次一级城市有所分工，成为高端服务业集聚区、高收入人才集聚区、高端消费集聚区的理念。

（2）调整城市中心区域交通干线，增加步行交通设施，改善城市的步行通达性，加强商务中心核心区域的商务联系，加强商业中心的商业联系，促进商务中心与商业中心的规模扩展与功能提升。

（3）合理规划不同层次的居住区布局，合理规划不同层次的商业区布局，为高端商务区和高端商业区留下发展空间。

（4）维护城市中心区域房地产价格的市场化机制，提高城市中心地带的商业价值，推动城市中心地带的升级改造，打造中央商务区和高端商业中心。

（5）规范房地产市场，降低二手房产交易成本，加快人口在市内的迁移，促进城市人口居住格局的调整与演化进程。

（6）高标准规划和开发珠江新城中央商务区、琶洲中央会展区、员村中央商务区延伸区经济带。

（二）着力引进国际著名企业，提高城市品位

推动城市设计、建设、经营与客户的国际化和高端化，提高城市品位，扩大城市国际影响力，吸引全球消费者。

（1）大力引进国际著名设计机构，打造具有全球影响力的地标性建筑。

（2）大力引进国际著名商业地产发展商，提高高端商业地产的经营水平与国际化水平，吸引跨国公司总部和国际知名品牌集聚。

（3）保障规划的权威性，实施拆迁与建设分离，促进商业地产与房地产投

资市场的公平竞争，为引进国际著名地产发展商建立良好环境。

（4）大力引进国际著名展览机构、金融、会计、法律、信息、咨询、高端商贸文娱企业、酒店经营等现代服务业企业落户。大力引进档次高、影响大的国际性会展活动。

（三）以城市主题文化为统领，引导文明消费，振兴老字号品牌，建设特色城市

推进城市文化的传承与创新，建设世界文化名城，培育城市特色，提高消费品位。

（1）确立广州的城市主题文化，围绕城市主题文化，制定世界文化名城建设的行动纲领。以主题文化为统领，在城市的经济、文化、建筑中挖掘城市特色，升华城市特色，建设城市品牌。

（2）建立老字号品牌与街区品牌的保护机制，财政给予适当的支持，拯救和复兴老字号品牌和街区品牌。

（3）在国资委设立专门机构，负责管理老字号品牌。深化体制改革和经营创新，针对不同老字号的特点，引入现代品牌经营管理模式。

（4）在旧城改造中加强对街区品牌的保护，加强对历史建筑物的保护。

（5）将城市主题文化宣传、老字号品牌的宣传作为公益宣传的一部分，以政府采购形式，委托专业机构策划宣传。以政府扶持、市场运作模式，举行专项活动，在旅游推介与消费促进活动中，弘扬广州文化，促进广州特色品牌发展。

（6）在城市文化建设中，提高市民素质。发挥媒体力量，引导文明生活方式，提高市民消费品位。

（四）加强市场监管，规范消费市场，保护消费者权益

加强市场监管与消费者权益保护，建立价格信息透明、公平交易的消费环境，促进消费者放心消费。

（1）明确各市场监管部门的分工与责任，加强各监管部门之间的信息沟通，提高监管执行力。

（2）降低市场经营准入门槛，解决前置审批问题，为经营者办证照提供便利，取缔无证经营。

（3）加强消费者委员会的维权能力，保障消委会依法履行职责。建立消委会与相关监管部门之间的合作机制。

（4）加强信息公布和社会监督。建立各部门处理违法企业的信息互通机制，建立违法企业的信息公布机制。为媒体监督提供便利，规范媒体信息发布行为。

（5）加强政府对行业协会的行政指导，发挥行业协会作用，提高行业自律水平。

（6）建立退款保障机制，切实保障消费者利益。

（审稿：彭建国）

Research on Improving Consumption Environment
of Guangzhou City

Research Group of Guangdong Province Academy of Social Sciences

Abstract：The construction of Consumer environment in Guangzhou has made significant achievements. Further improve the consumption environment, Guangzhou also has a good foundation and conditions. Should in accordance with the overall requirements of building an international business and trade center, national center city and world-famous cultural city, in order to achieve the targets of building a harmonious environment for consumption, construction of modern urban distribution centers, creating a gathering area of modern business and trade enterprises, take comprehensive measures to improve the consumption environment in Guangzhou.

Key Words：Guangzhou City；Consumption Environment；Ideas and Strategy

B.17
广州市消费需求与经济增长关系的实证研究

李 俊*

摘 要： 本文通过回归模型、弹性系数等方法来研究消费需求与经济增长的关系，用历史数据说明广州市消费需求的现状、变化特点，及其对广州经济增长的促进作用。并分析制约广州消费增长的主要因素，提出扩大消费需求、促进经济增长的对策与建议。

关键词： 消费需求　经济增长　扩大内需

在十七届五中全会审议通过的"十二五"规划建议中，扩大内需第一次在五年规划建议中独立成篇，位居十大建议之首，而扩大消费需求被确立为扩大内需的战略重点。因此，研究消费需求与经济增长的关系，研究广州市消费需求的现状及其变化特点，分析制约消费增长的主要因素，提出扩大消费需求的对策与建议，对保持广州经济社会持续又好又快发展有积极的意义。

一 广州市消费需求与经济增长关系的实证分析

（一）广州市消费需求对地区生产总值影响的回归分析

本文利用近20年来的数据，建立数学模型来分析广州市最终消费与地区生产总值之间的数量关系。

＊ 李俊，女，硕士研究生，广州市统计局副主任科员。

从表1可以得到从 1989～2009 年的广州市支出法地区生产总值（以下简称 GDP）及最终消费支出的 21 组数据，分别设 Y 和 X 代表 GDP 和最终消费支出额。在直角坐标系中描绘出各点（见图1）。从图1可以明显看出，这2个指标呈正向线性关系。

表1 广州市消费需求与 GDP 相关数据

年份	地区生产总值		最终消费支出		消费需求弹性系数	最终消费支出对 GDP 增长的贡献率(%)
	绝对量（亿元）	增速（%）	绝对量（亿元）	增速（%）		
1989	287.87	—	159.02	—	—	—
1990	319.60	11.3	160.65	3.2	3.58	12.2
1991	386.67	16.3	170.37	3.1	5.28	9.6
1992	510.70	23.3	226.27	19.2	1.22	37.1
1993	744.35	26.4	317.05	11.5	2.30	21.1
1994	985.31	19.0	433.59	14.3	1.33	32.1
1995	1259.20	16.6	559.53	12.8	1.30	31.5
1996	1468.06	12.5	645.24	10.3	1.21	30.6
1997	1678.12	13.4	744.37	14.3	0.93	39.3
1998	1893.52	13.2	820.77	13.4	0.99	35.9
1999	2139.18	13.2	935.60	19.9	0.66	51.5
2000	2492.74	12.9	1146.61	24.1	0.54	59.2
2001	2841.65	12.7	1333.88	17.6	0.72	63.7
2002	3203.96	13.2	1506.55	15.3	0.86	55.6
2003	3758.62	15.2	1707.42	13.6	1.11	43.8
2004	4450.55	15.0	1860.88	4.8	3.13	26.4
2005	5154.23	12.9	2103.83	13.8	0.94	46.8
2006	6081.86	14.9	2440.71	13.6	1.10	37.2
2007	7140.32	15.3	2878.91	14.8	1.03	39.0
2008	8287.38	12.5	3348.51	12.8	0.98	41.0
2009	9138.21	11.7	3712.40	12.4	0.94	42.7

资料来源：《广州统计年鉴2009》，下同。

根据表1的数据，可以得到 Y（GDP）关于 X（最终消费支出）的一元线性回归方程为：$\hat{Y}_i = b_0 + b_1 X_i$，其中 i 代表年份，b_0 和 b_1 分别代表截距和斜率。用马克威软件进行拟合，得出 Y 关于 X 的一元线性回归方程为：

$$\hat{Y}_i = -169.03 + 2.4905X_i, 而 R = 0.9982, R^2 = 0.9964$$

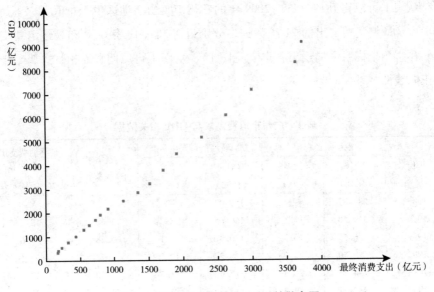

图1　广州市最终消费与 GDP 的散点图

因此，X 与 Y 的变化呈正相关关系，相关系数为 0.9964，相关密切，方程拟合度很好。这说明消费需求是推动广州市经济增长的重要力量，消费需求每增加 1 个单位，GDP 则将增加 2.4905 个单位。

（二）广州市消费需求对经济增长的弹性分析

弹性系数是一定时期内相互联系的两个经济指标增长速度的比率，它是衡量一个经济变量的增长幅度对另一个经济变量增长幅度的依存关系。消费需求弹性系数是一个具体反映消费需求对经济增长的影响作用或制约性的指标。它是经济增长率与消费需求增长率之比，说明消费需求每增长一个百分点能带动经济增长的百分点。

本文中涉及 GDP 的增长速度均为扣除价格因素后的实际增速。因此得到的消费需求弹性系数也为实际弹性系数。

从表1可以看出，广州市消费需求弹性的变化与经济增长有密切关系。在宏观经济的扩张期，消费弹性系数较大；在宏观经济的收缩期，消费弹性系数较小。

1990～2009 年间，广州市实际消费弹性系数在 0.54～5.28 之间，除了 1990、1991、2004 年这 3 年的弹性系数在 3 以上，20 年来实际消费弹性系数均在 1 左右，均值为 1.0611 > 1，这说明广州市消费富于弹性，实行扩大内需以刺激消费的政策可以有效地促进经济增长。

二 广州市经济增长和消费需求现状

（一）广州市经济增长现状

2009 年，广州市生产总值为 9138.21 亿元，同比增长 11.7%（见图 2）；人均 GDP 达 89082 元，按当年平均汇率折合为 13038 美元；而 2010 年广州市跻身"万亿 GDP 俱乐部"。

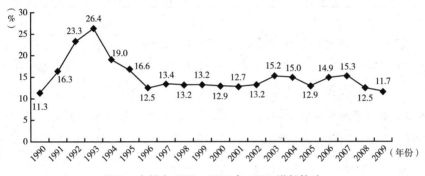

图 2　广州市 1990～2009 年 GDP 增长轨迹

由图 2 可以看到，1990～2009 年，广州市经济保持快速增长态势。按照经济周期理论中的"谷—谷"划分法进行划分，广州经济增长大致可以分为 3 个完整的周期。1990～1996 年为第一个周期，GDP 增长速度从 1990 年的谷底 11.3%，连续三年高增长，在 1993 年达到峰值 26.4%，随后三年增速逐渐回落，于 1996 年到达谷底 12.5%；1997～2005 年为第二个周期，1997～2002 年这 6 年间 GDP 均保持平稳较快增长，增速稳定在 13% 左右，2003 年达到峰值 15.2%，随后两年逐步下降，2005 年到达谷底 12.9%；2006～2009 年为第三个周期，2007 年达到峰值 15.3%，2009 年到谷底 11.7%。

（二）广州市消费需求现状及变化特征

1. 消费需求增长周期性变化与经济增长周期一致

从 1990 年以来消费增长的运行轨迹看，周期性变化特征较为明显（见图 2）。

按"谷—谷"划分法可以看出，1990年以来广州消费增长也经历了3个完整的周期（从2010年广州全年的经济形势来看，预计2009年的消费增长速度将会是一个谷底），每个周期为5~8年（见表2）。由数据可看出，广州市消费增长周期变动与全市经济增长周期一致。

表2　1990年以来广州消费增长的3次周期性波动

周期序号	起止年份	年数（年）	扩张期（年）	收缩期（年）	扩张期最高增速(%)	收缩期最低增速(%)	平均增速（%）	波动系数
1	1991~1996	6	2	4	19.2	3.1	11.9	0.45
2	1997~2004	8	3	5	24.1	4.8	15.4	0.37
3	2005~2009	5	2	3	14.8	12.4	13.5	0.069

由凯恩斯经济理论，支出法核算 GDP 由最终消费、资本形成总额（简称"投资"）I 和净出口 NX 三部分构成，即 $GDP = C + G + I + NX$，其中最终消费又分为居民消费 C 和政府消费 G。当其他因素不变，最终消费增加时，会带来 GDP 的增加。而根据消费函数 $C = C_0 + cY$，其中 $c > 0$，Y 为国民收入或总产出。当 Y 增加时，会带来消费 C 相应增加[①]。

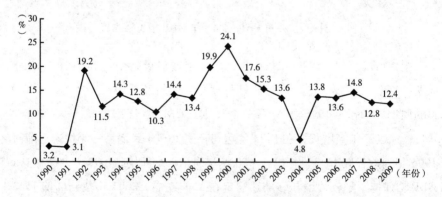

图3　广州市1990~2009年消费增长轨迹

由图3可以总结出广州市消费需求增长有如下周期性特点。

"双驼峰"特征明显，收缩期增速下降较缓。从前三轮周期的运行轨迹来

---

① 在宽泛意义上的国民收入 Y 和地区生产总值 GDP 都是衡量一地国民收入或总产出水平的主要经济指标。

看，每个周期消费增速都至少有两次冲高的过程，呈现不规则的"M"形态，运行轨迹具有"双驼峰"特征，且后一个驼峰低于前一个驼峰。从图3观察可知，除2004年增速急剧下降外，"M"形态的右边下降通道较为平缓，这说明在收缩期消费增长未出现大幅度的回落。

增长稳定性趋好。在这三轮周期中，消费增长的波动系数（标准差/平均增速）由第一轮周期的0.45，降到第二周期的0.37，再到第三周期的0.069，呈不断下降的趋势，说明消费增长的稳定性不断提高。

周期底部增速上移。这三个周期的底部增速分别为3.1%、4.8%、12.4%。周期底部上移显示消费扩张的潜力进一步增强。

2. 消费需求几乎撑起 GDP 的"半壁江山"

1989～2009年以来，广州市的消费率（即为最终消费占 GDP 的比重）一直保持稳定，最高为55.24%，最低为40.13%，平均值为44.31%，几乎撑起全市GDP的"半壁江山"。而2005年以来广州市消费率呈逐年下降趋势，到2009年，仅为40.62%。

从图4可以看出，同期广州市投资率（即资本形成总额占 GDP 的比重）的变化基本上与消费率呈相反的趋势；投资率于1993年达到最高（60.88%），其后3年仍保持在50%以上的高位。1997～2009年，投资率呈震荡下降，保持在30%～48%之间。

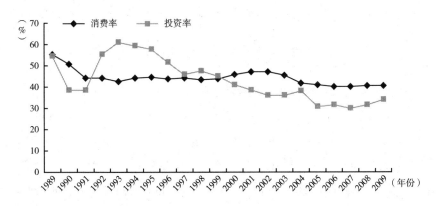

图4 广州市1989～2009年消费率与投资率轨迹

从世界各国工业化发展进程来看，在经济起步或快速增长阶段，消费率总是处于较高水平，投资率相对较低。随着工业化进程的不断推进，消费率呈现先从

261

高到低，再从低到高并趋于相对稳定的"U"型变换趋势；同时投资率以倒"U"型趋势做相反的变动。① 从图 4 看到，目前广州市消费率和投资率的"U"型和倒"U"型趋势还不太明显，消费与投资仍是拉动广州经济快速增长的两个势均力敌的重要力量。目前广州市正处在工业化进程的后期和城市化中期加速发展阶段，正确地引导消费和投资走向，是加快广州市经济结构调整、产业结构升级的关键环节。

3. 消费需求对经济增长的贡献相对稳定

如图 5 所示，1991 年以来，消费需求对经济增长的贡献率不断提高，从 1991 年的 9.6% 提高到 2009 年的 42.7%。与投资需求的贡献率相比，消费的贡献率在一个较为狭窄的区间波动，这说明消费需求对经济增长的影响比投资需求更为稳定。

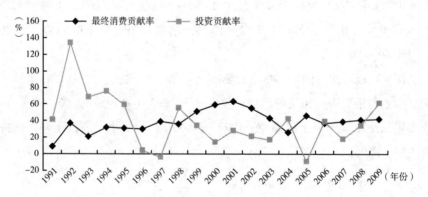

图 5　广州市 1991～2009 年消费和投资对经济增长的贡献率

4. 居民消费在最终消费中占据重要位置

广州市居民消费占最终消费的比重可以分为三个阶段。1989～1998 年间，广州市居民消费占最终消费的比重稳定在 75% 以上，最高曾在 1991 年达 83.18%（见图 6）；1999～2004 年间，这一比重保持在 70% 以上，也呈逐年下降趋势，从 1999 年的 74.36% 下降到 2004 年的 71.67%。2005～2009 年间，这一比重稳定在 66% 以上，于 2005 年（69.45%）达到阶段最高。1989 年以来，

---

① 张蕾：《改革开放以来甘肃省消费率与投资率的变动趋势分析》，《甘肃科技》2010 年第 18 期。

广州市居民消费占 GDP 的比重呈下降趋势，从 1989 年的 41.14% 到 2009 年的 27.50%（见图 7），降低了 13.64 个百分点。而政府消费占 GDP 比重基本保持平稳上升趋势。2006 年以来，居民消费占 GDP 的比重呈上升趋势。这与"十一五"时期实行的一系列扩大内需、刺激消费的政策有关。

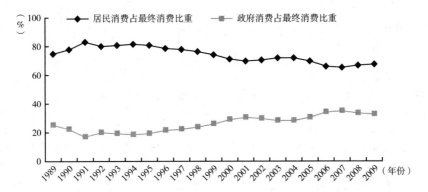

图 6 广州市 1989～2009 年居民消费和政府消费占最终消费的比重

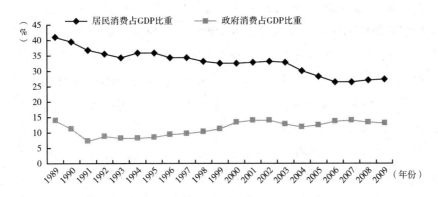

图 7 广州市 1989～2009 年居民消费和政府消费占 GDP 的比重

5. 城市居民消费结构逐步调整升级

从表 3 可以看出 1980～2009 年广州市城市居民消费结构的变化情况。总结一下有以下几个特点。

恩格尔系数大幅下降。恩格尔系数（即消费结构中的食品支出占消费性支出的比例）从 1980 年的 70.35% 下降到 1995 年的 50.20%，再下降到 2009 年的 33.18%。2009 年广州市城市居民恩格尔系数比 1980 年和 1995 年分别下降了 37.17 个和 17.02 个百分点。

表3　广州市主要年份城市居民人均消费支出比重情况

单位：%

年　份	消费性支出	食品	衣着	家庭设备用品及服务	医疗保健	交通及通讯	娱乐文教服务	居住	其他商品及服务
1980	100.00	70.35	9.42	4.60	1.22	0.98	4.54	4.56	4.32
1985	100.00	62.50	6.46	8.58	1.31	3.11	7.80	5.19	5.06
1990	100.00	60.65	6.40	7.23	1.66	3.03	8.03	8.00	4.99
1995	100.00	50.20	6.55	9.09	3.22	6.26	9.66	8.67	6.35
2000	100.00	42.61	5.17	7.16	3.92	9.11	12.72	12.99	6.33
2002	100.00	41.05	5.29	7.00	5.55	11.11	16.41	9.20	4.39
2003	100.00	38.93	6.00	6.98	6.30	12.14	16.28	10.10	3.26
2004	100.00	38.28	6.67	5.54	6.09	13.16	16.91	9.70	3.63
2006	100.00	37.05	6.19	5.11	5.94	17.14	16.39	8.82	3.36
2007	100.00	32.81	6.24	5.77	5.95	18.52	17.17	9.91	3.52
2008	100.00	33.69	6.72	6.73	5.90	15.48	16.90	9.41	5.17
2009	100.00	33.18	6.67	7.12	6.08	14.59	18.13	9.30	4.94

　　联合国根据恩格尔系数的大小，对世界各国的生活水平有一个划分标准，即一个国家平均家庭恩格尔系数大于60%为贫穷；50%～60%为温饱；40%～50%为小康；30%～40%属于相对富裕；20%～30%为富裕；20%以下为极其富裕。按此划分标准，从表3可看出，近30年来，广州市城市居民的生活水平已经从贫穷、温饱逐步转变到小康水平，并于2003年跨入相对富裕阶段，且此后均稳定在此阶段。

　　娱乐文教服务消费所占比重逐年上升。娱乐文教服务消费支出占消费性支出的比例从1980年的4.54%上升到1995年的9.66%，再到2009年达到最高18.13%。2009年广州市城市居民娱乐文教服务消费支出占消费性支出的比重比1980年和1995年分别上升了13.59个和8.47个自分点。

　　交通及通讯消费所占比重不断上升。交通及通讯消费支出占消费性支出的比例从1980年的0.98%上升到1995年的6.26%，再上升到2007年的18.52%，达到最高，2008年和2009年这一比重有所下降，但都在14.5%以上。2009年广州市城市居民交通及通讯消费支出占消费性支出的比重比1980年和1995年分别上升了13.61个和8.33个百分点。

　　随着居民收入水平的不断提高和汽车产业的蓬勃发展，人们提高交通消费档次的愿望越来越强烈，交通方面的消费支出也不断增加。私家车陆续走进较富裕的居民家庭，而快捷又方便的动车组、高铁和飞机也成为人们出远门的首选交通工具。通讯需求更是迅速扩大成居民消费支出的一大热点。据城市居民家庭每百户调查显示，移动电话拥有量从1997年的38台，已经增加到2009年的252台，增长了5.6倍；家用汽车拥有量从2005年的6辆增加到2009年的19辆，增加了2.2倍。

随着我国市场经济的逐步建立，各级政府陆续推出了货币分房、医疗及养老保险社会化和教育市场化等改革措施，这对居民的消费结构也产生了不小的影响。广州市于1998年推出了货币分房政策，进一步取消福利分房，从表4数据可以看到，2000年广州市城市居民用于居住的消费占到消费总支出的12.99%，较1995年（8.67%）提高了4.32个百分点，此后至2009年的几年均保持在9%左右。居民用于医疗保健的消费支出比例也是逐年递增，从1980年的1.22%上升到2009年的6.08%。2002年以来这一比例均稳定在6%左右。

表4　广州市主要年份城市与农村居民人均收入与支出情况

单位：元

年　份	城市居民人均可支配收入	城市居民人均消费支出	农村居民人均纯收入	农村居民人均生活消费支出	城市居民平均消费倾向(%)	农村居民平均消费倾向(%)
1980	606	521	323	259	0.86	0.80
1985	1100	1011	733	535	0.92	0.73
1990	2749	2410	1539	1219	0.88	0.79
1995	9038	7602	4483	3308	0.84	0.74
2000	13967	11349	6086	4453	0.81	0.73
2005	18287	14468	7080	5396	0.79	0.76
2006	19851	15445	7788	5629	0.78	0.72
2007	22469	18951	8613	6342	0.84	0.74
2008	25317	20836	9828	6838	0.82	0.70
2009	27610	22821	11067	7742	0.83	0.70

按满足人们消费需求的不同层次来分类，可以把消费结构分为生存资料消费、享受资料消费和发展资料消费三类。在城市居民消费调查的八大类中，用于食品和衣着方面的支出可以归类为生存性消费支出，用于娱乐文教服务、交通及通讯、医疗保健、居住等的支出可以归类为发展享受型消费支出。随着广州市经济持续快速发展，居民消费水平有了较大提高，消费结构也逐步调整升级，发展享受型消费支出成为新的消费热点。

6. 居民消费倾向略有下降

居民消费倾向可以用居民收入中用于消费的部分所占比例来表示。从表 4 可以看出,广州市城市居民平均消费倾向在 2000 年以前均保持在 0.8 以上,2001~2006 年略有下降均在 0.79 左右,于 2007 年又上升至 0.84,此后两年均保持在 0.8 以上。而农村居民平均消费倾向保持在 0.7 以上,且保持下降趋势,从 1980 年的 0.80 下降到 2009 年的 0.70。

2007 年广州市城市居民人均可支配收入的增速为 13.2%,有效促进了当年消费倾向的提高。而 2007 年以来农村居民人均纯收入连续三年保持两位数增长,但这并没有促成农村居民消费倾向的同期增长。

三 制约广州市消费需求增长的主要因素分析

(一) 广州市消费率仍然偏低

"十一五"时期 (2006 年以来),广州市消费率与投资率相差都相对稳定,均在 7.5 个百分点左右。2009 年广州市消费率为 40.62%,投资率为 33.94%,净出口占 GDP 的比重达到 25.46%,这说明外部需求在广州市经济增长中仍发挥较大作用。

与国内其他 3 个中心城市比较,广州的消费率仍然偏低。2009 年广州市 40.6% 的消费率,比北京 (55.6%)、上海 (52.3%) 分别低 15.0 个和 11.7 个百分点。与其他国家相比,相差更远。根据世界银行 WDI 最新统计数据整理得到,1978~2009 年,全球的平均消费率为 77.63%,且呈上升趋势;发达国家中的美国、日本、德国和英国的年均消费率分别为 83.43%、70.87%、78.16% 和 83.11%;发展中国家的巴西、印度、印度尼西亚和埃及的年均消费率分别为 79.74%、76.56%、69.31% 和 85.14%;而这一时期我国年均消费率则不足 60%。[①]

国际经验表明,消费率平均保持在 60% 以上是经济发展所必需的;反之,如果一个国家或地区的消费率长期低于 60%,就应该对其宏观需求结果进行必要的调整。[②] 广州市正处于工业化进程中后期,投资率大幅下降的可能性不大,

---

① 世界银行网站,http://www.worldbank.org/。
② 刘立峰:《消费与投资关系的国际经验比较》,《经济研究参考》2004 年第 72 期。

现阶段消费和投资仍是拉动广州经济增长的双引擎，因此更需要逐步调整经济增长方式，处理好消费与投资的关系，加大与消费密切相关的基础设施的投资建设力度，让大众享受到更多的基础设施及公共服务、拥有更好的消费环境，这样才能从根本上扩大消费需求、刺激消费增长。

（二）居民收入增长慢于经济增长，城乡居民收入差距较大

从经济学理论可知，消费需求的大小受居民可支配收入和边际消费倾向的影响。居民可支配收入是决定消费的基本因素，收入的高低直接影响着居民消费的开展。

改革开放以来，广州市城市居民人均可支配收入由 1978 年的 442 元增加到 2009 年的 27610 元，农村居民人均纯收入由 1978 年的 250 元增加到 2009 年的 11067 元。扣除价格因素后，1979~2009 年城市居民人均可支配收入和农村居民人均纯收入的年均实际增长率分别为 7.6% 和 8.0%，远远低于同期 GDP 年均 14.0% 的增幅。

近年来，广州市城乡居民收入差距仍较大。收入上的差距导致城市居民在消费水平上明显高于农村居民。2006~2009 年，广州市城市居民人均可支配收入与农村居民人均纯收入之比的平均值为 2.56，而 2002 年该比例仅为 1.95；2009 年广州市城乡居民收入之比（2.49）较 2002 年扩大了 27.7%。2006~2009 年，广州市城乡居民收入之比的平均值（2.56）均高于上海（2.31）、北京（2.29）。

收入法 GDP 是由劳动者报酬、固定资产折旧、生产税净额、营业盈余四个项目构成的，这四个项目涉及个人、企业、政府三者的利益关系。在广州市的分配上个人的比重也偏低。2009 年，广州市劳动者报酬占 GDP 的比重为 41.99%，比全国平均水平（48.40%）低 6.41 个百分点。近年来，广州市劳动者报酬占 GDP 的比重呈下降趋势，这一比重 2007 年为 34.37%，较 2000 年（43.26%）下降了 8.89 个百分点，随后的两年（2008 年和 2009 年）这一比例有所回升，2008 年回到 40% 以上的水平，但 2009 年（41.99%）比 2000 年仍下降了 1.27 个百分点。而同期北京市的劳动者报酬占 GDP 的比重呈上升的趋势，2009 年（50.54%）比 2000 年（41.99%）提高了 8.55 个百分点。

劳动者报酬是居民收入的基本组成部分，其占 GDP 的比重偏低将直接导致居民收入的比重偏低，从而导致居民消费的能力偏低。初次收入分配格局不合

理，劳动者收入增长相对较慢，直接导致了消费需求不足，是制约消费增长的最大瓶颈。

（三）现阶段社会保障体系不够健全，居民生活成本增加，使得居民预防性储蓄增加，消费程度受限

研究消费行为理论的经济学家把消费者在面临不确定性时推迟消费增加储蓄的行为称为"预防性储蓄"[①]。近年来我国一直在推进住房、医疗、教育、养老等制度的改革，而相应的社会保障制度目前还不够完善，这使得居民的消费预期增大，收入预期降低，有预防动机的储蓄上升，即期消费减少，有钱也不敢花。房价持续上涨、看病难，看病贵、教育资源配置不公平、养老、社会保险等制度不健全对居民消费支出都有抑制作用。再加上物价持续上升，各项生活成本的增加使得人们在消费时不得不小心盘算，慎之又慎。广州市城乡居民人民币储蓄存款余额从 1978 年的 5.67 亿元增加到 2009 年的 7954.22 亿元，年均增长 26.3%，远高于同期 GDP 的增长幅度。居民有限的可支配收入用于储蓄的部分增加，必然导致用于消费的支出减少。社会保障制度的不够完善，导致居民的高储蓄率，这是消费增长缓慢的原因之一。

四 "十二五"期间进一步扩大广州市消费需求的对策与建议

（一）确立消费需求的核心地位

消费需求是最终需求，消费需求的扩大不仅能够迅速带动经济增长，而且对于经济的平稳运行也有非常重要的意义。国内需求本质上是消费需求和投资需求，因此，扩大内需实际上包括扩大消费需求和扩大投资需求两个方面。

"十二五"规划建议指出，要把扩大消费需求作为扩大内需的战略重点。这是因为虽然投资需求对经济增长的短期增长拉动作用十分明显，但是从长期来看，只

---

① 夏杰长：《消费需求与经济增长关系的实证分析及其财税政策选择》，《消费经济》2000 年第 1 期。

有消费需求才是经济增长的持久拉动力量，而投资需求本质上是中间需求，是为了最终满足消费的派生需求。没有消费需求的支持，投资增长形成的新增生产能力会大量闲置，造成社会资源浪费。由图5可以看到，投资对经济增长的影响有较大波动，而消费对经济增长的影响则较为稳定。因此，扩大内需的核心是扩大消费需求。

（二）促进投资消费良性互动，营造良好的消费环境

围绕消费结构升级的需要，调整投资结构，加强城市基础设施建设的投资力度，改善市民居住和消费的硬环境。继续加大城市交通系统、水电设施、文化休闲等公共设施的建设和改造，鼓励扩大民间投资，放宽市场准入，支持民间资本进入基础产业、基础设施、市政公用事业、社会事业、金融服务等领域，促进投资消费良性互动，把扩大投资和增加就业、改善民生有机结合起来，创造最终需求。

同时利用广州"千年商都"的传统优势，以建设国际商贸中心为契机，建设高标准的特色街区，打造吃、穿、住、行等各类商品服务的"一条街"，营造更好的消费环境；增加文化、旅游基础设施建设，为扩大居民文化、休闲、旅游等服务性消费创造条件。

（三）完善健全社会保障体系，减少"预防性储蓄"

社会保障体系的完善是提高居民边际消费倾向，实现消费需求稳定增长的关键。进一步健全和完善与人们生活密切相关的住房、医疗、教育、养老等社会保障机制，提高政府保障能力，推进基本公共服务均等化，减少居民消费的后顾之忧，减少"预防性储蓄"，增加即期消费。

增加政府用于改善民生和社会事业的支出比重，加快解决公共服务供给不足问题，提高财政在公共服务领域（包括扶贫、义务教育、公共医疗、公共安全等）的投入比重，推进基本公共服务均等化。扩大社会保障体系覆盖面，逐步完善基本公共服务体系。建立退休人员基本养老金和城乡最低生活保障标准正常调整机制，推进基本医疗保障制度建设，加大保障性住房的投入力度，健全廉租住房制度，切实解决低收入家庭和夹心层的住房问题。

（四）加快收入分配机制改革，切实增加居民收入

进一步调整广州市政府、企业和居民的收入分配结构关系，提高劳动者报酬

在国民收入初次分配的比重，加大经济发展成果向个人倾斜的力度，重视初次分配的公平和效率。完善工资分配制度，明确工资增长机制，实施收入倍增计划，切实提高居民收入。着重提高中低收入群体的收入，合理利用财税政策的调解作用，推进高收入垄断企业的工资制度改革，减少收入差距。

（五）培育新的消费热点，加快居民消费结构升级

按"十二五"规划建议要求，加强市场流通体系建设，发展新型消费业态，拓展新兴服务消费，完善鼓励消费的政策，改善消费环境，保护消费者权益，积极促进消费结构升级。合理引导消费行为，发展节能环保型消费品，倡导文明、节约、绿色、低碳的消费模式，提高消费的经济效益和社会效益。顺应消费结构升级趋势，促进住房、汽车等产业的健康发展，大力发展服务业，培育乘用车消费、旅游消费、文化消费、体育消费、社区服务消费等新兴消费热点，使之成为拉动居民消费增长的主要动力。

（审稿：王朋）

Empirical Study on Guangzhou's Consumption Demand and Economic Growth

Li Jun

Abstract：By mean of regression model and coefficient of elasticity, this paper studies the relations between consumption demand and economic growth, and demonstrates the current consumption status and the features in change and its roles in promoting Guangzhou economic growth with historical data. Thereafter, this paper analyzes the main elements that constraints Guangzhou's consumption growth, and proposes suggestions on expanding consumption demand and promoting economic growth.

Key Words：Consumption Demand; Economic Growth; Expanding Domestic Demand

区 域 篇

Regional Economy

B.18

关于借鉴天津、上海经验加快发展
广州南沙临港现代物流业的调研报告

广州南沙区政协课题组

摘　要：本课题在深入分析了南沙临港现代物流业的发展现状、面临形势及存在问题的基础上，借鉴天津、上海在推进临港现代物流业发展的先进经验和做法，提出了加快发展广州南沙临港现代物流业的意见和建议。

关键词：南沙港　临港现代物流业　借鉴　对策

一　南沙临港现代物流业发展现状和面临的问题

广州南沙港规划面积 65 平方公里，现有陆域面积 47 平方公里，深水岸线 35 公里，可建设 50 多个大型深水泊位，已有 10 个 5 万～10 万吨级的码头建成投产，开通近 30 条国际、国内航线，其中国际航线 19 条，承担外贸集装箱运输、汽车滚装、大型散货运输和石油化工运输业务。南沙港区从 2004 年 9 月投产以来，集装箱吞吐量增长迅速，2009 年集装箱吞吐量达 664 万标箱。广州南沙保税港区 2008 年 10 月经国务院批准设立，并于 2009 年 7 月通过国家验收，规划面积 7.06 平方公里，由港口区、物流区和加工区构成，发展保税、物流、商贸等现代物流功能。

广州在南沙建设临港经济圈的区位、交通、政策等优势明显，但是临港现代物流业发展起步较晚，面临珠三角港口群的激烈竞争和严峻挑战，目前经营规模较小、发展水平不高、产业结构不尽合理，存在一些亟待解决的问题。一是政府鼓励扶持发展现代物流业的具体政策还没有出台或不够全面配套，政策优势尤其是保税港区"境内关外"优势还有待充分利用；二是南沙地处珠三角几何中心的地理、交通优势以及珠江口西岸生产制造企业众多、进出口需求旺盛的腹地经济优势未能充分发挥；三是口岸查验单位监管理念、服务观念、服务方式仍需进一步更新发展，通关环境有待进一步改善、优化；四是临港物流生产生活服务配套设施有待建设完善，如普通仓储配套不足，产业工人宿舍欠缺，购物、娱乐场所缺乏，公共交通不够发达，电子通关系统尚未建成等；五是南沙港区的开发建设缺少一个统一的经济实体支撑，造成区内经济实体多、散、弱，不利于集中投资和大规模融资建设，进而不利于临港现代物流业的发展。

位于万顷沙镇的某港商独资企业的案例可以反映出一些实际情况：该公司产品远销世界各地，进出口货物每天平均有 100 多个标箱，一年可达 4 万多个标箱，其进出口业务选择南沙东发码头（与香港联运）、深圳港和香港等地的码头，而放弃距离仅有十几公里的南沙港码头。据了解其原因主要有以下几个：一是由于南沙港外贸航线少，且大部分是欧美线，满足不了该公司主要在东南亚的业务需求；二是南沙港航班不足，需要与黄埔港货物拼装，而且缺少直航航班，客户的时间要求得不到保障；三是虽然公司距离南沙港最近，陆路运输费用低，但是如果加上船运公司收取的闸务费、操作装卸费等，综合成本反而比其他码头高；四是南沙港的关务环境优势不明显，有些口岸单位服务时间短，尤其是节假日期间连休，给企业造成极大不便，而且口岸单位之间工作衔接性不好，耗费客户较多时间和精力。据了解区内还有一些企业想通过南沙港进出口货物，但是因为航班、航线满足不了需求，只好选择其他港口。

二 天津东疆港、上海洋山港的先进经验和做法

天津东疆港是天津港新建港区，南北长约 10 公里，东西宽 3 公里，总面积约 31.9 平方公里，其中 10 平方公里为我国面积最大的保税港区，重点发展国际中转、国际配送、国际采购、国际转口贸易和出口加工等业务。2007 年底东疆港一期 6 个 10 万吨级集装箱码头建成并投入运营，2009 年集装箱吞吐量达 120 万标箱。上海洋山港总体规划共可形成陆域面积 20 多平方公里，深水岸线 20 余公里，布局 50 多个大型泊位，大力发展国际中转、现代物流、商品展示、仓储租赁、期货交割等多层次业务。2005 年 12 月开港，2009 年集装箱吞吐量已达 785 万标箱。

天津市、上海市政府结合国家开发战略，充分发挥港口优势，在加快发展临港现代物流业方面有许多先进经验和做法值得我们学习和借鉴。

（一）制定出台优惠政策

天津东疆保税港区作为滨海新区"先行先试"的重点突破口，是我国海关制度创新的试验基地，国家赋予滨海新区的金融、土地、财政、税收等政策在东疆保税港区先行先试；同时天津市还出台了一系列促进物流业发展的财税优惠政策，如返还营业税、返还企业所得税地方分享部分、固定资产投资贷款贴息等。上海市对注册在洋山保税港区内的纳税人从事海上货物运输、仓储装卸、搬运业务取得的收入免征营业税；在国家相关部门的支持下，开展启运港退税试点，从武汉、青岛、连云港等运往上海洋山港的出口货物，可获得启运港退税优惠政策；为了降低运输成本，集装箱卡车行经 30 多公里长的东海大桥进出洋山港全部免费。

（二）创新港区物流业运行体制机制

天津、上海的领导高度重视发展临港现代物流业，加大政府扶持力度，突破传统模式，在港口管理上创新运行机制。天津东疆保税港区按照国际枢纽港、自由港及自由贸易区的运作模式和惯例，在通关、外汇、物流、贸易、税收等多个领域先行先试，积极探索建设我国第一个自由贸易港区，实现货物、资金、人才

自由流通，是我国对外高度开放的示范区；东疆港注重发挥口岸监管部门、国税地税等驻区单位作用，形成管委会、天津港集团和口岸监管部门三位一体的部门协调机制，共同管理，共同招商。上海市成立了上海综合保税区管理委员会，统一管理洋山保税港区、外高桥保税区（含外高桥保税物流园区）及浦东机场综合保税区的行政事务；以"三区"联动带动"三港"联动，实现了政策、资源、产业和功能的联动、互补，发挥更大的集聚效应，凸显"三区"作为海关特殊监管区域的整体优势。

（三）面向腹地纵深拓展业务

天津港作为"三北"（西北、东北、华北）地区最为便捷的出海通道，积极拓展腹地业务，加强货源供给，先后在北京、河北、山西、宁夏、新疆等地建立了 16 个"无水港"，天津港 70% 左右的货物吞吐量和 50% 左右的口岸进出口货值来自腹地省市区。上海港实施"长江战略"，如与武汉签订合作意向，共同经营武汉的集装箱码头；又如投资重庆、九江、南京、江阴、长沙、宜宾等长江沿岸主要港口，并在部分港口成立航运企业、设立大型物流园区和仓库，形成上至重庆、下抵上海的长江航运网络，利用长江这条"黄金水道"，大力发展江海联运业务，广揽洋山港货源。

（四）提供全方位优质高效服务

两地口岸查验单位积极探索创新管理制度，更新监管观念，强化服务意识，简化办事手续，优化业务流程，采取灵活的工作方式，实行"5＋2"通关查验服务，提供不间断的快速、高效通关服务。港区管委会为口岸查验单位在办公条件、福利待遇、住房保障等方面提供便利。保税港区在税收、外汇、船舶及人员等方面实行"境内关外"更为开放的政策和管理模式。港口综合配套服务区可为港区工作人员和来港办事人员、船员提供办公、生活、商务、休闲等服务。两港在政策优惠、功能齐全、区位优势明显的基础上努力提供优质服务，吸引国内外客商。

（五）港区基础设施配套建设完善

为加强临港物流园区的统一开发建设，完善基础设施配套，天津、上海两地都是以政府为主导，并由一个经济实体统一实施，天津市明确由天津港（集团）作为东疆港综合开发建设主体，上海市由上海港（集团）进行洋山港的开发建设，从而在规划、投融资、建设、使用等方面做到立足长远、综合平衡、便于协调。天津东疆港建成总建筑面积达 3 万平方米的联检商贸服务中心，作为保税港区集中办公场所。两市政府都投资建设了电子信息系统、视频监控系统，有利于海关、边检等部门高效运作，促进临港物流业快速发展。

三　加快南沙临港现代物流业发展的思路与对策

紧紧围绕南沙开发战略，以南沙保税港区为龙头，以南沙港口为中心，借助粤港澳合作契机，创新运行机制，增加航线、航班，拓展货源渠道，完善综合服务，提高工作效率，构建一般物流与保税物流互补、保税港区与临港工业区联动、海运与河运连通的大物流格局，努力将南沙港建设成亚洲航运物流枢纽港和集装箱运输干线港，打造我国华南地区国际航运中心和物流中心。

（一）以保税港区为龙头，整合政策优势，创新运行模式

1. 整合优惠政策措施，营造良好发展氛围

建议政府加大鼓励、扶持临港现代物流业发展力度，将广州南沙保税港区、广州南沙经济技术开发区和广东南沙出口加工区优惠政策，以及发改、外经贸、港务、交委等部门制定措施进行有效整合，特别是保税港区作为目前开放层次最高、功能最齐全、政策最优惠、区域优势最明显的海关特殊监管区域的优惠政策措施，用足、用好、用活现有政策。搭建向航运、物流企业宣传推介政策的信息平台和政务服务平台。依托省、市物流企业协会的信息、人才资源优势，加强临港物流业发展的政策研究，制定实施税收、金融、产业规划等相关政策和配套措施，如参照天津、上海的经验做法免征或返还营业税，对物流企业在南沙设立总部、融资上市给予资金奖励等。

2. 明确规划功能定位，发挥保税港区优势

结合南沙发展定位制定南沙临港现代物流业发展的近期、中期和长期发展目标，将临港物流产业规划与经济社会发展规划、城市规划、港口规划以及其他产业发展规划有机衔接，发挥规划的导向功能。要充分利用保税港区作为口岸、物

流、加工等功能的海关特殊监管区域的优势，借鉴发达国家建设大型临港物流基地的经验，高起点规划布局港口仓储区、临港工业物流配送区、物流综合服务区，开展港口作业、国际中转、国际配送、国际采购、转口贸易、出口加工、商品展示等保税物流业务，吸引国际知名物流企业集聚，形成临港CBD。尤其是要发挥保税港区商品展示功能，把南沙保税港区打造成"永不落幕的交易会"。

3. 引导企业升级转型，培育引进龙头企业

发展现代物流业，企业的发展是核心。积极引导传统储运型物流企业向现代物流企业升级转型，推进南沙国际物流有限公司资产重组、业务重塑，逐步做大做强。积极鼓励和支持发展第三方物流，通过量身定做优惠政策措施培育、引进航运、物流、服务龙头企业，带动南沙临港物流产业快速发展。鉴于船公司参股港口建设存在排他性不利影响，建议在南沙港三期的建设中着力引进国际知名码头公司、物流业巨头，以组建股份公司等形式参与港口码头、物流园区建设，使南沙港口与这些物流业巨头结成牢固的利益链，既有利于开通更多的航线，也有利于提升港口的揽货能力。

（二）以南沙港口为中心，发挥珠江水系优势，拓展江海联运业务

国家颁布实施《珠江三角洲地区改革发展规划纲要（2008～2020年）》，使珠三角地区的改革开放和经济社会发展进入一个新的阶段，同时也为该地区合作带来前所未有的新动力和新条件。

1. 提升外贸集装箱比重，巩固南沙外贸干线港地位

目前南沙港的外贸集装箱运输业务处于市场培育期，国际航线网络不够完善，以致许多外贸集装箱流失，集装箱运输仍以内贸为主（占72%），外贸箱中大部分还是通过驳船为香港、深圳提供箱源，只有小部分是由南沙直航国外，导致南沙港可持续发展能力不强，与南沙港外贸干线港的功能定位差距较大。因而要大力宣传、充分发挥市政府对南沙港区新开国际航线进行资金奖励的优势，引进国际性班轮公司增开更多国际航线，想方设法增加外贸集装箱货源，降低港口服务综合成本（如海关查验费、闸务费、操作装卸费等），形成航线丰富、航班密集、货源充足、费用合理、服务到位的良性循环，实现量的扩展与质的提升。

2. 依靠便捷水上交通优势，全面拓展穿梭巴士业务

水上穿梭巴士与陆地拖车运输比较，具有节约时间、降低成本、绿色环保等

优势。珠三角地区拥有发达的水网运输体系，建议南沙港坚持走"珠江战略"，继续加大水上巴士开通力度，将珠江水系各支线码头的进出口外贸集装箱，经由南沙港区集结出口和进口，形成规模效应。积极争取口岸单位的支持，全力开拓零担拼箱业务，简化通关手续，促进水上穿梭巴士业务发展，吸引越来越多的货主和船运公司，为发展港口物流提供货源基础。

3. 加强港口与内河码头联系，建立良好合作共赢关系

南沙港作为珠江西岸唯一的深水码头，毗邻广州和珠江西岸的佛山、中山、江门、肇庆等城市以及东莞西部等货源生成地，因此南沙港应主动与珠三角地区内河港口进行洽谈合作，通过参股乃至控股等市场经济手段，以及政府间合作等多种渠道，理顺南沙港与珠三角内河港口之间的竞争合作关系，以追求双赢为目标，广泛建立港口物流联盟，提高港口运作效率和经营效益。同时加强与航运企业的联系，大力发展航运服务业，吸引航运要素在南沙集聚，通过港航合作，发挥港口、航运企业的特点和优势，提高南沙临港物流业的综合竞争力。

4. 加快江海联运码头建设，形成江海陆接驳运输体系

江海联运中转便捷、成本较低。尽快协调省、市有关部门，按照规划加快推进南沙港江海联运码头设施建设，为开展江海联运提供基地。积极与海事部门共同探索实施船舶江海联运、船员江海同驾的可行性，促进江海联运运输模式的发展。利用南沙港作为我国华南地区最大的内贸集装箱枢纽港的优势，大力推进内外贸同船运输，提高船舶舱位利用率，减少空箱调配，降低箱管成本，加快货箱周转。加强口岸部门合作，积极推进"舱单互认"模式，创造跨关运输条件，实现江海陆运输的无缝接驳，优化运输结构，降低物流成本，增强临港物流实力。

（三）以泛珠三角为腹地，延伸南沙港业务，积极推进"无水港"建设

泛珠三角经济圈横跨我国东、中、西三大经济带，是南沙港拓展货源的广阔腹地。泛珠三角区域中各省市加强经济合作，优化区域交通网络，为推进"无水港"建设创造了良好的条件。

1. 促进区域物流合作，扩大服务辐射功能

泛珠三角区域经济的快速发展和珠三角地区向泛珠三角区域产业转移步伐的

不断加快,使泛珠三角区域的物流合作显得极为重要。因而要加快与云南、贵州、广西、湖南、江西等泛珠三角腹地合作建设"无水港"的步伐,建立广州南沙港与腹地联动的区域物流服务体系,形成布局合理、辐射广泛、系统完整的"无水港"网络。一方面要密切对转移企业的联系跟踪,保持产业转移造成的内迁货源;另一方面要将港口服务向泛珠三角延伸,进一步吸收内地新的货源,在更高的起点上打造具有生命力和竞争力的创新型物流产业链,吸引更多的内陆货源经南沙港进出。

2. 加快疏港铁路建设,早日形成海铁联运系统

海铁联运是"无水港"主要运输模式,只需"一次申报、一次查验、一次放行"就可完成整个运输过程,实现点到点的运输,不需要重新编组,运输效率大大提高,将成为今后港口争夺货源的重要手段。目前我国集装箱海铁联运比例较低,海铁联运具有很大的成长空间。铁路客运专线的建设,也使铁路货运能力有效释放,为海铁联运提供了运力。因而我们必须从长远出发,及早谋划,抢占先机,制定和出台相关优惠措施,鼓励和支持海铁联运业务的发展,改变集装箱陆路运输体系中过分依赖公路运输的传统模式。建议加快南沙疏港铁路和相关站场的规划建设,提升铁路运输在港口集疏运中的比重,逐步建立海铁联运系统。

3. 推进口岸查验前移,提供优质便捷服务

口岸单位的支持对"无水港"建设尤为重要,甚至可以说是"无水港"运营业务取得拓展的关键。建议积极促进口岸单位更新观念,扩大腹地口岸直通,设置海铁联运监管机构,争取内地海关、检验检疫部门的支持,赋予"无水港"口岸功能,减少异地海关查验环节,实行一次报关、一票到底,力争实行启运地退税政策,实现港口功能、保税功能以及电子口岸功能在内陆的延伸,从而进一步提高两地通关、转关效率,降低综合成本。希望以优质便捷的通关服务,支持"无水港"建设,促进区域物流业的协作与发展,进一步扩大南沙港在内陆地区的影响力。

4. 寻求交通部门支持,创建畅通运输路线

积极争取交通部门的大力支持,完善南沙港集疏运系统建设,促进南沙港与珠三角公路、铁路、机场、内河码头的对接,加快构建适应区域物流合作发展要求的综合交通体系,逐步实现区域内交通运输一体化。尽快推行集装箱卡车通行南沙港快速路免费或单程收费。加强与铁路部门联系，寻求支持协作，签订合作备忘录，为"无水港"货运专列的编组、运行提供方便，形成以高、快速路为骨架，以铁路、水路为支撑的安全、便捷、畅通、高效的"无水港"运输网络。

（四）以粤港澳合作为契机，引进先进管理模式，努力打造穗港澳国际航运及物流综合试验港区

实施《内地与香港关于建立更紧密经贸关系的安排》（CEPA）以来，粤港澳合作发展进程进一步加快。《粤港合作框架协议》将广州南沙列为重点合作区，提出依托南沙保税港区建设大宗商品交易中心和华南重要物流基地。南沙实施CEPA先行先试，打造穗港澳国际航运及物流综合试验区具有良好的基础和广阔的发展前景。

1. 放宽准入制度，探索港资开展内贸物流服务

充分利用南沙毗邻港澳的优势，在继续以合资、合作方式促进港澳企业开展物流服务的同时，根据CEPA协议，放宽准入限制，降低港资设立物流企业的门槛，最大限度吸引港资在内地提供相关的货运分拨和物流服务，包括道路普通货物的运输、仓储、装卸、加工、包装、配送及相关信息处理服务和有关咨询业务，国内货运代理业务，利用计算机网络管理和运作物流业务。建议由有关部门制定相关配套政策规定，简化港资设立物流企业的审批程序，促进港资物流企业快速发展。

2. 创新观念思路，引进先进临港物流管理模式

学习借鉴港澳地区港口先进管理经验，高起点、高水平加快南沙临港物流园区建设，引进先进物流业态、先进管理理念、先进管理手段以及物流专业人才。参照香港葵涌码头的管理运营模式和招商模式，加快南沙港的开发建设，体现南沙港的公用码头定位，尽力避免大型船运公司参股的排他性弊端。既要吸引国际、国内更多知名大企业、大公司落户，也要发展中小企业和相应配套企业，增加企业数量、丰富企业类型、完善产业结构。依托穗港澳三地发达的电子商务服务和南沙优越的地理位置，吸引知名电子商务企业将交易、配送、服务中心设在南沙，构建南沙临港电子商务物流中心。

3. 争取政策支持，致力打造穗港澳国际航运及物流综合试验港区

充分发挥南沙保税港的功能和政策优势，积极争取中央、省、市在金融、税收、船舶管理、审批权限下放等方面的政策支持，建议将集信息、服务、金

融、法律、保险等业务于一体的"广州航运交易所"设在南沙，发挥其规范航运市场行为、调节航运市场价格、沟通航运市场信息的功能；探索在南沙 CEPA 先行先试示范区设立"穗港澳国际航运及物流综合试验区"，吸引港澳物流服务提供者进入试验区发展与航运相关的金融、航运经纪、航运咨询、海事仲裁、公正评估等航运服务；推动穗港澳在试验区内开展保税商品展示、交易及大宗商品交易，共建面向华南、辐射东南亚的大宗商品交易中心。

4. 实现优势互补，提高穗港澳三地物流一体化水平

结合南沙临港物流产业发展还处于成长期的实际，加强与香港建立战略合作关系，发挥香港体制优良、设施先进、效率出色、航线密集、资讯发达、信息化程度高的特点和南沙的成本、市场、人力资源优势，有效聚集、整合两地各种航运要素资源，探索结成友好港的可行性，加强穗港澳物流融合，提高一体化发展水平，实现优势互补、互利共赢。充分发挥香港机场、白云机场的空港优势，加强与机场物流园区、物流企业以及广州各物流集散市场的合作，构建海、陆、空三位一体的物流网络。

（审稿：陈婉清）

Report on Learning from Tianjin and Shanghai and Accelerating the Development of Guangzhou Nansha Modern Port Logistics

Research Group of CPPCC of Nansha District, Guangzhou

Abstract: Based on the analysis of the current status, situation and problems of Nansha modern port logistics, this report learned the advanced practices from Tianjin and Shanghai in promoting the development of modern port logistics, and proposes suggestions on accelerating the development of Guangzhou Nansha modern port logistics.

Key Words: Nansha Port; Modern Port Logistics; Experience Learning; Countermeasure

ℬ.19
广州市荔湾区"十一五"规划实施和"十二五"规划编制情况调研报告

广州荔湾区人大常委会课题组

摘　要：本报告对荔湾区"十一五"规划实施情况进行了系统评估，并对如何做好"十二五"规划编制工作提出了若干建议。

关键词：荔湾区　"十一五"规划实施　评价"十二五"规划编制

一　"十一五"规划实施取得显著成效

（一）经济保持平稳较快发展

区政府按照"两圈带动，两轮驱动"的工作思路，坚持保增长、调结构、促转变，经济实现平稳较快增长，经济综合实力明显增强。主要经济指标完成良好，2010年地区生产总值、社会消费品零售总额、职工年人均工资、重点项目计划投资等各项指标都将超额完成"十一五"计划目标。产业结构进一步优化，大力发展现代服务业、新型工业，全力推进中烟、光电、医药港等重点项目，以创意产业、信息服务业、生产性服务业为代表的现代产业发展迅猛。固定资产投资力度加大，尤其是2009年实施固定资产投资倍增计划以来，当年就实现固定资产投资增速全市第一，为经济发展增添了强大动力。荔湾区经济发展呈现"速度快、结构优、效益好、可持续"的特点，正逐步走上一条内涵式、集约型、可持续发展的道路。

（二）城区环境建设成效突出

区政府紧紧抓住迎亚运、促"大变"的有利契机，把改善城区环境作为增强荔湾经济硬实力、提升文化软实力、落实惠民政策的重要举措。全力抓好人居环境综合整治工程、河涌综合治理及城市市政基础设施建设，环境整治建设成效显著，宜居宜创业、生态环境优美的城区环境正在形成。坚持综合改造策略，突出文化、生态特色，加紧推进"三旧"改造，发挥土地升值效应，促进产业结构调整和城乡环境改善。

（三）社会各项事业全面发展

教育现代化建设稳步推进，高水平完成教育强区复评工作，教育发展整体水平得到提升；大力实施"科教强区"战略，连续六年荣获全国科技进步先进区；"五区一街"建设成效显著，岭南文化展示区初具规模，文化创意产业已形成一定的集聚效应；中医强区建设扎实推进，社区卫生服务资源有效整合，医疗服务体系建设进一步加强；认真落实各项惠民政策和措施，社会保障水平得到进一步提升。体育事业、社区建设、安全生产、社会治安、维稳等方面也取得了新的成绩，社会和谐建设再上新台阶。

二 "十二五"规划编制工作情况

一是加强组织领导。按照中央、省、市工作部署，区政府高度重视，立足于早着手、早谋划、早部署，2009 年 10 月全面启动"十二五"规划纲要及专项规划编制工作，制订工作方案，成立领导小组。各相关部门的编制工作小组，积极开展前期调研和收集资料工作，提出规划的思路、发展目标和任务、规划实施的保障措施等方面的建议。目前，"十二五"规划编制工作按计划有序进行。

二是指导思想和发展目标明确。区政府认真贯彻落实党的十七大、省委十届七次全会、市委九届全会以及区委十届八次会议精神，坚持以科学发展观统领经济社会发展全局，明确以转变经济发展方式为主线，以文化引领为导向，以商贸带动为核心，以"三旧"改造为突破，以广佛同城为契机的编制指导思想，提出到 2015 年，地区生产总值力争突破 1000 亿元，年均增长 12%左右；区级一般预算收入力争突破 50 亿元，年均增长 11%左右；社会消费品零售总额年均增长 15%左右的发展目标以及为完成上述目标制定相应的保障措施。

三是突出发展重点。结合区情实际，做好六个"更加注重"：更加注重优化产业布局和经济结构，重点构建"一江（珠江）引领、两圈（白鹅潭经济圈、十三行商圈）带动、三区（大坦沙片区、东沙片区、海龙围片区）集聚"的空间发展布局，以实现产业集聚。更加注重区域发展，抓住《珠江三角洲地区改革发展规划纲要（2008~2020年）》实施契机，打造广佛同城的先行区。更加注重聚焦发展，构建现代产业体系，聚焦白鹅潭经济圈、"三旧"改造以及民生福利和社会保障。更加注重提升城区管理水平，逐步做到城区管理网格化、精细化。更加注重绿色发展，利用"一江两岸"、百里河涌的独特自然优势，打造水秀花香的生态城区。更加注重文化发展，充分挖掘西关文化底蕴，强化文化元素渗透与经济发展的结合、互动，彰显文化引领功能。

三　加强"十二五"规划编制工作的几点建议

"十二五"时期，是全面建设小康社会的关键时期，是深化改革开放、加快转变经济发展方式的攻坚时期。要紧密结合党的十七届五中全会精神以及省、市规划部署，坚持立足荔湾的发展现状和独特优势，精心谋划"十二五"期间荔湾的经济社会发展。

（一）进一步明确"十二五"规划编制的指导思想和发展定位

认真学习领会和贯彻落实党的十七届五中全会和中央经济工作会议精神，区"十二五"规划要着力突出"民富"的理念。按照省、市有关规划部署的精神和要求，注重与市、区的总体发展定位相适应和衔接。按照区委提出的建设"低碳荔湾、文化荔湾、魅力荔湾、幸福荔湾"的发展目标定位，科学谋划"十二五"经济和社会各项事业发展，使荔湾在"十二五"时期走出加快转变经济发展方式、实现科学发展的新路子。

（二）突出加快转变经济发展方式

认真做好主要指标目标测算和前期调研工作，深入分析未来五年荔湾区经济发展新亮点、新增项目或企业规划，制定与地区经济发展水平相适应的规划发展目标。坚持把经济结构战略性调整作为加快转变经济发展方式的主攻方向，继续以"三促进一保持"为重要抓手，加快白鹅潭经济圈核心区建设和十三行商圈建设。突出项目带动战略，着力改善和优化投资环境，进一步增强自主创新能力，促进传统产业转型升级，推动现代产业集聚发展。坚持文化引领，以"五区一街"特色文化商业街区为载体，加快发展文化产业。不断完善相关的配套政策措施，推进行政审批方式改革，提高行政效能，努力构建一整套有利于加快转变经济发展方式的政策体系。注重培养提高干部素质，强化以产业引导、产业发展实现高端人才集聚，为加快经济发展方式转变提供智力支撑。

（三）全面发展社会各项事业

以率先实现基本公共服务均等化为目标，建设和谐平安新城区。不断完善养老、医疗、工伤、失业、生育等基本社会保险制度，不断扩大社会保险覆盖面。继续深化教育教学改革，合理配置教育资源，加强教师队伍建设。大力推动文化事业发展，加强文化基础设施建设，逐步形成比较完善的公共文化设施和公共文化服务体系，积极推进医疗卫生体制改革，提升医疗资源利用水平，建设覆盖城乡的基本医疗卫生制度。大力发展体育事业，促使体育强区上新水平。

Report on the Implementation of the 11th Five-year Plan and Preparation of the 12th Five-year Plan of Liwan District, Guangzhou Municipality

Research Group of Standing Committee of Liwan District
People's Congress, Guangzhou

Abstract: This report takes a systematic evaluation on the implementation of the 11th five-year, and proposes several proposals for a smooth preparation for the 12th five-year plan.

Key Words: Liwan District; Implementation of the 11th Five-year Plan; Preparation of the 12th Five-year Plan

B.20

广州市荔湾区贯彻落实
"三促进一保持"工作的调研报告

广州荔湾区人大常委会课题组

摘　要：本报告对前一阶段荔湾区贯彻落实"三促进一保持"工作进行了系统评估，总结了成绩与经验，指出了问题与不足，并对进一步做好"三促进一保持"工作提出了若干建议。

关键词：荔湾区　三促进一保持　建议

一　贯彻落实"三促进一保持"工作初见成效

2009年以来，区委、区政府为应对国际金融危机，以"三促进一保持"为工作主线，以"四区六化"为发展定位，牢牢把握《珠江三角洲地区改革发展规划纲要（2008～2020年)》实施和广州举办2010年亚运会的重大历史机遇，按照"两圈带动、两轮驱动"的工作思路，全面实施"五大发展战略"，积极推进经济结构调整和经济发展方式转变，全区经济社会各项事业保持平稳较快发展势头，尤其是大力实施固定资产投资倍增计划，有力增强了荔湾区发展后劲。2009年，荔湾区实现地区生产总值523亿元，同比增长10%；工业总产值394亿元，同比增长8.3%；社会消费品零售总额340亿元，同比增长16.3%；一般预算收入27亿元，同比增长10.4%；全社会固定资产投资按项目所在地口径统计完成126亿元，同比增长64.9%；按法人所在地口径统计完成90亿元，同比增长1.7倍。2010年上半年，全区经济更是呈现较快的发展势头，实现地区生产总值272亿元，同比增长13%；工业总产值210亿元，同比增长13%；社会消费品零售总额183亿元，同比增长20.7%；一般预算收入15亿元，同比增长

22.7%；全社会固定资产投资按法人所在地口径统计完成 47 亿元，同比增长 2.2 倍；按项目所在地口径统计完成 91 亿元，同比增长 1.2 倍。

为贯彻落实"三促进一保持"战略部署，区委、区政府不断探索自主创新服务体系，出台一系列推动科技创新的政策，建立多渠道的科技创新融资体系，努力营造增强自主创新能力的良好环境。大力实施环境综合整治，改善投资环境，提升企业竞争力，促进传统产业转型升级。科学制定规划，重点打造白鹅潭经济圈和十三行商圈，结合"双转移"、"退二进三"、"三旧改造"，进一步加大招商引资力度，积极推动重点区域、相关产业规模发展，逐步建立现代产业体系。在实现经济平稳较快发展的同时，突出发挥"文化引领"作用，全面推进迎亚运环境综合整治工程，尤其是河涌综合整治成效显著，极大改善了荔湾区的城区环境。坚持保民生与保增长、保稳定的有机结合，大力发展就业和社会保障，优先发展教育，加快提升医疗卫生和食品安全保障水平，切实维护社会稳定，确保了各项工作落实到实实在在的惠民行动上。实践证明，贯彻落实"三促进一保持"是破解荔湾发展难题的有效方法。

二 存在的主要问题

（一）经济增长的基础相对薄弱

荔湾区既是广州市典型的老城区，又有相当部分属于原来的城乡结合部，人口稠密、负担沉重，财力薄弱，从全市来看，荔湾区总体经济实力仍不够强，地区生产总值还不高。随着 2010 年迎亚运环境综合整治告一段落，广州市不可能再投入大量资金用于城区环境建设，以政府投入为主的单一投资结构，不利于经济的长期、可持续发展。

（二）传统产业仍然占主导地位

荔湾区作为广州传统中心商贸区，以低端、传统的制造业、批发零售业、餐饮业等产业为主，中小企业多，龙头企业、品牌产业和支柱产业较少，特别是高新技术企业不多，且产品产值较低，产业布局不合理，企业税收少而散，纳税大户不多。现代服务业的增速相对缓慢，传统产业科技创新能力不足，经济发展的高新技术基础含量较低。荔湾区辖内大专院校和科研机构少，高层次科技人才储备不足，企业的技术开发资金投入相对较低，传统产业转型和升级改造困难，新型产业发展空间相对较窄，建立现代服务业体系的难度仍然很大。

（三）土地资源和公共基础设施制约突出

土地资源缺乏，土地供需矛盾突出，且拆迁成本高，使荔湾区重点项目有的难以落户，有的推进缓慢。由于难以拿出大块土地招商，即使提供土地，往往还存在规划、使用功能、用电、道路交通等硬件问题，特别是市政配套、生活配套等公共基础配套设施跟不上，难以引进一些重量级项目。

三 几点建议

（一）深化认识"三促进一保持"的战略地位

《珠江三角洲地区改革发展规划纲要（2008～2020年）》（下称《规划纲要》）把建设"世界先进制造业和现代服务业基地"作为珠江三角洲地区重要战略定位之一，明确提出要构建现代产业体系、提高自主创新能力。围绕贯彻实施《规划纲要》，省委、市委审时度势，2009年进一步提出"三促进一保持"的战略部署。促进提高自主创新能力、促进传统产业转型升级、促进建设现代产业体系，保持经济平稳较快发展，这不仅是应对国际金融危机的重要措施，也是当前加快推动经济发展方式转变的重要抓手，对荔湾这样一个基础薄弱、传统产业为主的广州市中心老城区来说，更具有十分突出的、长期的现实意义。为此，要在全面总结荔湾区贯彻落实"三促进一保持"决策部署取得的成效和经验的基础上，继续把"三促进一保持"的要求贯穿于正在编制的区"十二五"规划之中。

（二）着力改善和优化投资环境

以狠抓环境建设为突破口，为加快经济发展方式转变提供良好载体。一方面，着力改善和优化投资硬环境。抓住国家赋予广东的"三旧"改造优惠政策的难得机遇，彻底改变荔湾区危破房和城中村多的状况，释放土地价值，腾出土地发展空间。在"三旧"改造过程中，要按照"政府主导、市场运作；统一规划、综合改造；以人为本、可持续发展"的原则，注重历史文化街区的保护、挖掘、开发、利用，注重城市公共基础设施和生态环境的改善，打造具有西关特色的休闲文化旅游产业，打造宜居宜创业的良好生态环境。要充分利用城中村改造对转变土地产权的政策突破，实现农村集体土地一次性向国有土地的产权转变，切实解决品牌企业因土地产权制约难以进驻的问题。另一方面，着力改善和优化投资软环境。加强区、街联动，并配合市形成三级服务体系，畅通运作机制，为企业提供优质服务平台。努力提高政府为企业服务的水平，政府服务措施要分类、细化，并保持稳定性和持久性。进一步提高行政审批效率，减少和规范行政审批。充分发挥区政务中心和投资促进中心的作用，完善 VIP 服务的绿色通道，坚持推行服务承诺、一次告知和限时办结等制度。实行重点项目跟踪制度，实施全程贴身式服务，及时解决遇到的困难和问题。

（三）加快构建现代产业体系

一是进一步增强自主创新能力。鼓励支持企业尤其是民营企业加大研发投入，引进先进技术，增强企业核心竞争力。大力推动产学研结合，推动企业开发新材料、新能源、高新技术和自主知识产权产品，努力打造自主品牌。加大财政扶持力度，财政相关专项资金要重点用于中小企业技术创新贷款贴息或补助，优先支持产业园区内的企业加快科技创新，积极为有市场前景的中小企业搭建融资合作平台。加强企业技术研发平台和企业创业孵化平台建设，鼓励和支持加快发展技术信息、技术培训、技术交流等公共服务平台，配套完善企业产业升级的服务体系。二是促进传统产业转型升级。荔湾号称"千年商都"，传统商贸业是荔湾的支柱产业。要力求做到"四个创新"，推动传统商贸业的转型升级。创新业态，顺应电子交易时代的来临，在"千年商都"的基础上打造"网络商都"，推动电子交易的发展；创新模式，利用电子信息技术推动商贸流通业与现代物流业、现代会展业、现代金融业的融合发展，打造现代流通新体系；创新载体，着重加快推进白鹅潭经济圈和十三行商圈的建设，推动现代服务业集聚发展；创新服务，着力打造与国际商业中心地位相适应、与高效流通相配套的国际性商务服务新体系。三是推动现代产业集聚发展。产业园区是推动现代产业集聚发展的有效载体。要大力加强产业园区尤其是高新技术产业园区建设，不断优化产业园区的软、硬环境建设，把产业园区建设成为最具发展活力的高新技术园区、集约发展示范区和特色优势产业的集聚区。积极扶持产业园区现有企业做大做强、加强招商引资的针对性、对园区内现有产业的整合来突出园区特色，优化园区产业结构，为荔湾的产业布局奠定基础。

（审稿：陈婉清）

Report on the Implementation of the "Three Promotion and One Maintenance" of Liwan District, Guangzhou Municipality

Research Group of Standing Committee of Liwan District

People's Congress, Guangzhou

Abstract: This report takes a systematic evaluation on the implementation of the "three promotion and one maintenance", and sums up the achievements and experience and pointes out the existing problems. In the end, this report proposes several proposals for a better implementation of the "three promotion and one maintenance".

Key Words: Liwan District; Three Promotion and One Maintenance; Proposal

B.21
广州增城市"十二五"发展规划的框架构想

广州增城市发展和改革局课题组*

摘　要： 本报告主要阐述了"十二五"时期增城市总体发展思路，即以建设广州东部综合门户功能区为"总体定位"，实施开发区带动战略和主体功能区深化战略"两大战略"，发挥工业化、城镇化和区域一体化"三个动力"，突出建设广州东部现代产业新区、珠三角生态宜居新城、广州东部创新创业人才集聚新区和广东省统筹城乡综合配套改革示范区"四个抓手"，实现建设幸福增城"最终目标"。

关键词： 增城市　"十二五"发展规划　总体发展思路

"十一五"以来，在广州市委、市政府的坚强领导下，增城市积极实施南中北三大主体功能区协调发展战略，创造了县域经济发展的增城模式，成为中共中央政治局常委李长春同志学习实践科学发展观活动的联系点，也成为全省首个统筹城乡综合配套改革试点县市。增城工业园区成功创建国家级经济技术开发区，县域经济实现飞跃发展，人民生活水平不断提高。2010 年实现地区生产总值675.8 亿元，比上年增长16%，是"十五"期末的2.1 倍，五年来平均增长16.53%；实现工业总产值1520.5 亿元，增长18.07%，是2005 年的2.43 倍；实现农业总产值72.4 亿元，增长5.5%，是2005 年的1.31 倍；全口径财政总收入158 亿元，增长34.7%，是2005 年的4.69 倍；地方一般预算收入39.88 亿

---

* 本课题组执笔人：叶小锋，增城市发展和改革局（综合规划科科长），主要研究县域国民经济和社会发展的规划计划等问题；何伟锋，增城市发展和改革局（综合规划科科员），主要研究县域国民经济和社会发展的规划计划等问题。

元,增长 20.34%,是 2005 年的 3.05 倍;完成全社会固定资产投资 160.71 亿元,增长 22.43%,是 2005 年的 2.18 倍;全市社会消费品零售总额 167.5 亿元,增长 28.8%,是 2005 年的 2.47 倍;完成外贸出口总值 23.98 亿美元,增长 35.83%,是 2005 年的 2.63 倍;多项主要经济指标均实现翻番,顺利完成 2010 年和"十一五"确定的各项目标任务。县域经济基本竞争力由"十五"期末的全国第 19 位跃升到第 9 位,继续领跑全省。

一 "十二五"时期的总体思路和发展目标

"十二五"时期,是增城市加快转变经济发展方式、创建全国科学发展示范市的关键时期。增城经济社会发展主要是紧紧围绕"一个总体定位",实施"两个战略",发挥"三个动力",突出"四个抓手",实现"一个最终目标"。

一个总体定位:建设广州东部综合门户功能区。要加快建设广州东部交通枢纽中心,推动形成由高快速公路、地铁及轻轨、高速铁路及城际轨道等多种交通方式构成的快速交通网络;要积极发展现代物流、现代商贸等配套服务业,强化相关站场建设,提升东部门户的服务功能;要进一步优化城乡布局,加快完善基础设施建设,增强对广州城区产业和人口东移的承接能力;要加快建设现代产业体系,完善公共服务体系,促进经济社会跨越式发展;积极实施全方位开发战略,努力使增城成为大广州辐射周边区域的重要平台和通道。

两个战略:一是实施开发区带动战略。以增城经济技术开发区为龙头,充分发挥国家级开发区的体制机制和政策优势,努力把增城开发区建设成为带动全市经济社会发展、推动广州经济转型和创新发展的重要平台。二是实施主体功能区深化战略。南部地区要率先发展,大力发展先进制造业和现代服务业,打造广州乃至广东省重要的经济增长极。中部地区要加快发展,加快新城市中心开发建设,打造广州东部城市副中心。北部地区要实现绿色崛起,着力创建生态文化旅游和都市型现代农业示范区。

三个动力:一是工业化。要坚持新型工业化带动,大力培育战略性新兴产业,全面发展汽车、摩托车及其零部件、高端装备制造、新型电子信息、节能环保等先进制造业,提升传统工业,形成广州东部高端制造业和现代服务业集聚地,以工业化带动全市加速发展。二是城镇化。进一步完善城镇空间布局,构建广州东部城市副中心、广州东部山水新城生态居住组团、中心镇卫星城、小城镇等有机联系、功能互补的城镇体系，不断提升现代产业和人口集聚能力。三是区域一体化。要加快融入珠三角和大广州，在基础设施建设、产业发展、城区功能定位和社会发展等方面与广州全面对接，主动承接珠三角大都市的辐射与服务，利用一体化带来的巨大机遇，发挥增城市区位交通、生态环境优势，促进增城加快发展。

四个抓手：一是建设广州东部现代产业新区。以增城经济技术开发区为龙头，着力构建以先进制造业为主导，现代服务业为重点，生态文化旅游和度假休闲产业为特色，现代农业为基础的现代产业体系，成为广州"东进"战略性新兴产业带新的发展区域。二是建设珠三角生态宜居新城。以建设广州城市副中心和打造广州东部山水新城的生态组团为目标，以绿色经济、低碳经济、循环经济为支撑，进一步巩固和发挥生态优势，完善城市综合服务功能，提升城市品位，打造珠三角适宜创业安居的生态新城。三是建设广州东部创新创业人才集聚新区。完善低成本高品质人才发展环境，创新人才工作体制机制，为经济社会发展提供强有力的智力支撑。四是建设广东省统筹城乡综合配套改革示范区。不断完善城乡统筹发展机制，大力促进城乡基本公共服务均等化，推动形成城乡经济社会发展一体化新格局。

一个最终目标：建设幸福增城。加大公共服务投入，尤其要加大北部三镇扶贫开发力度，构建起促进城乡区域协调发展、改善民生、推动社会和谐的长效机制。

"十二五"时期，增城市经济社会发展的目标是：全市生产总值年均增长13%以上，到2015年达到1260亿元左右，人均GDP超过14.2万元，全市综合经济实力稳步提升，经济结构调整取得重大进展，生态特色更加明显，自主创新能力显著增强，幸福增城建设取得新突破。

二　建设广州东部综合门户功能区的四大工程

（一）实施战略性交通基础设施工程，加快建设广州东部交通枢纽中心及功能服务区

规划中的东部交通枢纽中心由广深铁路（和谐号）、广汕铁路、穗莞深城际

轨道、广州地铁 13 号线、广州地铁 16 号线五条轨道线共同组成，规划控制用地 269 公顷（4035 亩），将打造成为与广州东站功能互补的珠三角的国际专业化服务中心之一（小型 CBD）、广州东部（新塘）次中心组成部分、东部客运交通枢纽。"十二五"期间，增城将以规划建设广州东部交通枢纽中心（新塘站）、增城火车站（广汕铁路）和增城货运站（增城经济技术开发区北）为载体，围绕增强广州东部客货运功能，加快推进区域交通功能向广州东部门户功能转变，进一步强化交通对增城工业化、城镇化和生态产业化所形成的人流、物流、资金流的服务保障。全力做好广州地铁 13 号线、16 号线、21 号线、广汕铁路、穗莞深城际轨道、广深铁路和谐号、广深铁路市郊列车等轨道交通的规划建设，把新塘枢纽站打造成为现代服务业集聚区和综合性公共服务中心；积极推进广汕铁路增城站建设，以增城站的选址和运营带动中心城区和石滩镇的开发建设，形成面向增城市域及广州东北部东向铁路客运的集散中心；加快推进广州铁路货运东北绕行线增城货运站建设，着力把增城货运站打造成为有效疏解广州中心城区铁路货运压力的东部货运中心。

在加快建设广州东部交通枢纽中心的同时，继续配合做好广河、增从高速增城段、北三环高速公路以及广州国际机场东部高速通道增城段建设，同步规划建设出入口建设工程，加快实现高快速公路网全区域覆盖；完成 107 国道新塘段改扩建工程、新新公路、朱石公路等一批在建工程；启动新城区主干道路、新城大道、荔湖大道、增城大道增江段、小正公路等一批主干道路升级改造工程；抓紧增城大桥、光辉大桥等桥梁工程的动工建设；加快增城汽车客运站和新塘汽车客运站建设，建立全区域公交系统，完善市域交通。

（二）建设三大发展载体平台，增强科学发展硬实力

1. 打造产业东进载体平台，建设广州东部现代产业新区

发挥国家级经济技术开发区龙头带动作用，构建"一区多园"发展格局。着眼增强开发区综合竞争力，积极扩大开发区的容量和辐射效应，将广州东部（增城）汽车产业基地、增江街东区高新技术产业基地、石滩镇研发创意产业园、广州东部（新塘）交通枢纽中心等园区纳入开发区统一管理，实现资源共享、功能互补、产业联动、错位发展，形成"一区多园"发展格局。以开发区国批 5 平方公里区域为基础，将当前建设发展的 22 平方公里新区打造为增城开

发区核心园区；以增江东区高新技术产业基地为载体，打造开发区高新技术产业园；以石滩镇研发创意基地为载体，打造开发区研发创意产业园；以三江货运站、仙村物流基地为载体，打造开发区现代物流园；以广州东部交通枢纽中心（新塘）为载体，打造开发区现代服务业园区。通过"一区多园"发展平台，统筹各产业园区的规划建设和管理，建立灵活高效的各园区开发建设投融资体制和统一的经营管理运作机制，提高各园区开发建设水平和发展承载力，充分利用国家级开发区的政策优势和体制机制优势解决制约各产业园区发展的土地、资金、项目、技术、人才等瓶颈；优化各园区产业项目布局，构建统一的招商引资信息平台、服务体系和标准，形成统一的招商政策和产业发展政策，促进高端制造业、战略性新兴产业、高新技术产业、研发创意产业和现代服务业项目向重点园区集聚发展。

2. 打造人口东进载体平台，建设珠三角生态宜居新城

围绕承接广州城区"下移"人口、增城加速城镇化农村富余劳动力"上移"人口和市内外引进产业与人才"平移"人口，统筹推进城市副中心、卫星城和中心镇建设，加快特色城镇化进程，打造以现代产业和生态宜居为特征的广州东部山水新城重要组团。市区荔城、增江要依托增江两岸优美的生态环境，以国际旅游度假城为载体，抓好新城区的规划建设，完善城市功能及配套设施，率先建设成为广州东部现代化生态新城区；新塘镇充分利用好区位和产业优势，加快推进"三旧"改造和城市功能调整，加强镇域基础设施建设和环境整治，着力打造集聚100万人口的广州东部工商新城。中新镇、朱村街围绕对接中新知识城，重点抓好镇域、镇区整体规划改造，完善综合配套功能，加快新区建设着力打造集聚30万~50万人口的生态卫星城。石滩、派潭等镇区继续围绕"两城三中心"城镇功能布局，加大城镇基础设施和生态环境建设，完善中心镇产业发展、城镇公共服务和居住服务功能，不断提升城镇化发展水平。

以落实推进东部高新技术产业带建设合作框架协议为契机，全面加强与天河、黄埔、萝岗的发展合作，充分利用增城生态环境优美、城市化基础良好、区位优势突出和交通便捷等优势，着力打造"低成本高品质"发展环境，构建广州东部创新创业人才集聚区。推进智能酒店、智能社区和智能家居建设，打造以"创新宜居"为特色的生活新模式，吸引高素质人才创业居住。继续加强人才使用体制机制的创新，促进人才创新和创业，切实解决人才引进的住房保障、医疗保健、家属就业、子女入学、入户等方面的实际困难，增强人才的归属感和幸福感。

3. 打造生态环境载体平台，建设广州东北部生态产业核心区

北部生态产业区大力发展都市型生态农业和生态旅游业。重点是做强做优生态旅游业，积极推进白水寨核心景区、小楼人家核心景区、湖心岛核心景区的基础设施和重大产业项目建设，把各核心景区真正建成具有龙头带动作用，能够增强山区经济实力，促进山区镇脱贫致富的核心载体。白水寨风景名胜区全力推进国家5A级景区建设，着力加快温泉旅游度假、会议休闲等星级酒店及配套项目的落户建设；小楼人家景区加快创建全国农业旅游示范点，积极推动小楼人家现代农业示范区园区规划建设，大力发展生态效益型、观光型现代农业，推进建设一批具有生态田园风光特色的农家旅馆；正果镇积极推进湖心岛景区建设，进一步加快特色旅游开发，培育发展佛教文化、民俗风情。北部三镇进一步强化招商引资和产业项目建设，积极引进市场经营主体，依托绿道产业带，大力发展与生态旅游相融合的会议休闲、都市农业和健康运动产业，形成具有品牌效应的生态旅游产业链，不断增强山区镇经济自我发展能力。

（三）实施重大产业项目培育工程，增强产业核心竞争力

按照三大主体功能区的产业布局，发挥"一区多园"、重点开发区域的载体优势，围绕提升产业核心竞争力，大力招商引资，加快增量引优，大力发展核心产业，加快培育核心企业，做大做强核心产品。

1. 着力发展高端制造业

全力推进广汽本田增城工厂24万辆整车产能扩建项目、北汽华南生产基地30万辆整车项目、广汽本田年产20万台汽油发动机建设项目、广汽SP件物流配送中心项目、广州驭风旭铝铸件有限公司汽车零配件项目等汽车整车及零部件产业项目，以及五羊—本田、豪进、康超、奔马等10个摩托车整车及零部件产业项目，加快规划建设汽车产业基地汽车零部件园区项目，不断做大做强汽车和摩托车支柱产业；推进广东科利亚农业联合收割机项目、广州江铜铜材有限公司年产40万吨铜杆线华南基地项目、南方电网特高压工程技术国家工程实验室项目以及广州中电荔新电力实业有限公司2×300MW热电联产机组工程项目等高端装备业项目，积极培育新的制造业增长点。

2. 着力培育发展战略性新兴产业

以中金数据系统有限公司华南数据中心、晶元光电等电子信息产业项目为载体，加快规划建设汽车产业基地战略性新兴产业园区项目，大力引进 LED 半导体照明、RFID 物联网、汽车电子、数字家庭、无线城市等电子信息产业以及节能环保产业。

3. 着力发展商贸服务业和居住产业

推进广州普洛斯仓储设施管理有限公司仓储物流项目、人人乐华南物流商业配送中心二期工程、盛唐世纪广场项目、富港东汇城项目、侨建商业城、景东国际商业城等一批现代服务业项目，加快发展第三产业。

4. 促进都市农业和生态旅游业融合发展

依托绿道产业带和旅游景区开发建设，加快推进广州增城小楼人家现代农业示范园区、增城市朱村万亩生态农业基地和广州增城增江河东万亩现代农业生态观光园等三大现代农业园区规划建设，以"增城十宝"农产品为重点，大力发展以"好吃、好看、好玩、好价、好销"为特征的都市农业。

（四）实施城乡一体化工程，创建全省统筹城乡综合配套改革示范区

坚持城镇化带动城乡一体化，坚持城市转型升级发展带动产业和区域转型升级发展的总体思路，贯彻落实《增城市统筹城乡综合配套改革试验实施方案》，着力破解统筹城乡一体化发展的各类难题。

1. 统筹城乡规划建设管理

不断完善覆盖城乡的"三规合一"规划体系，科学合理安排市域城镇建设、产业聚集、村落分布、生态涵养等空间布局。加快城乡公共设施一体化建设。推进公路主干道市政化改造，完善农村路网体系，完成自然村通水泥路工程，实现公路主干道与沿线镇村公路网的有效连接；加快公交服务向农村地区延伸覆盖，推动城乡交通设施共建、联网、共享；统筹推进城乡水、电、气等公共设施网络建设，全面完成自然村"五通"工程，形成覆盖到村、延伸到户、城乡衔接的基础设施网络。按照园区、城区、镇区、农村建社区，一般地区农村建生态文明村、北部山区农村建旅游示范村的总体要求，建设一批新农村示范村。

2. 促进城乡基本公共服务均等化

加快完善基本服务均等化五年规划，按照建立覆盖城乡、功能完善、分布合理、管理有效、水平适度的基本公共服务体系的目标要求，建立健全推进基本公共服务均等化的长效机制，大力推进公共教育、公共卫生、公共文化体育、公共交通、生活保障、住房保障、就业保障、医疗保障等八项基本公共服务均等化，让改革发展成果由城乡人民共享。积极构建城乡一体化的公共服务体系。完善就业和创业体系，健全市、镇（街）、村（居）三级就业服务网络和市场体系，加大免费培训和推荐就业力度。提升城乡社会保障和救助水平，健全农村养老保险和被征地农民养老保险制度，贯通城乡养老保险制度衔接通道，加快城市社会救助政策向农村延伸，落实扶贫帮困工作责任制。优化配置全市医疗资源，重点向乡镇倾斜，形成城乡统筹的医疗卫生服务体系，继续提高新型农村合作医疗参合率和保障水平。优化城乡教育资源，促进城乡教育均衡发展，努力构建幼教、普教、职教、成教相互协调、具有增城特色的教育体系。完善城乡公共文化服务体系，推进全国文化体制改革试点，建设城乡公共文化惠民共享工程。

3. 全力做好扶贫帮困工作

坚持"保障解困、开发扶贫、自强脱贫"的扶贫思路，以加快北部三个山区镇发展为重点，以壮大村级集体经济为核心，以实现农民增收为目标，做到政府主导，动员全社会参与和自身努力三结合，把扶贫帮困的各项措施落到实处。一是贫困户脱贫。对没有发展能力的家庭和群众，通过政府提供各类保障，解决其绝对贫困问题；对有脱贫潜力的，要通过扶助其就业和子女教育帮助其逐步脱贫。二是贫困村脱贫。对集体经济发展有条件的村，鼓励和帮扶其加快壮大村集体经济；对受客观条件限制集体经济水平一时难以提高的村，通过政府补助，保障其履行村居管理、村民自治、提供服务的基本运作。三是贫困镇脱贫。对三个山区镇要通过加大镇区基础设施和公共服务设施建设以及加快产业核心区建设，通过城镇化和产业龙头带动，增强其经济实力和辐射带动能力。要落实扶贫责任制，把广州对口帮扶单位、社会捐助单位、部门结对单位的帮扶对接好，把扶贫帮困项目策划好、安排好，把帮扶资金利用好，要全力确保到 2012 年底全市户镇村三级实现脱贫目标，北部三镇基本形成自主发展的长效机制。

（审稿：陈碗清）

The Framework of the 12th Five-year Plan
of Zengcheng, Guangzhou

Research Group of Bureau of Development and Reform
of Zengcheng, Guangzhou

Abstract: This report mainly addresses the overall development thought of Zengcheng in the 12th five-year period, i. e. the "overall positioning" is to construct Zengcheng as Guangzhou eastern comprehensive gateway function area; the "two strategies" are to implementing of development zone driving strategy and principal function region deepening strategy; the "three engines" are to fulfill the industrialization, urbanization and regional integrity; the "four measures" are to construct Guangzhou eastern modern industries new zone, PRD ecological livable new town, Guangzhou eastern innovative and entrepreneur talent new Accumulation area and Guangdong provincial urban and rural area comprehensive coordination reform and demonstration area; and realize the "ultimate goal" of constructing happiness Zengcheng.

Key Words: Zengcheng City; the 12th Five-year Plan; Overall Development Thought

B.22
关于将增城建设为广州东部
综合门户功能区的对策研究

广州增城市发展改革局课题组 *

摘　要：在"十二五"时期，将增城市建设成为广州东部综合门户功能区，是增城创建高水平的科学发展示范市的必由之路。本文分析了增城建设广州东部综合门户功能区的发展基础与有利条件，并提出了实施开发区带动战略，加快推动功能区建设的若干对策建议。

关键词：增城市　东部综合门户功能区　开发区带动战略　对策

"十一五"以来，增城市科学规划建设三大主体功能区，加快调整优化产业空间布局，以不平衡发展破解发展不平衡，南中北三大主体功能区发展各具特色，亮点纷呈，区域及城乡之间加快实现互补协调发展。作为南部新型工业区核心和龙头的增城工业园，2010年3月成功升级为国家级经济技术开发区，成为广州第三个国家级经济技术开发区，以及目前全国仅有的两个建在县上的国家级经济技术开发区之一，将为增城市的发展提供强大的支撑和动力。"十二五"时期，充分发挥国家赋予开发区的政策优势，积极实施开发区带动战略，加快建设广州东部门户功能区，将成为增城创建高水平的科学发展示范市的必由之路。

---

* 本课题组执笔人：叶小锋，增城市发展和改革局（综合规划科科长），主要研究县域国民经济和社会发展的规划计划等问题；何伟锋，增城市发展和改革局（综合规划科科员），主要研究县域国民经济和社会发展的规划计划等问题。

一　实施开发区带动战略，建设广州东部综合门户功能区的基础及有利条件

（一）发展基础

"十一五"以来，增城经济技术开发区加快推进广州东部汽车产业基地和新型工业区重大产业载体建设，先后引进广汽本田、豪进摩托、博创机械、科利亚农业机械、江西铜业、中金数据、南方电网等50多个大型优质生产力骨干项目，初步形成以汽车产业为主导特征，多元化发展高新技术产业和现代服务业的产业格局，高端产业集聚和辐射效应日益增强。2010年完成工业总产值342.2亿元，增长21.5%，是2005年的122倍，产值占增城市工业总产值的比重由2005年的0.52%上升到22.5%；税收收入42.51亿元，增长54.8%，是2005年的500倍，占增城市税收收入的比重由2005年的0.48%上升到2010年的39.9%；完成进出口总额3.71亿美元，同比增长98.3%，其中出口额3.16亿美元，进口额0.55亿美元，同比分别增长118.3%和30.78%。增城经济技术开发区成为增城经济发展的重要引擎，以及广东省新兴的产业基地和广州市新的经济增长区域。

（二）有利条件

随着珠三角区域发展一体化、广州建设国家中心城市和综合性门户城市的进程加快，处于穗莞深现代产业廊道的重要节点的增城，交通和区位优势、生态环境优势将更加凸显，"十二五"时期必将成为广州承接人口、产业转移，建设宜居城市的重要载体。从地理空间的角度考虑，增城开发区所处的南部地区是广州"东大门"，地处广州与香港、珠三角东岸城市、粤东地区加强经济往来的枢纽位置，是穗莞深城际铁路、轨道交通13号线和16号线、广深铁路和广惠汕高速铁路等轨道交通交汇处，是规划建设中的广州市东部山水新城区的重要功能组团；从功能布局来考虑，该区域是增城市承接广州东进战略的桥头堡，也是珠三角地区承接新一轮生产要素重组和调整优化产业结构的重要载体。拥有机制体制以及区域条件优势的开发区，具有带动整合广州东部城市空间、壮大和提升广州

东部产业带的功能，必然成为推动增城融入大广州和珠三角一体化发展的重要平台，加快带动增城经济社会发展转型。

二 实施开发区带动战略，建设广州东部 综合门户功能区的工作展望

（一）推动开发区大开发大发展，不断增强开发区示范、辐射和带动功能

按照建立行为规范、运转协调、公开透明、廉洁高效的行政管理体制和"小机构、大服务"的要求，加快建立灵活高效的开发区管理及运行机制，尤其是建立完善开发区管理委员会，加快理顺经济社会规划、空间规划、土地规划、招商引资、项目审批等业务运行机制，保证开发区管委会充分行使广州市级行政审批和管理权限，进一步理顺区、市关系。着力推进道路交通等基础设施建设，重点加快在建22条道路的施工，构建起园区主要道路框架，同步推进供水、供电、通讯、燃气、排水、排污等市政配套设施建设，推进北区16平方公里的土地整合以及基础设施建设，增强经济发展承载力。制定实施开发区产业发展规划及配套政策措施，抓好招商引资，加紧推进重大项目建设，重点要推进广汽SP件、博锐动力、科利亚农业机械、江西铜业、中金数据等一批重点项目建设，不断扩大产业规模和经济总量。加快完善开发区的服务功能配套，充分利用保税物流园等海关特殊监管区域的优惠政策和功能优势，积极探索发展开发区保税物流业，引进跨国物流企业、国际采购中心和配送中心，服务和带动增城外向型经济发展。

（二）实施"一园多区"带动战略，积极探索"区市合一"的园区管理模式

充分利用开发区的体制优势，综合打造和树立国家级经济技术开发区的整体形象，积极扩大开发区的容量和辐射效应，将广州东部（增城）汽车产业基地、增江东区高新技术产业基地、石滩镇研发创意基地、广州东部（新塘）交通枢纽中心等配套园区统一纳入开发区管理，统一执行国家级经济技术开发区享有的经济管理权限和相关政策规定，统一规划建设、招商引资和运营管理，实现园区

资源共享、功能互补、产业联动、错位发展，形成"一区多园"发展格局。以开发区国批 5 平方公里区域为基础，将当前建设发展的 22 平方公里新区打造为增城开发区的核心园区；以增江东区高新技术产业基地为载体，打造开发区的高新技术产业园；以石滩镇研发创意基地为载体，打造开发区研发创意产业园；以三江货运站场、仙村物流基地为载体，打造开发区现代物流园；以广州东部交通枢纽中心（新塘）为载体，打造开发区现代服务业园区。

（三）加快构建开发区现代产业体系，全面带动广州东部现代产业新区建设

坚持"先进制造业立区，高新技术产业强区，现代服务业旺区"的发展思路，以构建开发区现代产业体系为抓手，着力发挥龙头企业和项目的带动作用，加快核心产业集聚，拉动和辐射周边区域联动发展，带动全区域产业结构优化。以广本汽车、北汽、五羊本田摩托、豪进摩托等龙头企业为依托，加快推动广本发动机、广本研发中心等重大项目建设，规划建设零部件配套产业园区，大力引进一批汽车、摩托车及其零部件企业，推动产业链条延伸辐射到周边地区；以科利亚农业机械、晋丰盾构机、博创机械等企业为龙头带动，引进大型的机械装备制造项目及为其配套的上下游产业，形成高端装备制造业产业集群；凭借原有的工业基础、广阔的腹地和后发优势，积极扩大与港澳等地区创新合作，推动开发区与广州科学城、中新知识城、天河软件园的联合互动和错位发展，大力发展电子信息、重大环保技术装备、节能汽车零部件、节能电器等产业，推进科技成果产业化基地和中试中心建设，积极打造广州东部高新产业带重要区域以及创新创业人才集聚区；积极发展以总部经济、服务外包、现代物流为主的生产服务业和文化休闲、商贸饮食等生活服务业，努力增强高端服务业对开发区打造现代产业新区的推动作用。紧紧围绕为开发区建设提供一流的公共服务配套和优质的生态环境，进一步推进主体功能区建设，中部重点发展科教研发、文化创意、会议运动休闲和居住等产业，北部着力发展都市农业和生态休闲旅游产业，全面提高增城整体宜居宜业水平。

（四）丰富和完善开发区综合功能，加快推动广州东部综合门户功能区建设

充分利用区位、交通、产业、生态优势，以丰富和完善开发区综合功能为

着力点，规划建设创新要素集聚、高端商务云集、国际交流活跃、生态环境优美、岭南文化特色鲜明的广州东部综合门户功能区。一是加快优化完善增城交通网络。以建设广州东部（新塘）交通枢纽中心为抓手，全力配合好广州地铁13号线、16号线、21号线的规划建设，促进增城早日融入广州轨道交通网络；配合做好穗莞深城际轻轨、广惠汕铁路规划建设，推进107国道新塘段、广河、北三环高快速路建设，形成对接穗莞深、辐射粤东地区的国道和高速公路、铁路网络；完善高快速路、轨道和市内路网的规划建设，增强镇街交通通达能力。二是围绕增强广州东部客货运功能，加快提升南部地区铁路货运能力，积极配合广惠汕高速铁路、穗莞深城际铁路、广深铁路的建设，争取建设广州铁路货运东北联络线，规划建设石滩与仙村之间的东部铁路货运中心站和广本铁路专用线，完善三江货运站场建设，积极打造有效疏解广州中心城区铁路货运压力的东部货运中心。三是重点加快推动富港东汇商业城、盛唐世纪广场、侨建商业城等商贸服务龙头项目以及广州东部国际商务城建设，着力推动商务服务（金融服务、IT服务、现代物流服务）、中小企业注册地和运营中心、立足于周边制造业的商务服务（交易市场、展销、国际贸易、分销代理、研发）等现代服务业为主的商务多功能综合区建设，更好地服务开发区产业发展。

（五）打造建设生态宜居新城载体，示范带动市域建设珠三角生态宜居新城

围绕广州市委九届十次全会提出的"依托中新知识城、广州科学城和增城开发区打造山水新城，建设广州城市副中心"的目标，紧紧抓住广州"十二五"期间推进东部新城区建设的重大机遇，着力推动开发区与新城区规划建设融合发展，辐射带动全市进一步优化城镇空间布局，统筹推进城市副中心、卫星城和中心镇建设。一是积极打造以现代产业和生态宜居为特征的广州东部山水新城重要组团。新塘镇加快"三旧"改造和城市功能调整，提升城镇管理和宜居水平，建设集聚100万人口的广州东部工商新城；中新镇、朱村街抓好镇域、镇区整体规划和基础配套设施建设，打造集聚30万～50万人口生态卫星城；增城市区以国际旅游度假城为载体，加快建设广州东部现代化新城区；北部三镇围绕集聚30万～50万人口，集中投入建设一批辐射和覆盖农村的基础设施和公共服务设施，

以加快生态产业化、城镇化增强综合承载能力，建成统筹城乡发展的重要载体。二是利用开发区集中开发建设的契机，突出探索统筹城乡发展的新路子。加快探索征地补偿安置的新模式，统筹解决被征地农民就业、安居以及养老保险等保障问题；整体规划农民住宅，加快新型农民公寓和安置房建设，引导农民集中居住；依托开发区产业结构，加强职业培训和就业引导，提高农民综合劳动技能和整体素质，促进区内农村富余劳动力转移就业；结合开发区产业发展的定位和空间布局，做好区内集体经济发展预留用地的统筹规划、开发、建设、招商、经营，积极探索农村集体资产管理体制改革，加快壮大农村集体经济。及时总结并推广开发区统筹城乡发展的经验，更好地示范带动全市统筹城乡综合配套改革试点工作，加快建设全省统筹城乡综合配套改革示范区。

（审稿：陈婉清）

Countermeasures on Constructing Zengcheng as Guangzhou Eastern Comprehensive Gateway Function Area

Research Group of Bureau of Development and Reform of Zengcheng, Guangzhou

Abstract：During the "12th Five-year" period, the only way for Zengcheng to create a high level scientific development demonstrate city is to construct Zengcheng as Guangzhou eastern comprehensive gateway function area. This report analyzes the development basis and advantages of Zengcheng to be Guangzhou eastern comprehensive gateway function area, and proposes several proposals like implementing the development zone driving strategy and accelerating the function area construction.

Key Words：Zengcheng City; Eastern Comprehensive Gateway Function Area; Development Zone Driving Strategy; Countermeasure

B.23

广州开发区、萝岗区委关于编制
"十二五"规划的建议

广州经济技术开发区、萝岗区研究室课题组

　　摘　要：本报告对"十一五"时期开发区、萝岗区经济社会发展取得的成就进行了系统总结，深入分析了"十二五"时期面临的新的发展机遇和挑战，并从构建现代产业体系、完善开放型创新体系、建设"两城一岛"核心组团、优化宜业宜居环境、改善和保障民生等多个方面就如何确保"十二五"时期实现又好又快发展提出了建议。

　　关键词：开发区　萝岗区　"十二五"规划　建议

　　"十二五"时期，是广州经济技术开发区、萝岗区经济社会发展加快转型的关键时期。科学制定国民经济和社会发展第十二个五年规划，对于广州开发区、萝岗区建设转型升级先行区、科学发展示范区，服务广州国家中心城市建设，具有十分重要的意义。

一　"十一五"广州开发区、萝岗区经济社会发展情况

　　"十一五"时期，广州开发区、萝岗区深入贯彻落实科学发展观，认真实施《珠江三角洲地区改革发展规划纲要（2008～2020年)》（下称《规划纲要》)，紧紧围绕建设"转型升级先行区、科学发展示范区"这个总目标，积极应对国际金融危机冲击，扎实推进"三促进一保持"，实现了经济社会又好又快发展。到2010年，全面实现了"十一五"规划制定的发展目标，为"十二五"发展奠定了坚实的基础。

（一）全区主要经济指标较快增长，综合实力显著提升

广州开发区生产总值从 653 亿元提高到 1600 亿元以上，比 2005 年增长 1.46 倍，"十一五"期间（下同）年均增速 19.4%，超过规划目标 3 个百分点；工业总产值从 1608 亿元提高到 4228 亿元，年均增长 21.32%，比 2005 年增长 1.6 倍，占广州市工业总产值比重超过 1/4；财政总收入从 157 亿元提高到 388.56 亿元，年均增长 19.9%；实际使用外资达 12.26 亿美元，比 2005 年增长 80%，年均增长 12%。萝岗区实现地区生产总值 1362 亿元，年均增长 16.6%，经济总量在全市的比重不断提升。

（二）产业结构调整迈出了新步伐，转型升级取得显著成效

广州科学城建设成为全市核心自主创新组团，建成了 100 万平方米的科技企业孵化器集群，启动建设科技企业加速器，被评为电子信息、生物医药、新材料等十多个国家级产业基地。中新广州知识城全面启动建设。广州国际生物岛全面完成基础设施建设。世界 500 强企业、总部经济、高新技术等高端项目加速聚集，电子信息、汽车、金属冶炼、精细化工、食品饮料等支柱产业集群进一步发展壮大，生物、新材料、节能环保等战略性新兴产业方兴未艾。自主创新能力持续增强，高新技术产品产值从 2005 年的 577 亿元跃升到 1785 亿元，翻了一番多；专利申请量由 416 件上升至 2206 件，翻了两番多，授权量由 137 件上升至 1196 件，翻了三番。各类研发机构从 2005 年的 151 家增长到 386 家，增长 1.56 倍。科技企业数从 2005 年的 495 家增加到 1258 家，增长 1.54 倍。上市企业数从 2005 年的 9 家增加到 22 家，增加 13 家。

（三）国际化生态型新城区建设步伐加快，宜业宜居环境建设取得新进展

"十一五"期间财政投入基本建设资金达 389 亿元，是"十五"期间的 2.36 倍。萝岗新城 36 项重点工程陆续完成，建成了行政服务中心，一批星级酒店、中高档居住社区、中小学校和体育场馆投入使用。区域主干路网进一步完善，对外交通连接进一步提速。环境保护与生态建设不断加强，顺利完成了河涌整治任务，污水处理能力大幅提高，超额完成节能减排目标，对全市节能减排作出了重要贡献。

（四）统筹城乡发展成效明显，社会事业全面发展

5 年累计投入 130 多亿元，推进农村基础设施和社会事业发展。完成了村村"通公路"、"通自来水"、"通路灯"等工程，教育、文化等各项社会事业实现了跨越式发展。农民人均纯收入由 5151 元提高到 14593 元，年均增长 20%。城镇人均可支配收入由 2 万元提高到 3.14 万元，年均增长 12.2%。社会保障水平从全市排名靠后跃升全市前列。

二 制定"十二五"规划的指导思想与发展目标

（一）制定"十二五"规划的指导思想

高举中国特色社会主义伟大旗帜，以邓小平理论和"三个代表"重要思想为指导，深入贯彻落实科学发展观，全面实施《规划纲要》，坚持以科学发展为主题，以加快经济发展方式转变为主线，以"加快转型升级、建设幸福萝岗"为核心，以深化改革开放为动力，按照"科学发展、先行先试"的要求，着力推进经济发展方式转变，更加突出创新驱动，保持经济又好又快发展；着力推进国际化生态型新城区建设，实现绿色增长，优化宜业宜居的城市环境；着力推进城乡经济社会一体化发展，更加突出基本公共服务均等化，保持社会和谐稳定；着力推进创新发展模式试验，更加突出体制机制创新，不断增强发展新优势；加快建设创新萝岗、低碳萝岗、健康萝岗、幸福萝岗，努力建设"转型升级先行区、科学发展示范区"，为广州建设国家中心城市和全省宜居城乡的"首善之区"作出更大贡献。

1. 坚持优化升级、转型发展

适应开发区发展的阶段性特点，着力推动从经济开发区为主向科技工业园、现代化新城区转变，从制造业为主向新兴产业、先进制造业与服务业融合发展转变，从投资驱动向创新驱动转变，从侧重经济发展向经济社会统筹协调发展转变，促进经济社会全面转型。

2. 坚持改革开放、创新发展

弘扬"开放、兼容"的岭南文化和"敢为人先、务实进取"的创业精神，

深化重点领域和关键环节改革，建设服务型政府，创新社会管理，改善公共服务，建立有利于科学发展的体制机制。积极探索开放创新道路，推进开放型经济优势向创新优势转化，着力整合创新资源，完善创新体系，提供高端服务，汇聚高端人才，聚集高端产业，提高自主创新能力和产业竞争力，为发展注入新的动力和活力。

3. 坚持富民惠民、和谐发展

坚持强区与富民的有机统一，从完善城市综合功能、提升城市品位、增强城市竞争力的战略高度，整体提升社会事业发展水平，加大公共服务领域投入，完善社会保障体系，建立持续改善民生、促进社会和谐的长效机制，在发展中促进城乡居民收入持续增长，家庭财产普遍增加，把发展的出发点和落脚点真正体现在富民和惠民上，率先实现基本公共服务均等化。

4. 坚持生态低碳、绿色发展

注重生态保护，发展循环经济和绿色产业，推广和应用低碳技术，推进节能减排，加快城乡绿道、生态绿地和森林生态保护体系建设，推进水环境、人居环境和大气环境综合治理，促进经济效益与生态效益有机统一。

5. 坚持城乡统筹、协调发展

完善城乡统筹发展机制，促进城市基础设施和基本公共服务向农村延伸，不断提高城市化发展的质量和水平，形成城乡经济社会一体化发展新格局，使广大农民共享改革发展成果。完善城市综合交通运输体系，着力增强金融、物流、商贸和文化教育、医疗卫生、科技创新等综合服务功能，营造宜居宜业宜游的城市环境。

（二）"十二五"时期经济社会发展的主要目标

到"十二五"期末，开发区经济实力和总体发展水平继续保持在全国国家级开发区中的领先地位，成为广州国家创新型城市建设的核心区和战略性新兴产业基地；萝岗区率先实现基本公共服务均等化，打造宜业宜居、创新引领的广州东部高新技术产业带和东部生态山水新城，在广州建设国家中心城市和全省宜居城乡的"首善之区"进程中发挥龙头作用。

1. 五年主要经济指标翻番

在优化结构、提高效益、降低消耗、保护环境的基础上，推动全区经济继续保持持续较快发展的良好势头，争取主要经济指标 5 年翻番。地区生产总值年均增长 15% 左右，到 2015 年达到 3000 亿元，并力争提前实现。

2. 形成一批千亿级产业集群

到 2015 年，形成新一代信息技术、生物医药、新材料、高端装备制造、节能环保等六大战略性新兴产业基地，培育信息产业、平板显示、新材料、精细化工、知识密集型服务业等千亿级产业集群，建立以知识经济为导向、先进制造为主体、三个产业协调发展的现代产业体系；培植一批产值过百亿的龙头企业，形成一批具有自主知识产权和国际知名品牌的骨干企业。经济结构调整取得重大成效，产业高端化发展态势确立，第三产业比重达到 30% 以上。

3. 打造"两城一岛"创新载体

以世界级研发基地为目标，发挥广州科学城、中新广州知识城、广州国际生物岛三个核心组团的创新载体作用，打造广州东部高新技术产业带龙头，建设国家创新型城市的核心区，到"十二五"末，全社会研发投入占地区生产总值的比重达到 4.3% 以上。高新技术产品产值占工业总产值的比重达到 50%。

4. 形成广州东部山水新城的核心区

到"十二五"末，40 平方公里的萝岗新城的框架基本建成，知识城首期 10 平方公里基本完成开发，进一步完善对外对内现代化交通网络，全面融入广州市半小时生活圈，成为与主城区有机衔接、生活配套设施完善、生态环境优美、富有岭南特色的山水生态新城。

5. 社会事业发展走在全市前列

城乡居民收入与经济发展同步增长，城乡收入差距进一步缩小。覆盖城乡居民的基本公共服务体系全面建立，社会保障和就业水平大幅提高，医疗卫生、教育文化等公共服务得到明显提升。打造中西融合、开放创新的特色文化，增强文化软实力，成为广州建设世界文化名城的名片。

三 编制"十二五"发展规划的建议

（一）加快构建现代产业体系，提高产业核心竞争力

密切跟踪全球技术创新和产业发展的新趋势，按照高端化、集群化、融合化

和国际化的产业发展原则，以提升产业国际竞争力为目标，以科技创新和体制创新为动力，坚持巩固与提升、引进与培育、内源与外源并重，着力提升开发区制造、推动开发区创造、拓展开发区服务，重点吸引创新能力强、市场潜力大、附加值高、带动能力好的产业项目，形成以战略性新兴产业为先导，先进制造业与现代服务业双轮驱动的现代产业体系。

1. 加快培育战略性新兴产业

紧密对接国家和省、市战略性新兴产业发展规划，以"两城一岛"为核心载体，加快培育新一代信息技术、节能环保、新能源、生物、高端装备制造、新材料等战略性新兴产业。做大做强电子信息、生物、环保新材料等国家级高新技术产业基地，加快建设广州新一代通讯设备和终端制造产业基地、广州物联网产业基地等战略性新兴产业基地。依托电子信息产业发展基础，聚焦高端价值链和尖端技术环节，促进新一代信息技术集群化发展，力争建成广州软件和集成电路战略性产业基地。以建设国家循环经济试点园区为契机，大力发展生物能源产业，促进低碳经济良性循环发展。以龙头企业为带动，加快发展节能环保、新能源产业。充分发挥中科院广州生物医药与健康研究院、华南新药创制中心、基因药物工程研究开发中心、南海海洋生物技术工程中心、生物工业研究院等国家级生物研发机构和重大新药创新平台的辐射带动作用，建设完善一批生物产业公共技术平台，加速生物技术项目的聚集，促进生物产业的跨越式发展。重点培育和扶持拥有自主知识产权、具有良好市场前景的新材料产业龙头企业，通过新材料的开发、标准制定、生产制造和产品应用，形成完整的新材料产业链条。加快推进数控机床、智能控制、自动化成套设备等关键设备的高端制造业发展。加强政策支持和规划引导，制订年度战略性新兴产业发展行动计划，建立重点项目库，努力成为国家和省、市发展战略性新兴产业的核心载体。

2. 大力提升先进制造业

围绕提升先进制造业的竞争力，抓住世界制造业转移高端化、跨国公司研发本土化的有利机遇，积极承接新一轮国际产业转移，优先引进高端制造业，重点引进和发展产业链中核心零部件和关键材料制造环节，以及前端的研发、工业设计、检测等环节的企业或项目。推动电子信息、精细化工、汽车、钢铁、食品饮料等支柱产业延伸产业链条，支持企业扩大生产规模，加强技术研发和产品创新，丰富产品线，引进新项目。支持企业延伸高附加值环节，依托现有制造企业设立地区总部，拓展投资、管理运营、营销、采购、物流配送等功能。加快推进高世代平板显示产业基地建设，加速形成具有国际竞争力的平板显示产业集群。

3. 发展壮大服务业

遵循产业结构高级化的发展规律，坚持知识密集型服务业与生活配套服务业并重，主动承接全球新一轮产业转移中高附加值服务业的转移，重点发展总部经济、科技研发、金融服务、工业设计、网游动漫、服务外包、检测认证、现代物流、生命健康、教育培训、文化创意、信息服务等知识密集型服务业和宜居配套生活服务业，积极培育新兴服务业，形成第二、三产业联动发展，相互促进的发展格局。大力发展总部经济，加快广州科学城、知识城总部经济集聚区建设，着力引进世界500强企业、中国500强企业、跨国公司、中央大企业总部、地区总部或具有研发、投资和结算功能的职能型总部机构，支持制造企业提升为全国总部和区域总部，努力建设成为广州东部总部经济集聚区。引进各类科技研发机构，支持建设各类重点实验室、工程技术研究中心、博士后工作站、企业技术中心和科技公共服务平台。加快广州金融创新服务区建设，大力引进金融、保险、证券和各类投融资机构，促进金融后台服务业项目发展。加快广州创意产业园和国家新型工业化（工业设计）产业示范基地、网游动漫产业发展基地建设，促进工业设计、网游动漫、数字媒体等创意产业集聚发展。以中国服务外包基地城市广州示范区为契机，大力发展服务外包，优先承接产品研发、信息服务、金融财务、创意媒体流程整合、云计算等高端离岸服务外包业务，培育一批取得国际资质、具备较强全球交付能力的全面性服务外包企业。推进检测认证产业园建设，促进检测认证产业集群化发展。以广州保税区、广州保税物流园区、广州出口加工区为载体，大力发展国际分拨物流，做大做强广州保税区国际酒类交易中心和国际食品展示中心，积极争取国家政策支持，拓展国际检测维修等业务功能。以中山大学国际健康医疗与研究中心建设为龙头，引进高端健康医疗服务项目，加快高端医疗机构建设，培育生命健康产业集群。适应知识经济发展需求，引进一批国内外高端教育培训机构，促进教育培训产业发展。以萝岗新城建设为契机，充分发挥环境优势，发展房地产业、社区服务业、商贸业和新农村游、科技游等旅游休闲业。加强规划引导，强化政策扶持，进一步优化现代服务业发展环境，完善适应现代服务业发展所需要的高水平城市基础设施和高智能服务配套设施，为现代服务业跨越式发展创造良好条件。

（二）完善开放型创新体系，提升区域自主创新能力

以构建开放型创新体系为导向，整合创新资源，激发企业创新活力，凝聚创新人才，加强国家创新型科技园区建设，构建以创新为主要驱动力的创新发展模式。到十二五末，力争成为广州建设国家创新型城市的核心区。

1. 培育发展创新型企业

鼓励创办各类科技型企业，大力实施创新型企业成长路线图计划，建设一批具有较强创新引领作用的国家级、省级、市级和区级创新型企业。加大政府扶持引导力度，强化企业的创新主体地位，支持和鼓励企业建立技术中心和工程技术研究开发中心，推进前沿技术、关键核心技术创新，大力促进自主创新成果产业化。依托区内龙头企业和研发机构，积极推进数字家庭、生物医药、电子信息、新材料、新能源技术等领域的产业联盟建设。支持企业与高等院校、科研院所共建技术中心，大力促进协同创新，形成政府—产业—学研机构协同互动的良好机制。促进内外源经济共同繁荣，促进跨国公司技术溢出。加大自主创新和自主知识品牌产品政府采购力度，强化市场需求的激励和引导，激发企业自主创新的内生动力。大力实施知识产权战略，不断完善知识产权保护法规制度，不断提高知识产权创造、运用、保护和管理能力。积极发展知识产权交易市场，推动知识产权价值实现。推进知识产权标准化建设，建立标准化战略推进协调机制，以标准提升促进创新型企业集群发展。

2. 完善创新创业服务体系

加大公共财政对创新创业支持力度，完善企业创业服务体系。集聚国内外科技创新要素和资源，建成若干国内一流、国际知名的科研院所、研究开发机构。进一步加快科技创新平台、科技资源共享平台建设，支持和培育一批国家级、省级、市级重点实验室、工程技术研发中心，加快公共研发转化平台的共建共享，积极支持重点领域专业孵化器的建设。围绕区内产业发展需求，继续扩大引进国内外一流的研究机构、培训机构、重点实验室、工程研究院、标准检测认证机构等落户或创建分支机构。结合国家重大科技专项和战略性新兴产业发展等重大战略的实施，积极争取布局建设一批国家重大科技创新基础设施。拓宽投融资渠道，建立健全科技企业发展从种子期到成熟期全过程、全覆盖的投融资体系。落实创业扶持优惠政策，加大区财政对科技发展资金、创业投资引导基金、种子资

金的投入力度。建立创业投资、融资担保的风险补偿制度。发挥创新成功案例的示范作用，塑造开放型区域创新体系的特色文化。

3. 壮大人才队伍

坚持党管人才原则，深入实施人才战略，做到人才资源优先开发、人才结构优先调整、人才投资优先保证、人才制度优先创新。创新人才发展体制机制，加强国家级海外高层次人才创新创业基地建设，大力实施"百千万"人才计划，力争五年时间内吸引和培育一百名科技领军人才、一千名科技骨干人才和一万名技能型人才。加快集聚海外高层次人才，全力推动"213人才工程"建设，在"十二五"期间，吸引和培育20名中央"千人计划"人才，100名领军人才，3000名海外创新创业人才。充分整合海外各类协会、中介组织资源，扩大招才引智宣传覆盖面，建立面向全球招才引智的关系网络，加大走出去延揽人才力度。关心爱护已引进人才，完善人才服务体系，千方百计留住人才。以中新广州知识城为契机，积极开展与新加坡等发达国家的国际教育合作，引进世界一流的大学、研究机构，推动人才培养国际化。支持和引导跨国公司设立培训中心，打造高素质的技能型人才队伍。实施机关干部培养计划，重点加强基层干部队伍的建设。

4. 加强区域创新合作

根据广州城市发展"东进"战略部署，联合天河区、黄埔区、增城市等区（市），在发展规划、科技创新、基础设施、社会管理、环境保护等方面开展广泛合作，探索建立区域合作长效机制，共同推进广州东部高新技术产业带建设。突出共建区域创新体系，在科技金融、创新载体、中介服务、产学研服务、信息网络资源等方面联合打造五大共享平台，更好地发挥科学城、知识城及周边科技园区、开发区创新资源辐射带动作用，共同构建广州东部创新圈。

（三）加快建设"两城一岛"核心组团，打造知识经济新高地

充分发挥中新广州知识城、广州科学城、广州国际生物岛的产业集聚作用，以大幅度提高区域自主创新能力和科技综合竞争力为核心，立足全区的科技资源优势，集成全社会的创新资源，打造创新发展核心载体。

1. 重点建设知识城

坚持"企业先行、政府推动、市场运作"原则，努力将知识城打造成为引

领广州、广东乃至中国产业高端发展尤其是知识型经济发展的新引擎，成为汇聚全球精英的人才集聚高地，成为国际一流水平的生态宜居新城，成为中新战略合作的代表作品和杰出典范。加快推进知识城 10 平方公里起步区的建设，以快速路网、轨道交通等基础设施建设为先导，建设创新创业载体，完善生活居住配套设施，借鉴新加坡先进社会管理经验，打造兴业宜居的知识型社区。探索建立适应知识经济园区开发建设要求的投资、建设和管理新机制。着力发展研发服务、创意、教育培训、生命健康、金融服务、信息技术、生物、新能源与节能环保、先进制造等高端产业，形成以知识经济为基本形态，知识密集型服务业为主导，高附加值制造业为支撑，宜居产业为配套的产业结构。积极争取国家和省、市支持，争取重大创新平台和关键领域产业化项目在知识城布点；开展创新知识经济发展模式综合改革试验，争取在现代服务业对外开放先行先试。积极对接新加坡全球招商网络，引进重大科技和产业项目。大力引进和合作发展一批国际先进的技术研发机构，在高新技术成果产业化、共建创新体系等方面加强合作，使知识城成为国内外优秀科技成果的转化基地。力争到 2015 年基本完成知识城起步区建设，初步建立完善的创新创业体系和良好的兴业宜居环境，聚集 500 家以上创新型企业。

2. 完善提升科学城

以提升科学城高端要素集聚为重点，引导和支持创新要素向企业集聚，推进重大创新平台建设，加快构建技术创新体系，优化宜居创业环境。坚持集研发、孵化、产业、服务等功能于一体，充分利用科技企业孵化器、科技企业加速器构筑中小型科技企业的创新创业环境，建设完善公共技术平台，提高创新服务水平，为高成长型创新企业提供一流的发展空间和一流的创新服务。促进龙头企业加快发展，形成具有强大竞争力的特色产业集群。优化产业功能布局，加速盘活低效用地，进一步提高集约发展水平。坚持"建"、"管"、"用"充分衔接，广泛吸引区内国有企业、集体经济及社会资金参与科学城的商贸、居住、文娱等配套设施建设，强化教育、医疗等服务功能，进一步完善生活配套和休闲娱乐设施，打造自由、交流、互动、舒适的创新社区环境。努力把广州科学城建设成为世界级研发中心，成为珠三角乃至全省重要创新引擎，力争到 2015 年聚集 2000 家创新型企业，营业收入超过 3000 亿元，比"十一五"期末翻一番。

3. 深度开发生物岛

建设完善产业孵化区、研发创新区、产业服务区、生活服务区、综合管理区、绿化广场公共活动系统六个功能组团，高质量建成一批适宜生物产业发展的创新载体，建设培育技术创新、产业孵化、成果转化等公共技术平台和公共实验平台。建立项目对接、知识产权、国际合作、人才储备、投融资等中介服务平台，营造良好生活支撑服务体系。遵循循序渐进的原则，以医药服务外包为切入点，重点发展生物医药、现代中药、生物服务业。加快招商引资力度，重点引进国际国内生物企业地区总部及其研发中心、大型生物产业企业和研发机构，引进培育高质量生物技术、生物能源的研发和产业化项目，建成完整的生物产业研发、中试、产业化的生物产业链。力争到2015年引进200家以上的生物产业研发机构，努力把生物岛建设成为世界级生物产业技术创新与服务基地。

（四）优化宜业宜居环境，打造岭南特色的生态山水新城

坚持以科学规划引导城市发展，以萝岗新城建设为中心，完善城市综合服务功能，整体提升城市形象，增强城市的吸纳力和辐射力，建设国际化生态型新城区，加快构建宜业、宜商、宜居、宜综合发展的广州市副中心城区。

1. 优化城市功能布局

按照"板块拼接、轴线串联、建城营核、强化内联、优化拓展、统筹城乡"的总体思路，重点打造"一城、七区、一岛"（"一城"指萝岗中心城区；"七区"包括科学城、东区、夏港、永和、天鹿湖、镇龙、九佛等发展区；"一岛"指广州国际生物岛）九大空间单元，形成功能明晰、整体协调的空间格局。强化萝岗中心城区行政服务、商业服务、金融服务和生产性服务四大功能，增加居住用地供应，完善居住及商业环境，加快建设商场、超市、菜市场等生活配套设施。重点推进知识城、生物岛基础设施建设，打造创新发展的新载体。依托黄陂—天鹿湖片区良好的生态环境，加快生活居住设施建设，配套发展休闲旅游业。完善东区、永和等片区的公共设施，推动西区升级改造。坚持人口资源环境相协调，合理控制土地的开发强度。坚持高效、集约利用土地，推动闲置、低效用地节约挖潜，探索推行农村集体经济发展用地回购，拓展新的用地空间。根据国家政策及行政区划调整新增建设用地缓解土地供应矛盾，理顺对

未利用土地的开发时序。坚持因地制宜、动态更新的规划理念，鼓励公众参与规划过程，提高规划的民主决策水平，充分发挥公众监督作用，确保规划执行到位。

2. 大力推进"三旧改造"

用好用足"三旧"改造政策，本着应改尽改、能改尽改的原则，制定奖励和扶持政策，着力加快全区 23 个社区的"三旧"改造工作，做好宣传发动、方案编制、项目上报、拆迁安置等各项工作。2011 年先行启动萝峰、萝岗、长平、暹岗、黄陂、山下、笔岗、刘村等社区的改造工程，力争"十二五"期间完成 23 个社区的"三旧"改造方案和报批，建成一批社区"三旧"改造项目。通过"三旧"改造从根本上改变农村的生活居住环境，解决社会管理的难点问题，提高社会管理水平，着力加快城乡统筹发展，促进新城区建设。

3. 率先建设花园城市

学习借鉴新加坡"花园城市"建设经验，完善城市公园绿地系统。充分利用山水生态资源，大力推进城市绿化景观建设，利用现有山体、水系和道路，建设连接区内各组团的绿道网络，将区域绿道、城市绿道、社区绿道贯通成网，形成覆盖全区的绿道公园网络，打造集休闲、生活、娱乐等功能于一体的城市慢行休闲系统。以片区公园化为目标，形成布局合理、层次分明、优势互补的公园体系。形成森林公园、市政公园、社区公园等相互补充的公园体系，提高公共绿地密集度，实现城市居住区出门 500 米即可到达公园的目标。进一步加强对省级生态旅游示范区（天鹿湖公园）的建设。结合区域特色景观，深入挖掘地域特色文化，整合区内旅游文化资源，打造"春有禾雀、夏有荔枝、秋有甜橙、冬有香雪"的自然生态旅游亮点。

4. 提升城市管理水平

整合优化城市管理职能和资源，加大城市管理体制改革步伐，建立城乡联动的一体化管理模式。健全城市管理责任体系，全面实行城市管理和城市综合执法目标管理责任制。规范城市公共资源管理，建立快速便捷的市民群众投诉处理机制。继续完善城市管理监督体系和城市管理保障体系，整合优化城市管理职能和资源，实行城乡联动的一体化管理。建立街镇违法建设查处工作机制，落实属地管理，完善街镇违法建设奖惩激励机制。完善环卫基础设施建设，提升市容环境卫生管理水平，加大城管执法和综合管理力度，治理影响市容环境的突出问题。

强化工地管理与执法，规范工地文明施工、安全生产。加强建筑外观管理，突出岭南文化特色，突出与周边自然环境协调，鼓励形成相对统一协调的区域建筑风格，精心设计路灯、报刊亭、垃圾桶、电话亭、候车亭、指示牌、雕塑等"城市家具"，创新户外广告管理模式，形成有地域特色的形象识别系统，提升城市文化软实力。

（五）建设资源节约、环境友好型城区，努力实现绿色发展

坚持经济发展方式转变与生态文明建设的有机统一，积极探索低碳经济发展模式，提高能源资源节约集约利用水平，进一步加强环境保护和良性循环生态城市建设，率先建成绿色发展示范区。

1. 大力发展低碳经济

积极鼓励和引导新能源产业发展，加快引进新能源研发和生产企业。强化能源规划的指导作用，加强能耗折算碳排放管理，加大绿色能源使用份额，优化能源结构，建设低碳城区。大力开发、引进、推广节能减排新技术、新工艺、新设备和新产品，积极开展低碳技术国际合作，组织实施一批技术含量高、示范带动性强的循环经济项目和节能改造工程，引导企业自觉开展节能降耗和技术改造，积极推进清洁生产，加快推进国家循环经济试点园区和生态工业示范园区建设，提高资源综合利用水平。着力培育以低碳为特征的新经济增长点，探索发展低碳制造业和低碳服务业。积极利用低碳技术和清洁生产技术改造和提升传统支柱制造业，推动重点耗能行业的节能减排。逐步开展全区碳资产盘查，积极推广碳资产管理，率先在区内设立碳交易试点平台，进一步推动在知识城建设全省碳排放交易平台。加强节能减排宣传教育，增强全社会节约意识，积极推广能效标识产品、节能产品的使用，扩大政府绿色采购，倡导低碳生活方式。

2. 强化能源资源节约和管理

以提高能源资源利用效率为核心，形成节约型生产方式、交通方式和消费方式。加大节水工作力度，提高企业尤其是工业用水大户用水循环利用率，鼓励居民节约用水。巩固提升污水治理和河涌综合整治成果，进一步提高工业废水、生活垃圾集中处理率及污泥无害化处置率，完善生活污水处理设施，加快推进中水回用，显著改善水环境质量，实现水生态平衡。建立区域统筹的生态补偿机制，保障饮用水源地安全。确立公共交通在城市客运交通体系中的主导地位，倡导市

民绿色出行。统筹规划建设电动汽车充电设施，鼓励电动汽车的示范应用。引导和鼓励绿色建筑发展，研究制定推广绿色建筑的强制规定和奖励措施，大力推广节能设计，鼓励新建筑使用节能材料，加快既有建筑的节能改造，政府部门带头推广绿色建筑，发挥先导和示范效应。建立完善的垃圾分类回收利用制度，积极引进社会力量参与垃圾分类回收服务，实现垃圾减量化、资源化、无害化。加快推进区内城市生活垃圾收集点、转运站规划建设，开展垃圾发电工程、焚烧场和填埋场等大型基础设施的规划论证，为远期垃圾无害化处理做好基础工作。编制污泥集中处理处置规划，加快处理处置设施建设。

3. 加强环境保护和生态建设

继续推进国际化生态型新城区建设，学习借鉴先进国家和地区经验，健全政策，落实政策，加大投入，加强队伍建设，完善防治结合、预防为主的环保长效机制。做好防洪防涝规划和水资源保护规划。加快推进林分改造，构建城市森林生态屏障。推进城市景观林和城区公共绿地建设，维护农田保护区、农田林网等绿色开敞空间。积极开展雨洪利用，修复河湖生态功能，打造人水和谐的水利工程体系。坚持高标准打造水环境，统筹考虑供水、排水、雨水收集、防洪减灾等功能，修建知识城人工湖等水利设施。依法拓展水体综合功能利用，在严格保护的基础上，探索在水源保护区上游开展景观、备用水源等综合开发模式。关停影响环境的分散式供热小锅炉，实施集中供热。

（六）深化改革开放，增创体制机制新优势

坚持科学发展、先行先试，推进创新发展模式综合配套改革试验，率先在重点领域和关键环节改革取得突破，提升开放型经济发展水平，争当珠三角地区全方位开放的先锋，构建充满活力、富有效率、更加开放、有利于科学发展的体制机制。

1. 建设公共服务型政府

创新行政管理体制，优化行政运行机制，加快政府职能向创造良好环境、提供公共服务转变。按照精简、统一、效能的原则，整合经济发展与市场监管、社会管理与公共服务职能和机构，完善大部门管理体制，优化行政管理和服务方式，形成开发区、行政区各有侧重、协同发展的新型管理模式。推进建设电子政务，实施网上审批、并联审批、告知承诺等行政审批方式，拓展网上政务服务内

容，建立简化、快捷的行政服务模式。按照属地管理和责权对应原则，扩大镇、街经济社会管理权限，推动城市管理重心下移。推进政务公开，增强公共政策制定透明度和公众参与度。严格依法行政，健全政府绩效评估和考核机制。扩展电子监察系统功能，深化行政问责制度，不断巩固和强化执行力建设。推进事业单位分类改革，建立现代事业单位管理和运行模式。

2. 深化投融资体制改革

完善城市建设投融资体制，实现"投、融、建、管、还"一体化发展。引导鼓励境内外投资者参与各类基础设施项目和公共服务项目建设，构建市场化、多元化的投资格局，保持基础设施投资规模。探索多种形式的资产证券化，支持区内企业上市，规范融资平台管理，积极拓宽融资渠道。深化财政改革，建立与基本公共服务均等化及事权改革要求相适应的区、镇（街）财政管理体制。加大力度建设业务能力强、专业覆盖广、管理能力规范的建设管理队伍。构建以区项目代建管理中心为主，社会代建为辅的、规范高效的财政投资项目建设管理新模式。研究制定以投资管制为重点、好快省安廉并重的建设（代建）单位绩效考评及管理办法。积极推动国有企业改革，促进国有企业做大做强。推进区属国有企业资产重组和业务整合，打造主业突出、核心竞争力强的国有龙头企业。优化民营经济发展环境，加大对民营经济尤其是服务型、创新型民营企业的政策支持、产业引导和社会服务力度。以土地增减挂钩、农村产权流转为依托，建立归属清晰、责权明确、保护严格、流转顺畅的现代农村产权制度，提高农村集体用地综合效益。

3. 推进社会管理体制改革

大力发展和规范社会组织，加快建立和完善政府向社会组织购买公共服务制度，积极培育多元参与、平等竞争的公共服务供给市场。加快建设以街道为主体的社区管理服务工作体系，构建社区公共资源共享机制和综合治理机制。深化居（村）民自治，健全以社区党组织为核心的城市社区组织体系。多渠道发展社区志愿者服务，拓展联系社区、服务群众新路子，以社区行政服务、文化生活和医疗卫生为重点，大力建设平安和谐社区。深化医药卫生体制改革，推进公立医院管理体制、运行机制和监管机制改革。

（审稿：陈婉清）

Proposals from CPC Guangzhou Development Zone and Luogang District Committee on Developing the 12th Five-year Plan

Research Group of Guangzhou Economic and Technological
Development Zone and Research Office of Luogang District

Abstract: This report summarizes the achievements in economic and social development in the Development Zone and Luogang District in the 11th five-year, analyzes the new opportunities and challenges in the 12th five-year period, and proposes proposals from the perspectives of building modern industrial system, improving the open innovation system, and build "two cities one island", optimizing the environment that is suitable for entrepreneurship and living, and improving and guarantee the people's livelihood, so as to ensure the 12th five-year period a sound and rapid development.

Key Words: Development Zone; Luogang District; the 12th Five-year Plan; Proposals

物 价 篇

Prices

ℬ.24
价格波动对广州经济增长的影响分析

广州市统计局课题组*

摘　要：本文通过对广州市历年数据的分析，阐述价格波动经由市场需求、生产供给以及科技创新的传导影响经济增长，得出价格波动是通过各种渠道来对经济增长产生正面的或负面的影响，而经由科技创新的传导对经济增长影响最大。这一结论有利于我们正确对待价格波动与经济增长的关系以及采取相应政策措施应对其不利后果。

关键词：广州　价格波动　经济增长

2008～2009年，受全球金融危机影响，广州市价格水平一直呈现下降趋势。2010年，随着国内外经济的回暖，能源、原材料、食品等价格的轮番上涨，加

* 课题组组长：王旭东，广州市统计局局长；课题组副组长：李华，广州市统计局副局长；课题组成员：冯俊、袁汉波、方越峦、栾健、陈荻；执笔：方越峦。

剧了通货膨胀的预期。从某种程度上讲，价格波动是产品供求关系的市场反映，是经济运行的"晴雨表"或者"警示灯"，因此，深入研究价格波动对经济增长的影响，有利于更好地监测经济运行动态，加强和改善宏观调控，推动国民经济健康有序地发展。

一 价格波动与广州市经济增长关系的总体分析

（一）与经济增长相关的主要价格指数

一般而言，在市场经济条件下，经济增长最终由市场的供求关系决定，而市场的供求关系会以价格波动的形式表现出来，所以经济增长与价格变动存在必然联系。本文用 GDP 的发展速度作为反映经济增长的指标与价格指数进行对比分析。居民消费价格总指数（CPI）作为一个综合指数，它不仅反映了一定时期内居民购买的生活消费品价格变动的趋势，还反映了居民购买服务项目价格的变动程度，可以用来观察和分析消费品的零售价格和服务项目价格变动对居民实际生活费支出的影响程度。但是国民经济不仅仅包含用于居民消费的货物和服务，还包含用于政府消费的货物和服务，用于投资的货物和服务，用于进出口的货物和服务，因此，研究价格波动对经济增长的影响，除了考虑消费性价格指数外，还要考虑生产性价格指数、投资性价格指数等。与经济增长关系比较密切的价格指数主要有居民消费价格总指数，原材料、燃料、动力购进价格指数，工业品出厂价格指数，固定资产投资价格指数，商品零售价格指数和服务项目价格指数。

（二）2010 年影响相关价格指数波动的因素

2010 年，广州市原材料、燃料、动力购进价格指数为 110.9%，包含的九大类原材料价格均上涨。其一，铁矿石需求好于预期，国外铁矿石协议价格持续上涨，供需的不协调导致以钢材为代表的黑色金属材料类价格上升；其二，有色金属市场需求旺盛，推高有色金属材料和电线类价格居高不下；其三，虽然国际原油价格在下半年走低，国内成品油价格也有随其调整的趋势，但由于 2009 年燃料价格受金融危机影响大幅下降，导致基期偏低，动力类价格将呈震荡式盘整。

2010 年，广州市工业品出厂价格指数为 102.4%，受技术进步和供求关系影响，通讯设备、计算机及其他电子设备制造业等产品价格有所下降，但随着投资和消费需求的不断扩大，工业品出厂价格指数仍稳步上升。一是受国际原油价格上升和国内上调成品油价格影响，2010 年石油加工、炼焦及核燃料加工产品类价格同比持续大幅上升；二是受需求增加、通胀预期及 2009 年基期偏低的影响，有色金属冶炼及压延加工产品价格同比持续大幅上升，并且升幅较大；三是钢铁生产企业成本上升带动其产品出厂价格上升。

2010 年，广州市固定资产投资价格指数为 103.2%，这主要是由于钢材、木材、水泥、化工材料、电料等价格升幅较大。

2010 年，广州市居民消费价格总指数为 103.2%，2009 年居民消费价格总指数呈前低后高的态势，在一定程度上抑制 2010 年全年居民消费价格总指数的剧烈上升，但多方面的影响仍使得居民消费价格总指数平缓上升。其一，2010 年以来，我国各地天气异常，推动了农产品价格上涨；其二，受国际粮价上涨影响和食品油价格上涨预期，食品类价格将呈回升态势；其三，外需的持续增长和以原油为代表的国际大宗商品价格进一步回升，带动国内成品油、煤、电、燃气、钢材等原材料价格上涨。

2010 年，广州市商品零售价格指数为 103.2%，与居民消费价格总指数类同，受食品类、日用品类和建筑材料及五金电料价格上升的影响，上升较快。

2010 年，广州市服务项目价格指数为 101.2%，医疗保健、娱乐教育、文化用品等服务项目价格虽有上涨压力，但受当下通货膨胀预期较强烈的影响，宏观调控政策以稳定物价为目标，控制公共医疗、城市间交通运输、通讯服务、信件邮寄等服务项目的价格。

（三）有关价格指数波动的周期性分析

对 1994～2010 年有关价格指数的分析（见图 1）表明，随着商品价格的市场化，广州市价格指数经历了数次幅度较大的波动，呈现出一定的周期性。

固定资产投资价格指数的波动明显表现为四个周期：1994～2000 年为第一个周期，由 1994 年的波峰 110.4% 一直回落，1999 年到达波谷，谷值为 96.6%，2000 年到达下一个波峰，峰值为 101.1%；第二个周期为 2000～2004 年，这轮周期在 2002 年到达波谷，谷值为 100.2%，2004 年上升到周期的波峰，峰值为 105.6%；第三个周期为 2004～2008 年，2006 年到达波谷，谷值为 101%，在

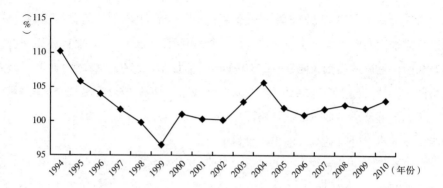

图1a　1994～2010年广州市固定资产价格指数波动

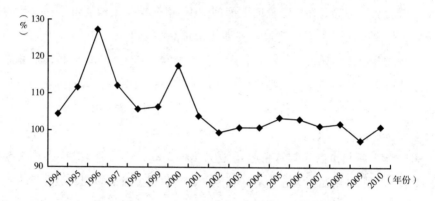

图1b　1994～2010年广州市服务项目价格指数波动

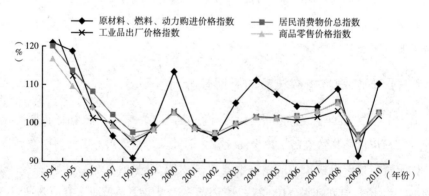

图1c　1994～2010年广州市有关价格指数波动

2008年达到波峰，峰值为102.4%；第四个周期为2008年至今，2010年固定资产投资价格指数回升结束了2008年以来的下降通道。

服务项目价格指数的波动可分为四个周期：1994～1998 年为第一个周期，从 1994 年的谷值 104.3% 开始，1996 年到达波峰，峰值为 127.3%，之后一直回落，1998 年到达波谷，谷值为 105%；第二个周期为 1998～2002 年，这轮周期在 2000 年到达波峰，峰值为 117.4%，2002 年回落到周期的波谷，谷值为 99.5%；第三个周期为 2002～2009 年，2005 年到达波峰，峰值为 103.4%，在 2009 年达到波谷，谷值为 97.1%；第四个周期由 2009 年的波谷作为起点，至目前仍处于周期的上升阶段。

与服务项目价格指数和固定资产投资价格指数不同，其他的四个价格指数——居民消费价格总指数，商品零售价格指数，工业品出厂价格指数和原材料、燃料、动力购进价格指数的波动几乎一致，其波动可表现为三个周期：1994～2000 年为第一轮周期，1994 年处于周期的波峰，1998 年处于周期的波谷，2000 年处于周期的又一波峰；第二轮周期为 2000～2008 年，2002 年处于周期的波谷，2008 年处于周期的波峰；2008 年至今为第三轮周期，2010 年价格水平回升，使本轮周期的下降出现拐点。

上述六类价格指数的相关系数（见表 1）表明：居民消费价格总指数，工业品出厂价格指数，原材料、燃料、动力购进价格指数和商品零售价格指数相互间的相关系数均高于 0.75，并大多达到 0.85 以上的显著高相关；而固定资产投资价格指数与其他价格指数之间平均相关系数为 0.44，最高的相关系数为 0.51；服务项目价格指数与其他价格指数之间平均相关系数仅为 0.20，最高的相关系数为 -0.4，相关关系均不显著。

表 1　相关价格指数皮尔森相关系数

	居民消费价格总指数	服务项目价格指数	工业品出厂价格指数	原材料、燃料、动力购进价格指数	商品零售价格指数	固定资产投资价格指数
居民消费价格总指数	1.0000	0.2841	0.9460	0.7971	0.9776	0.4208
服务项目价格指数	0.2841	1.0000	0.0647	0.1018	0.1488	-0.4005
工业品出厂价格指数	0.9460	0.0647	1.0000	0.8299	0.9653	0.5130
原材料、燃料、动力购进价格指数	0.7971	0.1018	0.8299	1.0000	0.8684	0.3798
商品零售价格指数	0.9776	0.1488	0.9653	0.8684	1.0000	0.4803
固定资产投资价格指数	0.4208	-0.4005	0.5130	0.3798	0.4803	1.0000

注：相关系数的取值范围为［-1，1］，-1≤r<0 为负相关，r 越接近 -1，表示负相关关系越强；0<r≤1 为正相关，r 越接近 1，表示正相关关系越强。

（四）广州市经济增长的周期性分析

1994～2010 年，广州市经济增长呈现持续、快速的增长趋势（见图 2），总体可划分为三个周期：1994～2003 年为第一个周期，GDP 发展速度由 1994 年的峰值 119.0%开始，一直回落，1996 年到达波谷，谷值为 112.5%，2003 年到达又一个波峰，峰值为 115.2%；第二个周期为 2003～2007 年，这轮周期在 2005 年到达波谷，谷值为 112.9%，2007 年上升到周期的波峰，峰值为 115.3%；2007 年至今为第三轮周期，2008 年为 112.5%，2009 年继续回落至 111.5%，到 2010 年回升至 113%。

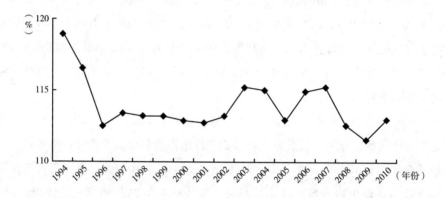

图 2   1994～2010 年广州市 GDP 发展速度

（五）相关价格波动影响经济增长的总体分析

GDP 发展速度与相关价格指数的波动显示（见图 3），GDP 发展速度与相关价格指数不存在显著的相关关系。类似的观点也可见徐世龙《试析通货膨胀和经济增长的"联系"》一文，文章通过分析 13 个统计资料较齐全国家的消费物价指数和经济增长的关系，指出"通货膨胀的高低和经济增长的快慢，既不是正相关关系，也不是负相关关系，两者不存在显著的相关性，更不存在高度的相关性"。但我们也应该看到，价格的上升或者下降，对经济增长是有影响的，这种影响更多的不是直接的影响，而是间接地、通过各种方式的传导，从而对经济增长产生推动或者冲击。

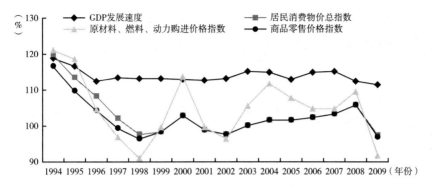

图 3a 1994～2009 年广州市 GDP 发展速度与相关价格指数

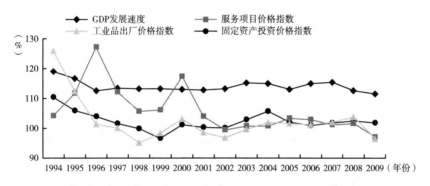

图 3b 1994～2009 年广州市 GDP 发展速度与相关价格指数

下面，分别从拉动经济增长的三大需求（消费、投资、出口）和 GDP 的三次产业构成来说明价格波动对经济增长的影响。①

二 从市场需求看价格波动对经济增长的影响

（一）价格波动影响消费需求的传导机制及定量分析

消费需求包括居民消费需求和政府消费需求。政府消费具有较强的经济调节目的，受价格因素影响小而受政策影响大；居民消费需求包括对食品、衣着、公

---

① 通过对三次产业增加值、居民消费、资本形成总额、商品进口总额、出口总额发展速度、各类价格指数时间序列的分析，它们都为一阶平稳时间序列，下文回归方程残差均为平稳序列，变量间存在长期相关关系，所以可以对其进行回归分析。

共医疗等消费品和服务项目共11类的需求。以下我们仅就居民消费价格总指数波动对消费需求增长率的影响进行分析（见图4）。

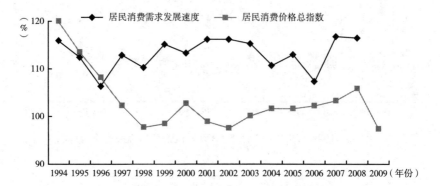

图4　1994～2009年广州市居民消费需求发展速度与居民消费价格总指数

居民消费价格的波动将影响人们的消费行为和储蓄行为。短期而言，对消费需求有正向影响关系，长期却是反向影响关系。居民消费价格的上升减少了人们的实际可支配收入，从实际上削弱了人们的储蓄能力，同时又会造成本金贬值，实际利率下降，造成人们对储蓄的预期悲观化，替代效应使得储蓄倾向降低，发生即期消费挤压储蓄的现象，消费需求增加。反之，居民消费价格的下降又会使人们的实际可支配收入增加，替代效应使得储蓄对即期消费有挤压倾向，促使储蓄上升，消费减少。长期而言，居民消费价格的上涨会引起利率的上升，如果利率增加幅度大于居民消费价格总指数上升的幅度，储蓄会随之增加，消费会随之减少。

通过定量分析表明：居民消费需求发展速度（C）与当期、滞后1期和滞后2期的居民消费价格总指数（CPI）之间存在长期稳定的相关关系。

回归方程一：

$$C_t = 121.53 + 0.08 \times CPI_t + 0.09 \times CPI_{t-1} - 0.25 \times CPI_{t-2}$$

其中 CPI_{t-1}、CPI_{t-2} 分别为滞后1期和滞后2期的居民消费价格总指数。

回归方程一表明，居民消费价格总指数每上升一个百分点，将影响当期和滞后1期居民消费需求发展速度分别上升0.08个和0.09个百分点，将影响滞后2期的居民消费需求下降0.25个百分点。

2008、2009 年居民消费价格总指数分别为 105.9% 和 97.5% ，根据 2010 年居民消费价格总指数为 103.2% ，以及对历史数据的趋势分析，在其他条件不变的情况下，2010 年这种价格水平相应的居民消费需求发展速度将可能达到 112% 左右。

（二）价格波动影响投资需求的传导机制及定量分析

投资需求可以用资本形成总额来反映，资本形成总额包括固定资本形成和存货增加，下面我们就固定资产投资价格指数波动对投资需求增长率的影响进行分析（见图 5）。

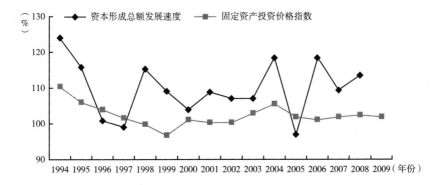

图 5　1994～2009 年广州市资本形成总额发展速度与固定资产投资价格指数

固定资产投资项目一般都有周密的计划安排，并且投资周期较长。从短期来看，固定资产投资价格指数的波动不会使当期的资本形成总额发生大的扩张或者紧缩。但从长期来看，对于通过银行贷款筹集的投资资金，固定资产投资价格指数的上升往往伴随着利率的上调，投资成本增加，较高的固定资产投资价格指数会增加投资风险，增加生产和经营成本，这些都会对投资增长产生负面影响。

通过定量分析表明，资本形成总额发展速度（I）与当期固定资产投资价格指数（PII）之间没有显著相关关系，但与滞后 1 期和滞后 2 期的固定资产投资价格指数之间则存在长期稳定的相关关系。

回归方程二：

$$I_t = 189.75 - 0.53 \times PII_{t-1} - 0.27 \times PII_{t-2}$$

其中 PII_{t-1}、PII_{t-2} 分别为滞后 1 期和滞后 2 期的固定资产投资价格指数。

回归方程二表明，固定资产投资价格指数的波动，对当期资本形成总额发展速度没有明显影响，但将影响滞后 1 期资本形成总额发展速度下降 0.53 个百分点，影响滞后 2 期资本形成总额发展速度下降 0.27 个百分点。

2008、2009 年广州市固定资产投资价格指数分别为 102.4% 和 101.9%。根据对历史数据的趋势分析，在其他条件不变的情况下，2010 年这种价格水平相应的资本形成总额发展速度将可能达到 108% 左右。

（三）价格波动影响出口需求的传导机制及定量分析

出口需求可以用商品出口总额指标来反映。占据广州市出口额比重最大的商品有消费类的纺织纱线、织物及制品、服装及衣着附件、鞋等，生产资料类的自动数据处理设备及其部件、印刷电路等。以下我们就商品零售价格指数和工业品出厂价格指数波动对出口需求增长率的影响进行分析（见图6）。

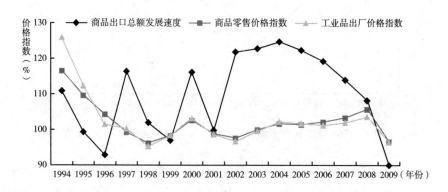

图6　1994～2009 年广州市商品出口总额发展速度与相关价格指数

从消费类商品来看，在汇率稳定的前提下，国内商品零售价格上升，意味着其价格上升，对于依赖价格优势取胜的消费类商品，势必影响其出口量的增长。从生产资料类商品来看，国内工业品出厂价格上升，意味着其价格的上升，对于生产资料国际流动的逐渐普遍，国内工业品出厂价格往往与国际工业品出厂价格具有相同的趋势，即全球的生产资料类商品价格均有不同程度的上涨，价格的上涨降低了消费者的实际购买力、抑制总需求的基础上，使需求的结构发生变化。在足以满足需求的条件下，人们更倾向于购买低端的、价格相对低廉的商品。广州市出口的生产资料类物品如印刷电路等，生产周期短，技术含量低，正属于科技类低端产品。相反，国内工业品出厂价格下降，人们的购买力增强，在扩大总需求的基础上，对高端的、价格相对高的产品需求量将增大。而对于生产周期较长的生产资料类物品如钢材等，一般根据订单生产，受当期价格影响小而受上期价格影响大，高的生产资料价格将减少下期的出口，反之，增加出口。

通过定量分析表明：商品出口总额发展速度（X）[①]与商品零售价格指数（RPI）、工业品出厂价格指数（PPI）、滞后 1 期工业品出厂价格指数 PPI_{t-1} 之间存在长期稳定的相关关系。

回归方程三：

$$X_t = 62.14 - 1.14 \times RPI_t + 3.20 \times PPI_t - 1.56 \times PPI_{t-1}$$

回归方程三表明，商品零售价格指数、滞后 1 期工业品价格指数每上升一个百分点，将影响商品出口总额发展速度分别下降 1.14 个和 1.56 个百分点，工业品出厂价格指数上升一个百分点，将影响商品出口总额发展速度上升 3.20 个百分点。2009 年工业品出厂价格指数为 96.5%，根据 2010 年工业品出厂价格指数和商品零售价格指数分别为 102.4% 和 103.2%，以及对历史数据趋势的分析，在其他条件不变的情况下，2010 年这种价格水平相应的商品出口总额发展速度将可能达到 122% 左右。

（四）三大需求变动对 GDP 发展速度的影响及相关价格指数波动经由三大需求的传导引起的 GDP 发展速度的变动

从地区生产总值（GDP）支出法的构成来看，GDP 包括最终消费[②]、资本形成总额、货物和服务净流出[③]三大块。

通过定量分析表明：GDP 发展速度（下文公式中 GDP 发展速度用 GDP 表示）与 GDP 各组成部分的发展速度——居民消费发展速度（C）、政府消费发展速度（G）、资本形成总额发展速度（I）、商品出口总额发展速度（X）、商品进

---

① 商品出口总额发展速度为剔除价格影响后的商品出口总额发展速度，后文所提该指标同此含义。

② 最终消费可分为居民消费和政府消费。

③ 货物和服务净流出可分为商品进口、商品出口、服务进口、服务出口、国内地区间商品流出、国内地区间商品流入、国内地区间服务流出和国内地区间服务流入。

口总额发展速度（M）、剩余项发展速度（E）①之间存在长期稳定的相关关系。

回归方程四：

$$GDP = 0.47 \times C + 0.11 \times G + 0.27 \times I + 0.17 \times X - 0.15 \times M + 0.13E$$

回归方程四表明，居民消费发展速度对 GDP 发展速度的影响最大，其提高一个百分点，将推动 GDP 发展速度上升 0.47 个百分点；政府消费发展速度、资本形成总额发展速度、商品出口总额发展速度、剩余项发展速度每上升一个百分点，将推动 GDP 发展速度分别上升 0.11 个、0.27 个、0.17 个和 0.13 个百分点；商品进口总额发展速度对 GDP 发展速度为负推动，其上升一个百分点，将拉低 GDP 发展速度 0.15 个百分点。

由前述定量分析得到，居民消费价格总指数上升一个百分点，将影响居民消费支出发展速度上升 0.08 个百分点，由此影响 GDP 发展速度上升 0.04 个百分点左右；商品零售价格指数上升一个百分点，将影响商品出口总额发展速度下降 1.14 个百分点，由此影响 GDP 发展速度下降 0.19 个百分点左右；工业品出厂价格指数上升一个百分点，将影响商品出口总额发展速度上升 3.20 个百分点，由此影响 GDP 发展速度上升 0.54 个百分点左右。

三 从生产供给看价格波动对经济增长的影响

（一）价格波动对第一产业的影响

农产品对于消费者来说是生活必需品，几乎没有替代商品，缺乏需求的价格弹性，农产品成本的上升可以通过价格轻易转嫁给消费者，需求量相对稳定。发展速度正是对物量的测度，生产消费量的相对稳定也就是发展速度的相对平稳，价格波动对第一产业发展速度直接影响甚小。

（二）价格波动影响第二产业增长的传导机制及定量分析

第二产业包括工业和建筑业。影响工业的价格指数主要有：一是原材料、燃

---

① 在货物和服务净流出中，除商品进出口以外的项，归为剩余项。

料、动力购进价格指数，它反映工业企业成本变动状况；二是工业品出厂价格指数，它反映工业企业销售变动状况。它们的差额（也即我们常说的"剪刀差"）反映工业企业的盈利变动情况。影响建筑业最主要的价格指数为固定资产投资价格指数。

工业品出厂价格上升，一般而言会导致工业品销售量的下降；原材料、燃料、动力购进价格指数上升，如果企业没有将成本的上升完全转嫁给购买者，就会出现工业品相对资源品价格便宜的状况，也就是工业品出厂价格指数和原材料、燃料、动力购进价格同时上升，但前者上涨的幅度没有后者大的时候，对工业品的需求会上升。固定资产投资价格指数上升，抑制建筑业发展的同时，投资也会相应萎缩，出于保持投资高增长的考虑，政府部门往往会加大基础公共设施建设和改造力度，促使建筑业得以恢复性发展。

通过定量分析表明：第二产业增加值发展速度 GDP^2 与原材料、燃料、动力购进价格指数（PRI）、工业品出厂价格指数（PPI），固定资产投资价格指数（PII）之间存在长期稳定的相关关系。

回归方程五：

$$GDP^2 = 66.42 + 0.08PRI + 0.18 \times PPI + 0.21 \times PII$$

回归方程五表明，原材料、燃料、动力购进价格指数，工业品出厂价格指数，固定资产投资价格指数每上升一个百分点，将分别影响第二产业增加值发展速度上升 0.08 个、0.18 个和 0.21 个百分点。根据 2010 年原材料、燃料、动力购进价格指数，工业品出厂价格指数，固定资产投资价格指数分别为 110.9%、102.4% 和 103.2%，以及对历史数据的趋势分析，在其他条件不变的情况下，2010 年这种价格水平所对应的第二产业增加值发展速度将为 115% 左右。

（三）价格波动影响第三产业增长的传导机制及定量分析

第三产业也称服务业，具体包括交通运输、仓储和邮政业，批发和零售业，住宿和餐饮业，金融业，房地产业和其他服务业。以下我们就服务项目价格指数及商品零售价格指数波动对第三产业增加值发展速度的影响进行分析。

服务项目价格指数上升，会使服务类产品消费量减少。例如，理发费用上涨

100%，原来每月一次的理发行为可能因为服务价格的上升而变为一个半月一次。从广州市的商品销售构成来看，生活必需品比重远高于奢侈品，商品零售价格的上升并不会使需求量大幅度萎缩。

通过定量分析表明：第三产业增加值发展速度 GDP^3 与服务项目价格指数（PSI）、商品零售价格指数（RPI）之间存在长期稳定的相关关系。

回归方程六：

$$GDP^3 = 100.37 - 0.02 \times PSI + 0.13 \times RPI$$

回归方程六表明，服务项目价格指数上升一个百分点，将影响第三产业增加值发展速度下降 0.02 个百分点，商品零售价格指数上升一个百分点，将影响第三产业增加值发展速度上升 0.13 个百分点。根据 2010 年服务项目价格指数、商品零售价格指数分别为 101.2% 和 103.2%，以及对历史数据的趋势分析，在其他条件不变的情况下，2010 年这种价格水平相应的第三产业增加值发展速度将可能达到 112% 左右。

（四）三次产业增加值增速的变动对 GDP 增速的影响及相关价格指数波动经由各行业传导引起的 GDP 增速的变动

作为基期的 2009 年，广州市第二、三产业分别实现增加值 3405.16 亿元和 5560.77 亿元，三次产业的构成为 1.9∶37.2∶60.9。大致可以匡算，第二、三产业每增长一个百分点，在其他条件基本不变的情况下，将影响 GDP 发展速度分别上升 0.3 个和 0.6 个百分点左右。

由前述定量分析得到，工业品出厂价格指数，固定资产投资价格指数和原材料、燃料、动力购进价格指数每上升一个百分点，将影响第二产业增加值发展速度分别上升 0.18 个、0.21 个和 0.08 个百分点；服务项目价格指数上升一个百分点，将影响第三产业增加值发展速度下降 0.02 个百分点；商品零售价格指数上升一个百分点，将影响第三产业增加值发展速度上升 0.13 个百分点。由此，工业品出厂价格指数，固定资产投资价格指数，原材料、燃料、动力购进价格指数和商品零售价格指数每上升一个百分点，将分别影响 GDP 发展速度上升 0.05 个、0.06 个、0.02 个和 0.08 个百分点；服务项目价格指数上升一个百分点，将影响 GDP 发展速度下降 0.01 个百分点。

四 从科技创新看价格波动对经济增长的影响

（一）价格影响技术创新的传导机制及定量分析

如果工业品出厂价格指数变动与原材料、燃料、动力购进价格的变动不同步甚至不同方向的话，将引起企业利润的变动。特别是如果前者下降，而后者没有同步下降，或者下降的幅度没有前者大的话，则意味着企业盈利空间缩小，为了走出这种困境，只有依靠技术创新来降低成本。商品零售价格指数上升，一定程度上会抑制消费需求，降低企业的销售额，与此同时，物价的上升往往伴随着利率上调预期，企业融资成本上升，以上这些因素都激励着生产者通过技术创新降低成本。

由广州市历年科技活动经费支出总额发展速度来看，波动较大，其中1996、2006年和2007年波动最为激烈。我们对其进行修匀并定量分析得到，科技活动经费支出总额发展速度（KJ）与工业品出厂价格指数（PPI），商品零售价格指数（RPI），原材料、燃料、动力购进价格指数（PRI）间具有较稳定的相关关系。

回归方程七：

$$KJ = -11.91 - 2.36 \times PPI - 1.48 \times PRI + 5.18 \times RPI$$

回归方程七表明，商品零售价格指数每上升一个百分点，将影响科技活动经费支出总额发展速度上升5.18个百分点；工业品出厂价格指数和原材料、燃料、动力购进价格指数每上升一个百分点，将分别影响科技活动经费支出总额发展速度下降2.36个和1.48个百分点。根据2010年工业品出厂价格指数，商品零售价格指数和原材料、燃料、动力购进价格指数分别为102.4%、103.2%和110.9%，以及对历史数据趋势的分析，在其他条件不变的情况下，2010年这种价格水平所对应的科技活动经费支出总额发展速度为117%左右。

（二）技术创新对GDP增长的影响及相关价格指数波动经由技术创新传导引起的GDP增速的变动

技术创新可以提高劳动生产率，降低企业生产成本，提高人们的生活质量和国家经济实力，推动经济在量的提升上实现质的飞跃。通过定量分析表明，科技活动经费支出总额发展速度每上升一个百分点，GDP 发展速度会相应提高 0.79 个百分点。也即商品零售价格指数每上升一个百分点，厂商为了保持需求水平，通过实施技术创新，将可能综合影响 GDP 发展速度上升 4.09 个百分点左右。工业品出厂价格指数和原材料、燃料、动力购进价格指数每上升一个百分点，通过减少企业利润、抑制厂商技术创新动力等，将影响 GDP 发展速度分别下降 1.86 个和 1.17 个百分点左右。

五　结论

在所有传导途径中，价格指数经由技术创新传导对经济增长影响最大，它通过激发技术创新动力，提高生产率，实现经济增长方式转变等来发挥其推动经济增长的杠杆作用。分析价格对 GDP 的综合影响可知，居民消费价格总指数，工业品出厂价格指数和原材料、燃料、动力购进价格指数每上升一个百分点，通过传导，GDP 发展速度将相应上升 0.43 个、0.19 个和 0.10 个百分点，固定资产投资价格指数、商品零售价格指数和服务项目价格指数每上升一个百分点，通过传导，GDP 发展速度将相应下降 0.04 个、0.59 个和 0.10 个百分点。正视价格波动对广州市经济增长的影响，特别是价格波动经由技术创新传导，促进经济增长方式由粗放型到集约型的转变所发挥的作用，有利于我们正确对待价格指数的波动与采用相应的政策措施。

（审稿：王朋）

参考文献

徐世龙：《试析通货膨胀和经济增长的“联系”》，《财经问题研究》1997 年第 3 期。
许宪春：《改革开放以来我国经济增长与通货膨胀周期的简要分析》，《宏观经济研究》2009 年第 4 期。
杨瑞龙：《通货膨胀对经济增长的负效应》，《财经科学》1993 年第 6 期。
孔东民：《通货膨胀阻碍了金融发展与经济增长吗？——基于一个门槛回归模型的新检验》，《数量经济技术经济研究》2007 年第 10 期。

王彦彭:《中国物价波动与经济增长关系的实证分析》,《工业技术经济》2008 年第 6 期。

袁乐平:《技术进步与经济增长的深层思考》,《求索》1995 年第 5 期。

A Price Fluctuation Analysis to Economic Growth in Guangzhou

Research Group of the Bureau of Statistics of Guangzhou

Abstract: Through the analysis of recent years' data in Guangzhou, the price fluctuation influences the economic growth by market demand、supply and technological innovation. The paper makes a conclusion that the price fluctuation is, through various channels to have a positive or negative impact on economic growth, especially through the technological innovation. This conclusion is beneficial for us to recognize the effect of price fluctuation to economic growth, and to take appropriate measures to deal with the adverse consequences.

Key Words: Guangzhou; Price Fluctuation; Economic Growth

B.25
广州物价变动对居民生活的
影响和对策研究

国家统计局广州调查队课题组*

摘　要： 近十年来，持续攀升的物价引起居民收支的连锁反应，引起了居民储蓄、消费决策等的改变，物价变动对居民生活的影响已逐渐凸显，本文通过分析与居民生活密切相关的居民消费价格指数（以下简称CPI）十年来的变动情况，及其对不同居民特别是对低收入居民群体生活的影响程度，找出物价变动影响居民生活的成因，并有针对性地提出稳定物价、防止物价过快上升，以及改善居民生活和保障低收入居民群体基本生活的政策建议。

关键词： 物价变动　消费价格指数　居民生活　低收入居民群体

一　近十年来广州物价变动情况及特点分析

（一）CPI处于温和可控的上升通道

近十年来，广州CPI处于温和可控的上升通道，体现在：一是从定基看，CPI呈现温和上升走势，2009年比2000年累计上升8.9%，年均仅上升1.0%，比20世纪90年代的年均上升8.5%低7.5个百分点。二是从同比看，CPI呈波浪式向上波动，其中有8年在±3%以内波动（见图1）。

（二）结构性上升特征明显

近十年来，从组成CPI的八大类商品（服务）价格指数变化情况来看，并

---

* 课题组组长：吴永佳；课题组成员：栾健、陈荻、胡文洁、陈月婵、曾莉、文苑棠、熊婉华、陈贝、聂璐。

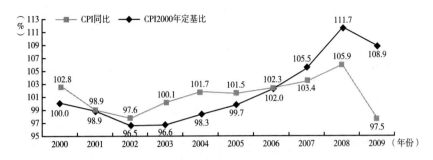

图1　2000～2009年广州CPI走势

没有出现普升或普降的情况，即使在升幅超过3%的年份，也只是食品类、居住类、医疗保健类等三大类的价格指数升幅超过3%，结构性上升的特征明显。

1. 农产品价格带动食品类价格上升

近十年来，广州食品类价格指数变动较大，2009年比2000年累计上升了36.8%，年均上升3.5%，比CPI年均升幅高2.5个百分点，是影响CPI变动的主要因素。

我国主要农产品价格在20世纪90年代中期达到峰值后一直在较低水平运行。近年来，随着经济发展，需求扩大，加上国际市场涨价以及成本增加的推动，农产品价格呈现恢复性上升的态势。其中变动最为明显的是粮食、猪肉和鲜菜，也是带动食品类价格变动的最重要因素（见图2）。

2. 居住类价格保持坚挺的上升势头

2009年广州居住类价格指数比2000年累计上升了19.0%，年均上升1.9%，比CPI年均升幅高0.9个百分点，是拉升CPI的第二大因素。居住类价格上升主要有两个推动因素：一是水、燃料价格的不断上调，2009年，水、电、燃料类价格指数比2000年累计上升了18.8%，年均上升1.9%；二是建材价格水涨船高，房地产市场的快速发展，带动了建材市场的兴盛，自2003年以来，建材价格持续上升，2009年比2000年累计上升了32.8%，年均上升3.2%。

（三）低收入居民消费价格指数①变动幅度大于CPI

2008年广州低收入居民消费价格指数比上年大幅上升13.6%，比同期CPI

---

①　从2006年11月起，广州开始编制低收入居民消费价格指数，2008年开始有年度同比指数。

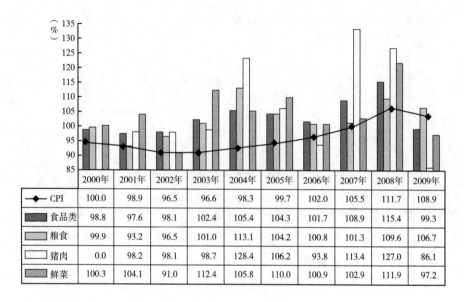

	2000年	2001年	2002年	2003年	2004年	2005年	2006年	2007年	2008年	2009年
◆ CPI	100.0	98.9	96.5	96.6	98.3	99.7	102.0	105.5	111.7	108.9
食品类	98.8	97.6	98.1	102.4	105.4	104.3	101.7	108.9	115.4	99.3
粮食	99.9	93.2	96.5	101.0	113.1	104.2	100.8	101.3	109.6	106.7
猪肉	0.0	98.2	98.1	98.7	128.4	106.2	93.8	113.4	127.0	86.1
鲜菜	100.3	104.1	91.0	112.4	105.8	110.0	100.9	102.9	111.9	97.2

图2 2000~2009年广州食品及主要农产品消费价格指数与CPI走势

（升5.9%）高7.7个百分点；2009年则比上年下降5.5%，比同期CPI（降2.5%）低3.0个百分点。

1. 低收入居民消费价格指数对食品类价格变动最为敏感

2008年，食品类价格指数上升24.3%，拉动低收入居民消费价格指数上升12.2个百分点，对低收入居民消费价格指数上升的贡献率为89.7%；2009年，食品类价格指数下降7.2%，拉低低收入居民消费价格指数3.6个百分点，对低收入居民消费价格指数下降的贡献率为65.5%。

2. 低收入居民消费价格指数受居住类价格影响较为显著

2008年，居住类价格指数上升6.8%，拉动低收入居民消费价格指数上升1.0个百分点；2009年，居住类价格指数下降10.4%，拉低低收入居民消费价格指数1.6个百分点。

二 广州物价变动对居民生活影响的分析

本文研究物价变动对居民生活影响主要从两个方面考察：一是居民对物价上升的承受能力；二是物价上升对居民生活水平是否有影响。如果物价上升在居民的承受能力范围内,且生活水平有所改善、生活质量有所提高,我们认为对其影响不大;反之,则影响较大,应引起关注,给予研究解决。

(一) 多数居民对 CPI 上升压力尚可承受

从居民的承受能力角度看,物价上升在多数居民的承受范围内。多数居民的人均收入大于支出,且扣除物价上升因素后人均收入的增长幅度大于支出的增长幅度。近十年广州城市居民家庭抽样调查资料显示,在居民五分组①数据中,除低收入组外,其余四组基本是人均收入大于支出,人均收入年均增幅大于支出年均增幅。

从居民的生活水平和生活质量角度看,多数居民的生活水平和生活质量有所改善和提高。资料显示,在居民五分组数据中,除低收入组外,其余四组的人均消费支出近十年的年均增幅在 7.1% ~9.7% 之间,扣除物价因素增幅也在 6.1% ~8.6% 之间;平均每百户年末耐用消费品拥有量也在稳步提高。

(二) CPI 变动对低收入居民群体影响较大

首先,低收入居民群体长期处于收支倒挂的窘迫境地,对物价上升的承受能力较弱。资料显示,低收入组居民家庭的人均收入均小于人均支出,且扣除物价上升因素后人均收入年均增幅均低于支出年均增幅;低收入居民家庭抽样调查资料显示,2007~2009 年广州低收入居民家庭的人均收支情况同样处于入不敷出,收支倒挂的状况 (见表 1)。

表1 2007~2009 年广州市低收入居民家庭人均收支情况

年份	可支配收入			消费支出		
	(元)	比上年增长 (%)	扣除价格因素 比上年增长(%)	(元)	比上年增长 (%)	扣除价格因素 比上年增长(%)
2007	4927	—	—	5451	—	—
2008	5681	15.3	8.9	5936	8.9	2.8
2009	6507	14.5	17.5	6706	13.0	15.9

① 居民五分组,是指城市居民家庭经常性生活状况调查中按相对收入等距分五个组:低收入组、中下收入组、中等收入组、中上收入组、高收入组。

其次，低收入居民群体的收入水平偏低，难以承受物价上升过快的生活压力。资料显示，20%低收入组居民家庭2007、2008年和2009年的人均月收入分别只有645、751元和843元，分别是全市平均水平的34%、35%和36%；而低收入居民家庭的人均月收入更少，分别只有411、473元和542元，分别是全市平均水平的21%、22%和23%。这部分家庭人均收入有限，只能维持日常生活开支，基本没有结余和积蓄。当物价稍有上升，其日常消费支出即受制约。

（三）食品类、居住类价格对居民生活影响大

1. 食品价格变动对居民生活影响最大

食品类支出占消费支出的比重最大，因而其价格变动对居民生活的影响最大。以食品类价格高涨的2008年为例，食品类价格指数升15.4%，影响广州市居民人均食品支出多增加937元，比食品支出同比增加额803元多出两成。同时，价格影响食品支出增加额占价格影响总消费支出增加额的80.7%，说明在价格上升导致总消费的增加额中，有八成是由食品价格上升引起的。

食品价格上升影响低收入组居民人均食品支出多增加658元，占食品支出同比增加额的64.0%，比CPI影响该组人均总消费支出增加额多出一成。低收入居民消费价格指数中，食品价格升24.3%，影响低收入居民家庭人均食品支出多增加578元，而其当年总消费支出同比增加额才485元，说明低收入居民家庭为保障食品支出而压缩了其他生活支出。

2. 居住类价格变动对居民生活的影响居其次

近几年水、电、燃料价格不断上升，很大程度上影响了居民生活。2008年，居住类价格升4.6%，影响广州市居民人均支出多增加86元，占价格影响人均总消费支出增加额的7.4%；其中，液化石油气涨13.4%，影响人均多支出21元。居住类价格上升影响低收入组居民人均居住支出多增加52元，占该组居住支出同比增加额的53.6%，占价格影响总消费支出增加额的9.0%；其中受液化石油气上升影响多支出12.0元。低收入居民消费价格指数中，居住类价格升6.8%，影响低收入居民家庭人均居住支出多增加51元。

三 广州物价温和上涨的成因分析

（一）宏观调控增强了物价稳定性

近十年，广州物价水平在温和可控中运行，有赖于全国宏观调控政策和地方政府一系列稳定物价措施得以贯彻和落实。一是适时灵活运用财政和货币政策，避免和抑制物价大幅度波动，保证了居民生活支出的稳定性。二是深化推进能源价格改革，通过发挥价格杠杆作用，引导居民对能源更有效率的消费。三是加大稳定房价的调控力度，一定程度遏制了房价过快上升的势头。

（二）成本推动物价上涨

1. 农产品价格上升推动食品价格上升

农产品价格的恢复性上升是推动广州食品价格上升的重要因素，而农产品价格的恢复性上升则受三方面成本推动的影响：一是国家扶持农业政策，如国家多次提高粮食收购价，拉动了粮食价格上升；二是近十年工业化和城镇化迅速增长使耕地面积急剧减少，导致土地价格大幅上升，带动农产品价格上升；三是近十年，农业生产仍未摆脱"靠天吃饭"的模式，自然灾害频发使农产品生产受创，价格不断走高；四是少数不法商人趁机囤积、恶意炒作、抬高价格，加剧了相关农产品价格波动，最终推高食品价格。

2. 国际大宗资源性商品价格过快上升

随着世界经济持续增长，全球对资源、原材料等基础产品的需求旺盛，市场供需关系不断紧张，直接导致国际大宗资源性商品价格的上升，并带动石油、煤炭、有色金属、钢铁与铁矿石等大宗商品进口价格不断上涨。这种输入型涨价，其结果是增加企业生产成本，并对下游相关行业和产品价格产生连锁反应，最终推动 CPI 上升。

3. 生产要素价格上升带动消费品价格上升

生产要素价格主要包括劳动要素价格和生产资料价格。一方面，经济快速增长，对劳动力需求增加，劳动工资成本上升；而近期相继出台的一系列完善社会保障制度和调整最低工资标准的政策措施也导致劳动要素成本提高。另一方面，国内主要农产品市场及原油（产品油）、原煤、铁矿石等主要生产资料市场供求矛盾突出，价格不断走高。生产要素价格的上升不但挤压了企业利润，也向消费品价格传导，最终影响消费者利益。

（三）消费观念转变，消费需求升级换代

经济发展规律表明，物价会随着经济的增长而逐渐上升。2000～2009年，广州GDP年均增速为13.5%，居民在经济高速增长中得实惠，收入水平大幅提高，对衣、食、住、行、用方面的产品及服务的要求也越来越高，消费结构整体上由温饱型向发展型、享受型过渡，最终带动消费品价格上升。

（四）通胀预期

随着经济的发展，社会各方面对通货膨胀预期有增强的态势；同时，货币投放量加大，房价大涨进一步强化了通胀预期。一方面，商户在成本上升状况下为实现利润最大化，选择提价收购和销售来增加市场份额，推动价格连环上升。另一方面，居民看涨预期会引发对部分商品的集中购买，从而放大价格上升的效应。

四　对策建议

（一）"调控物价平稳、温和、适度增长"是长期的工作目标

1. 完善政策性调价机制，增强宏观调控能力

一是有关管理部门要做好稳定物价的长期规划，保持政策的连续性，增强宏观调控能力，避免频繁集中出台政策性调价项目而导致物价的大起大落；二是要科学合理安排年度计划目标，有序地计划每年的调价项目，采取在物价持续较快上升时限制调价项目出台、在物价稳定时期适当推出调价项目的措施；三是研究完善粮食、农产品、猪肉等价格调控办法，防范游资或利益集团炒作生活必需品；四是从政策上明确定位房地产业的性质，加快建设保障性住房，保持利民政策的连贯性；五是制定和完善应对物价过快上升的应急预案，包括调控措施、储备制度、价格补贴制度和对低收入居民的救助办法等。

2. 建立健全农产品产、销、储机制，稳定食品价格

一是稳定和提高农产品自给能力，做好"菜篮子"工程建设规划，落实好

"菜篮子"市长负责制；二是加大对农产品重点生产基地建设的投入，实行征占菜地的补偿机制，所得专款用于新菜地开发建设，确保菜地最低保有量；三是对关乎民生的农产品应考虑农民的生产成本加合理利润，建立必要的限价损益补偿机制；四是强化农产品供给应急能力建设，根据消费需求和季节变化，应对自然灾害的影响，建立适合的农产品应急储备制度，确保重要的耐储存农产品 5～10 天消费量的动态库存。

3. 建立大宗资源性商品价格风险规避机制，消除输入型涨价隐患

一是稳定和拓宽国际大宗资源性商品的货源和渠道，尽可能消减国际垄断控制价格；二是充分利用期货等金融工具规避大宗资源性商品价格波动，发挥期货市场对冲大宗资源性商品价格波动风险的作用；三是加快建立大宗商品投保机制，降低价格波动风险；四是建立大宗资源性商品应急储备机制，确保液化石油气等民生商品 30 天消费量的动态库存。

（二）建立健全各项保障民生的长效机制

1. 提高居民收入水平，增强对物价变动的承受能力

一是深化收入分配改革，提高居民收入在国民收入分配中的比重，提高劳动者报酬在初次分配中的比重，以提高居民收入水平；二是建立最低工资标准与经济增长、物价变动的联动机制，适时调整最低工资标准，提升低收入居民群体抵御物价上升过快的能力；三是推进税收改革，提高个税起征点，减少低收入居民税收负担，并加快研究将现行收入性课税模式向消费性课税改革，堵塞非工薪收入的真正高收入人群逃税的征税漏洞，真正发挥累进税制的社会公平效益。

2. 完善社会保障体系，保障低收入居民的基本生活

一是要进一步完善低收入居民消费价格指数与低保标准联动调整机制。市民政部门要落实对低收入居民家庭必要的临时性价格补贴机制，及时向市政府提出物价补贴或调整最低生活保障标准意见，确保低收入居民不因物价过快上升的影响而降低生活水平。二是要进一步完善医疗、卫生、养老、教育等社会保障体系，减少低收入居民的后顾之忧，保障其生活水平也稳步提高。

（审稿：王朋）

Research on Price Fluctuation of Guangzhou Affected Residents' Lives

Research Group of the Survey Office in Guangzhou

National Bureau of Statistics of China

Abstract: The last 10 years, prices keep going up, which sets up a chain reaction in residents' income and expense, also causes a revolution in way of saving and consumption decisions, it's clear that the effect of prices fluctuation on residents' lives has been appearing gradually. Through analyzing the fluctuation of the consumption price index (CPI as follows) in a decade which closely related with residents' lives, and the influence research of which on the lives of different population groups, especially on the low-income population group, this paper finds out the reasons that prices fluctuation affected on residents' lives, also put forward some corresponding policies which in order to stabilize prices, prevent prices from over quick ascension, improve the quality of residents' lives, and guarantee the basic living allowances for the low-income population group.

Key Words: Prices Fluctuation; CPI; Residents' Lives; Low-income Population Group

B.26
2010 年广州物价状况的公众评价

刘荣新*

摘　要： 本报告基于"2010 年物价状况公众评价"调查，描述了市民对 2010 年以来广州物价变化的看法，以及物价变化对市民生活的影响。调查结果显示：近九成五市民感受到 2010 年物价有不同程度上涨，市民对物价的不满情绪突出。超过六成市民对目前物价上涨幅度勉强承受，还有两成人表示不能承受。物价上涨对低收入群体、失业无业/零散就业群体的冲击最大，物价问题再次成为市民希望政府解决的首要经济问题。

关键词： 广州　物价上涨　公众评价

为了解市民对 2010 年以来广州物价变化的看法，以及物价变化对市民生活的影响，广州社情民意研究中心于 2010 年 8 月底进行了"物价状况公众评价"专项调查，调查采用多阶段随机抽样方法，以入户问卷调查的方式访问了广州市越秀、荔湾、海珠、天河、白云、黄埔六个中心城区的 1017 位不同年龄、性别、职业、收入的市民。

调查结果显示，近九成五市民感受到 2010 年物价有不同程度上涨，市民对物价的不满情绪突出，不满意度高达五成七。八成八市民觉得物价上涨已切实影响到生活水平，超过六成市民对目前物价上涨幅度勉强承受，还有两成人表示不能承受。值得注意的是，物价上涨对低收入群体、失业无业/零散就业群体的冲击最大。物价问题再次成为市民希望政府解决的首要经济问题。

---

* 刘荣新，男，法学硕士，广州社情民意研究中心研究人员。主要研究方向为公共行业服务、治安问题及广州社情民意。

一 市民对广州物价变化的总体评价

（一）近九成五市民感受到 2010 年广州物价有不同程度上涨

调查显示，近九成五市民认为 2010 年物价有不同程度的上涨，其中超过半数人认为"明显上涨"，比例达 57.3%，认为"有所上涨"的也有 37.6%（见图 1）。

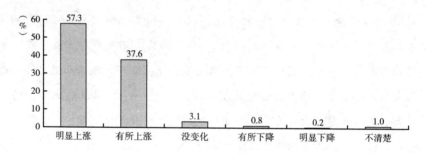

图 1　市民对 2010 年物价变化的感受

（二）市民对物价水平的不满情绪突出

市民对目前"物价水平"的不满意度高达五成七，远超满意度 45.4 个百分点；且与上年相比，不满意度大幅上升 12.0 个百分点，负面评价明显（见图 2）。

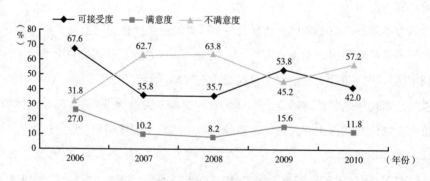

图 2　市民近五年对"物价水平"的评价

二　物价上涨对广州市民生活的影响

（一）市民普遍认为物价上涨已切实影响到生活水平

对于 2010 年以来物价的上涨，八成八的市民觉得已影响到自己的生活水平，其中认为"有一定影响"的比例达 65.4%，"有明显影响"的也有 23.1%，而"没有影响"的还不到一成（见图 3）。

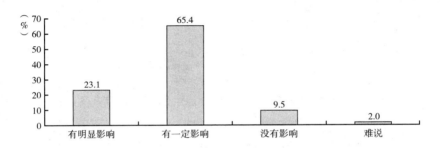

图 3　市民对 2010 年物价上涨是否影响生活水平的评价

（二）六成市民"勉强承受"物价上涨幅度，近四成人打算压缩消费支出

对于目前物价上涨的幅度，大部分市民表示"勉强承受"，比例达 60.7%，但仍然超过两成人明确表示"不能承受"，值得关注（见图 4）。

面对目前的物价上涨，表示"有"压缩 2011 年消费支出打算的市民比例接近四成，比例为 38.0%；还有近三成五的市民持"难说"的观望态度（见图 5）。

（三）物价上涨对低收入群体、零散就业/失业无业群体的冲击最大

交互分析发现，虽然大部分市民表示对目前的物价上涨还可以承受，但处于弱势地位的低收入群体（月均收入低于 1500 元）以及零散就业/失业无业群体，对物价上涨的承受力明显不足，并且压缩消费支出的打算也更明显。这两类群体中对目前物价上涨幅度表示"不能承受"的以及"有"打算压缩日常消费支出的比例，均明显高出受访总体（见表 1、表 2）。

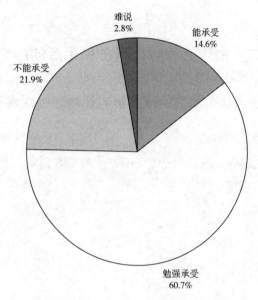

图4 市民对2010年物价上涨幅度的承受程度

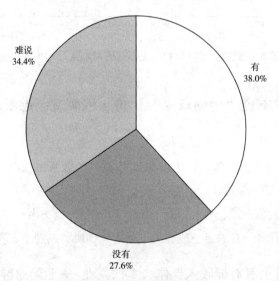

图5 市民是否有压缩2011年日常消费支出打算的情况

调查还发现,对目前物价上涨还可以承受的中低收入群体(月均收入1500~2500元),打算压缩消费的比例也明显高出受访总体。可见,物价上涨对市民日常生活的冲击已在一定程度上扩大,政府应给予足够重视,在解决物价问题时更多考虑到这些特定群体的生活状况。

表 1 不同的受访群体对物价上涨的承受力态度比较

单位：%

群体 \ 态度	能够承受	勉强承受	不能承受	难说
零散就业、失业无业	4.2	37.5	50.0	8.3
月均收入低于 1500 元	7.1	48.3	39.8	4.8
月均收入 1500～2500 元	7.0	66.3	23.3	3.4
受访总体	14.6	60.7	21.9	2.8

表 2 不同的受访群体对压缩日常消费支出的态度比较

单位：%

群体 \ 态度	有	没有	难说
零散就业、失业无业	47.2	9.4	43.4
月均收入低于 1500 元	46.9	13.7	39.4
月均收入 1500～2500 元	44.8	18.6	36.6
受访总体	38.0	27.6	34.4

三　对物价变化的预期及希望

（一）多数市民预期 2011 年物价仍会上涨

对于 2011 年物价的变化，市民预期不太乐观。预计 2011 年物价继续上涨的市民比例达七成三，其中近六成人预计"有所上涨"，"明显上涨"的为 14.7%；另外还有 17.5% 的人表示"难说"（见图 6）。

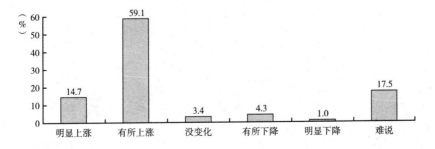

图 6　市民对 2011 年广州物价变化的预期

（二）物价问题再次成为市民希望政府解决的首要经济问题

相关调查显示，近五年来，在市民最希望政府解决或改善的经济问题中，物价问题排位始终靠前，其中有三年更排在首位。市民对物价水平的高度关注与不满情绪突出是一致的，政府应从解决好民生问题的高度来解决物价问题，而物价问题能否有效解决将直接影响市民对政府民生工作的评价。

（审稿：王朋）

Public Evaluation on Guangzhou Prices of 2010

Liu Rongxin

Abstract：Based on the survey of "public evaluation on prices of 2010", this report describes the public opinions on the price changes since 2010, and its impact on the citizens' living. The survey shows that：nearly 95% of all respondents felt of prices inflation, and show their discontent strongly；more than 60% of all respondents force to accept the price inflation rate, and 20% show of not accept. The price inflation impacts more on the low-income groups, unemployed, jobless or sporadic employment groups. The price issue once again becomes the first economic problem that the citizens hope the government to solve.

Key Words：Guangzhou；Price Inflation；Public Evaluation

借　鉴　篇

Experience Learning

B.27

广东省电子及通讯设备制造业
国际竞争力研究

杨勇华*

摘　要： 电子及通讯设备制造业是 IT 产业的核心基础产业，广东是全国电子及通讯设备产品制造和出口的龙头省份，已经具备一定的全球影响力。本报告主要从生产供求状况、成本价格、技术水平、关税效应和数量指标等几个方面对广东省电子及通讯设备制造业国际竞争力进行静态与动态相结合、定性与定量相结合的综合分析，同时结合广东省实际指出电子及通讯设备制造业发展目前存在的主要问题，并提出解决这些问题以不断提升广东电子及通讯设备制造业国际竞争力的基本政策思路。

关键词： 广东省　电子及通讯设备制造业　国际竞争力

* 杨勇华，江西上饶人，经济学博士，副教授，广州大学商学院教师，主要从事演化创新和产业竞争力研究。

一 广东省电子及通讯设备制造业发展基本情况

广东是电子及通讯设备制造业产业大省，也是电子及通讯设备制造业产品出口大省。20世纪80年代末以来，广东电子及通讯设备制造业经过引进—消化吸收—再创新的发展路径，生产能力和技术水平显著提高，在产业规模、产品配套能力、技术水平和产品质量等方面均处于国内领先的市场地位，国际市场竞争力亦不断增强。广东已形成程控交换、移动通讯、光纤传输、接入网和各类电信终端及电信配套产品、设备制造的通讯产业体系和产业集群，已具备跻身国际市场的条件，并且已经出现一批国内外知名的龙头企业，比如通讯设备制造业的华为、中兴，家庭视听设备制造业的康佳、创维、TCL等。

广东是全国电子及通讯设备制造业的龙头省份，多年来电子及通讯设备出口稳居全国之首，且遥遥领先于其他兄弟省市，具有绝对优势（见图1）。2008年，广东电子及通讯设备出口7034.95亿元，是1995年全省电子及通讯设备出口额的18.3倍，年均增长25%，发展势头迅猛。2008年广东占全国该产业出口总额16760.33亿元的42%，比排名第二的江苏省所占全国比重多出20.4个百分点。

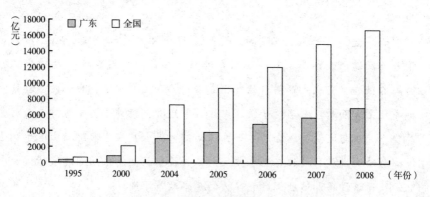

图1 广东与全国历年电子及通讯设备出口额

值得注意的是，虽然广东电子及通讯设备出口一直位居全国之首，并具有绝对优势，但是这个优势呈现被逐步缩小的态势，排名第二的江苏与广东的距离正在不断缩小（见图2）。

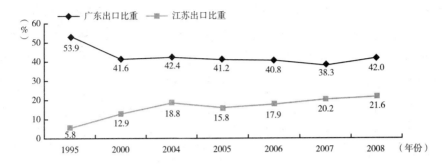

图2　广东与江苏电子及通讯设备出口占全国比重变化

二　广东省电子及通讯设备制造业国际竞争力分析

在经济 IT 化和全球化进程不断加快的大背景下，国际竞争力对于电子及通讯设备制造业的重要意义不言而喻。本报告主要从成本和技术水平、关税效应和数量指标等几个方面对广东省电子及通讯设备制造业国际竞争力进行静态与动态相结合、定性与定量相结合的综合分析。

（一）生产成本和技术水平分析

电子及通讯设备制造业是高科技产业，由于行业的特殊性，产品差异比较大，综合来看，其产品主要成本除原材料成本外可分为劳动力成本、研发与服务成本两部分。其中劳动力成本是生产线上的工作人员的工资产生的成本。研发与服务成本包含研究成本、铺设新生产线成本、服务成本等具有技术含量的工作产生的成本。

改革开放初期，广东电子及通讯设备制造业凭借丰富的劳动力资源和低廉的劳动力价格获得了迅速发展。但随着我国经济发展的高速增长，劳动力工资水平不断提升之势不可逆转，加上国际劳动力市场和国内其他省份劳动力市场日益激烈的竞争，广东电子及通讯设备制造业的劳动力成本优势正在并将继续减弱。

在研发服务成本上，广东省具有一定的国内国际优势。近些年，我国电子信息研发水平得到较快提升，研发服务成本逐渐显现出一定优势。2009 年，全国信息技术领域专利申请总量达 100 万件左右，比上年增长 20%，广东的华为、中兴仍然位列内地企业专利申请总量排行榜前两位，申请总量超过 1 万件。至此，华为公司已连续 7 年夺得中国企业专利申请数量第一，连续 4 年占据中国发明专利申请数量第一。和欧美等国家的知名企业相比，华为的核心技术虽然仍有一定的差距，但是从专利数目和技术进步的角度来看，以华为公司为代表的广东省电子及通讯设备制造企业的研发和服务成本具有一定优势，并且这种优势具有较大的挖掘空间。

在技术水平上，在政府大力扶持和企业积极竞争等因素推动下，广东省电子及通讯设备制造业的技术水平逐步提高，数字程控交换机、光传输设备等部分通讯产品已达到或接近国际先进水平。但是，和美国、日本等电子及通讯设备制造业较为发达的竞争对手国相比，广东省的总体技术水平并无太多优势可言，很多方面还没有自己的核心技术，甚至某些领域还处于空白阶段，诸多产品生产在技术上长期受制于人。虽然广东已经拥有较为完整的电子及通讯设备制造产业链，形成多个初具规模的电子及通讯设备制造业产业集群，但是许多产品的关键零部件都无法自行生产，1/3 以上的原材料需要依赖进口来提供。尽管广东省已成为全国的计算机、通讯产品制造基地之一，但从总体看来，产业科技基础仍较薄弱，整体开发能力不强，产品技术水平较低，亦未能形成规范的行业标准。多数企业规模小，实力弱，技术装备、人才等基础条件差，没有专门的研发设计机构，缺乏资金投入和人才，主要依靠生产贴牌产品、代工产品、山寨产品来生存，而且大量企业集中于通讯终端产品上，技术进步缓慢，竞争方式不尽合理，高新技术产业低水平化现象以及同质化竞争现象较为突出。

（二）指标分析

1. 国际市场占有率（MS）

国际市场占有率是反映国际竞争力的最直观指数，它是指一地区某种产品出口总额与世界该产品出口总额的比率。根据《广东统计年鉴》和世界贸易组织（WTO）的统计数据，可以计算出广东电子及通讯设备制造业国际市场占有率（见表1）。数据表明，广东的电子及通讯设备制造业国际市场占有率一直呈稳步上升之势，从 2000 年的 3.76% 提高到 2008 年的 16.99%，发展势头非常强劲，广东作为中国电子及通讯设备制造业的龙头省份实至名归。国际市场占有率（MS）

表1　广东电子及通讯设备出口额和国际市场占有率

单位：亿美元，%

指　标　值　　　　年　份	2000	2004	2005	2006	2007	2008
广东电子及通讯设备出口额	108.44	372.18	473.19	620.5	754.38	1012.93
世界电子及通讯设备出口额	2882.48	3908.90	4656.58	5458.98	5590.4	5962.48
广东电子及通讯设备国际MS	3.76	9.52	10.16	11.37	13.49	16.99

　　资料来源：广东省数据来自相应年份《中国高新技术产业统计年鉴》（经汇率换算），全球数据来自WTO官方统计数据。

指标表明广东电子及通讯设备制造业国际竞争力日益增强，已经具备一定的国际市场竞争优势。

2. 贸易专业化指数

　　贸易专业化指数是一国或地区某种产品进出口差额与该国或地区该种产品进出口总额之比，指数取值区间范围为［-1，1］，当结果趋于1时，表明该产品国际竞争力强，结果趋于-1时则表明该产品的国际竞争力弱。

　　受统计数据限制，我们用相近的广东省计算机及通讯技术产业进出口数据替代电子及通讯设备制造产业数据来计算贸易专业化指数。如图3所示，21世纪以来广东电子及通讯设备产品贸易专业化指数总体呈现上升趋势，但2005年以来提高缓慢，甚至有回调迹象，始终保持在0.5~0.6左右。这表明，广东电子及通讯产品21世纪以来国际竞争力不断增强，总体上已经具备一定的国际竞争力，但近五年竞争力提高步伐放缓，需要引起注意。

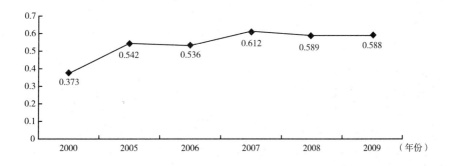

图3　广东省电子及通讯设备贸易专业化指数

3. 显性比较优势指数 （RCA）

显性比较优势指数是指一国或地区某种产品占其出口总值的份额与世界该种产品占世界出口总额的比率。该指标剔除了一国总量波动和世界总量波动的影响，较好地反映了该产品的相对竞争优势。指标值大于 1 表示该地区该产品具有一定的比较优势，数量越大则比较优势越明显，指标值小于 1 则表示该产品不具有比较优势，数值越小则劣势越明显。

表 2 显示，广东电子及通讯设备产品显性比较优势指数逐年攀升，2008 年更是高达 6.754，这表明广东电子及通讯设备产品总体上具有较强的国际竞争力，比较优势明显，且一直保持着较好的发展势头，这是广东作为电子及通讯设备制造业的龙头省份以及电子及通讯设备制造业作为广东省的支柱产业的重要保证。然而也必须看到，2008 年以来，受人民币升值、原材料及劳动力成本大幅上升、美国次贷危机、国际经济环境不稳定、贸易保护主义抬头等一系列不利因素的综合影响，广东省电子及通讯设备制造业发展及其国际竞争力提升正面临严峻的考验。

表 2　广东省电子及通讯设备产品显性比较优势指数 （RCA）

年份＼指标	广东出口（亿美元）		世界出口（亿美元）		RCA
	电子及通讯设备	出口总额	电子及通讯设备	出口总额	
2000	108.44	919.19	2882.48	64560	2.642
2004	372.18	1915.69	3908.90	92190	4.582
2005	473.19	2381.71	4656.58	104890	4.475
2006	620.5	3019.48	5458.98	121120	4.559
2007	754.38	3692.39	5590.40	139870	5.112
2008	1012.93	4041.88	5962.48	160700	6.754

资料来源：广东省数据来于相应年份《中国高新技术产业统计年鉴》，世界数据源于 WTO 各年统计。

（三）关税经济效应分析

电子及通讯设备制造业是信息产业的核心基础产业，亦是我国大力扶持的高新技术产业，出口退税率一直保持较高水平。2006 年 9 月 15 日，财政部、国家发改委、商务部、海关总署、国家税务总局五部门联合发出通知，对 IT 类高科技产品采取了鼓励的政策，将部分产品的出口退税率由 13% 提高到 17%，即全额退税，包括液晶电视、等离子电视、投影机、记录 DVD、数码摄像机、MLCC、片式电阻、PCB、继电器、锂电池及部分通讯设备。2008 年金融危机以来，我国电子及通讯设备制造业因海外市场疲软而导致出口额下滑，2009 年 4 月 1 日，财政部、国家税务总局联合发出通知再次调高光缆、UPS 电源等通讯产品的出口退税率，将退税额度上调至 17%。此次调整的光缆、UPS 再加上已经享受 17%退税的通讯设备，绝大多数电子及通讯设备产品目前均实现出口全额退税。

维持较高出口退税率水平，可以直接降低电子及通讯设备企业的出口成本，提高利润率。从长远来看则可以促进企业扩大生产规模，加大产品的出口量，扩大国际市场份额，进一步促进该产业发展壮大升级。关税保护等相关措施政策对我国电子及通讯设备产业的高速发展和国际竞争力增强具有非常重要的作用与意义。但是，也应该看到，由于电子及通讯设备产品国际国内市场竞争激烈、产品同质化严重、没有自主品牌和核心技术的多数企业在出口退税率提高之后只能实行降价策略以保证销量，致使部分行业提高出口退税后的预期效果并不显著，产业保护发展与升级的初衷未能很好实现。政府应如何实现对电子及通讯设备制造产业的更合理扶持仍然是值得深思的问题。

本轮经济危机以来，世界各国均不同程度地加强了贸易保护，这在电子及通讯设备制造业表现得尤为明显，美国、欧盟和印度纷纷对中国电信设备制造企业"设卡"。2010 年 6 月 30 日，欧盟对中国数据卡（全称无线宽域网络调制解调器，简称无线网卡）同时发起反倾销和保障措施调查，涉案金额约 41 亿美元，这也是欧盟首次对中国产品同时发起反倾销调查及保障措施调查。几天后，就在中国电信设备企业争分夺秒地备战欧盟数据卡反倾销之时，一份印度政府电信设备供应商"黑名单"曝光，25 家中国电信企业上榜，波及订单金额数十亿美元。华为公司几次欲进入美国市场，均被美国以妨碍国家安全为名排除在外。

中国电子及通讯设备产品频频遭遇反倾销，一方面显示出"中国制造"在国际市场的竞争力越来越强，另一方面也提醒中国企业，在开拓国际市场过程中，既需要未雨绸缪防反倾销于未然，也需要积极应对已然发生的反倾销行为。单个企业在面对诸如以"反倾销"、"国家安全"为由的进入壁垒时，往往显得势单力孤、无能为力，这就需要行业协会、政府相关机构等组织和所涉企业的共同协作和团结应对。

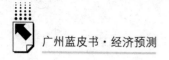

三　广东省电子及通讯设备制造业存在的主要问题

广东电子及通讯设备制造业在国内市场独占鳌头,国际市场亦有一席之地,但同时也存在一些明显问题,这些问题如果长期得不到重视和修正,不仅会使广东在国际上的竞争力提升受到影响,还可能导致广东已经积累的优势慢慢消失。最近几年,很多电子及通讯设备跨国公司的研发中心落户天津、苏州而不是广州、深圳,这对广东来说就很有警示意义。具体来说,广东电子及通讯设备制造业在发展过程中所存在的问题主要有以下几方面。

(一) 产业科技基础薄弱,产品技术水平不高

尽管广东省是全国最为重要的通讯产品制造基地,具有一定的发展优势,但从总体来看,产业科技基础仍较薄弱,整体开发能力仍然不强,产品技术水平较低。省内具有自主开发能力的企业和具有自主知识产权的产品不多,有研发机构的电子信息企业比例不到3%,关键技术及关键性的配件、原材料、生产设备、仪器等仍依赖进口,创新水平与设计仍然不高,国际知名品牌依然较少。即使中兴、华为、TCL等知名品牌和企业,核心技术方面与先进国家相比仍有一定差距。就连"山寨"手机,广东省的研发能力也较弱。上海集中了300多家手机设计公司,占全国的70%,而广东"山寨"手机只处于产业链的低端,长期受制于人。目前,广东大部分电子与通讯设备制造企业没有核心技术,长期处于贴牌、代工、"山寨"的生产状态,依靠劳动力成本获取竞争优势的发展模式将难以为继,转型升级势在必行。

(二) 行业发展秩序不够规范,产品结构不甚合理

首先是产品质量和售后服务问题突出。由于电子产品更新换代快,企业为适应市场需要,更多注重新品开发的节奏,而相对忽视了质量和服务的问题。根据中国电子商会网络统计,2009年手机、平板电视质量投诉案件同比增长30%以上。

其次是不正当竞争现象明显。电信运营商集中采购时恶性低价竞争经常发生,产品价格往往下降20%以上。"山寨机"市场竞争过于激烈,一部手机甚至只赚5元钱,甚至"山寨"手机厂商为打压对手不惜与SP运营商联合设置收费

陷阱，给消费者造成不良印象，对广东电子及通讯设备产业发展带来负面影响。

再次是软件和系统集成业落后。随着3G时代与三网融合趋势的到来，产业加速融合和电子信息产业"软化"特征非常明显。广东为数不多的软件生产企业，经营状况不佳，小而分散，软件和系统集成业的落后抑制了电子及通讯设备业的整体发展水平。

最后是部分领域盲目建设的苗头有所显现，低水平重复建设倾向明显。广东电子及通讯设备制造业总量虽大，但除了少数龙头企业外，大多是小企业。产品雷同、档次低、低水平重复现象比较普遍，高技术、高附加值、高档次的产品少，如电话机、程控机等供大于求，网络新兴产品所占比重小，计算机核心技术产品少、外部设备多。

（三）对外依存度高，抗市场风险能力有待提升

广东早期通过加工贸易、后期通过外资引进促使电子及通讯设备制造产业迅速成长，外向型发展模式明显。全球电子及通讯设备制造业巨头纷纷落户珠三角，甚至成为广东电子及通讯设备业的主角。据统计，广东IT领域的专利85%来自国外，30%以上的关键零配件依赖进口，IT企业对外技术依存度在70%以上。2008年，受国际金融危机影响，广东电子及通讯产业增速明显放缓，外向型发展模式受到一定挑战，对外依存度过高、抗市场风险能力差等问题日益显露。

（四）产业管理体制有待完善，政策环境建设亟待加强

联合开发、数字化、网络化、智能化产业融合是电子及通讯设备制造业发展的必然趋势，这意味着该产业发展既涉及硬件生产，又涉及软件开发与应用，还涉及服务商运营等多部门和多层次的管理，现行产业管理体制仍不适应产业发展和三网整合的要求，难以有效反馈和协调产业发展的问题，广电、通讯网络不能有效互联互通，数字电视标准不一，导致制造企业难以适从。产业发展缺乏统筹规划和政策有效引导，核心领域的政策仍不能满足产业需要，集成电路等核心子产业的支持新政滞后，增值税转型导致进口企业税负压力增大，影响企业发展信心，政策环境建设亟待加强。

四 促进广东省电子及通讯设备制造业
进一步发展的对策建议

（一）制订发展规划，健全扶持政策体系

进一步发挥政府的主导作用，继续扶持、保护电子及通讯设备制造业发展。建立多部门宏观协调机制，共同制订有序的发展规划。主管部门应在省政府的领导下，与有关部门协调，共同研究制订全省电子及通讯设备制造业的中长期发展规划，明确指导方针、发展战略、发展目标和重点，防止低水平重复建设和无序发展，避免在发展过程中遇到行政审核、规划冲突等问题。

继续建立健全扶持、保护电子及通讯设备制造业发展的法规体系及有关管理条例。加大执法力度，特别要加强知识产权保护，要在加大《知识产权法》执法力度，依法保护专利、商标、版权等知识产权，对科技成果、专利技术、专利产品、正版软件等予以重点保护。要进一步充实、完善扶持电子及通讯设备制造业发展的优惠政策，增加政府科技投入，并向集成电路等核心领域倾斜。拓宽产业融资渠道，鼓励企业技术研发，引导风险投资资金进入，将现有财力集中到一些技术起点高、发展前景好的重大项目上。

（二）加强科技队伍建设，增强技术创新能力

加强大学电子及通讯技术领域的研究和人才培养，大力发展 IT 职业技术教育，充分发挥高等院校人才聚集和多学科联合优势，促进教学、科研与生产相结合。强化广东电子及通讯设备制造业的科技基础建设，进一步提高广东省电子及通讯设备制造业的科技实力。围绕电子及通讯设备制造业发展迫切需要的重大技术、关键技术组织科技攻关。以某些基础条件较好的科研机构、重点实验室和高新技术企业为依托，聚集一批高科技人才，培育成为从事电子通讯中远期关键技术、共性技术研究开发的骨干力量。努力建立以大企业为主体，以工程技术研究开发中心为核心，以创电子及通讯设备名牌产品为目标，以高等院校、科研机构为社会科技依托，以市场配置资源为基本途径，社会科技与经济紧密结合的新型科技体制和科技创新机制。

（三）培育大型龙头企业，瞄准关键核心技术

日本、韩国和台湾 ICT 产业的发展历史充分说明发展大型的、R&D 密集的龙头企业的重要意义。全球 ICT 产业的制高点，无论现在还是将来，都掌握在最能适应 ICT 产业迅速变化的大型的、R&D 密集的企业手中，大型跨国公司一直主导着全球信息产业的发展是不争的历史事实。广东省要积极地、有重点地培育华为、中兴等若干个大型的、研发基础良好、具备发展潜力的骨干龙头企业，使之尽快成长为具有国际竞争力的跨国公司。同时，要重点瞄准电子及通讯设备制造业的关键核心技术进行科技攻关，组织开展 3G 关键技术、集成电路、LED 芯片、三网整合和物联网等核心技术的研究开发，力求巩固传统优势领域、突破高端核心领域、抢占新兴战略领域。

参考文献

〔美〕迈克尔·波特：《国家竞争优势》，华夏出版社，2002。

赵玉林、叶翠红：《中国电子及通讯设备制造业集聚实证研究》，《武汉理工大学学报》2009 年第 12 期。

李勇强、孙林岩、赵丽：《电子及通讯设备制造业升级的影响因素研究》，《现代管理科学》2009 年第 9 期。

On International Competitiveness of Electronic and Communication Equipment Manufacturing Industry of Guangdong Province

Yang Yonghua

Abstract：Electronic and communication equipment manufacturing is the core and base of IT industry, Guangdong is the leading province and the largest export of electronic and communications equipment manufacturing industry in our country, already has some degree of global influence. This report will study on the internationally competitiveness of electronic and communications equipment manufacturing industry of Guangdong province with the combination of static and dynamic, qualitative and quantitative integrated analysis, mainly from several aspects such as production supply and demand, cost, technology, tariffs effects and so on. The report also tries to show the main problems and to propose solutions to these problems of promoting international competitiveness of electronic and communication equipment manufacturing industry in Guangdong

Key Words: Guangdong Province; Electronic and Communication Equipment Manufacturing Industry; International Competitiveness

附 录

Index

附表1 2010 年广州市主要经济指标

指　　标	单位	绝对数	比上年增减（％）
年末户籍总人口	万人	806.14	1.4
年末社会从业人员	万人	788.00	6.7
地区生产总值	亿元	10604.48	13.0
第一产业	亿元	189.05	3.2
第二产业	亿元	3950.64	13.0
#工业增加值	亿元	3593.34	12.5
第三产业	亿元	6464.79	13.2
全部工业总产值（当年价）	亿元	15239.21	17.5
#规模以上	亿元	14721.47	17.6
工业产品销售率	％	98.00	0.1
全社会固定资产投资额	亿元	3263.57	22.7
社会消费品零售总额	亿元	4476.38	24.2
外商直接投资实际使用外资	亿美元	39.79	5.4
商品进口总值	亿美元	533.96	41.0
商品出口总值	亿美元	483.80	29.3
地方财政一般预算收入	亿元	872.65	24.2
地方财政一般预算支出	亿元	978.22	23.8
全社会货运量	亿吨	57460.98	9.4
全社会客运量	亿人次	6.26	9.8

续表

指　标	单位	绝对数	比上年增减(%)
港口货物吞吐量	亿吨	4.23	12.8
邮电业务收入	亿元	282.99	5.6
金融机构人民币存款余额	亿元	23384.50	14.6
#城乡居民储蓄存款余额	亿元	9069.26	14.0
金融机构外币存款余额	亿元	85.99	8.2
城市居民消费价格总指数(上年=100)	%	103.20	3.2
城市居民年人均可支配收入	元	30658	11.0
农村居民年人均纯收入	元	12676	14.5

注：1. 地区生产总值、工业总产值比上年增减按可比价格计算。

2. 2010年人口普查数据尚未公布，缺2010年常住人口。

附表2　2010年全国十大城市主要经济指标对比

指　标	单位	广州	北京	天津	上海	重庆
规模以上工业总产值(当年价)	亿元	14721.47	13226.61	16660.64	30003.57	9087.99
比上年增减	%	17.6	21.7	31.7	23.1	28.6
规模以上工业产品销售率	%	98.00	98.81	98.36	99.00	98.00
全社会固定资产投资额	亿元	3263.57	5493.50	6511.42	5317.67	6934.80
比上年增减	%	22.7	13.1	30.1	0.8	30.4
社会消费品零售总额	亿元	4476.38	6229.30	2902.55	6036.86	2878.04
比上年增减	%	24.2	17.3	19.4	17.5	19.0
海关进口总值	亿美元	553.96	2459.43	446.84	1880.85	49.38
比上年增减	%	41.0	47.8	31.7	38.5	43.9
海关出口总值	亿美元	483.80	554.67	375.17	1807.84	74.89
比上年增减	%	29.3	14.7	25.5	27.4	75.0
实际利用外资额(外商直接投资)	亿美元	39.79	63.64	108.49	111.21	63.44
比上年增减	%	5.4	4.0	20.3	5.5	58.0
金融机构人民币存款余额	亿元	23384.50	64453.87	15912.21	49846.83	13454.95
金融机构人民币贷款余额	亿元	14987.73	29563.78	12864.75	30573.31	10888.15
城乡居民人民币储蓄存款余额	亿元	9069.26	17003.11	5525.28	16249.29	5839.66
城市居民消费价格总指数	%	103.2	102.4	103.5	103.1	103.2
指　标	单位	沈阳	武汉	南京	哈尔滨	西安
规模以上工业总产值(当年价)	亿元	9601.80	6424.59	8502.61	2407.60	3125.36
比上年增减	%	26.1	28.4	26.9		26.0
规模以上工业产品销售率	%	98.30	98.00	98.54	97.30	96.70
全社会固定资产投资额	亿元	4139.10	3753.17	3306.05	2651.90	3250.56

指　　标	单位	沈阳	武汉	南京	哈尔滨	西安
比上年增减	%	22.5	25.1	23.9	40.2	30.0
社会消费品零售总额	亿元	2065.90	2523.20	2267.77	1770.20	1611.04
比上年增减	%	18.5	19.5	18.5	18.8	18.9
海关进口总值	亿美元	37.80	93.01	207.16	24.00	50.65
比上年增减	%	24.0	65.1	35.5	7.6	29.2
海关出口总值	亿美元	40.80	87.54	248.85	20.00	53.17
比上年增减	%	15.7	50.3	34.8	34.9	59.5
实际利用外资额(外商直接投资)	亿美元	50.50	32.93	26.76	7.00	15.67
比上年增减	%	-6.6	12.2	17.3	15.7	28.5
金融机构人民币存款余额	亿元	8092.00	10756.52	12649.52	5956.40	8933.23
金融机构人民币贷款余额	亿元	5970.20	8653.04	10384.84	4127.00	6482.28
城乡居民人民币储蓄存款余额	亿元	3338.20	3590.56	3511.85	2580.10	3641.09
城市居民消费价格总指数	%	102.9	103.0	104.2	103.7	103.5

注：数据来源于城市对比月报（2010年12月）。工业总产值、工业产品销售率为年主营业收入500万元以上工业企业，比上年增长按可比价格计算。

附表3　2010年珠江三角洲主要城市主要经济指标对比

指　　标	单位	广州	深圳	珠海	佛山	惠州
规模以上工业总产值(当年价)	亿元	14721.47	18211.75	2985.87	14781.59	4112.48
比上年增减	%	17.6	12.90	16.30	23.10	24.60
规模以上工业产品销售率	%	98.00	99.00	92.05	95.70	97.60
全社会固定资产投资额	亿元	3263.57	1944.70	501.55	1719.63	894.02
比上年增减	%	22.7	13.80	22.20	16.9	17.80
社会消费品零售总额	亿元	4476.38	3000.76	486.03	1687.13	582.53
比上年增减	%	24.2	17.20	20.50	20.10	19.00
海关进口总值	亿美元	553.96	1425.66	226.18	168.30	126.75
比上年增减	%	41.0	31.8	15.1	38.00	22.00
海关出口总值	亿美元	483.8	2041.84	208.62	330.39	202.33
比上年增减	%	29.3	26.1	17.3	34.4	18.0
实际利用外资额(外商直接投资)	亿美元	39.79	42.97	12.24	19.67	14.37
比上年增减	%	5.4	3.30	3.70	5.00	3.1
金融机构人民币存款余额	亿元	23384.50	20210.75	2542.56	8335.04	2038.58
金融机构人民币贷款余额	亿元	14987.73	13708.16	1203.85	4749.09	1096.21
城乡居民人民币储蓄存款余额	亿元	9069.26	6717.05	957.58	4407.92	1031.64
城市居民消费价格总指数	%	103.2	103.50	103.00	103.10	103.20

续表

指 标	单位	肇庆	江门	东莞	中山
规模以上工业总产值(当年价)	亿元	1744.81	3953.53	7716.77	5056.19
比上年增减	%	33.60	27.80	19.20	20.80
规模以上工业产品销售率	%	98.25	94.50	97.76	95.77
全社会固定资产投资额	亿元	625.21	631.77	1114.98	660.37
比上年增减	%	35.10	28.40	1.9	21.00
社会消费品零售总额	亿元	332.89	655.86	1108.06	648.11
比上年增减	%	21.10	17.00	15.90	18.20
海关进口总值	亿美元	23.47	39.30	517.40	86.14
比上年增减	%	31.10	27.1	32.7	27.90
海关出口总值	亿美元	25.96	104.10	695.98	225.05
比上年增减	%	27.9	31.0	26.1	26.90
实际利用外资额(外商直接投资)	亿美元	9.34	11.08	27.32	7.3
比上年增减	%	5.2	6.90	5.3	19.8
金融机构人民币存款余额	亿元	1057.38	2214.97	5943.39	2603.02
金融机构人民币贷款余额	亿元	642.04	973.75	3329.82	1329.89
城乡居民人民币储蓄存款余额	亿元	650.26	1461.98	3386.85	1443.74
城市居民消费价格总指数	%	102.80	103.20	102.80	103.00

注：1. 广州、深圳、珠海、佛山、东莞数据来源于城市对比月报（2010年12月），惠州、肇庆、江门、中山数据来源于各市统计局网站月报。

2. 工业总产值、工业产品销售率为年主营业收入500万元以上工业企业，比上年增长按可比价格计算。

图书在版编目（CIP）数据

2011 年中国广州经济形势分析与预测/庚建设，李兆宏，王旭东主编.
—北京：社会科学文献出版社，2011.6
（广州蓝皮书）
ISBN 978 - 7 - 5097 - 2376 - 0

Ⅰ.①2… Ⅱ.①庚… ②李… ③王… Ⅲ.①区域经济 - 经济分析 -
广州市 - 2010 ②区域经济 - 经济预测 - 广州市 - 2011 Ⅳ.①F127.651

中国版本图书馆 CIP 数据核字（2011）第 091049 号

广州蓝皮书
2011 年中国广州经济形势分析与预测

主　　编／庚建设　李兆宏　王旭东
副 主 编／涂成林　谢博能　吴永红

出 版 人／谢寿光
总 编 辑／邹东涛
出 版 者／社会科学文献出版社
地　　址／北京市西城区北三环中路甲 29 号院 3 号楼华龙大厦
邮政编码／100029

责任部门／皮书出版中心（010）59367127　　　责任编辑／任文武
电子信箱／pishubu@ ssap. cn　　　　　　　　责任校对／郭红生
项目统筹／任文武　　　　　　　　　　　　　责任印制／董　然
总 经 销／社会科学文献出版社发行部（010）59367081　59367089
读者服务／读者服务中心（010）59367028

印　　装／北京季蜂印刷有限公司
开　　本／787mm×1092mm　1/16　　　印　张／24.25
版　　次／2011 年 6 月第 1 版　　　　字　数／415 千字
印　　次／2011 年 6 月第 1 次印刷
书　　号／ISBN 978 - 7 - 5097 - 2376 - 0
定　　价／62.00 元

盘点年度资讯　预测时代前程

从"盘阅读"到全程在线阅读
皮书数据库完美升级

·产品更多样

从纸书到电子书，再到全程在线阅读，皮书系列产品更加多样化。从2010年开始，皮书系列随书附赠产品由原先的电子光盘改为更具价值的皮书数据库阅读卡。纸书的购买者凭借附赠的阅读卡将获得皮书数据库高价值的免费阅读服务。

·内容更丰富

皮书数据库以皮书系列为基础，整合国内外其他相关资讯构建而成，内容包括建社以来的700余种皮书、20000多篇文章，并且每年以近140种皮书、5000篇文章的数量增加，可以为读者提供更加广泛的资讯服务。皮书数据库开创便捷的检索系统，可以实现精确查找与模糊匹配，为读者提供更加准确的资讯服务。

·流程更简便

登录皮书数据库网站www.pishu.com.cn，注册、登录、充值后，即可实现下载阅读。购买本书赠送您100元充值卡，请按以下方法进行充值。

充值卡使用步骤：

第一步
· 刮开下面密码涂层
· 登录 www.pishu.com.cn
  点击"注册"进行用户注册

社会科学文献出版社　皮书系列
SOCIAL SCIENCES ACADEMIC PRESS (CHINA)
卡号：2916770761540581
密码：

（本卡为图书内容的一部分，不购书刮卡，视为盗书）

第二步
登录后点击"会员中心"进入会员中心。

SSDB
社科文献资源库
SOCIAL SCIENCE DATABASE

第三步
· 点击"在线充值"的"充值卡充值"，
· 输入正确的"卡号"和"密码"，即可使用。

如果您还有疑问，可以点击网站的"使用帮助"或电话垂询010-59367227。